高等职业教育城市轨道交通系列新形态一体化规划教材

轨道施工与检测技术

GUIDAO SHIGONG YU JIANCE JISHU

王雪飞　王　璐　王　婷◎主编

张　冰◎主审

微课版

中国铁道出版社有限公司
CHINA RAILWAY PUBLISHING HOUSE CO., LTD.

内 容 简 介

本书是高等职业教育城市轨道交通系列新形态一体化规划教材之一，教材与资源配套使用，从岗位核心能力入手，紧跟生产技术一线，把一线生产过程与教学过程密切结合，突出技能培养，以轨道检测的典型工作项目为载体，构建以实施为主导、以“项目”为主线的模块化课程体系。

本书共分9个项目，其主要内容包括：轨道交通认知、轨道工程施工、工务管理与工务检测、线路静态检测、线路动态检测、钢轨伤损检测、钢轨探伤原理的认知、钢轨探伤设备探伤、钢轨常规探伤等。

本书适合作为高等职业教育土木工程检测技术、城市轨道交通工程技术、铁道工程技术及相关专业的教材使用，也可作为铁路、城市轨道交通等工务检测从业人员的参考用书。

图书在版编目(CIP)数据

轨道施工与检测技术/王雪飞，王璐，王婷主编. —北京：中国铁道出版社有限公司，2021.2(2024.1重印)
高等职业教育城市轨道交通系列新形态一体化规划教材
ISBN 978-7-113-27734-5

Ⅰ.①轨… Ⅱ.①王…②王…③王… Ⅲ.①轨道(铁路)-铁路施工-高等职业教育-教材②轨道(铁路)-检测-高等职业教育-教材 Ⅳ.①U215.1②U216.3

中国版本图书馆CIP数据核字(2021)第026226号

书　　名：轨道施工与检测技术
作　　者：王雪飞　王　璐　王　婷

策　　划：何红艳　　　　**编辑部电话：**(010)63560043
责任编辑：何红艳　包　宁
封面设计：刘　颖
责任校对：苗　丹
责任印制：樊启鹏

出版发行：中国铁道出版社有限公司(100054，北京市西城区右安门西街8号)
网　　址：http://www.tdpress.com/51eds/
印　　刷：北京铭成印刷有限公司
版　　次：2021年2月第1版　2024年1月第2次印刷
开　　本：850 mm×1 168 mm　1/16　**印张：**18.5　**字数：**504千
书　　号：ISBN 978-7-113-27734-5
定　　价：55.00

前　言

轨道线路运营具有高密度、不间断、高舒适度的特点，要求轨道设备必须安全、可靠、舒适。本书主要针对铁路、城市轨道的轨道线路进行专业检测，通过静态检测、动态检测、钢轨探伤等现代检测监测技术加强线路检测，利用大数据提升智能化分析水平，实现对线路的智能分析，以掌握线路状态的变化规律，实施科学管理，并指导线路养护与维修，确保线路处于良好状态，确保线路的安全运行。

党的二十大报告在实施科教兴国战略，强化现代化建设人才支撑方面指出："统筹职业教育、高等教育、继续教育协同创新，推进职普融通、产教融合、科教融汇，优化职业教育类型定位。""加快建设国家战略人才力量，努力培养造就更多大师、战略科学家、一流科技领军人才和创新团队、青年科技人才、卓越工程师、大国工匠、高技能人才。"针对目前高等职业院校技术技能型人才培养可持续发展的要求，为适应我国高等职业教育的需要而编写了本书。职业教育是以培养能力为主的教育，同时也强调要掌握和运用职业技术技能所必备的知识。因此本书在内容安排上，对此进行了充分的考虑。书中内容通过校企合作方式，与岗位任务相对接、与生产过程对接、与职业标准对接、与职业资格证书对接；本书把企业的一线生产过程与教学过程密切结合，突出技能培养，以轨道检测的典型工作项目为载体，构建以实施为主导、以"项目"为主线的模块化课程体系。

本书共分9个项目，其主要内容包括：轨道交通认知、轨道工程施工、工务管理与工务检测、线路静态检测、线路动态检测、钢轨伤损检测、钢轨探伤原理的认知、钢轨探伤设备探伤、钢轨常规探伤等。

本书由哈尔滨铁道职业技术学院王雪飞、王璐、王婷主编，哈尔滨铁道职业技术学院张冰主审。项目一、九由哈尔滨铁道职业技术学院王璐编写；项目二、八由哈尔滨铁道职业技术学院王婷编写；项目三由沈阳局工电检测所周明星，沈阳铁道科学技术研究所许鹤，哈尔滨铁路局王丹，哈尔滨铁道职业技术学院刘伟楠、杨慧宁编写；项目四、五、七由哈尔滨铁道职业技术学院王雪飞编写；项目六由哈尔滨地铁孙洪强、和发林，哈尔滨铁道职业技术学院宋艳飞、王翠翠编写。

在编写过程中，编者参考了有关标准、规范、规程、教材、论著和现场资料等，在此谨向有关编者表示衷心的感谢！在本书编写过程中得到了哈尔滨铁道职业技术学院张冰、夏芳、冯建亚，哈尔滨铁路局韩彦明、哈尔滨地铁郝永春、佐银龙、赵九河等大力支持与帮助，在此一并表示感谢。

由于编者水平有限，书中疏漏与不足之处敬请各位专家和同仁提出宝贵意见，以便进一步修改完善。

编　者

2024 年 1 月

目　录

项目一

轨道交通认知

轨道交通是指运营车辆需要在特定轨道上行驶的一类交通工具或运输系统。最典型的轨道交通就是由传统火车和标准铁路所组成的铁路系统。随着火车和铁路技术的多元化发展，轨道交通呈现出越来越多的类型，不仅遍布于长距离的陆地运输，也广泛运用于中短距离的城市公共交通中，具有运量大、速度快、安全、准点、保护环境、节约能源和用地等特点。轨道交通系统包括城市轨道交通与国家铁路（地方铁路）。

城市轨道交通：通常指以电能为动力，采取轮轨运转方式的快速大运量公共交通之总称。是具有固定线路，铺设固定轨道，配备运输车辆及服务设施等的公共交通设施。

国家铁路系统：我国的国家铁路一直是一个自成体系的封闭式的庞大系统。铁路企业是一个半军事化的企业，它除了从事客货运输以外，还承担军用物资的转移运输任务。

轨道交通运输安全是运输生产系统运行秩序正常、旅客生命财产平安无险、货物和运输设备完好无损的综合表现，也是在运输生产全过程中为达到上述目的而进行的全部生产活动协调运作的结果。轨道交通运输作为现代社会主要的运输方式之一，确保运输安全是第一要务，安全是整个运输工作的核心。

安全是轨道交通各项工作质量的综合反映。轨道运输车站多、线路长、分布广，其运输生产系统是由机务、车务、工务、电务、车辆、供电等部门构成的，它犹如规模庞大的“联动机”，昼夜不停地运转，自然条件复杂，作业项目繁多，情况千变万化。安全工作贯穿于运输生产全过程，涉及每个作业环节和人员。只要有一段路基、一根钢轨、一台机车和一辆车辆、一架信号机的关键零部件发生故障或损坏，一个与运输生产直接有关人员的瞬间疏忽、违章作业、操作失误，就会造成行车事故、货运事故或人身伤亡事故。因此在这个系统中，各部门、各单位、各工种间的紧密联系和协调一致对于保证运输安全有着决定性的意义。

学习目标

1. 了解城市轨道交通的特点、分类。
2. 认识机车车辆、接触网功能、组成。
3. 理解轨道线路各部分的功能、原理。理解铁路车站的股道编号、线路编号。掌握道岔组成结构、掌握绘制道岔结构图。

任务一　城市轨道交通认知

城市轨道交通属绿色环保交通体系，符合可持续发展的原则，特别适用于大、中城市，是大、中城市公共交通的骨干。城市轨道交通具有运能大、能耗低、污染小、安全舒适、方便、准点等优点，深受人们的欢迎。随着改革开放的深入和国民经济的发展，城市轨道交通建设进入了快速发展期。

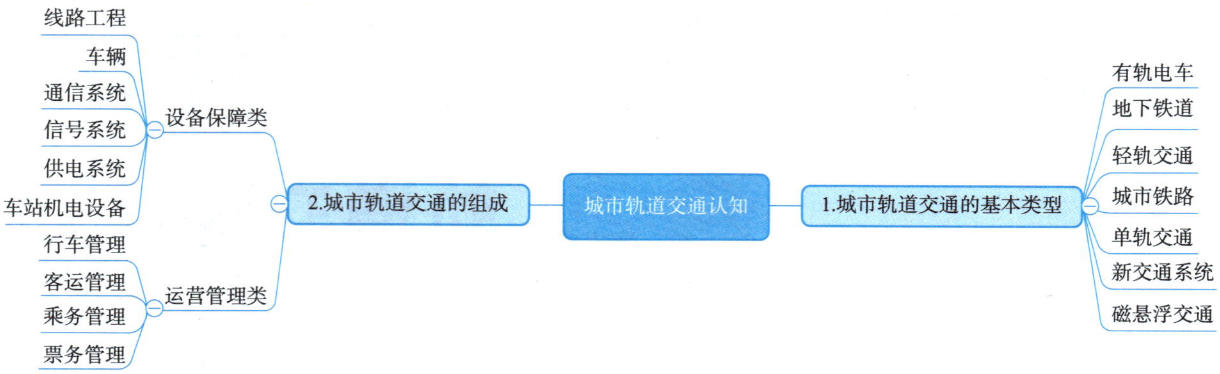

观察与思考

城市轨道交通的特点有哪些？城市轨道交通有哪些基本类型？如何进行分类？地铁交通的优点是什么？地铁和轻轨交通的共同点和不同点有哪些？城市轨道交通的组成包括哪些内容？接下来就对此内容进行学习。

1.1.1 城市轨道交通的基本类型

城市轨道交通种类繁多，技术指标差异较大，世界各国评价标准不一，并无严格的分类。由于城市轨道交通在世界范围内发展较快，在不同国家、地区、城市及服务对象的不同等因素，使得城市轨道交通发展有多种类型。

按容量（运送能力）：可分为高容量、大容量、中容量和小容量。

按导向方式：可分为轮轨导向和导向轨导向。

按线路架设方式：可分为地下、高架和地面。

按线路隔离程度：可分为全隔离、半隔离和不隔离。

按轨道材料：可分为钢轮钢轨系统和橡胶轮混凝土轨道梁系统。

按牵引方式：可分为旋转式直流、交流电动机牵引和直线电动机牵引。

按运营组织方式：可分为传统城市轨道交通、区域快速轨道交通和城市（市郊）铁路。

目前，在国内外最成熟、最熟悉的分类是按照城市轨道交通的运能范围、车辆类型及主要技术特征分类。按此分类，可分为有轨电车、地下铁道、轻轨交通、城市铁路、单轨交通、新交通系统、磁悬浮交通七类。现分述如下：

1. 有轨电车

有轨电车是使用电车牵引、轻轨导向、1～3 辆编组运行在城市路面线路上的低运量轨道交通系统。

有轨电车的历史比较久远，其前身是 19 世纪初期的有轨马车。世界上第一条有轨电车线于 1888 年 5 月在美国弗吉尼亚州里士满市开通。中国第一条有轨电车线于 1906 年由天津北大关至老龙头车站（今天津站)建成通车。有轨电车一般设在城市中心,穿街走巷运行,具有上下车方便的特点。旧式有轨电车由于运能低、挤占道路、噪声大、舒适性差等问题,许多国家都对其进行了拆除和改造,我国的有轨电车在20世纪50年代末已拆得所剩无几,仅沈阳、威海、佛山等保留改造后的现代有轨电车。

2. 地下铁道

地下铁道简称地铁,是城市快速轨道交通的先驱,地铁是由电力牵引、轮轨导向、轴重相对较重、具有一定规模运量、按运行图行车、车辆编组运行在地下隧道内,或根据城市的具体条件,运行在地面或高架线路上的快速轨道交通系统。地铁的运能,单向在3万人次/h以上,最高可达8万人次/h。最高速度可达120 km/h,运行速度可达40 km/h以上,可4~10辆编组,车辆运行最小间隔可低于1. 5 min。

地铁存在建设成本高、建设周期长的弊端,但同时又具有运量大、速度快、安全、准时、节省能源、环保、节省城市用地的优点。地铁适用于出行距离较长、客运量需求大的城市中心区域。一般认为,人口超过百万的大城市就应该考虑修建地铁。

3. 轻轨交通

轻轨交通是在有轨电车的基础上改造发展起来的城市轨道交通系统,是指作用在轨道上的荷载相对于铁路和地铁的荷载较小的一种交通系统。轻轨是个比较广泛的概念、公共交通国际联会关于轻轨运营系统的解释文件中提到:轻轨是种使用电力牵引,介于标准有轨电车和快运交通系统(包括地铁和城市铁路之间),用于城市旅客运输的轨道交通系统。目前国内外都以客运量或车辆轴重的大小来区分地铁和轻轨。在我国《城市轨道交通工程项目建设标准》(试行本)中,把每小时单向客流量为(0.6~3)万人次的轨道交通定义为中运量轨道交通,即轻轨。

轻轨原来的定义是指采用轻型轨道的城市交通系统,当初使用的是轻型钢轨,现在轻轨已采用与地铁相同质量的钢轨。

轻轨一般采用地面线和高架线相结合的方法建设,路线可以从市区通往近郊;列车编组采用3~6辆,铰接式车体。由于轻轨采用了线路隔离、自动化信号、调度指挥系统和高新技术车辆等措施,最高速度可达60 km/h,克服了有轨电车运能低、噪声大等问题。由于轻轨具有投资少、建设周期短、运能高、灵活(相对地铁来说)等优点,因此发展很快。目前,无论是发达国家,还是发展中国家,轻轨建设方兴未艾。各国纷纷根据自己的国情,制定相应的轻轨发展战略和模式。

4. 城市铁路

所谓城市铁路,指的是建在城市内部或内外接合部,线路设施与干线铁路基本相同,服务对象以城市公共交通客流(即短途、通勤旅客)为主的铁路。而不是如干线铁路一样承担城际或省际的客货交通任务的铁路。

城市铁路通常分为城市快速铁路和市郊铁路两部分。城市快速铁路是指运营在城市中心,包括近郊城市化地区的轨道系统,其线路采用电气化形式,与地面交通大多采用立体交叉。市郊铁路是指建在城市郊区,把市区与郊区,尤其是与远郊联系起来的铁路。市郊铁路一般和干线铁路没有联络线,设备与干线铁路相同,线路大多建在地面,部分建在地下或高架上。其运行特点接近于干线铁路,只是服务对象不同。

市郊铁路是城市铁路的主要形式,市郊铁路是伴随着城市规模的扩大、卫星城的建设而发展起来的,通常使用电力牵引和内燃牵引,列车编组多为4~10辆,速度为100~120 km/h。市郊铁路运能与地铁相同,但站间距较地铁长,运行速度超过地铁,可达80 km/h以上。

5. 单轨交通

单轨交通又称独轨交通，是指通过单一轨道梁支撑车厢并提供导引作用而运行的轨道交通系统，其最大特点是车体比承载轨道要宽。按支撑方式的不同，单轨交通通常分为跨座式和悬挂式两种。跨座式是车辆跨座在轨道梁上行驶，悬挂式是车辆挂在轨道梁下方行驶。

单轨是采用一条大断面轨道并全部为高架线路的轨道交通。跨座式轨道由预应力混凝土制作，车辆运行时走行轮在轨道上平面滚动，导向轮在轨道侧面滚动导向。悬挂式轨道大多由箱形断面钢梁制作，车辆运行时走行轮沿轨道走行面滚动，导向轮沿轨道导向面滚动导向。

单轨的车辆采用橡胶轮，电气牵引，最高速度可达 80 km/h，运行速度 30～35 km/h；列车可 4～6 辆编组，单向运送能力为(1～2.5)万人次/h。与轮轨相比单轨有很多突出的优点。由于单轨客车的走行轮采用特制的橡胶车轮，所以振动和噪声大为减少；两侧装有导向轮和稳定轮，控制列车转弯，运行稳定可靠。高架单轨因轨道梁仅为 85 cm 宽，不需要很大空间，可适应复杂地形的要求，同时对日照和城市景观影响小。单轨交通占地少、造价低、建设工期短，它的工程建筑费用仅为地铁的 1/3。当然，单轨也存在橡胶轮与轨道梁摩擦产生橡胶粉尘的现象，对环境有轻度污染，列车运行在此区间发生事故时救援比较困难。我国首条跨座式单轨线路是在有“山城”之称的重庆修建的。重庆地铁 2 号线一期工程于 2004 年建成，全线于 2006 年开通。跨座式单轨交通十分适合重庆市道路坡陡、弯急、路窄的地形特点，同时因其结构轻巧、简洁，易融于山城景色而取得较好的景观效果。

6. 新交通系统

新交通系统(简称 AGT)是一个模糊的概念，不同国家和城市对此都有不同的理解，目前还没有统一和严格的定义。广义上认为，AGT 是那些所有现代化新型公共交通方式的总称。狭义上 AGT 则定义为：由电气牵引，具有特殊导向、操作和转向方式的胶轮车辆，单车或数辆编组运行在专用轨道梁上的中小运量轨道运输系统。

在新交通系统中车辆在线路上可无人驾驶自动运行。车站无人管理，完全由中央控制室的计算机集中控制，自动化水平高。新交通系统与单轨交通有许多相同之处，其最大区别在于该系统除有走行轨外，还设有导向轨，故新交通系统又称自动导向轨道交通。新交通系统的导向系统可分为中央导向方式和侧面导向方式，每种方式又可分为单用型和两用型。所谓单用型是指车辆只能在导轨上运行；两用型则指车辆既可在导轨上运行，又可以在一般道路上行驶。

新交通系统自 1963 年美国西尼电气公司研发面世后，在世界许多地方被逐渐推广采用，尤其日本和法国，无论是技术还是规模都处于世界领先的地位。目前，我国内地的新交通系统正处在起步阶段，天津市于 2007 年在滨海新区开通了全长 7.6 km 的亚洲首条胶轮导轨线路。北京市于 2008 年奥运会前，开通了服务于首都机场 T3 航站楼的新交通系统。上海市也于 2009 年开通了胶轮导轨电车。我国台湾地区的台北市 1994 年建成木栅线(中山中学至木栅动物园，线路全长 10.8 km，其中高架线 10 km、地下线 0.8 km)，采用 VAL 制式(胶轮路轨系统)，属中运量新交通系统。我国香港特别行政区20 世纪 90 年代后期建设的新机场，从登机厅到机场主楼建成了一条长约 1 km 的 VAL 制式新交通系统。

7. 磁悬浮交通

磁悬浮交通是一种非轮轨黏着传动，悬浮于地面的交通运输系统。它是介于高速铁路和航空运输之间的一种独特的运输方式。它克服了传统列车机械噪声和磨损问题，不受轮轨黏着速度理论极限的限制，速度可达 500 km/h，当磁悬浮列车低速运行时，车轮会放下来，以车轮行驶，因此磁悬浮保留了轨道、道岔和车辆转向架及悬挂等许多传统机车车辆的特点。磁悬浮列车是利用常导磁铁或超导磁铁产生的吸力或斥力使车辆浮起，用以上的复合技术产生导向力，用直线电动机产生牵引动力，具有高速、安全、舒适、节能、环保、维护简单、占地少等特点。

2003 年 1 月 4 日，我国上海正式开通运营了世界上第一条商业运营的磁悬浮专线。上海磁悬浮列车专线西起上海地铁 2 号线的龙阳路站，东至上海浦东国际机场，专线全长 29.863 km，设计速度 430 km/h，实际运行速度约 380 km/h，现已降速至最高 301 km/h，由中德两国合作开发。2016 年 5 月 6 日，中国首条具有完全自主知识产权的中低速磁悬浮商业运营示范线——长沙磁浮快线开通试运营。该线路也是世界上最长的中低速磁浮运营线。

1.1.2 城市轨道交通的组成

城市轨道交通是一个多专业多工种配合工作、围绕安全行车这一中心而组成的有序联动、实时性极强的复杂系统。

城市轨道交通系统包括线路、车辆、供电、通信、运营调度、自动售检票、客运服务、安全保障等诸多专业，各专业中又分别包含机械、电气、控制、自动化、计算机等多项工种。所有这些专业和工种必须有效联动，才能确保城市轨道系统的正常运营。而各专业在城市轨道交通中，又发挥着不可替代的作用。例如，列车是运送乘客的载具，但必须在已铺设完成的轨道线路上才能行驶；列车行驶依靠的是供电专业提供的电源；为保证列车行驶安全，必须有畅通及时的通信系统和准确无误的信号系统作为保障；乘客进出站、购票、上下列车都需要客运人员提供车站服务等。

由此可见，只有城市轨道交通系统涉及的各专业都能确保工作正常，才能使城市轨道交通发挥作用。按照城市轨道交通工作目标和服务对象的不同，可以将城市轨道交通涉及的专业分为设备保障和运营管理两大类。

1. 设备保障类

设备保障类的最大特点是为运营管理提供设备和技术保障，一般不直接与乘客见面。各专业利用技术先进、性能可靠、操作简便的专业设备，为城市轨道交通实现安全运送乘客的既定目标提供可靠的物质保障。设备保障主要包括以下内容。

1）线路工程

城市轨道交通采用的是电力驱动的轮轨系统，所以线路既是列车运行的支撑，同时也是电动列车驱动电路的组成部分，所以线路工程可以称为整个乘客运送系统的基础。在城市轨道交通系统中，一般将隧道、桥梁、车站建筑、监护等纳入线路工程的子系统。

2）车辆

作为运送乘客的载具，车辆的性能直接决定了运送乘客目标的实现质量。在乘坐城市轨道交通时，乘客除了在车站就是在列车上，乘客在途中的安全有赖于列车的安全运行；列车行进速度则直接决定了乘客到达的快捷和准点；车厢载客量、车厢硬件设备则决定了乘客出行过程的舒适度。

3）通信系统

通信系统的任务是建立一个能实现系统内指挥调度及公务业务联系的通道。例如，为乘客提供运营信息，为公安部门提供视频和无线资源，为消防管理部门提供无线资源等。有线通信和无线通信是通信系统的两个子系统。

4）信号系统

信号是信息的表现形式，信息是信号的具体内容，可以认为信号是信息传递的一种手段，城市轨道交通通过信号实现行车指挥和列车运行现代化，保证列车运行的安全，提高运输效率。此外，信号系统还需要利用信号将运营信息告知乘客，实现客流组织和完成运送乘客的任务。

5）供电系统

电力是城市轨道交通正常运行的能源，由国家电网供电。供电系统不仅为城市轨道交通电动列车提供牵引用电，还为照明、通风、空调、电梯、防灾报警、通信、信号等运营服务设施提供电能。安全可靠又经济合理的供电系统是城市轨道交通正常运营的重要保障和前提，因此必须保证城市轨道交通供电系统正常运行，以免危及相关人员生命安全或造成重大财产损失。

6）车站机电设备

车站机电设备包括车站自身的硬件设备系统和为乘客服务的设备系统两大类。属于前者的有车站火灾自动报警系统、车站环境与设备监控系统、车站给排水系统、车站低压配电及照明系统等；属于后者的有车站通风系统、车站空调系统、自动售检票系统、自动扶梯系统、站台屏蔽门系统等。车站机电设备的完好率将直接决定车站的安全和乘客所直接感受到的舒适、方便、安全程度。因此，车站机电设备系统虽然不直接决定城市轨道交通的运营质量，但能充分体现城市轨道交通的服务质量，应给予充分重视。

2. 运营管理类

运营管理类的工作目标是为乘客提供安全、快捷、准点、方便和尽可能舒适的出行工具，所以，凡是直接涉及乘客出行的专业和工种，均应纳入运营管理范围。

1）行车管理

行车管理主要负责对系统内所有列车的运行管理。城市轨道交通列车的运行是按运行图进行调度的，所以编制运行图、下达行车命令、突发事件时的行车调整、有关行车组织的即时命令发布等均是行车管理系统的工作职责。

2）客运管理

客运管理是对“乘客运送全过程的管理”，是直接面向乘客的重要服务系统。系统服务对象是广大的乘客群，专业宗旨是为乘客提供优质服务，专业评价标准是“乘客满意度”。客运管理又包含两个重要子系统，即客流组织和客运服务。前者主要是组织乘客有序流动，后者是为乘客提供优质服务，车站服务员（简称站务员）是服务提供者，其岗位在车站。理论上，车站服务员是乘客出行过程中唯一能接触到的城市轨道交通工作人员，因此乘客通过服务人员的言行举止对轨道交通运营企业的工作质量进行评判。随着城市轨道交通各系统自动化技术的不断提高，目前已实现了乘客“自助式出行”的目标，也就是乘客可以依靠车站提供的各类信息指示，在“无人服务”的情况下自主完成出行。

3）乘务管理

城市轨道交通列车乘务员指的是电动列车驾驶人，其处于城市轨道交通运营的第一线，肩负着行年安全的主要责任。因此，如何合理安排乘务员作息时间、制定值乘方案、分配人员、教育培训及安全监督显得尤为重要。这些管理制度和措施的制定不仅要与实际运营相结合，而且要有一定的科学依据作保障，做到在人员精简高效的同时还要确保运营的安全。

4）票务管理

制定票价等运营政策，对车票制作、车票出售、入站检票、出站检票、补票、罚款等营运信息进行有效的管理是票务管理的主要内容。只有通过安全、可靠和完备的自动售检票系统才能有效地实施票务的清分和结算，所以票务管理也是票务收入和结算的基础。

任务二　铁路认知

轨道交通由客运服务、车辆、供电、通信、信号、工务等各种专业所组成。这些专业既具有自己的独立性，可以自成体系，专业之间又具有联动的特征，由所有专业的联合运作而实现安全运营。运输生产的“接合部”较多，所牵扯的生产工种较多，为了安全生产，必须对其他部门的专业知识有所理解。这样才能更好地掌握工务检测的内容。铁路是最早的轨道交通，因此下面以此进行叙述。

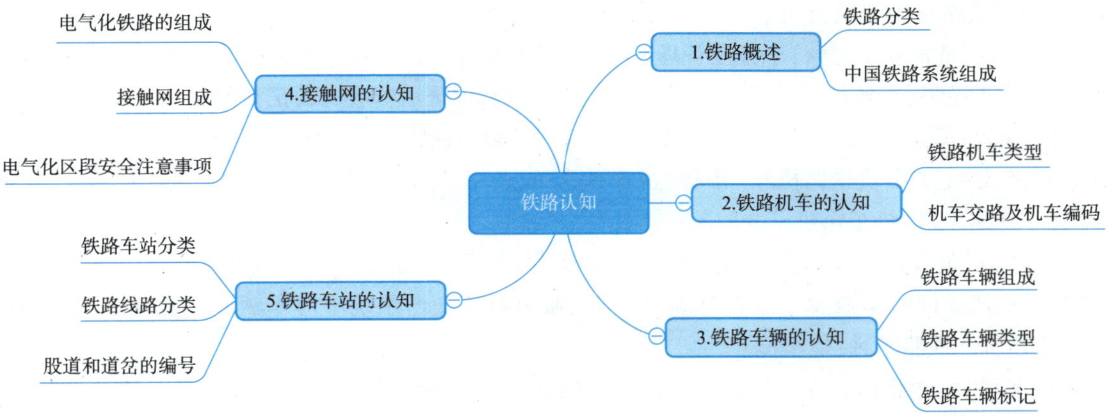

观察与思考

铁路机车是如何分类的？我国现今的常用机车是哪种类型？什么是机车交路？机车是如何编码的？铁路车辆分为哪几类？铁路车辆由哪几部分组成？每一部分有什么功能？电气化铁路的组成包括哪几部分？什么是接触网？接触网的作用是什么？接触网由哪几部分组成？铁路股道编号原则有哪些？铁路线路、道岔如何编号？接下来就对此内容进行学习。

1.2.1　铁路概述

1. 铁路分类

1）按铁路等级分类

铁路等级应根据其在路网中的作用、性质、设计速度和客货运量确定，分为高速铁路、城际铁路、客货共线铁路、重载铁路。其中客货共线铁路分为Ⅰ、Ⅱ、Ⅲ、Ⅳ级，其划分应符合下列规定：

（1）Ⅰ级铁路：铁路网中起骨干作用的铁路，或近期年客货运量大于或等于20 Mt者。

(2)Ⅱ级铁路:铁路网中起联络、辅助作用的铁路,或近期年客货运量小于20 Mt且大于或等于10 Mt者。

(3)Ⅲ级铁路:为某一地区或企业服务的铁路,近期年客货运量小于10 Mt且大于或等于5 Mt者。

(4)Ⅳ级铁路:为某一地区或企业服务的铁路,近期年客货运量小于5 Mt者。

2)按照速度分类

(1)普通铁路,最高行车速度为160 km/h以下。

(2)快速铁路,最高行车速度为160~250 km/h。

(3)高速铁路,最高行车速度为250~350 km/h。

(4)超高速线路,最高行车速度为350 km/h以上。

2. 中国铁路系统组成

2013年3月,铁道部进行改革,铁路系统被一分为二,实现铁路政企分开。同时,不再保留铁道部,组建"国家铁路局",承担铁道部的行政职责,拟订铁路发展规划和政策,划入交通运输部管理,统筹规划铁路、公路、水路、民航发展。组建"中国铁路总公司",承担铁道部的企业职责,2013年中国铁路总公司改制,成立中国国家铁路集团有限公司。

中国国家铁路集团有限公司下属铁路局集团公司,铁路局下属站段。

(1)车务段:负责列车运营,车务段管理、车站货运等业务。管辖辖区内的各大小车站,货运和客运的计划和收入,列车的运行监控。保证货运和客运的正常运行,保证运营收入的正常回收。一般特等站和一等站是路局直属,与车务段平级;二等及二等以下由车务段管辖。铁路工种:值班员、调度员、连结员、制动员。

(2)机务段:主要负责铁路机车(俗称"火车头")的运用、综合整备、整体检修(一般为中修、段修)的行车单位。铁路工种:机车司机。

(3)车辆段:负责列车的车辆(不包含机头)的运营、整备、检修等工作。车辆段通常由本段客车整备所和列检所组成。同时车辆段也是地铁、城市轻轨、城市轨道交通系统中对车辆进行运营管理、停放及维修、保养的场所。铁路工种:检车员。

(4)电务段:负责管理和维护列车在运行途中的地面信号与机车信号及道岔正常工作的单位。管理地面信号与机车信号及道岔正常工作的单位。铁路工种:信号工。

(5)工务段:负责铁路线路及桥隧设备的保养与维修工作。铁路巡道,铁路道口的看守,都属于工务段职责范围。铁路工种:线路工、桥隧工、巡道工、看守工、道口工、探伤工。

(6)工务机械段:负责对铁路线路的大型维护和维修以及路轨铺设。与工务段不同在于工务机械段没有专门管辖的线路。

(7)通信段:常设于铁路局、地处主干线的铁路分局及特殊指定的地点。汇集了铁路局各类通信设施(包括铁路长途通信、地区通信的电路及设备),在通信段内设置局枢纽(或局间枢纽)通信站,站内具有长途通信设备、地区通信设备、电缆和光缆的引入设备及通信电源设备等。

(8)客运段:主要负责旅客列车工作人员的管理工作,客运段担当本局管内旅客列车的服务,包括旅客列车内乘务工作和餐饮服务。

(9)供电段:主要负责电气化铁路的牵引供电、铁路运输信号供电、铁路地区的电力供应、电力设备的检修与保养等工作。铁路工种:接触网网工、接触网作业车司机、电力维修工、牵引变电工、配电工等。

(10)房产生活段:为铁路单位、铁路居民区房屋建筑提供暖气、供水、管道维修单位。还管理着铁路公寓和其他生活单位。

(11)动车段:动车组运用检修、行车安全设备检修、客运整备及存车。

学习目标

1. 认识机车车辆、接触网功能、组成。
2. 理解轨道线路各部分功能、原理。理解铁路车站的股道编号、线路编号。
3. 掌握道岔组成结构、掌握绘制道岔结构图。

1.2.2 铁路机车的认知

铁路机车车辆是指所有在铁路运输的车辆。由多辆车编组运行的车列,称为列车。根据列车运行动力是否集中在一节车上,分为传统列车与动车组。根据是否带动力,传统列车可以分为机车与车辆;对于动车组,可以分为动车与拖车。根据运输对象的不同,传统列车的车辆可分为客车及货车两大类,每一大类中又可按用途详细划分。

铁路是用机车牵引车辆,行驶在轨道线路上的一种现代化运输工具。铁路车辆不具备动力装置,需要将其连挂成列,由机车牵引沿轨道运行。在车站,车辆的转线以及货场取送车辆等各项调车作业,也要由机车完成。因此,必须保证足够数量的、牵引性能良好的机车,在对机车运用进行合理组织的同时,还要加强机车的保养与维修。

1. 铁路机车类型

机车按运用分为客运机车、货运机车和调车机车。

机车按牵引动力的不同可分为蒸汽机车、内燃机车(内燃动车组)和电力机车(电力动车组)三种。

1)蒸汽机车

蒸汽机车的应用,已有170多年的历史。它是通过蒸汽机,把燃料(煤、油、木材)的热能转变成机械能,用来牵引列车运行的一种机车。蒸汽机车主要由锅炉、汽机、走行部、车架、煤水车、车钩及缓冲装置和制动装置等部分组成。蒸汽机车热效率低,但其总效率一般只有5%~9%;煤水能源消耗大,需要大量的上煤、给水设备,输送能力小,所以,目前在我国已逐步被淘汰,如图1-1(a)所示。

蒸汽机车有:前进、人民、上游、反帝、解放、胜利、建设、星火、自力、蓉建、红旗、工建、跃进、和平等。

2)内燃机车

内燃机车是以柴油机为原动力的机车。内燃机车的热效率可达到30%,是各类机车中效率较高的一种。机车的整备时间短,持续工作的时间长,适用于长交路;用水量少,适用于缺水地区;初期投资比电力机车少,而且机车乘务员工作条件好,便于多机牵引。但内燃机车最大的缺点是对大气和环境有污染,如图1-1(b)所示。

铁路上采用的内燃机车绝大多数是柴油机。在内燃机车上,柴油机和机车动轮之间都装有传动装置,柴油机的功率是通过传动装置传递到动轮上去的,而不是由柴油机直接驱动动轮的,其原因就在于柴油机的特性不能满足机车牵引性能的要求。

内燃机车按传动方式不同分为:电力传动内燃机车、液力传动内燃机车两种。

内燃机车有:巨龙、飞龙、卫星、TY360、建设、先行、东方红、北京、长征、东风系列。

东风系列是电传动内燃机车,也是中国内燃机车的主力,保有量占国产内燃机车总数的一半以上。"东风"是个大家族,有东风、东风$_2$、东风$_3$、东风$_4$、东风$_5$、东风$_6$、东风$_7$、东风$_8$、东风$_9$、东风$_{10}$、东风$_{11}$、东风$_{12}$、ND、NY、NJ等。

(a) 蒸汽机车

(b) 内燃机车

(c) 电力机车

(d) 动车组

图 1-1　铁路机车

3) 电力机车

电力机车本身不带能源，是依靠从沿途接触网导线上获取电能，通过牵引电动机而驱动的机车。由电力机车实施的牵引运行称为电力牵引，电力牵引具有功率大、效率高、过载能力强、运营费用低、司机劳动条件好、不污染环境等一系列优点，是世界各国公认的最佳铁路牵引方式，如图 1-1(c)所示。

采用电力机车牵引的铁道称为电气化铁道。

电气化铁道由牵引供电系统和电力机车两部分组成。发电厂将 110 ~ 220 kV 的三相工频交流电经输电线送往铁路牵引变电所，由牵引变电所分别向与其两边相邻区间的接触网上供给 25 ~ 27.5 kV 的单相工频交流电，供电力机车使用。电力机车是靠其顶部升起的受电弓从接触网上取得电能，将电能转换成机械能牵引列车运行的，如图 1-2 所示。

电力机车有：韶山、神州、先锋、和谐等。

“韶山”是个大家族，有韶山 SS_1 型电力机车、韶山 SS_2 型电力机车、韶山 SS_3 型电力机车、韶山 SS_4 型电力机车、韶山 SS_5 型电力机车、韶山 SS_6 型电力机车、韶山 SS_7 型电力机车、韶山 SS_8 型电力机车、韶山 SS_9 型电力机车等系列。

4) 动车组

2004 年，中国铁道部展开为用于中国铁路第六次大提速的动车组技术引进招标，在“以市场换技术”的原则下与加拿大庞巴迪、日本川崎重工、法国阿尔斯通以及德国西门子分别签订协议，向中国北车集团

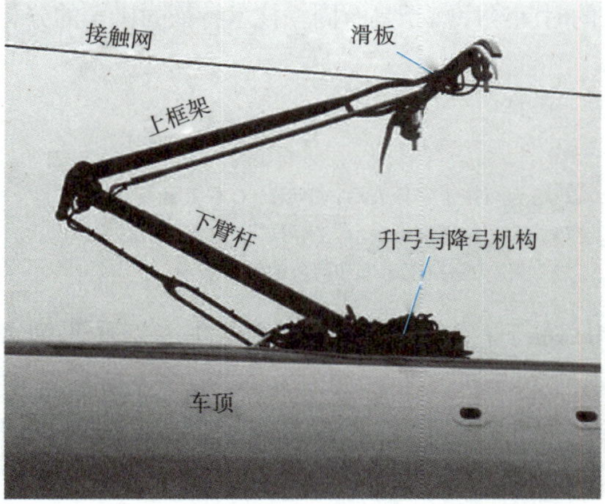

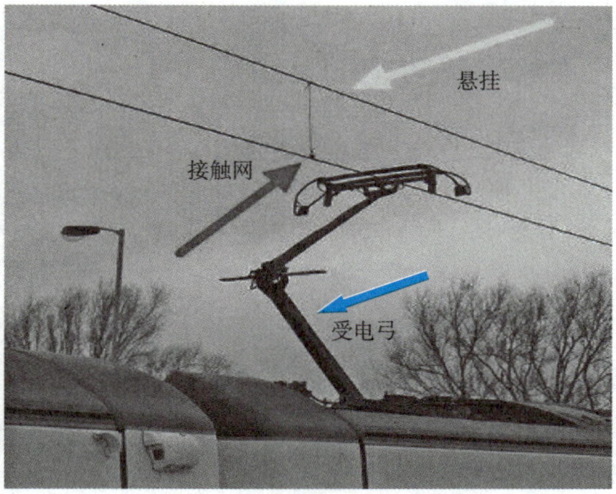

图 1-2 受电弓

和中国南车集团的厂商全面转让关键技术，并通过吸收的方式达到一定程度的国产化，成为“具有我国自主知识产权”的动车组产品系列。中国铁道部将所有引进国外技术、联合设计生产的 CRH 动车组车辆均命名为“和谐号”，如图 1-1(d)所示。

“和谐号”英文代号 CRH(China Railways High-speed，中国高速铁路)，当时的主要型号为 CRH1A、CRH2A 和 CRH5A，后来发展出 CRH1、CRH2、CRH5、CRH3、CRH380 和 CRH6 等多个系列，每个系列又有若干个细分车型。CRH 系列动车组的体系较为庞杂，虽然中国具有自主知识产权，掌握着全部核心技术，但各有其原型，其中 CRH1 的原型来自于加拿大庞巴迪，CRH2 的原型来自于日本川崎重工，CRH3 的原型来自于德国西门子，CRH5 的原型来自于法国阿尔斯通，它们虽然涵盖了世界上主要的动车组技术，但存在配件不统一、零件不通用的弊端，给长期应用和维修带来困扰。2010 年中国青岛四方机车自主研发的 CRH380 系列最高时速 380 km 及其以上，全部国产化。

“复兴号”是中国标准动车组的中文命名，英文代号 CR(China Railway，中国铁路)。“复兴号”由中国国家铁路集团有限公司牵头组织研制，具有完全自主知识产权、达到世界先进水平的新型动车组列车，其水平高于“和谐号”CRH 系列，分为三个级别，即 CR400/300/200，其中的数字表示最高时速，其持续时速分别为350 km、250 km 和 160 km，适应于高速铁路和城际铁路。

最新型“复兴号”动车组包括 CR400AF 和 CR400BF 两种型号。其中，A 代表生产厂家青岛四方，B 代表长春客车，F 表示动力分散型，400 为速度等级代码，代表该型动车组试验速度可达 400 km/h 及以上。

2. 机车交路及机车编码

1)机车交路

我国铁路机车实行配属制，即根据运输任务，将全路机车分别配属于各铁路局和机务段，固定担当一定区段的列车牵引等任务。

机车交路是指担当牵引列车任务的机车在规定区段内往返的回路。

机车交路按用途分为客运机车交路和货运机车交路：按机车周转区段的距离分为一般交路(200 km 左右)和长交路(500 ~ 800 km，适用于内燃、电力机车)。

2)机车编码

机车车种：按机车的动力类别和传动方式特征对机车进行分类。如内燃机车、电力机车。

机车车型：按照同一车种内，机车产品定型或局部改进的时间顺序赋予具有同一技术特征的机车的分类。

机车车型编码构成如下：

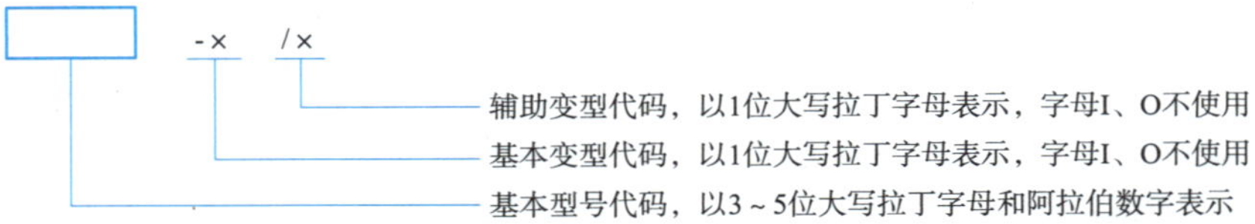

示例1：交流电传动电力机车，基本型号代码为HXD1，进行了首次重大改进，则基本变型代码为A，无一般改进，其型号为HXD1-A。

示例2：交流电传动电力机车，基本型号代码为HXD1，未进行重大改进，仅进行了2次一般改进，其型号为HXD1/B。

示例3：交流电传动电力机车，基本型号代码为HXD1，进行了2次重大改进，又进行了1次一般改进，其型号为HXD1-B/A。

不同的机车车型应采用不同的基本型号代码，基本代码中：DF是东风内燃机车的缩写、SS是韶山电力机车的缩写、TA是天安公务车缩写、ND是进口内燃电传动机车的缩写、NJ是进口内燃交流电传动机车的缩写、HXD是和谐电力机车的缩写、BJ是北京型内燃机车的缩写、NY是进口内燃液力传动机车的缩写、HXN是和谐内燃机车的缩写。

机车车号的编定。机车的车号编码采用数字码，用四位阿拉伯数字表示。按一台机车编定车号的多节机车，应分别在每节机车车号后缀以节号，节号分别用大写拉丁字母表示，由A起顺序排列。

示例：HXD2　0096A、HXD2　0096B。

机车的车号与机车的基本型号代码组合构成，实现机车车型车号的唯一性。

机车车号：对每一台机车赋予的序列编号。

1.2.3　铁路车辆的认知

车辆是铁路运输的重要设备，是用来运送旅客、装运货物或作其他特殊用途的运载工具。车辆没有动力装置，需要把车辆连挂成列，由机车牵引，才能在轨道上运行。

1. 铁路车辆组成

一般来说，车辆的基本构造由车体（车底架）、走行部、车钩缓冲装置、制动装置、车辆内部设备五大部分组成。

（1）车体：是容纳运输对象的地方，又是安装与连接其他组成部分的基础。

（2）车底架：是承托车体的长方形构架，是车体的基础。它承受车体和所装货物的重量，并通过上、下心盘将重量传给走行部。在列车运行时，它还承受机车牵引力和列车运行中所引起的各种冲击力，所以必须具有足够的强度和刚度。

车体一般和车底架构成一个整体，其结构形式与车辆的用途有关。

（3）走行部：是承受车辆自重和载重并引导车辆沿轨道行驶，并把车辆的全部重量传给钢轨的部分。走行部大多采用转向架结构形式，以保证车辆运行质量，如图1-3所示。

（4）车钩缓冲装置：由车钩及缓冲器等部件组成，装在车底架两端，其作用是将机车车辆连挂到一起，并传递纵向牵引力和冲击力，缓和机车车辆间的动力作用，如图1-4所示。

图 1-3　转向架装置

图 1-4　车钩

(5)制动装置:是保证列车安全运行的最重要部分,产生制动力,使高速运行中的车辆能于规定距离内停车或减速。制动装置一般包括空气制动机、手制动机(脚制动机)和基础制动装置部分。

(6)车辆内部设备:主要指客车上为旅客旅行所提供的设备。如客车上的座席、卧铺、行李架、给水、取暖、空调、通风、车电等装置。货车由于类型不同,内部设备也因此千差万别,但一般较为简单。

2. 铁路车辆类型

铁路车辆可按下列不同方式分类:

按用途可分为客车、货车;

按轴数可分为四轴车(主型车)、六轴车、多轴车;

按载重可分为 50 t、60 t、75 t、90 t 等多种。

1)客车

车辆编码作用:对车辆识别和管理,适应全国铁路用微机联网管理的需要。

内容包括:车种、车型、车号。

客车车种:按客车的座别或使用特征对铁道客车进行分类。如硬座车、软卧车、餐车。

客车车型:按车辆速度特征及产品定型或局部改进的时间顺序赋予铁道客车的分类。

客车车号:对每一辆铁道客车赋予的序列编号。

(1)车种编码规则。车种代码由客车车种基本代码构成,结构如下:

×××

└── 车种代码:以2位或3位汉语拼音大写字母表示

车种基本代码按照车辆的座别和使用特征确定,客车车种基本代码及名称见表 1-1。

表 1-1　部分客车基本型号表

车种名称	车种基本代码	车种名称	车种基本代码
软座车	RZ	硬座车	YZ
软卧车	RW	硬卧车	YW
行李车	XL	邮政车	UZ

续上表

车种名称	车种基本代码	车种名称	车种基本代码
餐车	CA	空调发电车	KD
公务车	GW	医疗车	YL
卫生车	WS	试验车	SY
维修车	WX	特种车	TZ
救援车	JY	文教车	WJ

(2)车型编码规则。客车车型代码由速度特征代码、变型代码和技术平台代码构成,代码结构如下:

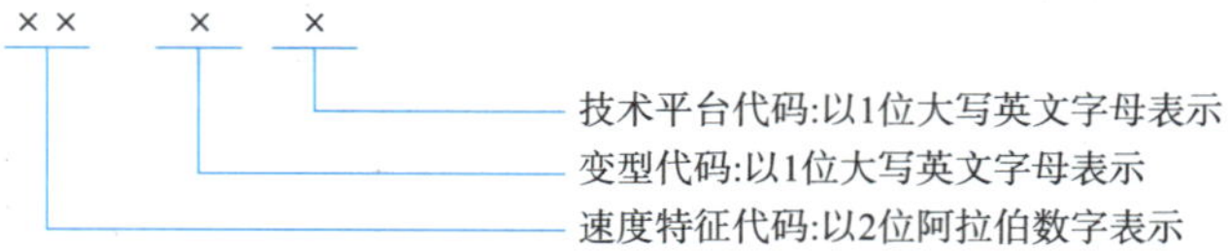

示例1:最高运行速度160 km/h,首次定型,A技术平台,其车型为16AA。

示例2:最高运行速度160 km/h,第1次改进,A技术平台,其车型为16BA。

示例3:最高运行速度120 km/h,第2次改进,A技术平台,其车型为12CA。

速度特征代码以客车最高运行速度(单位为km/h)的百位和十位阿拉伯数字表示,速度特征代码示例见表1-2。

表1-2　速度特征代码示例

最高运行速度(km/h)	速度特征代码	最高运行速度(km/h)	速度特征代码
120	12	160	16
140	14	200	20

(3)车号编码。每辆客车应具有唯一车号,车号编码采用七位数字代码,因车种、车型不同,使用数字规定了区分范围,同种车辆的车号必须集中在划定的码域内,以便从车号编码上反映车辆的车种、车型。一辆车的编码是该车的重要标识,必须涂刷在车辆侧墙上明显的位置。

2)货车

货车按用途可分为通用货车、专用货车、特种货车等。通用货车是能装运多种货物的车辆,包括平车、敞车、棚车、保温车、罐车和冷藏车等(敞车约占货车总数的60%,棚车约占货车总数的20%,平车约占货车总数的5.4%),如图1-5所示;专用货车是专供装运某些种类货物的车辆。包括家畜车、水泥车、漏斗车、自翻车和集装箱专用平车等;特种货车包括长大平车、落下孔车、凹型车、钳夹车等。

(a)平车　　(b)敞车

图1-5　通用货车

(c) 棚车

(d) 罐车

图 1-5　通用货车(续)

货车车种:按货车的形状特征和所装运货物的特征或车辆的技术特征划分的货车种类。

货车车型:表征车种和车辆用途、技术特征、结构特征等的字母和数字组合。

货车车号:对每一辆货车赋予的序列数字编号。

(1)货车车种编码。货车车种编码原则上按货车车种名称的汉语拼音的第 1 个大写字母表示。货车车种的具体编码见表 1-3。

表 1-3　货车车种编码

车种名称	车种编码	车种名称	车种编码	车种名称	车种编码
敞车	C	保温车	B	集装箱专用车	X
棚车	P	粮食车	L	小汽车专用车	SQ
平车	N	毒品车	W	汽车驮背专用车	QT
罐车	C	水泥车	U	长大货物车	D
漏斗车	K	家畜车	J	特种车	T

(2)车型编码。货车车型采用大写汉语拼音字母和阿拉伯数字编码,由车种编码、辅助编码 1、辅助编码 2、载重级别或速度级别或顺序序列、定型序号、转向架编码等组成。可无辅助编码 1、辅助编码 2、定型序号,转向架编码。具体表示如下:

(3)车号编码。货车车号编码采用 7 位阿拉伯数字,每一辆货车应有唯一的车号。采用 7 位数字代码,因车种、车型不同,使用数字规定了区分范围。

3. 铁路车辆标记

为了表示车辆的类型和特征，满足运用、检修和统计上的需要，每一铁路车辆上均应具有规定的各种标记。车辆标记标明在铁路车辆的一定位置上，用以表示产权、制造、检修、运用四类。但实质上这些标记主要为了运用及检修等情况下便于管理和设别所设置。

1）产权标记

国徽：凡参加国际联运的客车须在侧墙外中部悬挂国徽。

路徽：凡产权归铁道部的车辆均应在侧墙或端墙适当的部位涂刷路徽，如图 1-6（a）所示，表示人民铁道。对于货车还应在侧梁适当部位安装产权牌，如图 1-6（b）所示。

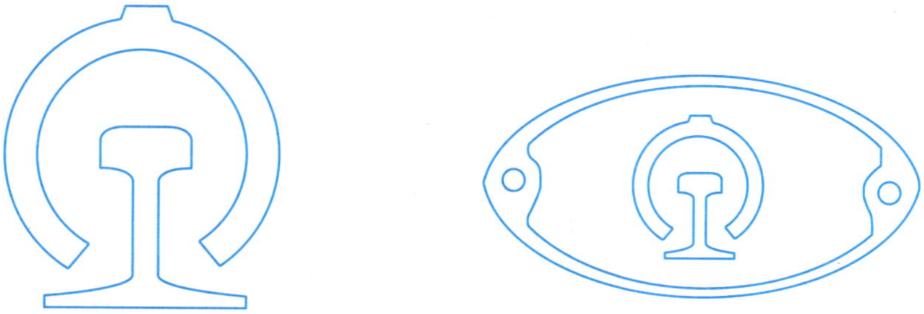

(a) 铁路路徽　　(b) 铁路产权牌

图 1-6　铁路路徽和铁路产权牌

路外厂矿企业自备车的产权标志：在侧墙或其他相应部位用汉字涂打上“××企业自备车”字样。

配属标记：所有客车以及个别固定配属的货车，必须涂刷上所属局、段的简称。

2）制造标记

生产厂家标志牌。

主要零部件生产厂家，详见国家标准《铁道车辆标志》（GB/T 28791—2012）。

3）检修标记

定期检修标记是便于车辆计划修理制度执行与管理的标记。

定期修理标记：

（1）段修、厂修标记。分段修、厂修两栏。第一栏为段修标记；第二栏为厂修标记；左侧为下次检修年月；右侧为本次检修年月及检修单位的简称。

例如：

客车硬座车　02.9　01.3　成渝
　　　　　　07.3　99.9　柳厂

货车敞车　02.11　01.5　成贵
　　　　　08.11　99.11　眉厂

（2）辅修及轴检标记：这两种检查是定期进行的，辅修周期为六个月；轴修视轴承的不同形式规定周期，有三个月、六个月等，都涂打在车辆的侧墙外侧。

4）运用标记

（1）自重、载重及容积：自重为车辆本身的全部质量，以 t 为单位；载重即车辆允许的最大装载质量，以

t 为单位;容积是货车内部可以容纳货物的体积,以 m^3 为单位,并在括号内注明"内长 × 内宽 × 内高"的尺寸。

(2)车辆全长及换长:车辆全长为该车两端钩舌内侧间的距离,以 m 为单位。换长是为了编组列车统计工作的方便,将车辆全长换算成辆数来表示长度,换算时以 11 为标准。

(3)车辆设备、用途及结构特点标记:

(MC)表示可以参加国际联运的客货车。

表示禁止通过机械化驼峰调车场的货车。

(人)表示具有车窗、床托等的棚车。

表示顶车作业的指定部位。

(古)表示具有栓马环或其他栓马装置的货车。

拓展阅读

中国铁路车次编号规则

我国铁路每天开行的列车数以千计,为了区别不同方向、不同种类、不同区段和不同时刻的列车,就需要为每一列车编排一个标识码,这就是车次。车次用阿拉伯数字表示,客车车次还要在阿拉伯数字前加上列车种类汉语拼音的首字母。为了保证行车安全,维护运输秩序和车次编码的规范化,铁路规定进京方向或是从支线到干线称为上行,反之离京方向或是从干线到支线称为下行。上行的列车车次为偶数(双数),下行的列车车次为奇数(单数)。另外,还有的车在运行途中会因为线路上下行的改变而改变车次。例如,广州东开往哈尔滨的 Z236 车次,在广州东开往保定这一段因为是开往北京所以应该为双数(列车车次为 Z236),过了保定站开往天津和以后的旅程因为开始远离北京,根据远离北京为下行列车的车次为单数原则,所以需要变更车次为单数 Z237。同理,哈尔滨开回广州东的 Z238/235 次列车也因为同样原因需要中途变更车次。

旅客列车,指以客车(包括代用客车)编组的,为运送旅客、行李、包裹、邮件的列车。

1. G 读"高",高速动车组旅客列车。
2. C 读"城",是城际动车组旅客列车。
3. D 读"动",动车组旅客列车。
4. Z 读"直",直达特快旅客列车。
5. T 读"特",特快旅客列车。
6. K 读"快",快速旅客列车。
7. 没有字母的四位车次是普通旅客列车。
8. L 读"临",临时旅客列车。
9. Y 读"游",旅游列车。
10. X 读"行",行邮特快专列。

注释:管内快速旅客列车,原来使用的就是 N 字头,现在统一改为 K 或者 T 开始的 4 位数车次,同时取消原来的管内临客 A 字头,统一用 L 开头。

1.2.4 接触网的认知

接触网是在电气化铁道中,沿钢轨上空"之"字形架设的,供受电弓取流的高压输电线。接触网是铁路电气化工程的主构架,是沿铁路线上空架设的向电力机车供电的特殊形式的输电线路。是电气化轨道交通牵引供电系统的重要组成部分。

1. 电气化铁路的组成

电气化铁道由牵引供电系统和电力机车两部分组成。将电能从电力系统传送到电力机车的电力设备总称为电气化铁道的牵引供电系统。

1)电力机车

电力机车的工作原理:接触网上的交流电,经受电弓进入机车后经过主断路器再进入主变压器,从主变压器的牵引绕组经过硅机组整流后,向六台分两组并联的牵引电机集中供应直流电,使牵引电机产生转矩,将电能转变为机械能,经过齿轮的传动驱动机车转动。电力机车分类:由于电流制不同,分为三类,即直—直电力机车、交—直电力机车、交—直—交电力机车。

2)牵引供电系统

牵引供电系统是电气化铁路从电力系统接引电源,降压转换后给电力机车供电的电力网络,如图 1-7 所示。牵引供电系统主要包括牵引变电所和牵引网两部分。

(1)牵引变电所。接触网上的额定电压为 25 kV,由于供电距离较长,电能在输电线路和接触网中产生电能损耗,使接触网末端电压降低。为了让接触网末端电压不低于电力机车的最低工作电压,需要设置牵引变电所。

牵引变电所采用 2 路电源进线,2 台牵引变压器,一主一备方式运行。110 kV 或 220 kV 电源经牵引变压器后,降压为 1 ×25 kV 或 2 ×25 kV,然后供给牵引网。接触网架设在铁路上方,电力机车通过受电弓与接触线滑动接触而获得电能。

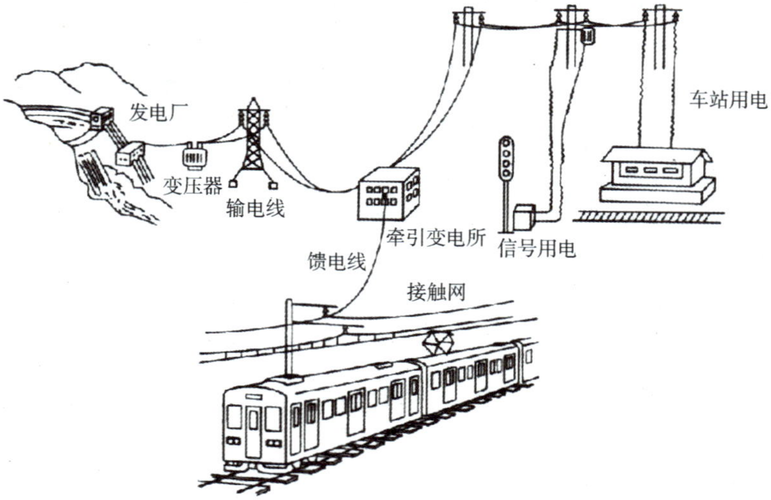

图 1-7 电力系统向电气化铁路供电示意图

(2)牵引网。牵引网如同电力系统的输电线路,它由馈电线、接触网、轨道和回流线组成。接触网是牵引网中最主要的组成部分,车上的受电器通过与它可靠地直接滑动接触,不断取得电能,以保持电动车组的正常运行,如图1-8所示。

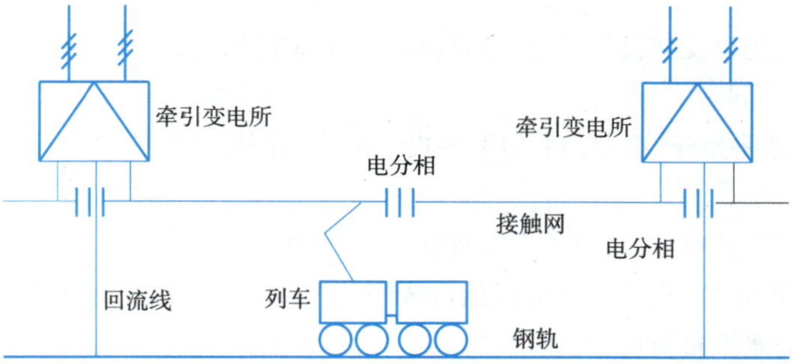

图1-8 牵引供电系统原理示意图

2. 接触网组成

接触网定义:接触网是沿铁路上空架设的一条特殊形式的输电线路。

接触网的组成:由接触悬挂、支持装置、定位装置、支柱与基础等部分组成。

1)接触悬挂

接触悬挂包括接触线、吊弦、承力索和补偿器及连接零件,接触悬挂通过支持装置架设在支柱上,其作用是将从牵引变电所获得的电能输送给电力机车。电力机车运行时,受电弓顶部的滑板紧贴接触线摩擦取流,如图1-9所示。

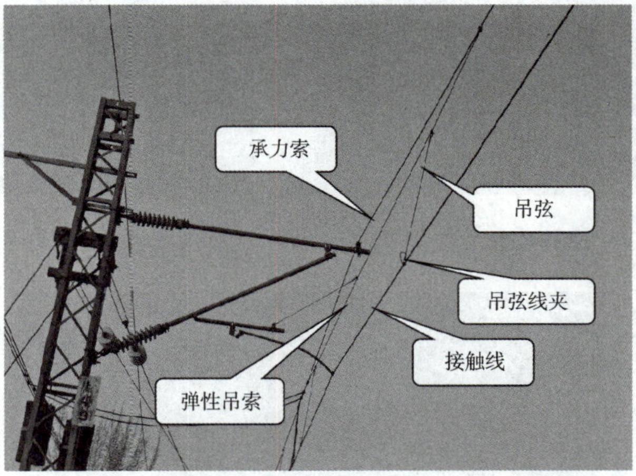

图1-9 接触悬挂组成

(1)接触线。接触线是直接和受电弓滑板相接触并摩擦的,电力机车从接触线上取得电能。

(2)承力索。承力索的作用是通过吊弦将接触线悬挂起来。要求承力索能够承受较大的张力和具有抗腐蚀能力,并且在温度变化时弛度变化较小。

(3)吊弦。吊弦是链型悬挂中承力索与接触线间的连接吊索。

吊弦的作用在链型悬挂中,利用调节吊弦的长短来保证接触悬挂的结构高度、接触线的弛度、接触线距轨面的高度;以及线岔处的水平、抬高,改善接触悬挂的弹性,调整接触线的弛度,保证接触线与受电弓良好接触,提高电力机车受电弓取流质量。吊弦是不应有电流通过的,如发现吊弦有温升、发红或烧伤就说明该段接触网正常导流有问题。

2)支持装置

支持装置的作用:是用以支持接触悬挂,并将其机械负荷传给支柱和基础。根据接触网所在区间、站场和大型建筑物而有所不同。

支持装置包括腕臂、水平拉杆、悬式绝缘子串、棒式绝缘子及吊挂接触悬挂的全部设备,如图1-10所示。

3)定位装置

定位装置包括定位管、定位器、支持器及其连接零件,如图1-11所示。

作用是固定接触线的位置,在受电弓滑板运行轨迹范围内,保证接触线与受电弓不脱离,使接触线磨耗均匀,同时将接触线的水平负荷传给支柱。

4)支柱与基础

支柱与基础用以承受接触悬挂、支持和定位装置的全部负荷,并将接触悬挂固定在规定的位置和高度上,如图1-12所示。

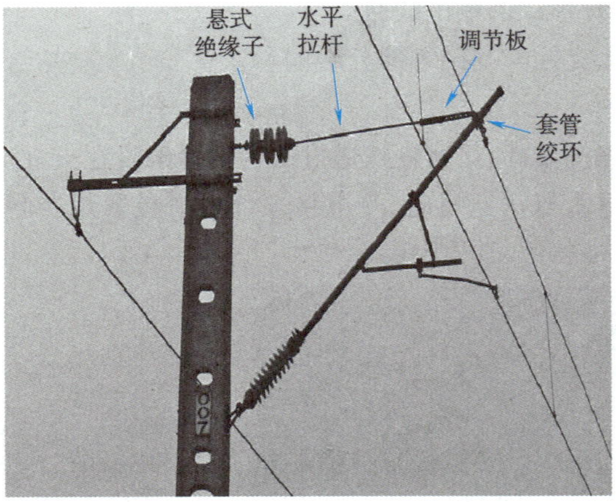

图1-10　支持装置

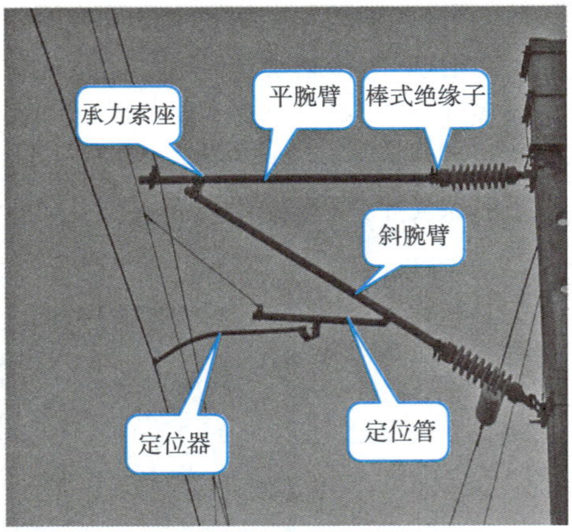

图1-11　定位装置

图1-12　支柱与基础

我国接触网中采用预应力钢筋混凝土支柱和钢柱。

基础是对钢柱而言的，即钢支柱固定在地下用钢筋混凝土制成的基础上，由基础承受支柱传给的全部负荷，并保证支柱的稳定性。预应力钢筋混凝土支柱与基础制成一个整体，下端直接埋入地下。

3. 电气化区段安全注意事项

1）安全距离

（1）任何人及其所携带物品必须与接触网保持 2 m 以上的安全距离。

（2）在离接触网 2 ~4 m 范围内作业时，必须有人监护。

（3）距接触网 5 m 范围内的金属物体必须装设接地线。

2）高压和跨步电压

高压指对地电压在 250 V 以上，如 10 kV 电力线路、25 kV 接触网线路等。跨步电压是指电气设备碰壳或电力系统一相发生接地短路时，电流从接地处四散流出，在地面上形成不同的电位分布，人走近短路点时，两脚之间的电位差，如图 1-13 所示。

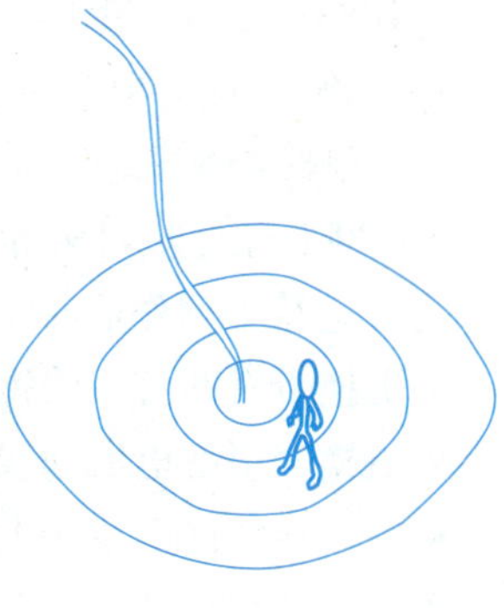

图 1-13　跨步电压

3）工务作业安全注意事项

（1）为保证电力机车可靠持续地从接触网取得能量，接触网导线和钢轨在高度以及线路中心线的横向距离都必须保持相对固定。如果接触网导线和钢轨相对高度过小，将导致车辆、货物对接触网安全距离不够，严重影响人身、设备安全；接触网和电力机车受电弓之间压力过大，加快接触网和受电弓的磨损。如果接触网导线和钢轨相对高度过大，将导致接触网和电力机车受电弓不能良好接触，将产生拉弧现象，从而导致弓网故障。

如果接触网导线在钢轨上的投影和线路中心线的横向距离过大，将导致电力机车受电弓发生钻弓、刮弓等恶性弓网故障。

电气化铁路中钢轨作为牵引电流的回流通道，一旦出现电气回路断开将导致电力机车不能正常运行。同时钢轨上将产生高电压，危及人身安全。因此，在钢轨上作业要特别注意保持钢轨电气回路的完整。

由于电气化铁路线路上空挂有接触网，为保证接触网导线在最大弛度时，与轨顶保持《铁路技术管理规程》（TG/01—2014）要求的有关高度要求以及使导线与线路中心线保持《铁路技术管理规程》（TG/01—2014）的有关技术要求，起道、拨道和其他维修作业受到严格限制。

如果需要超出《铁路技术管理规程》（TG/01—2014）的有关技术标准，应提前与供电部门进行会签。必要时，工务和供电部门协同施工。

（2）为保持接触网导线高度和接触网支柱内侧至线路中心的距离，工务和供电部门应该共同根据线路以及接触网设计的轨面高度，在接触网支柱内侧划一红横线。红横线上面标明轨面至接触网导线的高度，红横线下面标明支柱内侧至线路中心的距离，作为线路和接触网维修时共同遵守的标准。工务和供电部门每年按照红横线会同复测一次。如果需要对线路或接触网进行施工时，施工前工务和供电部门应会同按路局批准的施工文件测量复核，工程竣工后复查并重新测定。

（3）捣固作业时要注意保护通过轨道电流的接续线和车站股道间的跳线；对绝缘接头部位要加强捣固；要防止道床积水；改道作业时撬棍应加装绝缘套管，避免撬棍搭在两根钢轨上造成轨道电路短接。

（4）在带电的接触网下进行的作业应该注意以下事项：

①搬运长大杆件应该平放在车上或者两人抬运，严禁在搬运过程中竖立、高举，以防止长大杆件触及

带电体，危及搬运人员安全。测量用的花杆、塔尺应该距离带电体 2 m 以上。

②尽量避免人体与接触网支柱以及附近的金属结构接触，防止这些设备的绝缘部分损坏导致可能出现的高压短路电流伤人。在接地线损坏时，接地线、回流线与钢轨的连接点可能会出现高压短路电流，不应与之接触。

③在距离接触网支柱以及带电部分 5 m 以内的金属构件上均需装设接地线。木杆脚手架上绑扎的铁丝等金属物，应该去掉余头，以防止尖端放电。距离带电部分不足 5 m 的施工机具应该装设接地线。

④接触线断线接地时，接地点 10 m 以内将出现跨步电压，应单足或者并足跳离危险区，防止跨步电压伤人。发现接触网上有线头、绳索等物品时，严禁使用非绝缘物件与之接触，防止触电，应立即通知接触网工区处理。

⑤在进行下列作业时，必须事先通知供电部门采取安全措施后方准进行：

- 更换带有回流线的钢轨。
- 更换牵引变电所岔线和通往岔线的钢轨以及其主要连接零部件。
- 在有接触网的线路上，在同一地点，同时更换两股钢轨以及两股钢轨的夹板。
- 更换整组道岔。

⑥在使用机械进行作业时，所有机具上的金属构架距离带电接触网不得小于 2 m；装卸机械上的所有部分构架不得碰触接触网的任何部位以及支柱；被装卸的货物要有固定的行走路线，距离带电接触网不得小于 2 m。

⑦作业中严禁使用雨伞或遮阳伞；阴雨天气，人员和机具应距离接触网设备带电部分 5 米以外；防护员不得使用装有金属加长天线的报话机。

1.2.5 铁路车站的认知

车站是交通运输生产的基地。旅客乘降、货物承运、列车到发及解编、机车和乘务组的整备和换乘、列检和货物检查，都在车站办理，车站集中了与行车有关的技术设备。

1. 铁路车站分类

车站有多种分类法，具体如下：

(1)按照车站所担负的任务量，以及它在国家政治、经济方面的地位来划分，车站可分为特等站、一等站、二等站、三等站、四等站、五等站共六个等级。

(2)如果按车站技术作业的不同来划分，可分为编组站、区段站和中间站。编组站和区段站又统称为技术站。

(3)按业务性质来划分，可分为客运站、货运站和客货运站。

区间，是指两个车站(或线路所)之间的铁路线路。

2. 铁路线路分类

铁路线路按用途分类可分为正线、联络线、站线、装卸线、生产专用线、段管线、岔线及特别用途线，如图 1-14 所示。

1)正线

正线是指连接车站并贯穿或直股伸入车站的线路(Ⅱ道)。

铁路正线分类：

(1)单线铁路：区间只有一条正线的铁路。在同一区间或同一闭塞分区内，同一时间只允许一列车运行，对向列车的交会和同向列车的越行只能在车站上进行。

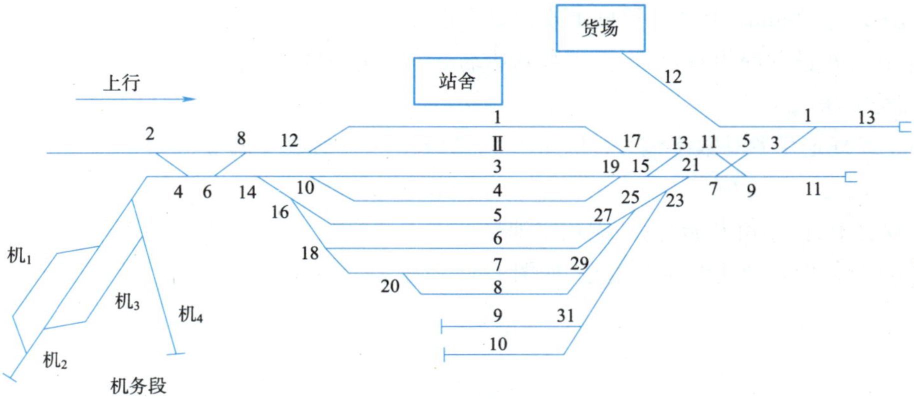

图 1-14 车站布置示意图

(2)双线铁路:区间有两条正线的铁路。分为上行线及下行线。在正常情况下,上下行列车分别在上下行线上行驶。在同一区间或同一闭塞分区的一条正线上,同时只允许一列车运行。

(3)多线铁路:区间有多于两条正线的铁路。

2)站线

站线是指到发线、调车线、牵出线、备用车停留线及站内指定用途的其他线路。

(1)到发线是指供列车到达或出发使用的线路(1、3、4 道)。

(2)调车线是指供车列解体和编组并存放车辆使用的线路(5、6、7、8 道)。

(3)牵出线是指设在调车场的一端,专供车列解体、编组及转线等调车作业牵出使用的线路(11、13 道)。

(4)备用车停留线是为保证生产急需和车、货流变化而备用的车辆停留的线路。

(5)站内指定用途的其他线路是指机车走行线(机 1 道)、机车整备线(机 2、3 道)、禁溜车停留线、轨道衡线、驼峰迂回线及车辆站修线(9、10 道)等。

3)装卸线

装卸线是指装卸物料的线路。

4)生产专用线

生产专用线是指在生产工艺流程中所使用的各种线路。

5)段管线

段管线是指机车、车辆、工务、电务等部门专用并由其管辖的线路。

6)岔线

岔线是指在区间或站内接轨的其他专用线路。

7)特殊用途线

特殊用途线是指安全线和避难线。安全线为进路隔开设备之一,是在列车运行径路的汇合处,为防止列车或机车车辆进入另一列车或机车车辆进入的线路的一种安全设备。

避难线是为防止在陡长的下坡道上失去控制的列车发生冲突、颠覆或为防止在陡长的下坡道上断钩的车辆闯入占用区间或站内,在陡长下坡道下方专设一段上坡的尽头线路。避难线主要依靠逐渐升高的坡度来抵消失控列车的动能。

3. 股道和道岔的编号

为了作业和维修管理上的方便,站内线路和道岔应有统一的编号。

我国铁路采用左侧行车制，并且原则上规定以开往北京的方向为上行方向，背离北京的方向为下行方向。上行列车到达端道岔编为双数，下行列车到达端道岔编为单数。

1）股道编号方法

（1）站内正线规定用罗马数字编号（Ⅰ、Ⅱ…），站线用阿拉伯数字编号（1、2、3…）。在一个车站内站线编号要连续。

（2）单线铁路上，由站房开始，向外侧顺序编号。位于站房左、右或后方的线路，在站房前的线路编完后，再由正线方向起，向远离正线顺序编号，如图1-15所示。

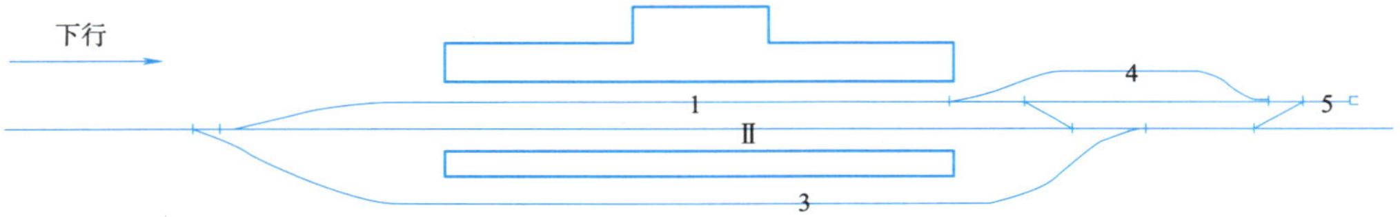

图1-15　单线铁路站内股道编号图

（3）在复线铁路上，下行正线一侧用单数，上行正线一侧用双数，从正线向外顺序编号，如图1-16所示。

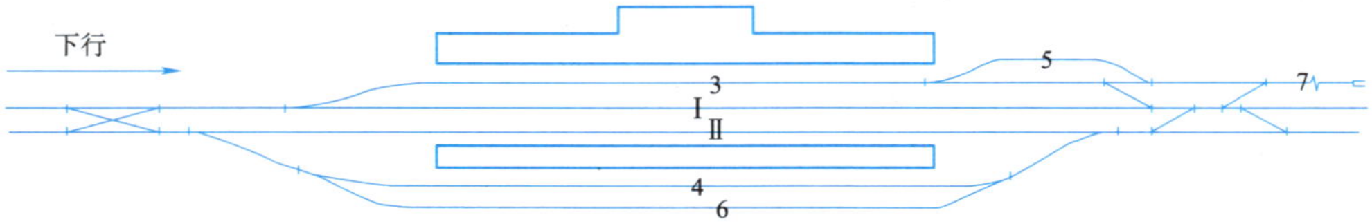

图1-16　双线铁路站内线路编号图

2）道岔编号方法

（1）用阿拉伯数字从车站两端开始，由外向内、先主（主要进路）后次（次要进路）依次编号。

（2）上行列车到达端编为双数，下行列车到达端编为单数。

（3）站内道岔，通常以车站站台中心线作为划分单数号与双数号的分界线。

（4）每一道岔均应编以单独的号码，渡线道岔、交叉渡线道岔及交分道岔等处的联动道岔，应编为连续的单数或双数，如图1-17和图1-18所示。

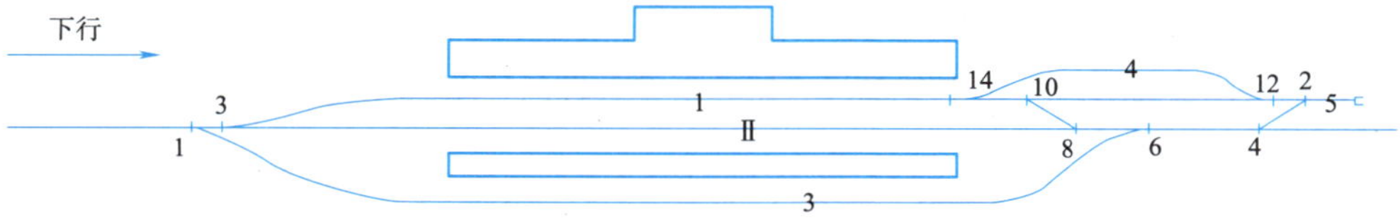

图1-17　单线铁路站内线路、道岔编号图

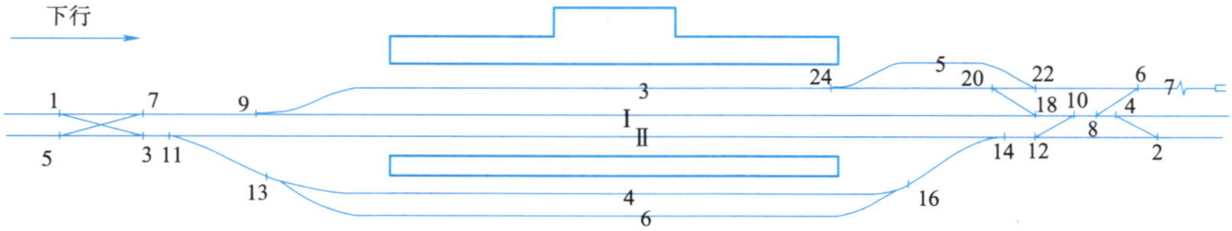

图1-18　双线铁路站内线路、道岔编号图

任务三 轨道的结构组成

众所周知，轨道线路由多个部分组成，每个部分都会影响轨道的状态，从而影响行车安全。轨道线路由上至下，分别为钢轨、轨枕、道床，除此之外还有联结零件、道岔和附属设施等。接下来我们就由上至下，由主及次地学习轨道的各部分组成及其相关要求。

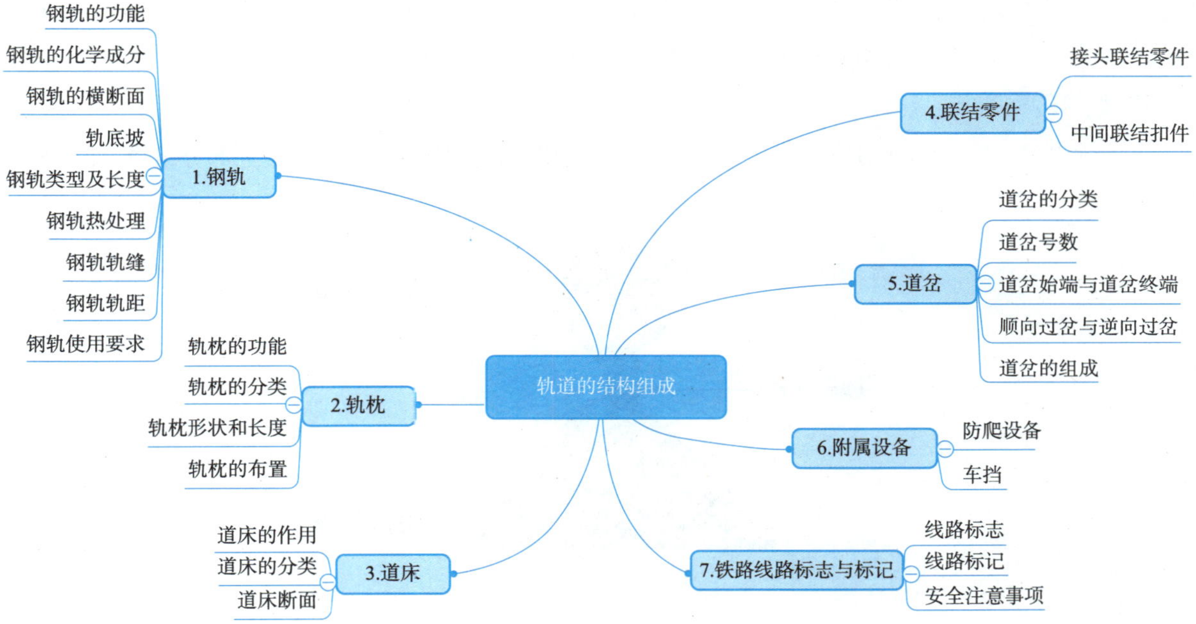

观察与思考

在轨道线路中，钢轨、轨枕、道床、道岔有什么作用？化学成分对钢轨的性质影响是怎样的？钢轨轨缝的作用是什么？我国标准钢轨的类型和长度有哪些？我国常用轨枕是哪种类型的？Ⅰ型、Ⅱ型、Ⅲ型轨枕适用哪种铁路？有砟道床与无砟道床都有哪些优缺点？接头联结零件与中间联结零件如何联结？道岔由哪几部分构成？常见的附属设施有哪几类？什么是钢轨爬行？常见的线路标志标记有哪些？如何设置？接下来就对此内容进行学习。

1.3.1 钢轨

钢轨是铁路线路的主要部件，钢轨与机车、车辆的轮对直接接触，钢轨的质量直接影响到行车的安全性和平稳性。

视频

轨道的结构组成——钢轨

1. 钢轨的功能

铁路线路是机车车辆和列车运行的基础：

(1)它承受着由机车车辆轮对传来的巨大压力。

(2)引导机车车辆轮对运行。

(3)在电气化铁路或自动闭塞区段,钢轨还兼作轨道电路之用。

2. 钢轨的化学成分

钢材的主要元素是铁(Fe),除此之外还含有碳(C)、锰(Mn)、硅(Si)、磷(P)、硫(S)等元素。

碳对钢轨的性质影响最大。提高钢轨的含碳量,其抗拉强度、耐磨性及硬度都迅速增加。但含碳量过高,会使钢轨的伸长率、断面收缩率和冲击韧性显著下降。因此,一般钢轨的含碳量不超过0.82%。锰可以提高钢轨的强度和韧性,硅能去除钢中气泡,增加密度。使钢质密实细致,提高钢轨的耐磨性能。磷与硫在钢中均属有害杂质。磷过多,会使钢轨具有冷脆性,在冬季严寒地区,易突然断裂。硫具有热脆,在钢轨轧制或热加工过程中容易出现大量废铁。所以钢轨中磷、硫的含量必须严格加以控制。

3. 钢轨的横断面

钢轨的横断面形状采用具有最佳抗弯性能的工字形断面,由轨头、轨腰、轨底三部分组成,如图1-19所示。

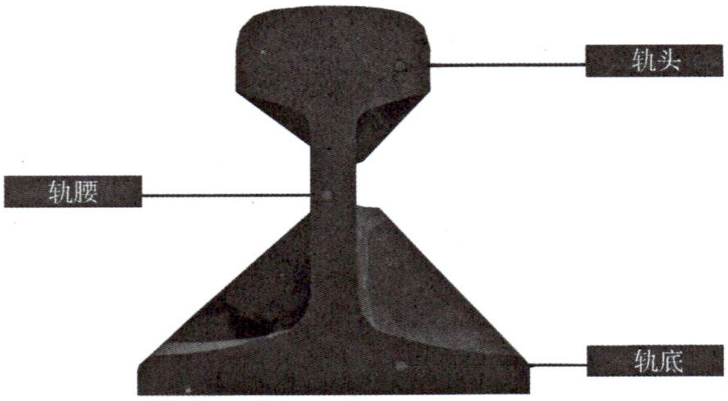

图1-19 钢轨的横断面

4. 轨底坡

轨底坡是指钢轨底面与轨道平面之间所形成的横向坡度。在直线上钢轨不是竖直铺设,而是要向内倾斜1:40的坡度。在曲线地段应视其外轨超高值而加大内轨的轨底坡,如图1-20所示。

设置轨底坡的作用:①能使轮轨接触集中于轨顶中部,避免或减小钢轨偏载;②减轻轨头不均匀磨耗和塑性变形,延长使用寿命;③减小轨腰弯曲应力,提高钢轨的横向稳定能力;④增大轮轨接触面积。

图1-20 轨底坡

5. 钢轨类型及长度

1)钢轨的类型

世界铁路所用钢轨的类型,通常按每延米质量(kg/m)来分类,我国现行的标准钢轨类型有:75 kg/m、

60 kg/m、50 kg/m 及 43 kg/m。重载运煤专线应采用 75 kg/m 钢轨，我国铁路的主型钢轨是 60 kg/m、50 kg/m 钢轨。铁路正线和新建的城市轨道，大都采用 60 kg/m 钢轨，高速铁路也是采用 60 kg/m 的钢轨。专用线和小运量、低速度的城郊线上采用 50 kg/m 钢轨。

2）钢轨的长度

我国标准钢轨长度为 12.5 m 及 25 m 两种。对于 75 kg/m 的钢轨只有 25 m 一种。高速铁路上采用 100 m 定制长轨条。还有专供曲线地段铺设内轨用的标准缩短轨若干种。

曲线内股使用厂制缩短轨缩短量分别是：

12.5 m 钢轨缩短量为：40 mm、80 mm、120 mm；

25 m 钢轨缩短量为：40 mm、80 mm、160 mm。

6. 钢轨热处理

因钢轨在接头处设有三个螺栓孔，并且在该处会受到轮对的较大冲击力，所以钢轨接头成为了钢轨三大薄弱环节之一。为提高钢轨端部的性能，防止压陷，保证钢轨全长上的均匀磨耗，我国目前生产的钢轨，除有特殊用途者外（如用于焊接长轨或道岔），均在其两端轨面上经淬火热处理。

淬火长度为 20 ~ 70 mm，并保证均匀过渡。淬火后，表面硬度有较大提高，但仍保留较高的塑性和冲击韧性。

7. 钢轨轨缝

普通轨道为适应钢轨热胀冷缩的需要，钢轨接头处必须留有一定的缝隙。预留轨缝不应太小，以免高温时钢轨伸长而无伸长余地；轨缝也不应太大，以免低温时钢轨缩短，缝隙过大，严重影响线路运行，如图 1-21所示。

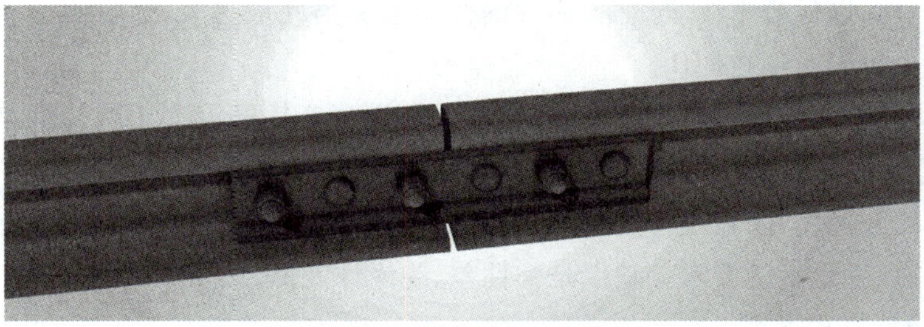

图 1-21 钢轨轨缝

8. 钢轨轨距

轨距是钢轨顶面下 16 mm 范围内两股钢轨作用边之间的最小距离。

世界各国铁路普遍采用 1 435 mm 的轨距，我国铁路也采用 1 435 mm 的标准轨距。轨距宽于 1 435 mm 的称为宽轨铁路，如俄罗斯的轨距为 1 520 mm，爱尔兰的轨距为 1 600 mm，葡萄牙的轨距为1 665 mm，阿根廷、智利等国的轨距为 1 676 mm 等；轨距窄于 1 435 mm 的称为窄轨铁路，如日本非高速线轨距为 1 067 mm，越南、柬埔寨、老挝的轨距为 1 000 mm，我国云南省尚有从昆明至河口的 1 000 mm 的窄轨铁路。

9. 钢轨使用要求

（1）无缝线路轨道应采用 50 kg/m 及以上的焊接长钢轨，钢轨标准长度可为 100 m、50 m 或 25 m，且优先采用 100 m 长定尺轨，长钢轨长度宜为 250 ~ 500 m。

（2）长度大于或等于 1 000 m 的隧道内，宜采用耐腐蚀钢轨。

（3）正线有砟轨道宜采用 25 m 标准长度的钢轨。

1.3.2 轨枕

视频

轨道的结构组成——轨枕

1. 轨枕的功能

（1）承受钢轨的垂直力、水平力。

（2）传递这二力给道床和路基。

（3）保持钢轨方向、位置、轨距。

可以认为，轨枕是介于钢轨与道床之间，承受来自钢轨的各向压力，并将压力弹性地均布于道床的设施。

2. 轨枕的分类

1）按轨枕制作材料分类

可分为木枕、钢枕和混凝土枕。

（1）木枕：轨枕最先采用木材制造，木材的弹性和绝缘性较好，受周围介质的温度变化影响小，质量小，加工和在线路上更换简便，并且有足够的位移阻力。经过防腐处理的木枕，使用寿命也大大延长，在 15 年左右。所以，铁路早期大量使用木枕。据统计，在木枕使用高峰期，全世界大约铺设了 30 多亿根而且大多数是松木。可以想见，这得毁掉多少树木？

（2）钢枕：随着森林资源的减少、人们环保意识的增强和科学技术的发展，20 世纪初，有些国家开始生产钢枕和钢筋混凝土枕，以代替木枕。然而，因为钢枕的金属消耗量过大，造价不菲，体积也笨重，没有推广开来，只有德国等少数国家还在使用。

（3）混凝土枕：许多国家从 20 世纪 50 年代起，开始普遍生产钢筋混凝土枕。混凝土枕的优点是质量大（200 ~ 500 kg）、稳定性好，有利于无缝线路的稳定性；不受气候影响，使用寿命长（一般 50 年左右）；材源较多，能保证均匀的几何尺寸，轨道弹性均匀，平顺性好；扣件易于更换；设计铺设的空间大，制造相对简单，可以满足铁路高速、大运量的要求。缺点是弹性差、绝缘性能低，更换较困难。

2）按混凝土枕配筋方式方类

可分为普通钢筋混凝土枕和预应力混凝土枕。

普通钢筋混凝土枕：抗弯能力差，容易开裂，已被淘汰。

预应力混凝土枕：在轨枕制造时给混凝土施加一定的预压应力，因此抗裂性能好，用钢量少。所以混凝土枕全称是预应力钢筋混凝土轨枕。

3）按预应力混凝土枕施工方法分类

分为先张法和后张法预应力混凝土枕。我国主要采用先张法预应力混凝土枕。

4）按先张法预应力混凝土枕型号分类

为了统一预应力混凝土枕的名称，我国又将混凝土枕分为：Ⅰ型轨枕、Ⅱ型轨枕、Ⅲ型轨枕。

Ⅰ型轨枕在 1980 年以前制造，目前已停产，在一级干线上不允许使用。

Ⅱ型轨枕适应次重型及以下轨道，是目前广泛使用的混凝土轨枕。

Ⅲ型轨枕是最新开发研制的，主要运用于提速重载铁路。目前重载铁路、高速铁路均采用Ⅲ型轨枕。

5)按混凝土枕结构形式分类

可分为整体式、组合式(简称双块式)和短枕式,如图 1-22 所示。

整体式混凝土枕整体性强,稳定性好,易于生产;我国和大部分国家采用整体式预应力混凝土枕。

组合式混凝土枕由 2 个钢筋混凝土块和 1 根钢杆连接而成。短枕式混凝土枕由 2 个钢筋混凝土块组成。

6)按轨枕用途分类

可分为普通混凝土轨枕、混凝土桥枕和混凝土岔枕。

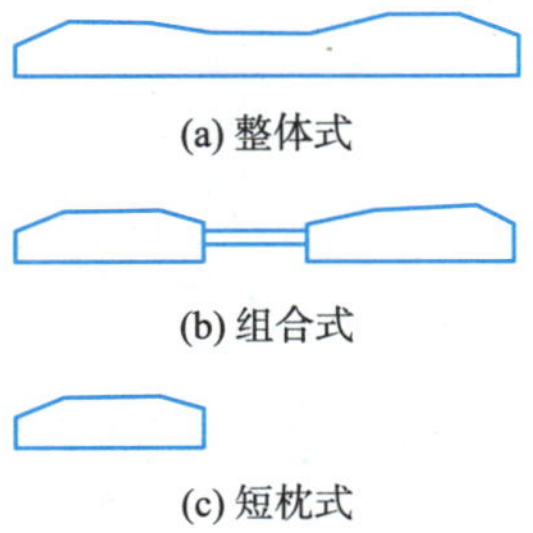

图 1-22 混凝土枕结构形式

3. 轨枕形状和长度

1)轨枕的截面

(1)混凝土枕截面为梯形,上窄下宽。梯形截面可以节省混凝土用量,减少自重,也便于脱模,如图 1-23 所示。

(2)轨枕顶面支承钢轨的部分称为承轨槽,做成 1:40 的斜面,以适应轨底坡的要求。

(3)混凝土枕的高度在其全长是不一致的,轨下部分高些,中间部分矮些。这是因为轨下截面通常在荷载作用下产生正弯矩,而中间截面则在荷载作用下产生负弯矩,如图 1-24 所示。

(4)轨枕底面在纵向采用两侧为梯形、中间为矩形的形状,两端有较大的道床支承面积,以提高轨枕在道床上的横向阻力。

2)轨枕的长度

Ⅰ型、Ⅱ型、Ⅲa(有挡肩)型轨枕,长度为 2.5 m;Ⅲb(无挡肩)型轨枕,长度为 2.6 m。道岔用的岔枕长度为 2.6 ~ 4.8 m(木岔枕)或 2.4 ~ 4.9 m(混凝土岔枕)。

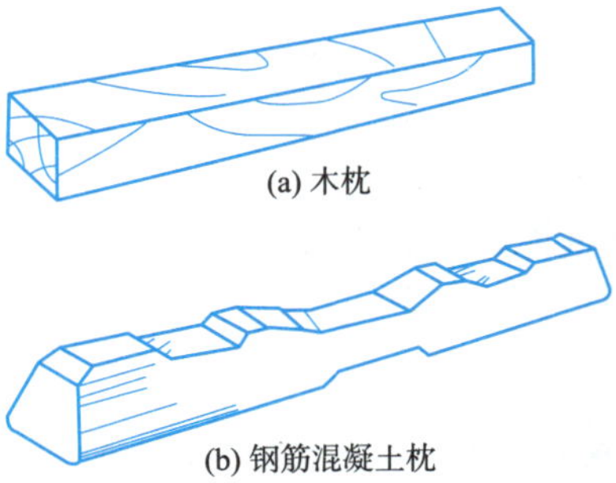

图 1-23 轨枕截面

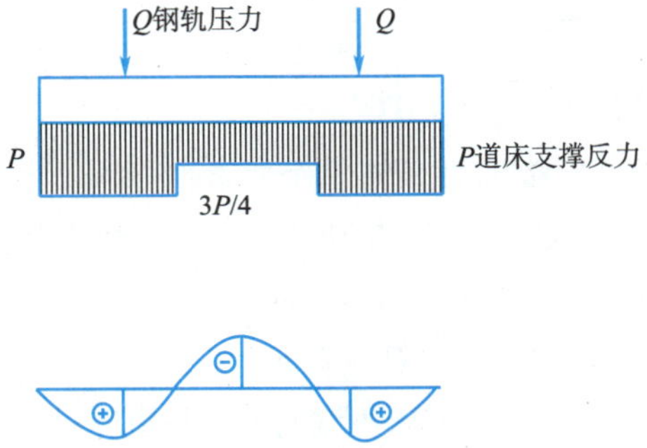

图 1-24 轨枕荷载分布

4. 轨枕的布置

1)每千米配置轨枕根数

我国铁路规定:木枕轨道为 1 440 ~ 1 920;混凝土枕轨道为 1 440 ~ 1 840。

2)轨枕的间距

到目前为止,你对轨枕的了解有多少?普通轨道上,轨枕间的距离是否一样?普通轨道上,钢轨接头处车轮的冲击动荷载大,接头轨枕间距应该比中间轨枕间距小一些,如图 1-25 所示。

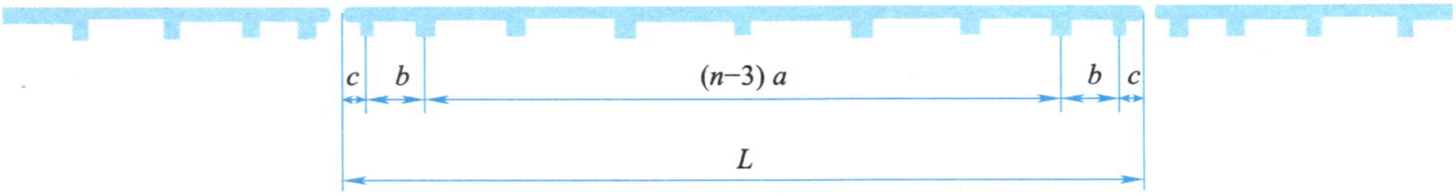

图 1-25　轨枕间距示意图

1.3.3　道床

道床是铺设在路基面上的石碴(道碴)垫层,介于轨枕与路基之间,是轨道的重要组成部分。

视 频

轨道的结构组成——道床联结零件

1. 道床的作用

(1)承受来自轨枕的压力,均匀地传递到路基。

(2)固定轨枕的位置,阻止轨枕纵向或横向移动,保持轨道几何形位的稳定。

(3)提供轨道弹性,缓和机车车辆轮对对钢轨的冲击。

(4)提供良好的排水性能,减少路基病害。

(5)便于轨道养护维修作业。

由于道床的这些优点,目前有砟轨道结构仍是常速铁路和高速铁路的主要轨道结构形式。

2. 道床的分类

道床分为有砟道床和无砟道床两种形式。

有砟道床建设投资低,铺设、改建方便,但线路养护维修工作量大。

无砟道床整体性强、稳定性好、自重轻、整洁美观、线路养护维修工作量小,但初期投资大,对下部结构基础变形限制严。

3. 道床断面

道床断面为梯形,主要有三个要素:

(1)道床厚度(h):足够的厚度,有利于减小基面应力,降低发生永久变形的可能,确保轨道稳定。我国铁路的道床厚度为 250 ~ 350 mm。

(2)顶面宽度(b):一般为 3 m。

(3)边坡坡度(i):道床边坡的大小与道砟材料的内摩擦角和黏聚力有关,如图 1-26 所示。

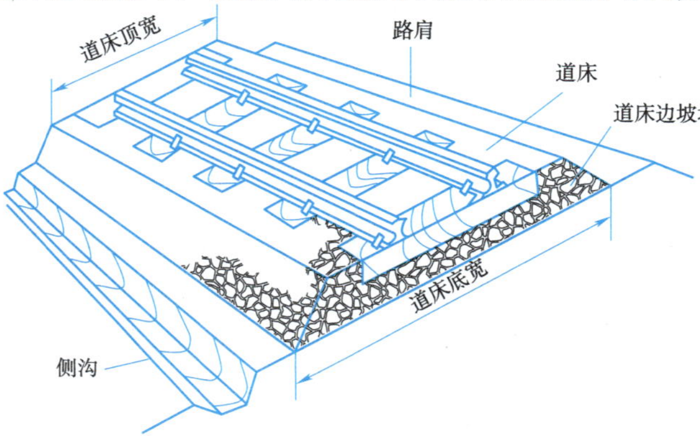

图 1-26　有砟道床示意图

1.3.4 联结零件

联结零件是连接钢轨或连接钢轨及轨枕的零件,联结零件可长期有效地保证钢轨与钢轨以及钢轨与轨枕间的可靠连接,尽可能地保持钢轨的连续性与整体性,阻止钢轨相对于轨枕的纵向移动,确保轨距正常,并在机车车辆的动力作用下充分发挥缓冲减振性能,减缓线路残余变形的积累。

1. 接头联结零件

联结零件分类:分为接头联结零件和中间联结扣件。

1)接头联结零件联结方法

钢轨长度决定于轧制、运输、铺设,在两根定长的钢轨之间,用夹板连接成连续的轨线,即为钢轨接头联结。接头联结零件,指钢轨与钢轨之间的联结零件。包括夹板、螺栓、垫圈等。

钢轨的两端各有三个螺栓孔。两钢轨接头处,预留轨缝,夹上双头对称型夹板(鱼尾夹板),用夹板螺栓将钢轨与夹板联结。为防止螺栓松动,在安装螺母时需要加设弹簧垫圈。然后上紧螺母。重复以上步骤,将其余五个螺栓头尾交错装配。

2)接头联结零件分类

按相对应于轨枕位置接头的连接,可分为悬空式和承垫式两种,如图1-27所示。按两股钢轨接头相互位置来分,可分为相对式和相错式,如图1-28所示。

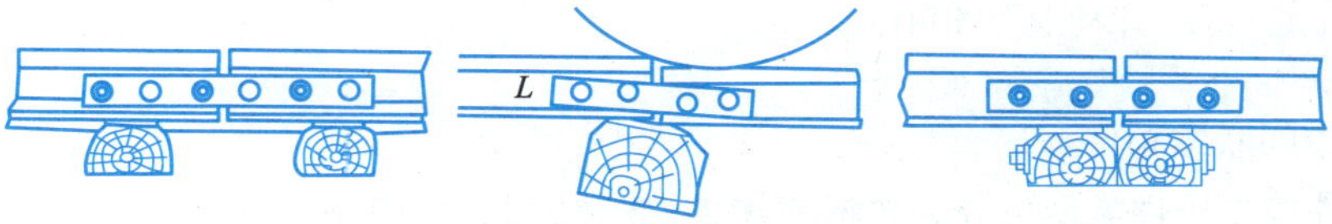

(a) 悬空式　　(b) 单枕承垫式　　(c) 双枕承垫式

图1-27　钢轨接头与轨枕位置示意图

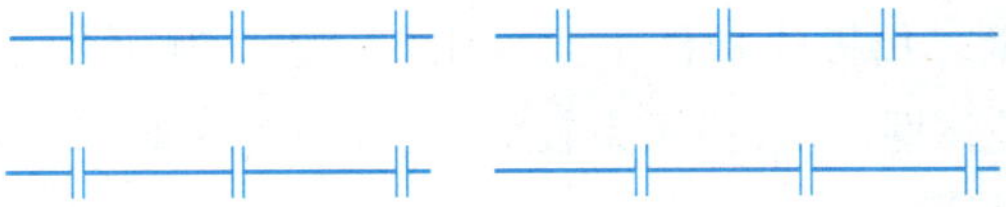

(a) 相对式钢轨接头　　(b) 相错式钢轨接头

图1-28　钢轨接头相互位置示意图

我国一般采用相对悬空式,即两股钢轨接头左右对齐,同时位于两接头轨枕间。

2. 中间联结扣件

为阻止钢轨作相对于轨枕的纵横向移动,并保持其稳固位置,需把钢轨与轨枕联结起来,即为钢轨中间联结。中间联结扣件为钢轨与轨枕之间的联结,中间联结零件通称扣件。

按轨枕的类型中间联结扣件可以分为:木枕中间联结扣件和混凝土枕中间联结扣件。

1)木枕中间联结扣件

木枕轨道中间联结方式主要有:混合式和分开式。

(1)混合式。混合式扣件是我国铁路木枕轨道中应用最广泛的一种。主要是由道钉和五孔双肩铁垫板组成。

扣件方式是用道钉将钢轨轨底、垫板和木枕一起扣紧(钢轨内侧2个,外侧1个),在不分开扣件的基础上,加2个道钉将垫板与木枕单独扣紧(钢轨内外侧各1个)。前三个道钉作用为不分开式,而后设的道钉为分开式,因此称这种扣件为混合式扣件。其优点是减少了垫板在列车作用下的振动,零件少,安装方便。但道钉扣件的扣压力不足,扣紧力不如分开式,易松动,如图1-29所示。

(2)分开式。为了加强扣压力,在桥上、道岔上、无缝线路的伸缩区和缓冲区,采用分开式扣件。它用4个螺栓道钉联结垫板与木枕,2个T形螺栓扣压钢轨与垫板,其道钉和T形螺栓构成"K"形,因此又称"K"式扣件。分开式扣压力大,能有效防止钢轨的横、纵向位移,同时便于安装与更换,但成本高,用钢量大,如图1-30所示。

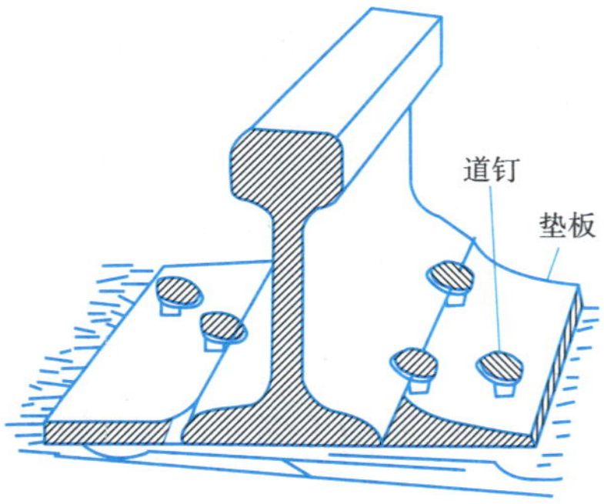

图1-29　木枕混合式扣件

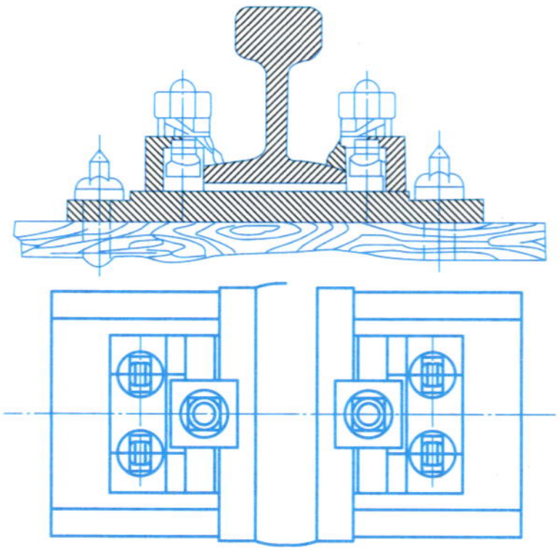

图1-30　木枕分开式扣件

2)混凝土枕中间联结扣件

混凝土枕扣件按扣压件类型可分为扣板式扣件、弹片式扣件、弹条扣件(Ⅰ型弹条扣件、Ⅱ型弹条扣件、Ⅲ型弹条扣件)三种。

(1)扣板式扣件。混凝土轨枕设挡肩,将螺纹道钉用硫磺水泥砂浆锚固在混凝土轨枕承轨台的预留孔中,然后利用螺栓将扣板扣紧。扣板式扣件主要采用63型和70型扣板式扣件。扣件零件少,构造简单,调整轨距比较方便。缺点是弹性不足,扣压力较低,使用过程中容易松动。目前在我国铁路上已逐渐被弹条扣件所代替,如图1-31所示。

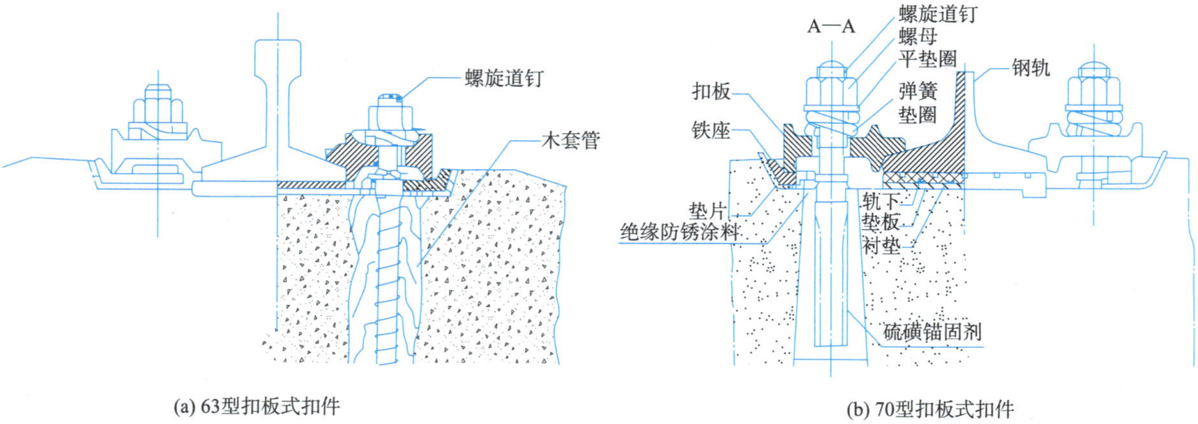

图1-31　扣板式扣件

(2)弹片式扣件。混凝土轨枕设挡肩,采用锚固在混凝土轨枕中的螺栓紧固弹片。主要采用67型拱形弹片式扣件,这种扣件弹性较差,而且螺栓孔处存在应力集中,易造成弹片断裂,因而采用较少,现已被淘汰,如图1-32所示。

(3)弹条扣件。弹条扣件分为有螺栓弹条扣件和无螺栓弹条扣件两类。

有螺栓弹条扣件。混凝土轨枕设挡肩,采用锚固在混凝土轨枕中的螺旋道钉紧固弹条扣压钢轨,利用轨距挡板与挡板座配合调整轨距。主要采用Ⅰ型弹条扣件和Ⅱ型弹条扣件。弹条为ω形,因此又称ω扣件。因Ⅰ型弹条的扣压力不足,弹程偏小,Ⅱ型弹条则应运而生。因此可用Ⅱ型弹条扣件替换原Ⅰ型弹条扣件。该扣件由弹条、螺旋道钉、轨距挡板、挡板座、橡胶垫板等组成,混凝土轨枕设挡肩,为有螺栓扣件。Ⅱ型弹条扣件适用于Ⅱ和Ⅲa型混凝土枕的60 kg/m线路。Ⅰ型弹条扣件与Ⅱ型弹条扣件目前正在线路上大量使用。

无螺栓弹条扣件。混凝土轨枕不设挡肩,为无螺栓扣件,Ⅲ型弹条扣件,扣件由弹条、预埋铁座、绝缘轨距块、轨下橡胶垫板组成。该扣件具有零部件少,结构紧凑,扣压力大,保持轨距能力强,维修工作量少等优点,适用于高速和重载铁路,如图1-33所示。

1.3.5 道岔

道岔是铁路轨道的重要组成部分,由于道岔数量多行驶速度、行车安全性能低,与曲线、接头并称为轨道的三大薄弱环节。在运营过程中轨道线路会产生各种各样的病害,在整个轨道结构中,还需要各种各样附属设施。

视频

轨道的结构组成——道岔及附属设施

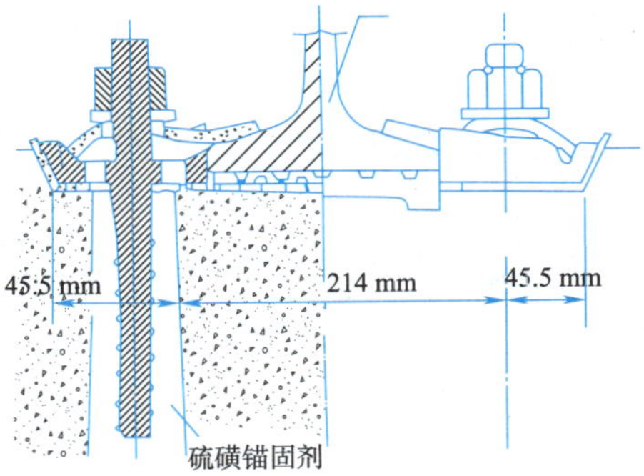

图1-32 67型拱形弹片式扣件

图1-33 Ⅲ型弹条扣件

机车车辆在运行过程中,常常需要由一条线路转入另一条线路,或跨越其他线路。这就需要设置线路的连接与交叉设备,即道岔。

1. 道岔的分类

按构造和类型分类:道岔可分为交叉、连接和交叉与连接三种类型。

(1)普通单开道岔,是最简单、最常用的一种道岔。道岔的主线为直线,侧线向主线的左侧或右侧分支。

(2)双开道岔,是把直线轨道分为左右对称的两条轨道的道岔,列车通过时无直向及侧向之分。

(3)三开道岔,主线为直线,用同一部位的两组转辙器,将一条轨道分为三条。

(4)菱形交叉,是两直线轨道相交成菱形的交叉,并且列车不能转线。

(5)交分道岔:分为单式交分道岔和复式交分道岔。

单式交分道岔是在两条轨道交叉地点,列车只能一侧转线的交分道岔。

复式交分道岔是在两条轨道交叉地点,列车能两侧转线的交分道岔。

(6)交叉渡线,是相邻两线路间由两条相交的渡线和一组菱形交叉组成的设备。

2. 道岔号数

道岔号数又称辙叉号数,用辙叉角(α)的余切值来表示,辙叉角越大,道岔号数越小,过岔速度越低。目前我国定型生产的普通单开道岔主要有 9 号、12 号、18 号、30 号等型号,它们所允许的侧向过岔最高速度分别为 30 km/h、45 km/h、80 km/h、140 km/h。

3. 道岔始端与道岔终端

道岔始端(又称岔头)与道岔终端(又称岔尾):尖轨尖端前基本轨端轨缝中心处称道岔始端,辙叉根端轨缝中心处称道岔终端。

4. 顺向过岔与逆向过岔

列车通过道岔时,凡是由道岔终端驶向道岔始端,称顺向通过道岔,反之由始端驶向终端时,称逆向通过道岔。

5. 道岔的组成

以单开道岔为例分析,普通单开道岔有三大组成部分、七个组成部件,如图 1-34 所示。三大组成部分包括转辙器部分、连接部分、辙叉及护轨部分。七个组成部件包括转辙器部分的基本轨、尖轨;连接部分的直轨、导曲线轨;辙叉及护轨部分的翼轨、护轨、叉心(心轨)。

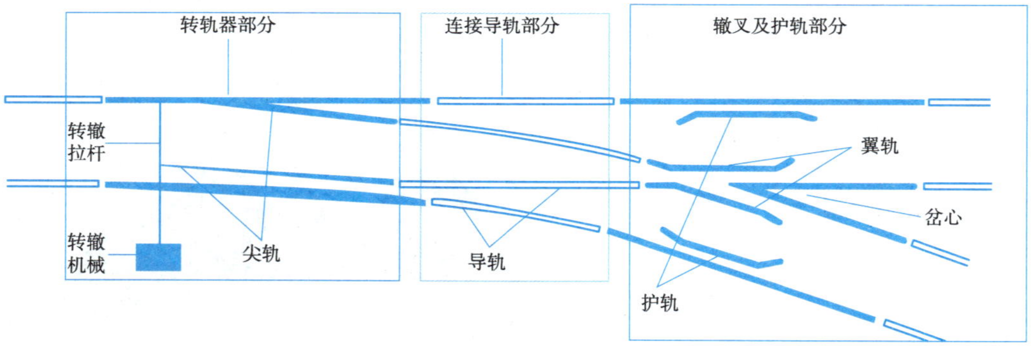

图 1-34　道岔结构示意图

(1)转辙器部分,它是引导机车车辆转线的部分。

由两根基本轨、两根尖轨、各种联结零件、道岔转换设备等组成。

基本轨由标准钢轨断面的钢轨制成,一侧为直基本轨,一侧为曲基本轨。尖轨是用与基本轨同类型的标准钢轨或特种断面钢轨刨制而成。尖轨依靠被刨尖的一端与基本轨紧密贴靠,以正确引导车轮的运行方向,列车靠它引进直股或侧股线路上。

(2)连接部分,它是将转辙器和翼轨联结起来的部分。

由两根直轨、两根导曲线轨、各种联结零件组成。

连接部分分为直线连接线和曲线连接线(一般称导曲线)。我国铁路道岔导曲线多为圆曲线,导曲线一般不设外轨超高和轨底坡。列车在侧向过岔时要限制速度。

(3)辙叉与护轨部分,它是保证车轮安全通过两股轨线的相互交叉处。

由辙叉、护轨、主轨(安装护轨的基本轨)及其他联结零件等组成。

辙叉由翼轨和心轨(也称叉心)组成。

①叉心两工作边的交点称为辙叉理论中心(理论尖端);由于制造工艺原因,实际上辙叉尖端宽度为6～10 mm,称辙叉实际尖端。

②叉心两工作边的夹角称为辙叉角 α。两翼轨相距最近处称辙叉咽喉。

③从辙叉咽喉至辙叉心轨实际尖端之间称为“有害空间”,这一段是轨线中断区段。为保护车轮安全通过“有害空间”,在辙叉两侧相对有害空间位置的基本轨内侧设置护轨。

④护轨中间部分为平直线,与基本轨平行;为使车轮轮缘能顺利进入护轨轮缘槽,在护轨平直段的两端设置缓冲区。

护轨的作用:一是控制车轮的动行方向,使之安全通过“有害空间”而不错入轮缘槽;二是保护辙叉尖端不被轮缘冲伤。

1.3.6 附属设备

轨道附属设备是指用于线路防爬、曲线和道岔加强以及保证行车安全的轨道设备的统称。包括各种防爬设备及护轨、轨撑、脱轨器等。线路通过加强后,无论直线、曲线轨道,还是道岔等,都应具有大致相同的强度和可靠性附属设施,包括防爬设备、车挡、道口等。

1. 防爬设备

防爬设备是用以提高轨道纵向阻力,防止线路爬行的附属设备,由防爬器和防爬撑组成。除使用防爬设备外,还应采用防爬型钢轨扣件以及切实有效的道床夯拍措施。目的是锁定线路,防止爬行,巩固和提高线路质量。适用于所有线路、道岔。

(1)轨道爬行,列车运行时,车轮作用于钢轨上除产生竖直力和横向力外,还产生一个纵向水平推力,能引起钢轨的纵向移动,有时甚至带动轨枕沿着线路方向一起移动,此种现象称为轨道爬行。

(2)轨道爬行的危害:轨道爬行往往引起轨缝不匀、轨枕歪斜等线路病害,对轨道的破坏性极大,严重时还会危及行车安全。因此,必须采用有效措施加以防止。

(3)防爬措施:一方面加强钢轨与轨枕间的扣压力和道床阻力;另一方面是设置防爬设备来加强接头扣件、中间扣件的扣紧力以防止爬行。

①在直线地段,由于列车纵向力的作用,轨枕可能被拉斜。预防方法是将防爬器与防爬支撑配合使用,如图 1-35 所示。

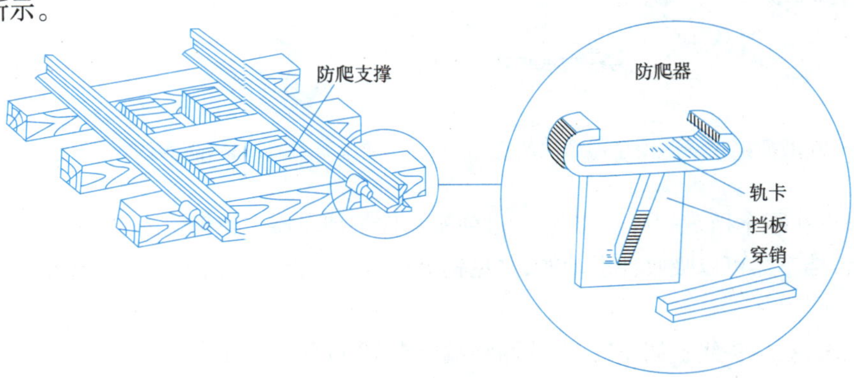

图 1-35 防爬器与防爬支撑示意图

②在曲线地段，由于列车横向力的作用，很容易引起轨距扩大。预防方法是采用轨撑和轨距拉杆进行加固，如图 1-36 所示。

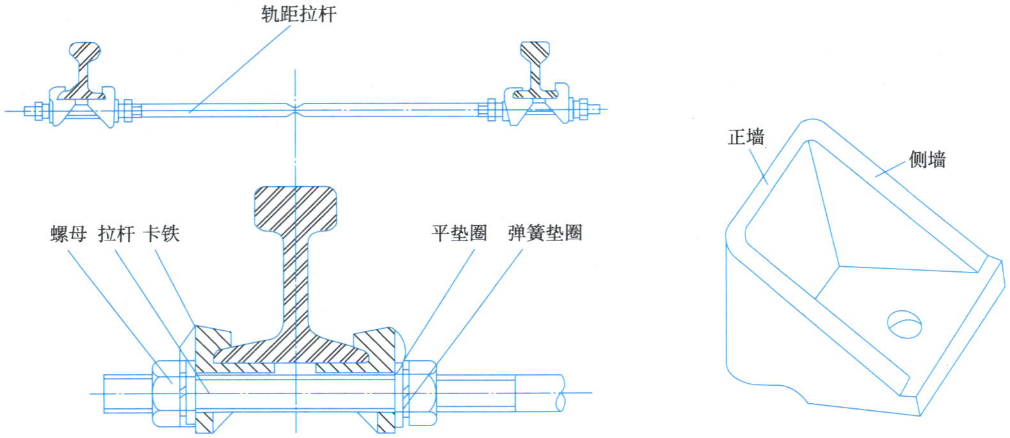

图 1-36　轨距拉杆与轨撑示意图

2. 车挡

车挡是轨道结构辅助设备，主要用于车站尽头线、停车线等处。尽头线的终端均设置车挡，车挡多以片石浆砌而成，也有以钢轨焊制的，最简单的做法是尽头线端部堆上一堆沙土、碎石等。

为了防止车辆在尽头线终端因溜逸或推送不当可能产生的安全隐患，近年来广泛推广使用挡车器，如图 1-37 所示，挡车器用于编组站场的尽头线，在车辆推进或溜放时起缓冲制动作用，防止车辆脱线或撞上土挡。不设置挡车器时，一般是在土挡前线路钢轨上踏上铁鞋，将原来车轮的滚动摩擦转变为沿钢轨面的滑动摩擦，从而使车辆滑动一定距离后停止运动，通过铁鞋来制动而不撞击土挡，如图 1-38 所示。

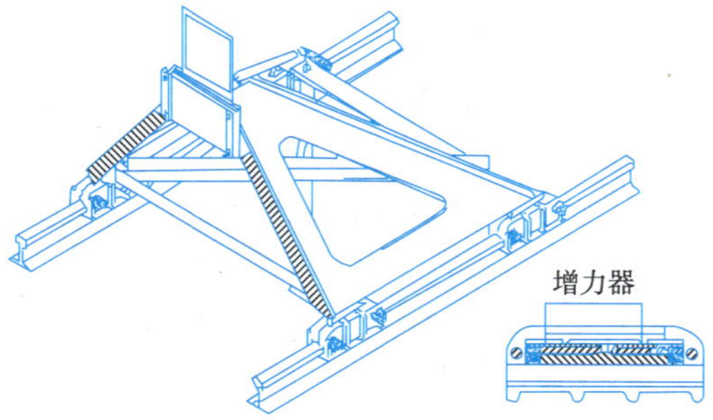

图 1-37　CDH-C20 型插接式滑动挡车器结构示意图

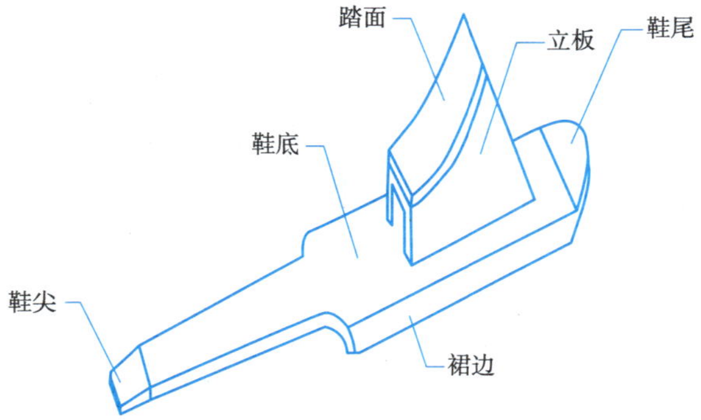

图 1-38　防溜铁鞋（止轮器）示意图

挡车器一般设在距车挡 5～10 m 处，它通过弹簧扣件将挡车器卡在钢轨上，当车辆在顶送时或自行溜逸撞上挡车器后，挡车器可以吸收冲击动能，避免爬上车挡造成损失。挡车器一般只容许 15 km/h 以下的撞击。

铁路规章要求，在尽头线上调车时，距线路终端应有 10 m 的安全距离，遇特殊情况，必须近于 10 m 时要严格控制速度。

拓展阅读

1. 挡车器

挡车器按结构形式及制动方式可分为：滑动挡车器、固定挡车器、月牙挡车器。

1)滑动挡车器介绍

CDH-C 型插接式滑动挡车器是一种安装在铁路尽头线防撞挡车安全防护设备，该设备结构简单、制动挡车能力大且制动平稳、受力均匀，安全可靠。CDH-C20-850 中 C 指车辆，D 指挡车器，H 指滑动，G 为固定，C 指插接式，20 指抗冲击速度 km/h。850 指支座中心距轨面高度，单位为 mm，一般火车高度为 850，动车、高铁为 965，地铁为 720，城市快速及轻轨为 660。钢轨大小一般为 50、60。轨距为 1 435。

2)滑动挡车器种类

滑动挡车器种类主要有 CDH-C20 插接式滑动挡车器，市面较为常见，如图 1-39 所示。CDH(改)滑动挡车器，由工字钢制作主体架，强度更大。CDH-Ⅰ型滑动挡车器，是整体结构，强度大，但运输无法拆开。CDH-C 滑动挡车器，可拆开运输，较 CDH-C20 强度大。TDCQ2 滑动挡车器，这个一般配套后车挡使用。HJD(CDH-D2)滑动挡车器，前部有铁鞋、弹簧缓冲，后部加装 4 套阻尼器，上部碰撞部位为弹簧缓冲结构。HJD 挡车器，结构更完善；钢轨结构式滑动挡车器，连接方式比较复杂、受力不好控制且成本高；CDH-Y 液压滑动挡车器，冲击力大，减速效果好。

3)固定挡车器种类

固定挡车器种类主要有 XCD 固定挡车器，三脚架结构，工字钢制作，可以拆开，便于运输。CDG-K 为固定挡车器，如图 1-40 所示。CDG-1 为固定挡车器。CDG-D 为标示灯挡车器，与其他挡车器配套使用，作为后车挡，一般不单独使用。CDKW 为固定挡车器，整体式结构，撞击效果好。CDG-Y 为液压固定挡车器，与液压滑动挡车器相仿，底座为固定式。

4)月牙挡车器种类

月牙挡车器种类主要有 CDKN 月牙挡车器，月牙挡车器主要用于车辆段库内线路终端，如图 1-41 所示。结构简单，维护方便，占用线路短，成本低。适用于溜逸车辆速度很低的场合。

图 1-39 滑动挡车器

图 1-40 固定挡车器

图 1-41 月牙挡车器

2. 铁鞋

铁鞋按照使用方法分为普通铁鞋和自锁式铁鞋。

目前，我国铁路车站上使用的铁鞋，都是双边制动铁鞋，其构成分为两部分：底部和头部。底部：车轮踏上鞋底后，利用头部将车轮卡住，使鞋与车轮共同滑行而起制动作用。头部分鞋头、挡板两部分。

铁鞋制动原理，就是在一根或两根钢轨上放置铁鞋，向前滚动的车轮压上铁鞋后便沿钢轨滑行，轮轨之间由滚动摩擦变为滑动摩擦，阻止掣轮前进，起制动作用。铁鞋适用于各种不同尺寸的轨面使用，当车辆轮对踏上止轮器时，止轮器锁闭装置自动开启，随车辆同步运行，并能平顺通过钢轨接头；当车辆轮对退下止轮器时，止轮器封闭装置将自动锁闭在轨面上，达到有效防溜，最佳防盗的效果，如图1-42所示。

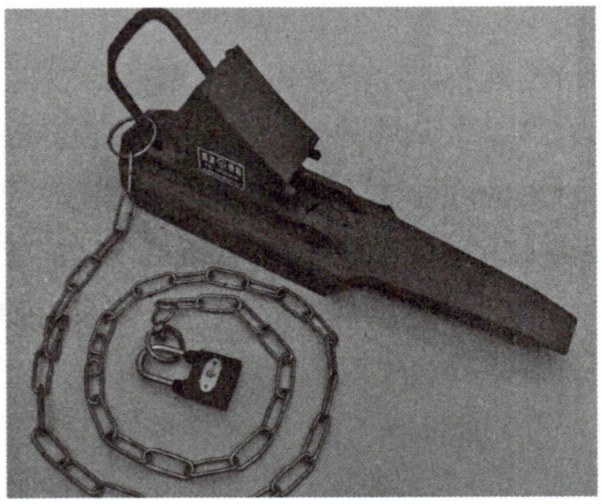

图1-42　铁鞋

用专用钥匙打开锁爪，安装在专用线或到发线进行车辆防溜，不用专用钥匙时，人无法拿走铁鞋，起到防盗作用和安全防溜作用。

1.3.7　铁路线路标志与标记

视频

铁路线路标志的设置及要求

铁路两旁有许多各种各样的标志，大小不同、形状各异。这些标志分为线路标志和信号标志两种，前者主要是标明线路的状况，后者主要是操作提示。它们既便于工务人员从事线路的养护维修，也便于机车司机掌握线路的变化，安全行车。

1. 线路标志

1）常见线路标志

线路标志包括公里标、半公里标、百米标、曲线标、圆曲线和缓和曲线的始终点标、桥梁标、隧道标、涵洞标、坡度标等。

2）线路标志设置标准

（1）线路及信号标志的式样颜色、符号、字体大小，均应按铁路相关标准执行。并经常保持完整、位置正确、标志鲜明。

（2）线路标志在单线上顺计算里程方向设于线路左侧，在双线上各设于本线列车运行方向左侧。

（3）信号标志顺列车运行方向设于线路左侧。

（4）各种标志（警冲标除外）内侧应距线路中心3.1 m以外。原则上在石碴坡角处埋设。如石碴边坡与侧沟边距离小，无法埋设时，应移至水沟外侧，如水沟外侧为路堑时，应开挖出梯形断面埋设，并且要保证在机车添乘人员视线以内。

（5）按照安全标准线建设的要求，区间上线路标志内侧应距离道床边坡坡脚1.5 m，标志顶面距离路基面0.57 m，并在路基面上护砌高0.07 m和宽出标志外延0.1 m的混凝土基座；站场内设于线间距的中间，直线地段要在一条直线上，曲线地段则要保证各种标志前后圆顺；特殊困难地段，可根据路基情况往外埋设，但必须保证标志醒目。

（6）对所有标志前后10 m范围内路肩应进行整平。

3)线路标志设置位置

(1)公里标、半公里标、百米标设在线路每一整公里、半公里处和百米处,如图 1-43 所示。用于指明线路的位置。公里标如图 1-43(a)所示,该位置处的里程为 K2015,位置距离线路的起点为 2 015 km。

(a) 公里标　　(b) 半公里标　　(c) 百米标

图 1-43　公里标、半公里标、百米标

(2)曲线标设在曲线中点处,标明曲线中心里程、半径大小、曲线和缓和曲线长度以及曲线超高和加宽值;标面上的数字是两边对齐的,曲线标面向线路的侧面要标写曲线中心里程。如图 1-44 所示,该曲线要素标中的曲线长 918 m、缓和曲线长 40 m 和半径 2 500 m,超高 20 mm,加宽 0 mm。

(3)圆曲线、缓和曲线始终点,圆曲线始终点标:设在直圆(ZY)、圆直(YZ)点处,标明所向方向为直线、圆曲线。在直圆、圆直标的侧面刷曲线头尾里程(指无缓和曲线);缓和曲线始终点设在直缓(ZH)、缓圆(HY)、圆缓(YH)、缓直(HZ)各点处,标明所向方向为直线、圆曲线或缓和曲线。在直缓、缓直标的侧面刷曲线头尾里程。

(4)桥梁标设在桥梁中心里程(或桥头)处,标明桥梁编号和中心里程。如图 1-45 所示桥梁编号为 381,中心里程为 K393 + 848。

(5)隧道标直接标注在行车方向左侧端墙上,标明隧道编号、中心里程和全长。如图 1-46 所示隧道编号为 061,中心里程为 K67 + 940,全长为 1 980 m。

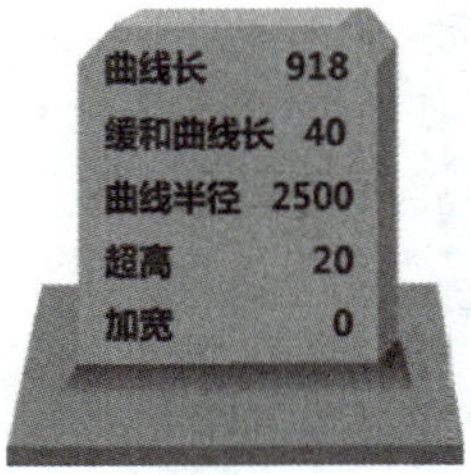

图 1-44　曲线标

图 1-45　桥梁标

图 1-46　隧道标

(6)坡度标设在线路坡度的变坡点处,两侧各标明其所指方向的上、下坡度值及其长度;坡度标箭头方向是按照书写方式进行,既一律从左向右指,不是一律指向线路中心,并且箭头的中心线是垂直平分坡度标斜边的。如图 1-47 所示,正面表示坡度值为 15‰,长度为 1 490 m 的上坡。侧面表示该处里程为K14 + 173。背面表示坡度值为 16‰,长度为 765 m 的下坡。

(7)竖曲线起终点标应设在竖曲线起点、终点位置,标明起、终点里程。

4)常见信号标志

与工务有关的信号标志有警冲标、司机鸣笛标、减速地点标和作业标等。

图 1-47　坡度标

5）信号标志设置位置

（1）警冲标，是用来指示机车车辆停车时，不准向道岔方向或线路交叉点方向越过，以防止停留在该线上的机车车辆与邻线上的机车车辆发生侧面冲突的标志，如图 1-48 所示。应设在会合线路两线间距为 4 m 的起点处中间，有曲线时按限界加宽办法加宽；两线间距不足 4 m 时，应设在两线最大间距的起点处中间；埋设警冲标应注意油漆白色的半边朝向道岔辙叉方向，油漆红白相间的半边背向道岔辙叉方向。

警冲标适用于与到发线有关的线路及雪埋地区的一切站线上，高出轨枕顶面一般情况为 300～330 mm，在积雪较深地区可以酌情加高。该标用红、白漆以 100 mm 为间距分别涂刷。

（2）鸣笛标设在道口、大桥、隧道及视线不良地点的前方 500～1 000 m 处。司机见此标志，须长声鸣笛示警。

（3）减速地点标设在需要减速地点的两端各 20 m 处。减速地点标的正面表示列车应从此处开始按规定限速通过该地段，背面表示列车应该按规定限速从此处为终点通过了该地段。

（4）作业标设在施工线路及其邻线距施工地点两端 500～1 000 m 处。

（5）管界标，各界标正面有“铁路局”“工务段”“线路车间”“线路工区”，侧面有“管界”字样，如图 1-49 所示。

图 1-48　警冲标

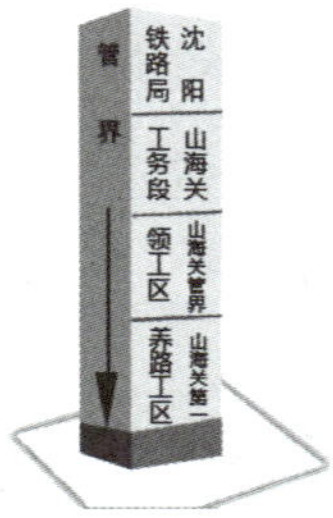

图 1-49　管界标

2. 线路标记

1）钢轨编号标记

（1）编号方法：以左股钢轨为准编号。正线面向里程增大方向分左右股，按起点至终点的方向顺序编号。（复线地段铁号以列车运行方向的左侧为准。）站段岔特线以面向终点方向分左右股，按起点至终点的方向顺序编号。

正线以公里为计算单位，其编号自本公里第一根钢轨开始，至本公里最后一根钢轨为止。遇有一根钢轨跨两个计算里程时，编入钢轨较长一端的计算里程内。

无缝线路因临时或永久处理后，遇有临时插入的短钢轨不宜整公里更换编号时，新增接头或焊缝间钢轨编号方法如下：公里＋号数＋左右股（L 或 R）（如 K1234＋12L 为 1 234 km 的第 12 个焊接接头左股，插入短轨接头数量增加时可在原号数前加附属编号,如 K1234+12L-1)。

无缝线路按焊接前的钢轨进行编号(即把焊缝看作接头)。

道岔内的钢轨不编号,遇有道岔留一空格,填写道岔编号、类型和全长。

(2)编号写法:钢轨编号应写在左股钢轨距始端 1.0 m 左右的轨腹内侧,特殊情况下写在外侧或另一股的内侧。

钢轨编号的大小为:50 kg/m 及以上的钢轨用 50 mm×35 mm,43 kg/m 及以下钢轨用 40 mm×30 mm,均为红底白字。

2)钢轨百米点标记

(1)百米点标记:凡是正线均应刷百米点标记,红底白字。

(2)百米点标记,从公里标开始,按实际丈量的准确位置,在左股钢轨内侧轨腰上每百米位置标出"+"号,"+"的交叉点为丈量的基准点,再在"+"后面写数字,均为红底白字。如 200 m 点 +200。

(3)20 m 点标记(只限于无缝线路):在左股钢轨内侧轨腰上每 20 m 点标出"+",再在"+"后面写数字,从 0 m 开始,一直到 1 000 m。特别注意的是,在 1 000 m 点不刷"+1000",而是刷"×××+000"(××代表的是公里数)。如:260 m 点 +260;329 km 点 329+000。

3)曲线钢轨标记

(1)曲线标记:曲线标记均为红底白字。

(2)曲线测点 P_0、P_1、……、P_n:刷在曲线上股钢轨外侧轨腰上。

(3)正矢、超高和半径:刷在曲线上股钢轨内侧轨腰处。

(4)正矢点:正矢点位置"▲"(红色)刷在曲线上股钢轨外侧的轨头处,"▲"是边长为 20 mm 的等边三角形。

(5)在曲头的上股钢轨内侧轨腰上刷本点数据,即 ZH(ZY)$f=$ $h=$ $s=$,在曲头的下股钢轨内侧轨腰上刷曲线全貌,即 $R=$ $L=$ $l=$ $f=$ $h=$ $s=$ 。在曲尾的上股钢轨内侧轨腰上刷本点数据,即 HZ(YZ)$f=$ $h=$ $s=$,在曲尾的下股钢轨内侧轨腰上刷曲线全貌,即 $R=$ $L=$ $l=$ $f=$ $h=$ $s=$;在缓和曲线的其他正矢点处只刷 $f=$ $h=$,在圆曲线的其他正矢点处只刷"+"。有加宽的曲线,加宽值 $s=$ 要刷上,无加宽的曲线,加宽值 $s=$ 就不用刷了。其中,R 表示曲线半径,L 表示曲线全长,l 表示缓和曲线长,h 表示外轨超高,s 表示轨距加宽,f 表示正矢。

4)轨枕编号标记

对 160 km/h 及以上速度区段的正线线路,要求线路设备必须全面实施精细化整修,为能够迅速及时地找准作业地点,建议对轨枕进行加密编号,每根钢轨内每 10 根轨枕进行编号,分别标注"10、20、30、40、……"。钢轨末端不足 10 根轨枕时不再编号.编号油刷在行车方向右股钢轨内轨枕侧面的小斜面上,白底红字。

5)防爬观测标桩及标记

防爬观测标桩(又称位移观测桩)用废钢轨制作,长度按 2.5 m 为一根,其中钢轨一端轨头断面切口必须平整,并用红、白铅油分中刷涂,如图 1-50(a)所示。位移观测桩露于地面部分,轨腰及轨顶面采用黑白相间铅油涂刷,黑白间距 0.15 m,如图 1-50(b)所示,轨底面采用白铅油涂刷,并用红铅油标出"位移观测桩"字样及观测桩编号,位移观测桩的编号统一由东向西顺序编号,如图 1-50(c)所示。

位移观测桩按照设计里程埋设于线路外侧距钢轨头外侧 2.5 m 处,困难时可在左右 0.5 m 范围内移动。位移观测桩需成对埋设,埋设完第一根后用线绳垂直线路定出第 2 根埋设位置,埋设位移观测桩需采用 C15 混凝土浇筑,且观测桩顶面应高于轨面 100 mm,如图 1-51 所示。

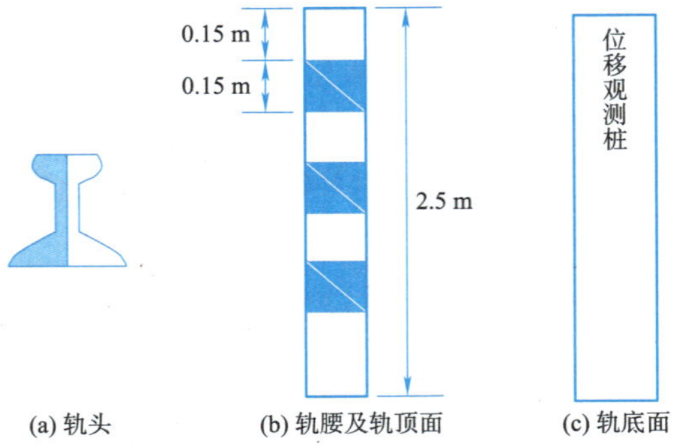

图 1-50　防爬观测桩

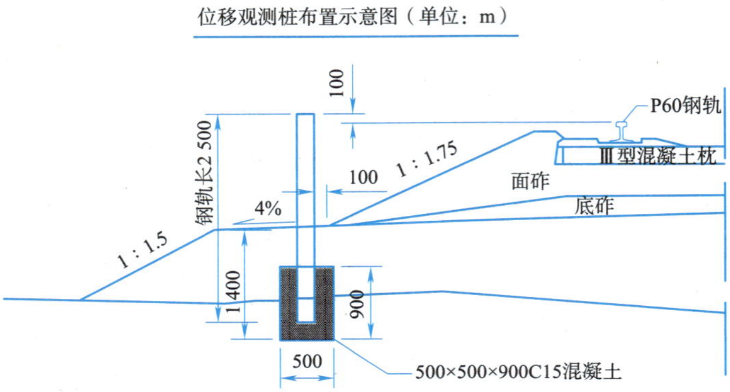

图 1-51　位移观测桩埋设示意图(单位 mm)

6)道岔标记

(1)岔枕的规格、数量标在直外股的外侧轨腰上,为红底白字。箭头长度为 100 mm。(混凝土岔枕可不刷。)

(2)支距点:支距点位置“▲”(红色)刷在直股钢轨外侧的轨头处,“▲”是边长为 20 mm 的等边三角形,支距值刷在对应的直股钢轨内侧轨腰上。

(3)道岔编号、钢轨类型、道岔号、型号依次写在岔首距岔尖 200 mm 直基本轨内侧。如№2 — P60 — 1/12 — AT 型,意义为此道岔的编号是 2 号道岔,钢轨类型为 60 kg,辙叉号为 12 号,尖轨类型为 AT 型。红底白字。

(4)道岔“1348”“1391”刷在护轨上,红底白字。

3. 安全注意事项

没有安全的保驾护航,就没有高质量的作业标准。

(1)搬运设置、安放标志要注意防止手脚碰伤,多人搬运较重标志,应有专人统一指挥,动作一致以防伤人,安设人员注意配合,确保操作者人身安全。

(2)在线路路肩或道床坡脚处设置标志,当来车时应停止作业避车。埋设警冲标时,在两线间作业,应派专人负责瞭望防护,来车时要及时撤出两线间到安全地点避车,并注意防止作业工具和堆放的石砟、材料侵入限界。

(3)在雨、雪、大风、严重雾霾等特殊天气应禁止作业。

项目二

轨道工程施工

为了保证轨道线路上的列车能安全、平稳、舒适地运行，为了轨道的线路处于良好的状态。我们在施工时须高标准、高质量施工，严格检测控制轨道质量。学生通过该项目学习，应能够理解掌握轨道静态检测与动态检测是在哪一阶段进行的，作用有哪些。

轨道工程的施工可以分为道路、桥梁、隧道等线下工程施工与轨道铺设施工。本项目因篇幅有限，线下工程施工仅介绍道路工程。

学习目标

1. 认识铁路路基，理解路基的组成与施工。
2. 理解铁路工程图的识读。
3. 掌握各种类型道床施工及铺轨流程。
4. 掌握轨道静态检测与动态检测作用。

任务一　轨道线路工程图识读

轨道线路工程图包括轨道路线平面图、纵断面图、横断面图以及轨道结构图。图纸是工程的语言，通过学习，能快速读懂工程图纸，便于进行工程施工，便于进行技术交流。

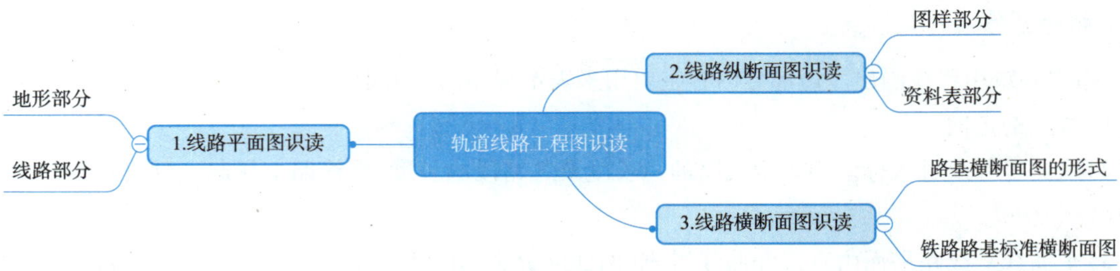

观察与思考

线路工程图包括哪几类？什么是线路的平面图？在线路的平面图中可以反映出线路的哪些信息？平曲线中有哪些要素点？什么是线路的纵断面图？线路纵断面图的图示内容有哪些？线路标准横断面图如何识读？接下来就对此内容进行学习。

2.1.1 线路平面图识读

线路平面是线路中心线在水平面上的投影，线路平面图主要用于表示线路的位置、走向、长度、平面线形（直线和曲线，曲线又包括圆曲线与缓和曲线）和沿线路两侧一定范围内的地形、地物状况，主要反映线路的曲直变化和走向，如图 2-1 所示。

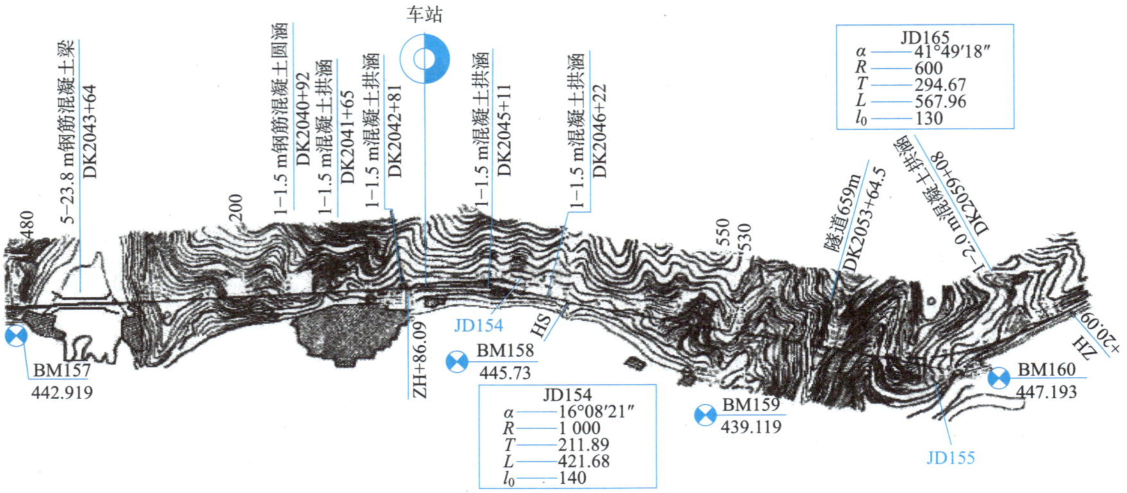

图 2-1 线路平面图

1. 地形部分

线路平面图中的地形部分是线路布线设计的客观依据，包括：

(1)绘图比例。为了清晰合理地表达图样，不同的地形应采用不同的比例尺。

(2)指北针。表示线路所在地区的方位。

(3)地形地貌。地形的起伏变化状况用等高线来表示。等高线越密集，地势越陡峭；等高线越稀疏，地势越平坦。

(4)地物。常见的地物有河流、房屋、道路、桥梁、植被以及供测量用的导线点、水准点等。

2. 线路部分

线路中心线用粗线画出。该部分内容主要用来表示线路的水平走向、里程及平面要素等。

(1)线路的走向。

(2)线路里程及百米标。为表示线路的总长度及各路段的长度，在线路上从起点到终点每隔 1 km 设千米标一个。

(3)平曲线。线路平面由直线和曲线组成（曲线又分为圆曲线和缓和曲线）。直线是线路走向的主要部分；当线路受地形和地面建筑物的影响而发生转折时，需在转折处设置曲线。

①圆曲线：沿线路前进方向，圆曲线上设置了 ZY、QZ 和 YZ 三个关键控制点，基本要素有五个，分别线是曲线偏角 α、曲线半径 R、切线全长 T、曲线全长 L 和外矢距 E，如图 2-2 所示。

曲线超高，列车通过曲线部分时，由于离心力的作用，有向外侧抛出的趋势，为了防止这种趋势的发生，平衡这个离心力，需使外侧钢轨比内侧钢轨高，这种设置称为超高。超高即把曲线外轨适当抬高，借助车辆重力的水平分力以平衡离心力，从而达到内外两股钢轨受力均匀、使乘客不会因为离心加速度的存在而感到不舒适，以及提高线路横向稳定性，保证行车安全。

轨距加宽，为使具有固定轴距的车辆能顺利通过曲线，在半径很小的曲线上，轨距要适当扩大，这种扩大称为轨距加宽。曲线轨距加宽值应加在里股，即将里股轨向曲线内侧横移，并保持曲线外股位置不变。

②缓和曲线：为保证列车安全，使线路平顺地由直线过渡到圆曲线或由圆曲线过渡到直线，以避免离心力的突然产生和消除，常需要在直线与圆曲线之间设置一段曲率半径变化的曲线，这段曲线称为缓和曲线，缓和曲线上设置了 ZH、HY、QZ、YH、HZ 五个关键控制点，其基本要素包括圆曲线半径 R、缓和曲线长 l_0、曲线偏角 α、切线长度 T、曲线长度 L 和外矢距 E。图 2-3 所示为设有缓和曲线的线路曲线。

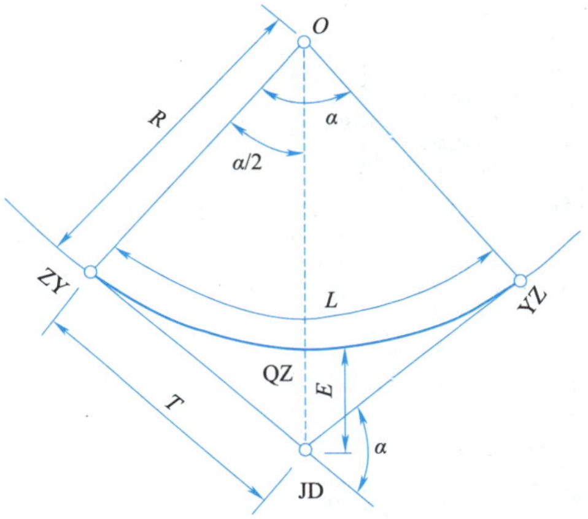

图 2-2 圆曲线

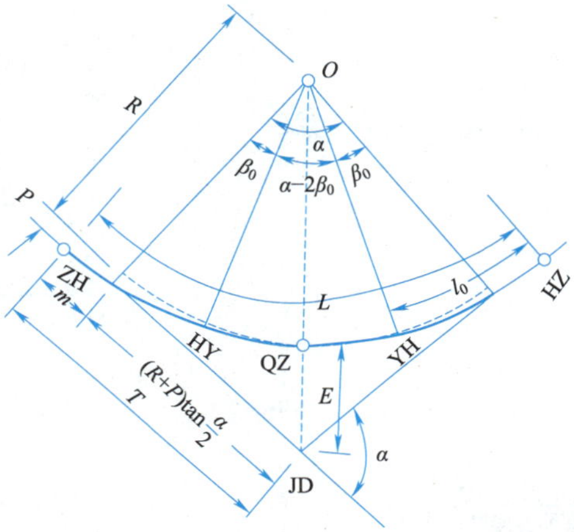

图 2-3 缓和曲线

在缓和曲线范围内，曲率半径从直线衔接端的无穷大渐变减小到圆曲线衔接端曲率半径 R，或从圆曲线的半径 R 逐渐增加到无穷大；其次，运行中列车的离心力逐渐增加或逐渐降低，不至于造成列车强烈横向摇摆；轨距加宽值逐渐增大或逐渐减小；曲线外轨超高逐渐增大或逐渐减小。设置缓和曲线的目的是确保列车安全、平顺地通过曲线，以及提高乘客乘坐的舒适度。

③夹直线与曲线：转向相同的相邻两曲线称为同向曲线。转向相反的相邻两曲线称为反向曲线，又称 S 形曲线。介于两同向曲线间或两反向曲线间（即位于前一曲线终点与后一曲线起点间）的直线，称为夹直线。

设置夹直线的目的是避免运行中的列车刚驶出一条曲线又马上进入另一条曲线而加剧车体的左右摇摆，保证行车运行平顺，从而改善乘客乘坐的舒适度。

2.1.2 线路纵断面图识读

线路中心线展直后在铅垂面上的投影，称为铁路线路的纵断面（侧视），表明线路的坡度变化，线路纵断面主要反映线路的起伏情况。它的平顺与否，是影响到线路行车条件的关键因素。

线路纵断面图的横向表示线路的里程，纵向表示地面线、设计线的高程。

线路纵断面图包括图样和资料表两部分，一般图样位于图纸的上部，资料表布置在图纸的水平下部，且两者应严格对正，如图 2-4 所示。

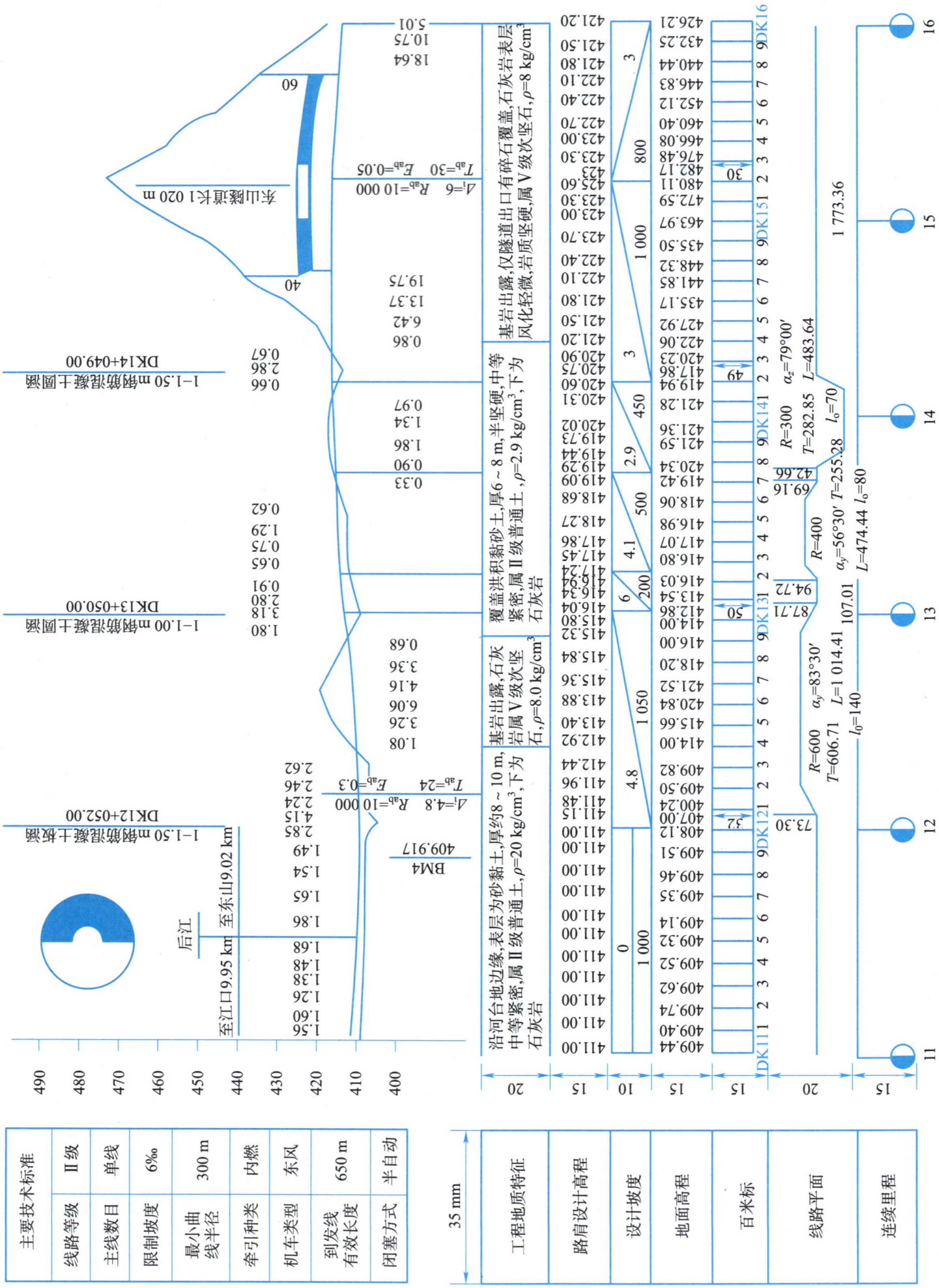
主要技术标准
线路等级 II级
主线数目 单线
限制坡度 6‰
最小曲线半径 300 m
牵引种类 内燃
机车类型 东风
到发线有效长度 650 m
闭塞方式 半自动
工程地质特征
路肩设计高程
设计坡度
地面高程
百米标
线路平面
连续里程
35 mm
东山隧道长1 020 m
至江口9.95 km
至东山19.02 km
后江
BM4
409.917
1−1.50 m钢筋混凝土板涵
DK12+052.00
1−1.00 m钢筋混凝土圆涵
DK13+050.00
1−1.50 m钢筋混凝土圆涵
DK14+049.00
1 773.36

图 2-4　线路纵断面图

1. 图样部分

(1)绘图比例。横向 1:10 000;竖向 1:500 或 1:1 000,主要是为了便于画图和读图。

(2)地面线。用细实线表示设计中心线处的地面线,由一系列中心桩的地面高程顺次连接而成。

(3)设计线。粗实线为线路的设计坡度线,简称设计线,由直线段和竖曲线组成。

(4)竖曲线。在变坡点处,为确保车辆的行驶安全和平顺而设置的竖向圆弧称为竖曲线,如图 2-5 所示。

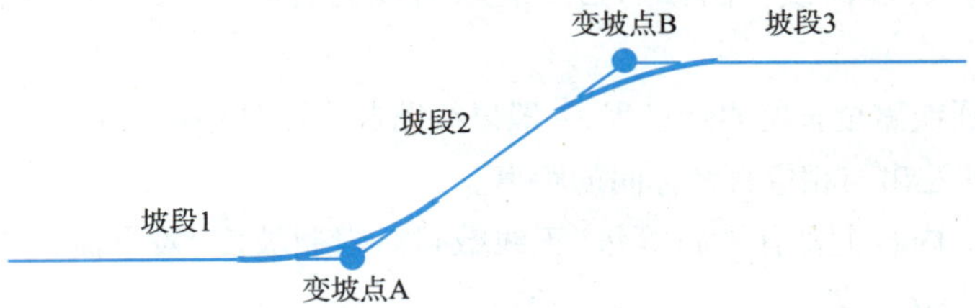

图 2-5　竖曲线示意图

①变坡点:相邻两坡段的坡度变化点称为变坡点。

②坡段:两变坡点之间的路段称为坡段。坡段的特征由坡段长度和坡度值表示,如图 2-6 所示。

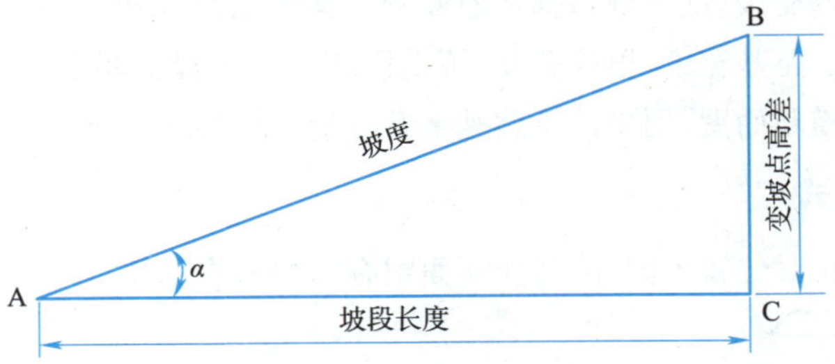

图 2-6　坡段示意图

③坡段长度:是该坡段前后两个变坡点之间的水平距离。

④坡度:坡度值是指坡段两端变坡点的高差与其坡段长度的比值,用千分率表示。上坡为正,下坡为负,平坡为零。

(5)构造物和水准点。线路沿线如设有桥梁、涵洞等构造物,应在设计线的上方或下方用竖直引出线标注,并注释构造物的名称、种类、大小和中心里程桩号。设计线上面的数字为路基填方高度,下面的数字为路基挖方深度。

2. 资料表部分

(1)工程地质特征。按沿线工程地质条件分段,简要说明地形、地貌、地层岩性、地质构造、不良地质挖方边坡率、路基承载能力、隧道围岩分类和主要处理措施。

(2)路肩的设计高程。设计线上各点的高程是指路肩设计高程。比较设计线与地面线的相对位置,可确定填、挖地段和填、挖高度。

(3)设计坡度。标注设计线各段的纵向坡度和该段的长度。坡度栏中竖线为变坡点的位置,表格中的对角线表示坡度方向,左下至右上表示上坡,左上至右下表示下坡,坡度和距离分注在对角线的上下两侧。线上数字为坡度值,以‰表示;线下数字为坡段长度,以 m 为单位。

(4)地面高程。地面高程应根据实测，标至 cm，各百米标、加桩处均应填写地面高程。

(5)加桩。在线路整桩号之间，需要在线形或地形变化处、沿线构造物的中心或起终点处加设中桩，加设的中桩称为加桩。一般地，对于平、竖曲线的各特征点、水准点、桥、涵、隧、车站的中心点以及地形突变点，需增设桩号。加桩处应标出至前一百米标的距离。

(6)线路平面。该栏是线路平面图的示意图。线路直线段用水平细实线“——”表示，向左或向右转弯的曲线段分别用下凹“ ”“ ”或上凸“ ”“ ”的细实线折线来表示，其中前者表示不设缓和曲线，后者设置缓和曲线。图样的凸凹表示曲线的转向，上凸表示右转曲线，下凹表示左转曲线。

(7)连续里程。贯通线路全长的累计里程，一般以线路起点车站中心的零点里程作起算的累计里程。在整千米处标注里程，并注出与相应百米标间的距离。

(8)主要技术标准。内容主要有铁路等级、正线数目。限制坡度、最小曲线半径、牵引种类、机车类型、到发线有效长度、闭塞类型等。

2.1.3 线路横断面图识读

通过线路中心桩假设用一垂直于线路中心线的铅垂剖切面对线路进行横向剖切，画出该剖切面与地面的交线及其与设计路基的交线，则得到路基横断面图。其作用是表达线路各中心桩处路基横断面的形状、横向地面高低起伏状况、路基宽度、填挖高度、填挖面积等。工程上要求每一中心桩处，根据测量资料和设计要求依次画出路基横断面图，用来计算路基土石方量和作为路基施工的依据。

1. 路基横断面图的形式

按设计线与地面线的相对位置不同，路基横断面图有六种形式，如图 2-7 所示。

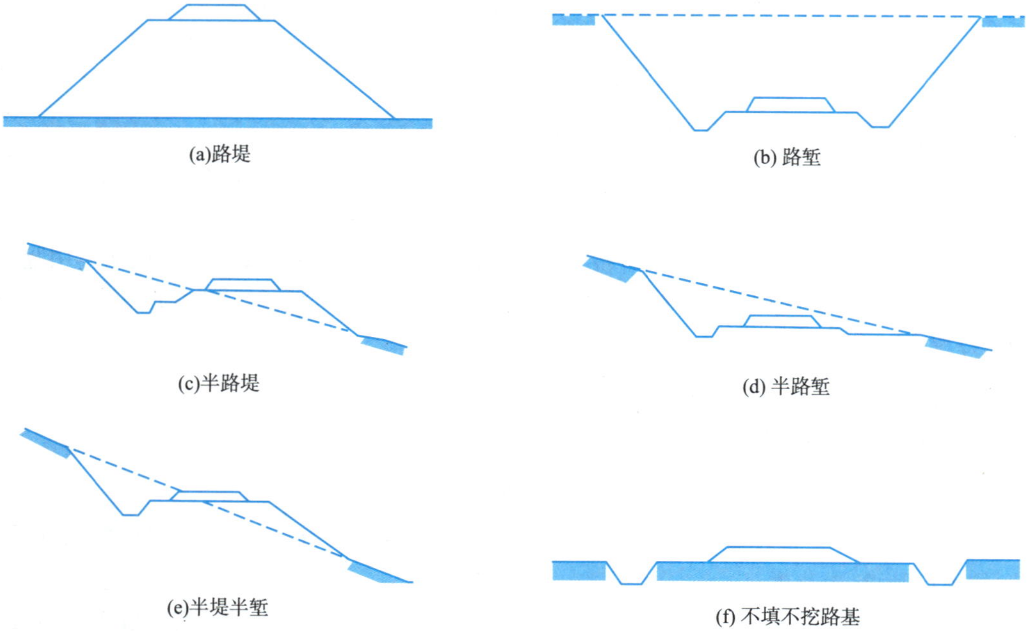

图 2-7　路堤横断面图

(1)路堤:是指路基设计标高高于天然地面标高,以填方的方式修筑而成的路基,如图2-7(a)所示。

(2)路堑:是指路基设计标高低于天然地面标高,以开挖的方式修筑而成的路基,如图2-7(b)所示。

(3)半路堤:是指在天然倾斜的地面上,路基的一部分是填筑而成的路基,如图2-7(c)所示。

(4)半路堑:指在天然倾斜的地面上,路基的一侧是挖掘而成的路基,如图2-7(d)所示。

(5)半堤半堑:指在天然倾斜的地面上,路基一侧是路堤,一侧是路堑,如图2-7(e)所示。

(6)不填不挖路基:指路基设计标高与地面标高相同,轨道直接铺设在经过处理的天然地面上,如图2-7(f)所示。

路基横断面图中除绘制地面线及线路中心线、路基面、边坡和必要的台阶、侧沟、侧沟平台、路拱设计线外,还应填绘地质资料、水文资料和既有建筑物。线路中心线下应标注正线里程、填挖高度、填挖全面积或半面积,图中还应标注相应的尺寸、坡度、高程及简要说明。

2. 铁路路基标准横断面图

铁路路基标准横断面图可分为铁路路堑标准横断面图与铁路路堤标准横断面图。

1)铁路路堑标准横断面示意图识读

(1)铁路路堑的基本结构自下至上分为:

①地基、路堑基床底层、路堑基床表层。

②基床表层上方标注有4%,4%为横向排水坡。

③基床表层上方有支撑层和道床板,由此可知此为无砟轨道。

④支撑层和道床板的中轴线,为线路中心线,由图可知线路有两条中心线,所以该图为双线无砟轨道路堑的标准横断面图,如图2-8所示。

(2)路堑的基本结构自中心至两侧为:

①两线路中心线间的距离,称为线间距,为5 m。

②路堑总宽度为13.6 m,此为高速铁路最高设计时速350 km,双线无砟轨道路基面标准宽度。

③路肩1.3 m,接触网支柱和通信、信号、电力电缆槽放置在路肩上。

④在两侧有宽0.6 m、深0.8 m的侧沟。侧沟外侧有宽度≥2.0 m的侧沟平台。最外侧是路堑边坡1:m。

2)铁路路堤标准横断面示意图识读

(1)铁路路堤的构造自下至上一般为:

①地基、基床以下路堤(又称路基本体、路堤本体)、基床底层、基床表层。我国的普通铁路和客运专线铁路路堤构造基本相同,仅各个构造层所选用的材料、厚度及其检测验收标准不同。

②基床表层上方支撑层和道床板为无砟轨道道床部分。

③支撑层和道床板的中轴线,为线路中心线,由图2-9可知线路有两条中心线,所以该图为双线无砟轨道路堤的标准横断面图。

(2)路堤的基本结构自中心至两侧为:

①两线路中心线间的距离,称为线间距,为5 m。

②路堤总宽度为13.6 m,此图为高速铁路最高设计时速350 km,双线无砟轨道路基面标准宽度。

③路肩1.3 m,接触网支柱和通信、信号、电力电缆槽放置在路肩上。

④路堤边坡1:m。最外侧为排水沟。

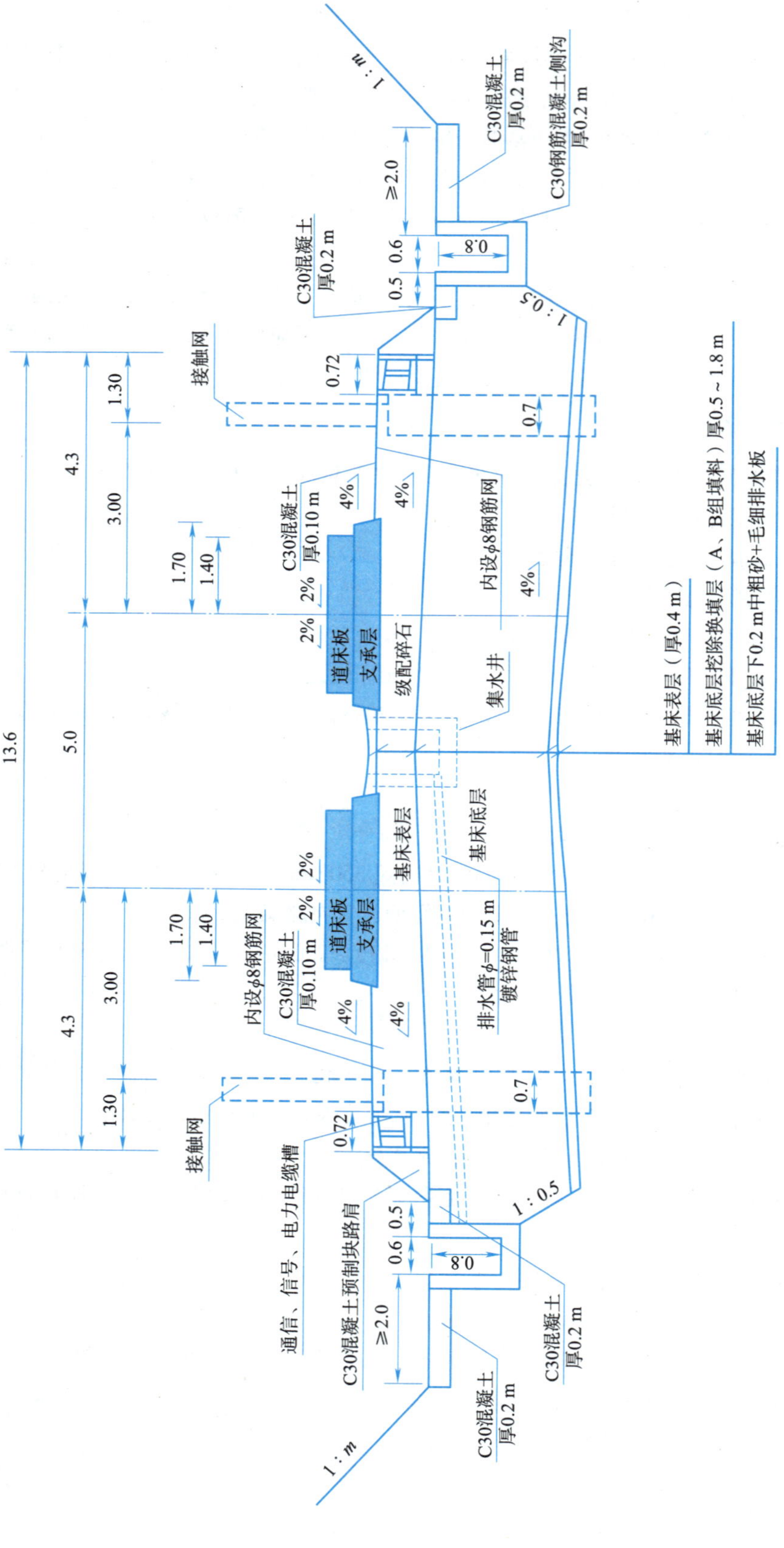

图2-8　双线双块式无砟轨道路基标准横断面图(单位:m)

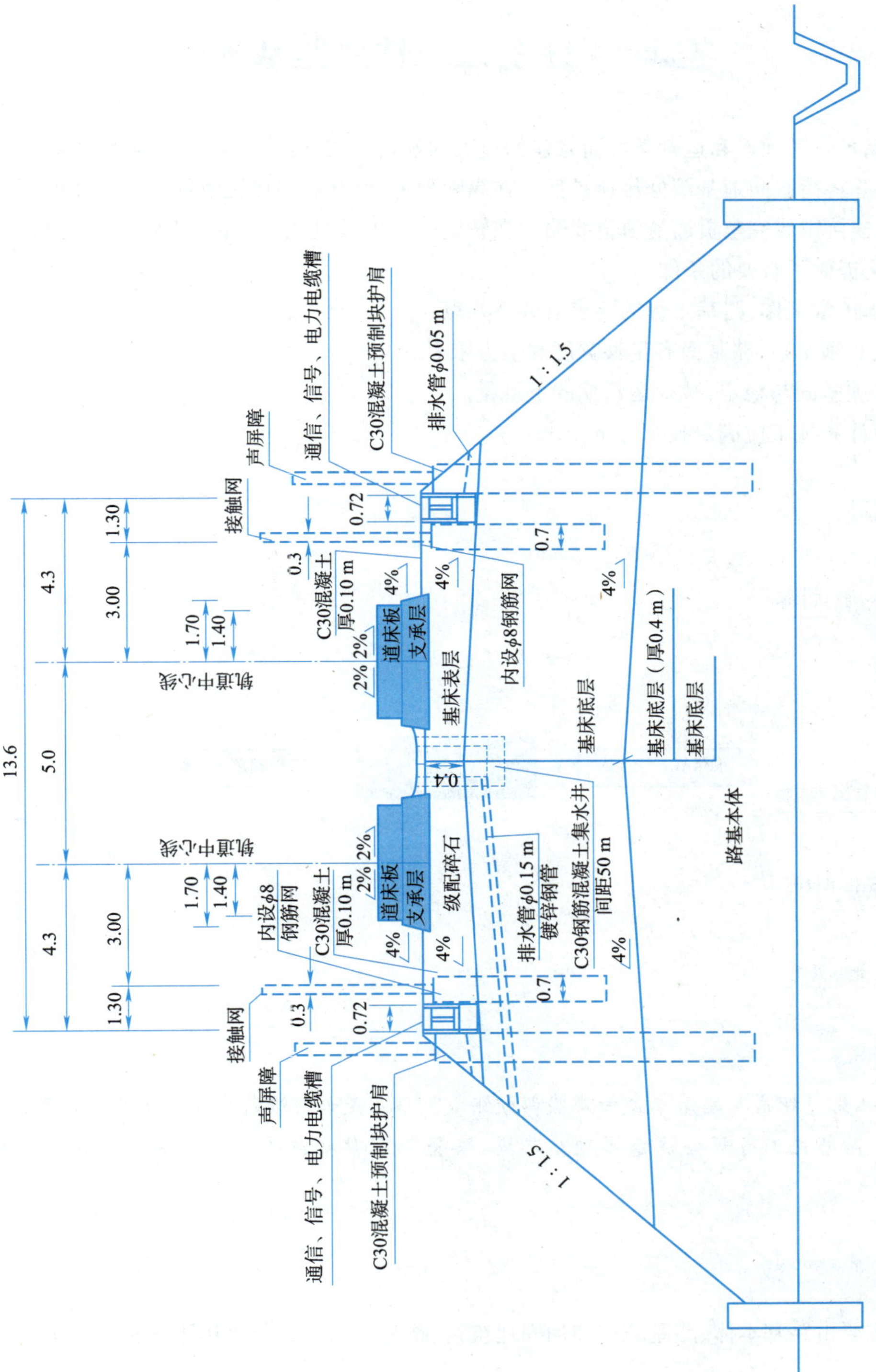

图 2-9　双线双块式无砟轨道路堤标准横断面图（单位：m）

任务二　铁路路基施工

路基是为满足轨道铺设和运营条件而修建的土工构筑物，是轨道的基础，承受着轨道及机车车辆的静荷载和动荷载，并将荷载向地基深处传递扩散。在纵断面上，路基必须保证轨顶需要的高程；在平面上，路基与桥梁、隧道连接组成完整贯通的轨道线路。在轨道工程的发展史上，路基为轨道结构的不断更新、改善和轨道定型化提供了必要的条件。

为了使路基正常工作，路基工程的要求有如下几点：

(1)应满足必须平顺，路基面有足够宽度和上方限界。

(2)路基必须坚固与稳定，减少运营期的下沉量。

(3)路基设计和施工应满足技术经济要求。

观察与思考

路基由哪几部分组成？路基本体由哪些部分组成？路基是如何进行坡面防护的？路基排水设施有哪几种？路堤、路堑施工有哪些注意事项？路堤、路堑都有哪些施工流程？接下来就对此内容进行学习。

2.2.1　路基工程组成

路基工程主要由路基本体、路基防护和加固建筑物、路基排水设施和地基处理等几部分组成。

1. 路基本体

路基本体是直接铺设轨道结构并承受列车荷载的部分，如路堤、路堑等。它是路基工程中的主体建筑物，通常由路基面、路肩、基床、边坡等部分组成，如图 2-10 所示。

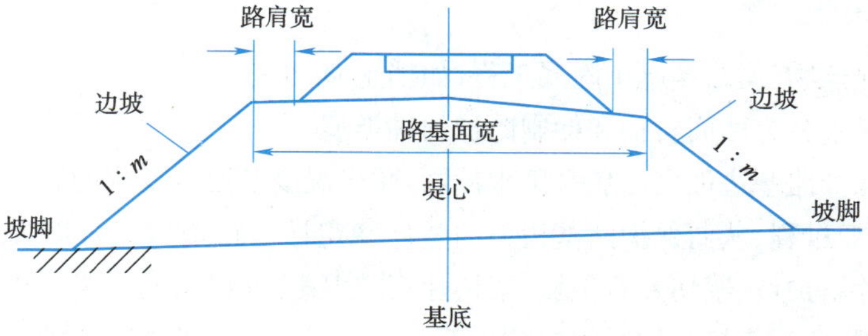

图 2-10 路基工程的组成

1）路基顶面

路基顶部的表面部分称为路基顶面（简称路基面，又称基床面）。在路堑中为堑体开挖后形成的构造面。

（1）路基顶面形状。根据路基顶面形状，路基顶面分为有路拱、无路拱两种形式。

从路基面边缘向中间拱起的部分称为路拱，路拱大部分或全部被道砟覆盖。非渗水土路基均需设置路拱，以利横向排水。路基面形状应设计为三角形路拱，应由路基中心线向两侧设 4% 的人字排水坡。曲线加宽时，路基面仍应保持三角形。

（2）路基面宽度。路基面宽度是指从路基一侧的路肩边缘到另一侧路肩边缘之间的距离。路基面宽度应根据线路数目、线间距、轨道结构尺寸、曲线加宽、路肩宽度、是否有接触网立柱等计算确定。

2）路肩

路肩是路基顶面中道床覆盖以外的部分。

3）基床

铁路路基面以下受到列车动荷载作用和受水文、气候四季变化影响的深度范围称为基床。基床土承受列车荷载产生的动应力，在它的长期重复作用下，基床容易发生破坏或是产生过大的有害变形，从而影响正常的铁路运输。因此，基床是铁路路基最重要的关键部位。

铁路路基，特别是高速铁路路基一般由以下几部分组成：基床表层、基床底层、路堤本体和地基，如图 2-11所示。基床表层填料应采用级配碎石、级配砂砾石和沥青混凝土。基床底层应选用 A、B 组填料或改良土，块石类作为基床底层填料时，应级配良好，其粒径不大于 10 cm。基床底层的顶部和基床顶部以下填料的部位的顶部应设 4% 的人字排水坡。

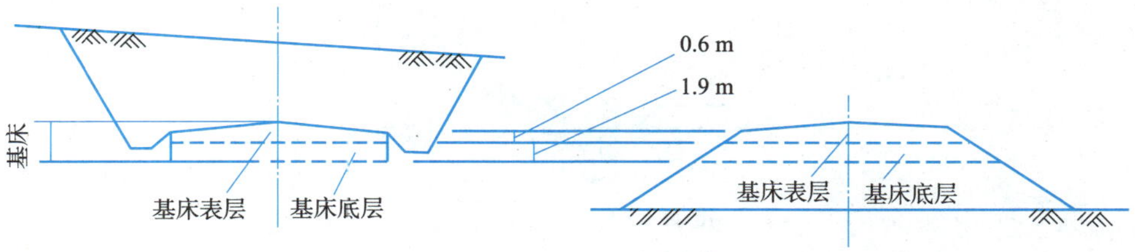

图 2-11 路基基床

4）边坡

边坡是指为保证路基稳定，在路基两侧做成的具有一定坡度的坡面。有路堤边坡和路堑边坡之分，是影响路基稳定的重要因素。路堤边坡坡度应根据填料或土质的物理力学性质、边坡高度、轨道、列车荷载和地基工程地质条件确定。路堑边坡、路堑边坡坡度是根据路堑深度和地层性质确定的。

2. 路基防护和加固建筑物

路基防护和加固建筑物，属路基施工附属工程，如挡土墙、护坡等。

路基防护通常情况下分为坡面防护和冲刷防护两种类型。

坡面防护主要是保护路基边坡表面免受雨水冲刷，减少温度及湿度变化的影响，防止或延缓软弱岩土表面的风化、剥落等演变过程，从而保护路基边坡的整体稳定性。路基坡面防护常用的措施有植物防护、喷护、挂网喷护、干砌片石护坡、浆切片石护坡、浆切片石或混凝土骨架护坡、浆切片石护墙等类型。

路基冲刷防护工程，分为直接防护和间接防护两种。直接防护类型有植物防护、抛石防护、干砌片石防护、浆切片石防护、石笼防护和浸水挡土墙等；间接防护类型有丁坝和顺坝等。

3. 路基排水设施

路基排水设施也属于路基施工附属工程，例如排除地面水的排水沟、侧沟、天沟和排除地下水的排水槽、渗水暗沟、深水隧洞等。

路基各种病害和变形的产生，都与地面水和地下水的浸湿和冲刷等破坏作用有关。要保证路基的稳定，提高路基的抗变形能力，必须采用相应的排水措施，以消除或减轻地面水和地下水的危害，使路基处于干燥状态。路基排水根据排水设施的不同作用，可分为地面排水和地下排水两大类。

路基地面排水设施包括排水沟、侧沟、天沟、截水沟、跌水沟及急流槽等，如图 2-12 所示。

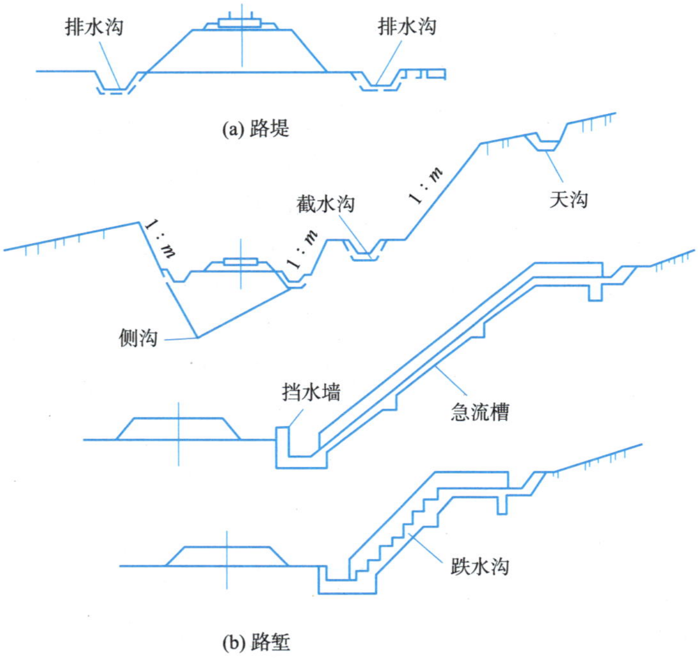

图 2-12　地面排水设施示意图

常用的地下排水设施有明沟与排水槽、渗水暗沟、边坡渗沟、支撑渗沟、深水隧洞、水平钻孔、立式积水渗井等。

4. 地基处理

地面往下，因地基的强度不足或者不能满足设计要求，需要进行地基处理，地基处理也属于路基施工附属工程。铁路工程地基处理的方法有：换填、抛石挤淤、填筑排水砂垫层、铺设土工合成材料加筋垫层、套管法（沉管法）施工砂桩、袋装砂井、塑料排水板、挤密砂桩、碎石桩、粉体喷射搅拌桩、浆体喷射搅拌桩、高压旋喷桩、水泥粉煤灰碎石桩（CFG）、水泥砂浆桩（CMS）、多向搅拌桩（MMP）、强夯、重锤夯实、真空预压、堆载预压等。

2.2.2 铁路路堤、路堑施工

1. 铁路路堤施工

铁路路堤的构造自下至上一般为：地基、基床以下路堤、基床底层、基床表层。我国的普通铁路和客运专线铁路路堤构造基本相同，仅各个构造层所选用的材料、厚度及其检测验收标准不同。

铁路路堤施工流程为：施工准备、铺筑试验段、测量放样、挖排水沟、地基处理、分层填土、摊铺整平、洒水晾晒、碾压密实、检测签证和路基修整。

填筑要求：

(1) 填筑包心路堤时，宜将渗水性能弱的填料填筑在堤心部分，渗水性能强的填料填筑在路堤两侧。碾压时填料的含水量应严格控制，其施工含水量应控制在最优含水量的 -3% ~ +2% 范围以内。

(2) 不同种类的填料不得混杂填筑，每一水平层的全宽应采用同一种填料。当渗水土填在非渗水土上时，非渗水土层顶面应向两侧做成不小于 4% 的排水坡。

(3) 路堤应纵向分层填筑压实，填层应整平，厚度均匀，压实层表面应大致平整。每层压实表面应做成不小于 2% 的横向排水坡。

(4) 碾压时，各区段交接处应重叠压实，纵向搭接长度不得小于 2 m，纵向行与行之间的轨迹重叠压实不小于 0.3 m，横向同层接头处重叠压实不小于 1 m，上下两层填筑接头应错开不小于 3 m。

(5) 两端路堤接头处，每层端头应预留 2 ~ 3 m 长的搭接台阶。

(6) 严禁雨天进行非渗水土的填筑作业。

2. 铁路路堑施工

铁路路堑的构造自下至上一般为：路堑基床底层、路堑基床表层、路堑排水系统（路堑侧沟、路堑堑顶天沟、吊沟等）、路堑边坡。

铁路路堑施工流程为：施工准备、场地清理、测量放样、堑顶沟槽、机械（人工）开挖、边坡及防护、检测签证和路基修整成型。

开挖方法：路堑开挖应根据地形情况、岩层产状、路堑断面形式、路堑连续长度及施工季节，结合施工组织设计安排等选用，如表 2-1 所示。

表 2-1 路堑开挖方法

开挖方法		适用条件
横挖法	全断面开挖	适用于平缓山地或平地下切的短而浅的一般土石路堑，一般情况下中心开挖高度小于 5 m，用挖装机械配合自卸运输车进行施工
	横向台阶开挖	适用于横坡不大于 1:10 的情况下的一般土石路堑施工。较深路堑直分层开挖，一般情况下每层高度不大于 5 m。用挖装机械配合自卸车进行施工

续上表

开挖方法		适用条件
纵挖法	逐层顺坡开挖	适用于土质路堑，用铲运、推土机械施工。采用铲运、推土机械方法施工时，一般情况下装土区和卸土区之间的距离不大于 1 km
	纵向台阶开挖	适用于土、石质傍山路堑。施工时应根据土石方调配要求，采用适当的钻爆、运输机具施工；有条件时可利用土石自重排出土石。营业线旁或边坡较高时，应分级开挖，且应有可靠的安全防护措施；路堑较长时，可适当开设马口。边坡高度大于 20 m 的软弱、松散岩质路堑，宜采取分级开挖、分级支挡、分级防护和坡脚预加固措施岩质路堑，宜采取分级开挖、分级支挡、分级防护和坡脚预加固措施

开挖要求：上至下进行，严禁掏底开挖。对不稳定的土质路堑边坡应进行加固。开挖和边坡加固有特别要求时，则应按设计要求办理。在岩石的走向、倾斜不利于边坡稳定及施工安全的地段，应顺层开挖，并采取减弱施工振动的措施。

任务三　道 床 施 工

道床是轨道的重要组成部分，是轨道框架的基础。道床通常指的是铺设于路基、桥梁或隧道等下部结构之上，钢轨、轨枕或支承块之下的碎石、卵石层或混凝土层，如图 2-13 所示。主要作用是支撑轨枕，把轨枕上部的巨大压力均匀地传递给路基面，并固定轨枕的位置，阻止轨枕纵向或横向移动，大大减少路基变形的同时还缓和了机车车辆轮对钢轨的冲击，便于排水。

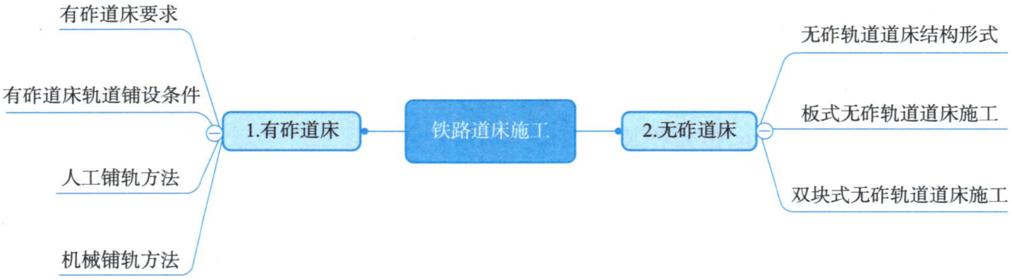

观察与思考

有砟道床与无砟道床的优点有哪些？有砟道床有哪些施工流程？常用的无砟道床有哪几种？CRTS Ⅰ型、CRTS Ⅱ型和 CRTS Ⅲ型板式无砟轨道有何不同？CRTS Ⅰ型双块和 CRTS Ⅱ型双块式无砟轨道床施工上有何异同？下来就对此内容进行学习。

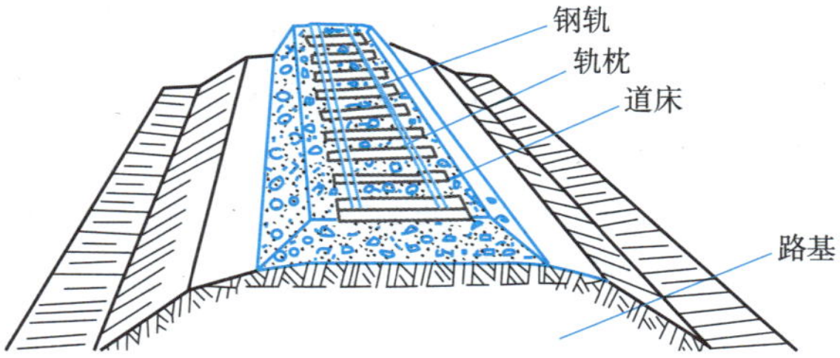

图 2-13　轨道结构图

2.3.1 有砟道床

传统的有砟轨道结构仍然是当前普速铁路的主要结构形式，新建铁路有砟轨道一般一次性铺设成跨区间无缝线路，有砟轨道造价低、弹性好、对下部基础适应能力强、便于养护维修，所以常用于普速铁路、快速铁路。下面主要以有砟道床施工的传统有缝线路铺设加以叙述，无缝线路将在后续加以说明。

1. 有砟道床要求

（1）碎石道床材料应符合国家现行标准《铁路碎石道砟》（TB/T 2140—2008）和《铁路碎石道床底碴》（TB/T 2897—1998）的规定，Ⅰ、Ⅱ级铁路轨道的碎石道床材料应采用一级道砟。站线轨道可采用二级碎石道砟。

（2）单线铁路正线道床顶面宽度要符合设计规定，双线道床顶面宽度应分别按单线设计，无缝线路轨道半径小于 800 m，有缝线路轨道半径小于 600 m 的曲线地段，曲线外侧道床顶面宽度应增加 0. 10 m。

（3）正线轨道道床边坡坡度符合设计规定，无缝线路轨道砟肩应使用碎石道砟堆高 15 cm，堆高道砟的边坡坡度应采用 1∶1. 75。

2. 有砟道床轨道铺设条件

1）轨道铺设基本条件

（1）检测机构设置及相应设备。施工前应根据质量控制需要设置经认证的检测机构，并配备相应的检测设备；试验检测设备主要包括：钢轨焊接接头质量检测设备、有砟道床状态参数指标检测设备、轨道几何尺寸检测设备、轨温计等。

（2）线路基桩设置。预铺道砟前按设计要求设置好线路基桩。线路基桩材质、标准、设置位置、数量和精度应符合设计要求。

铺轨前与线下施工单位交接：铺轨前，路基、桥梁、隧道及过渡段应有检验合格资料，并提供沉降变形观测资料及评估报告；铺轨施工单位应接收线下施工单位的线路测量资料及控制桩，核实基桩、水准点应钉设齐全，缺损点应在铺轨前补齐。铺轨施工单位与线下施工单位交接应在铺轨前 1 个月进行。

2）轨道铺设适应方法

（1）铺设方案选择：轨道铺设施工方案是施工组织设计的核心，它确定铺设程序和顺序、施工起点流向，以及确定铺轨、铺碴、铺道岔等分部分项工程的施工方法和施工机械。

一条铁路线的轨道铺设，依其工作面的不同可分为单面铺设和多面铺设。单面铺设由线路的一端开始，铺设至线路的终端；多面铺设是从线路的两端或线路中部展开的铺设。采用何种方案取决于线路位置、轨道材料供应条件和施工机械的配备情况。轨道铺设可选择在新建铁路与营业铁路的接轨点、大宗轨料和设备来源的通航港口或内河码头。在施工工期紧迫、材料设备供应条件许可情况下，可将全线分段同时展开铺设。

（2）铺设方法选择：轨道铺设方法可分为机械铺轨和人工铺轨。机械铺轨是将轨道铺设基地组装好的轨排，用轨排列车运至铺设地点，再用铺轨机铺设到预铺道砟的路基上；人工铺轨主要适用于便线、专用线等铺轨工程量较小的工程。

3）轨道铺设基本作业选择

长大铁路宜选择机械化铺轨；较短的铁路及站场股道宜选择人工铺轨。

3. 人工铺轨方法

较短的铁路及站场股道宜选择人工铺轨。人工铺轨主要包括检配钢轨、挂线散枕、排线散枕、排摆轨枕、混凝土枕硫磺锚固(木枕打印、钻孔、注油)、散布钢轨及扣配件、钢轨划印、方正轨枕、安装扣配件、初步整修等技术作业。

1)测量定位

铺设前需作线路测量定位,其方法是提前设置线路中桩和水平桩。

(1)中桩。中桩桩距:直线不得大于25 m,圆曲线应为20 m,缓和曲线应为10 m。在曲线起讫点、缓圆点、圆中点和圆缓点、道口中心点、道岔中心点及岔头、岔尾点,均应钉设带钉的中桩。隧道内的中桩可标记在边墙上。

(2)水平桩。水平桩应在铺轨后、铺砟整道前钉设,并符合下列规定。桩距:直线不得大于50 m,曲线不大于20 m。线路纵断面变坡点和竖曲线起讫点,应增设水平桩。水平桩应钉设在道床外的路肩上,曲线地段钉设在内侧路肩上。

2)铺轨温度

在最佳铺轨温度范围内铺轨。

3)铺底砟

铺轨前,应先铺部分道砟。双层道床宜按垫层厚度铺足,单层道床铺设厚度宜为150~200 mm。顶面应平整,中间拉成槽。铺设混凝土枕地段,中间凹槽宽宜为600 mm。

道砟来源困难时,铺轨前可在每股钢轨下先铺厚度不小于100 mm、宽度不小于800 mm的2条道砟带。底砟或砟带应按中桩铺设,其宽度、厚度、中部凹槽应符合施工要求,表面基本平整。

4)铺枕

轨枕宜用平板车或低边车运往工地。人工搬运轨枕的距离不宜大于50 m。轨枕严禁抛摔。卸车时,应防止轨枕滚落到路堤外。卸车后应有专人检查清道。

轨枕应按规定数量散布均匀。混凝土枕上应标示中心位置,布枕时对准线路中心线。木枕应按一端取齐的要求布设,布设时应宽面在下,底、面宽度接近的,应使树心面向下,钻好道钉孔后应做防腐处理。

同一种类的轨枕应集中连续铺设(不同类型钢轨接头处除外)。两个木枕地段间的长度小于50 m时,应铺设木枕。同一种类不同类型的轨枕不得混铺。在不影响轨道设计强度的条件下,可成段铺设与设计不同类型的轨枕。同类型轨枕成段铺设的最小长度,国家铁路的正线、到发线轨道为500 m,其他线和地方铁路、专用铁路、铁路专用线轨道为200 m;困难条件下,地方铁路、专用铁路、铁路专用线的站线轨道可减少到50 m。钢轨接头前后应各铺设不少于5根同种类同类型的轨枕。

5)铺轨

钢轨应按铺设顺序成对装车,同一轨节的2根钢轨,应装在车中心线两侧的对称位置。缩短轨应装在铺设位置的同侧。钢轨应采用相对式接头。直线地段同一轨节宜选用长度偏差相同的钢轨配对使用,相差量不得大于3 mm,并应前后左右随时调整抵消,累计不得大于15 mm。曲线外股用标准长度轨,内股接头位置超限时,用厂制缩短轨调整。

4. 机械铺轨方法

长大铁路宜选择机械化铺轨。机械化铺设普通轨道主要包括轨节(轨排)组装、轨节运输、轨节铺设、铺砟整道等4个基本环节。轨节组装是施工准备工作,轨节运输、轨节铺设及铺砟整道是基本技术作业。

1)施工准备

施工准备同人工铺轨,设置线路标桩、选择铺轨温度、铺设底砟;轨道部件的质量检验及储存;铺轨基地设置。

2)轨节组装、轨节运输

轨节组装方式可按工程规模大小、施工单位技术装备能力,选用活动工作台或固定工作台生产线。规模较大的铺轨工程,宜选用活动工作台生产线组装轨节。

轨节生产应按铺设计划表进行。各工段用料规格、数量必须执行计划表的规定。计划表主要内容应包括:轨节编号及铺设里程,钢轨类型、长度和曲线内股缩短轨缩短量,相对钢轨接头相错量,轨枕种类、类型、数量和间距布置,轨枕扣件号码或每块垫板道钉数,曲线半径、转向和轨距加宽值,以及其他特殊要求的说明。轨节计划铺设里程应及时根据实际铺设里程调整,并对计划表作相应修正。

钢轨连接配件和轨枕扣件应分类堆置在相应工段的生产线两侧,并在生产过程中随时补充。堆置高度不应大于1.2 m。

组装轨节时,应在一轨钢轨轨腰的内侧(曲线在外轨轨腰的内侧)用白油漆标示轨枕位置。组装轨节时,轨端应在前进方向一端方正。直线两端应取齐,曲线按计算确定。应做好配轨设计。采用相对式接头轨道的配轨设计。螺旋道钉锚固用硫磺水泥砂浆锚固。硫磺水泥砂浆配方及配制工艺,应符合铁路轨道施工及验收规范相关规定。钢轨连接配件应涂油后,成套放置在轨节前端第二、三根轨枕上,随同轨节装车。其他零星用料应按铺轨计划随车配发。铺轨列车应备有工地临时急用料。

轨节组装完毕,质量应经检查。直线轨端应方正,曲线按计算错开,允许偏差为±10 mm。轨距允许偏差为±2 mn。轨枕应正位,并与轨道中线垂直。轨枕中心线允许偏差:国家铁路的止线和到发线为20 mm,其他线和地方铁路、专用铁路、铁路专用线轨道为30 mm。

轨节经检查合格后,应按轨节铺设计划表用色彩醒目的油漆编号存放或直接按铺设顺序编组装车,运往工地。轨节装车不得超载超限,上下层摆正,轨端对齐。装载后应封车加固,防止运输途中轨节错动。装载层数应根据所用铺轨机确定,并保障行车和作业安全。

3)铺轨机

目前广泛应用的是悬臂铺轨铺轨机,代表机型为DPK32型铺轨机和PG28型铺轨机,主要由主机(一号车)、机动平车(二号车)和倒装龙门三大部分组成。采用主机铺设轨节、倒装龙门成组(一般6层轨节为1组)倒装轨节、机动平车成组转运轨节的作业程序,铺轨机三部分平行作业。

铺轨机应保持状态良好,进场前必须按使用说明书进行准备与保养,上场前必须进行试运转。

4)轨节铺设、铺砟整道

铺轨前铺砟,路基面(含桥梁、隧道)经检验合格后,方可预铺道砟。

轨节运输列车在工地作业时的移动速度不得大于5 km/h,并应开停及时、位置准确。两倒装龙门应按中心距13.8 m支立在直线线路上,路基应基本水平,承压不小于1.5 kg/cm^2,两侧等高,与线路中心线对中。复线铺轨时,应选择线间距大于4.3 m地段支立倒装龙门吊,否则应拨道。机动平车向主机喂送轨节时,应在主机后停车,在不影响主机作业和安全的情况下与主机联挂、拖拉轨节。轨节拖拉宜在直线或曲线半径较大地段进行。轨机主机前轮不得超越已铺轨节前端的第三根轨枕。在下坡地段铺轨时,应有铺防溜措施。轨节下落接近路基面时,应配合人工稳住轨节,对准中线就位。各轨端至少上紧2个接头螺栓,经检查中线无误后,继续铺设下排轨节。接头螺栓应随后及时补足,并按规定力矩上紧,同时拆除轨隙片。铺轨过程,应检查轨节的铺设里程与计划是否相符。如因积累偏差或差错可能影响前方曲线轨节布置或钢轨接头可能进入禁止接头的地点时,应及时采取措施加以纠正。当天收工时,应将最后铺设的轨节号,连同实际铺设的终点里程,报告铺轨基地。

有砟轨道上砟整道。铺轨后应及时上砟整道,以保证线路稳定,临时行车安全。其施工方法有两种:一种是人工整道,另一种是大型机械化养道(简称大机养)。

2.3.2 无砟道床

无砟轨道是以混凝土或沥青混合料等取代散粒道砟道床而组成的轨道结构形式。无砟轨道具有轨道稳定性好、平顺性高、舒适性好、整洁美观、利于环保、养护维修工作量少、使用寿命长等优点。

1. 无砟轨道道床结构形式

正线轨道有条件时,特大桥、大桥及长度大于 1 000 m 的隧道内,宜采用无砟道床。铁路客运专线宜采取无砟轨道结构形式。无砟道床宜采用轨道板式、双块式轨枕等结构形式。目前,铁路客运专线正线无砟轨道道床结构形式主要有:

板式无砟轨道有三种结构形式,即 CRTS Ⅰ 型板式无砟轨道、CRTS Ⅱ 型板式无砟轨道和 CRTS Ⅲ 型板式无砟轨道。双块式无砟轨道有两种结构形式:即 CRTS Ⅰ 型双块式无砟轨道和 CRTS Ⅱ 型双块式无砟轨道。

1)CRTS Ⅰ 型板式无砟轨道

CRTS Ⅰ 型板式无砟轨道一般分为普通型和减振型两种。

普通型板式无砟轨道分为普通 A 型板式无砟轨道(见图 2-14)和框架型板式无砟轨道(见图 2-15)两种。

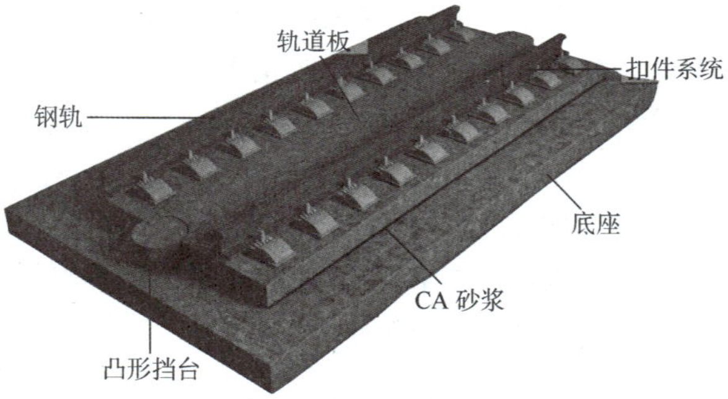

图 2-14　普通 A 型板式无砟轨道

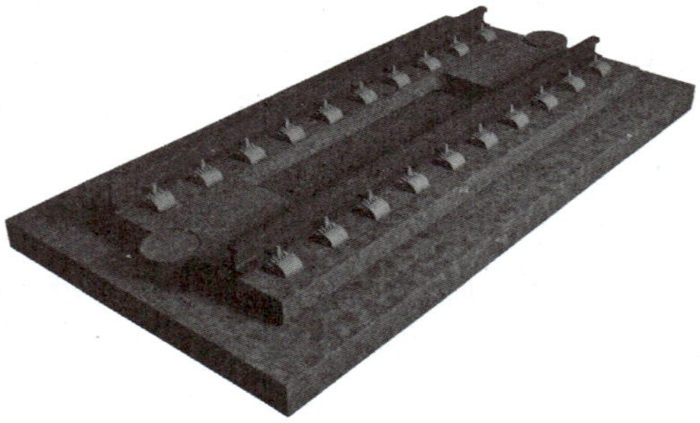

图 2-15　框架型板式无砟轨道

普通型板式无砟轨道由钢轨、扣件、整体轨道板或框架式轨道板(简称轨道板)、乳化沥青水泥砂浆调整层(简称 CA 砂浆层)、混凝土凸形挡台(简称凸形挡台)、混凝土底座(简称底座)等部分组成。预制轨道板通过水泥沥青砂浆调整层,铺设在现场浇注的钢筋混凝土底座上,由凸形挡台限位,适应 ZPW-2000 轨道电路的单元轨道板无砟轨道结构形式。

CA 砂浆层作为调整层和弹性层,厚度一般为 50 mm。凸形挡台作为限位装置,直径一般为 500 mm,高度为 250 mm。凸形挡台与轨道板间用树脂材料填充,树脂层厚度为 40 mm。

2)CRTS Ⅱ 型板式无砟轨道

预制轨道板通过水泥沥青砂浆调整层,铺设在现场摊铺的混凝土支承层或现场浇筑的具有滑动层的钢筋混凝土底座(桥梁)上,适应 ZPW-2000 轨道电路的连续轨道板无砟轨道结构形式。

CRTSⅡ型板式无砟轨道系统构成层次由下至上依次为:级配碎石构成的防冻层(FSS)、30 cm 厚的水硬性混凝土支承层(HGT)、3 cm 厚的沥青水泥砂浆层、20 cm 厚的轨道板,在轨道板上安装扣件,如图 2-16 所示。

3)CRTSⅢ型板式无砟轨道

CRTSⅢ型板式无砟轨道(CRTSⅢ)预制轨道板,通过自流平混凝土调整层,铺设在现场摊铺的混凝土支承层或现场浇筑的具有滑动层的钢筋混凝土底座(桥梁)上,适应 ZPW-2000 轨道电路的连续轨道板无砟轨道结构形式,如图 2-17 所示。

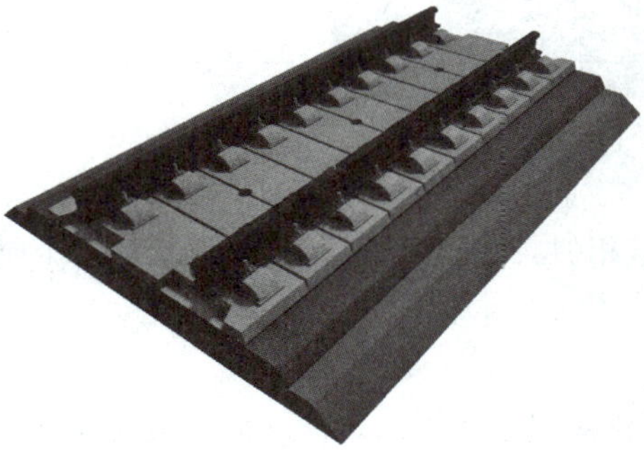

图 2-16 CRTSⅡ型板式无砟轨道

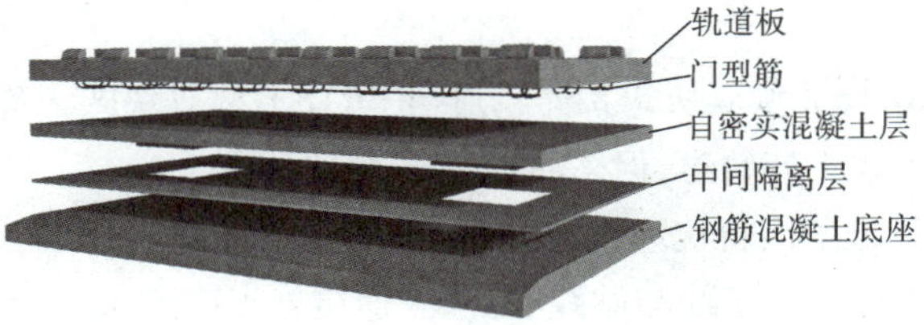

图 2-17 CRTSⅢ型板式无砟轨道

4)CRTSⅠ型双块式无砟轨道

CRTSⅠ型双块式无砟轨道(CRTSⅠ)将预制的双块式轨枕组装成轨排,以现场浇注混凝土方式,将轨枕浇入均匀连续的钢筋混凝土道床内,并适应 ZPW-2000 轨道电路的无砟轨道结构形式。其特点是先将双块式轨枕安装就位,然后浇筑轨道板混凝土,如图 2-18 所示。

图 2-18 CRTSⅠ型双块式无砟轨道

5)CRTSⅡ型双块式无砟轨道

CRTSⅡ型双块式无砟轨道(CRTSⅡ)将预制的双块式轨枕,通过机械振动法嵌入现场浇注的均匀连续的钢筋混凝土道床内形成整体,并适应 ZPW-2000 轨道电路的无砟轨道结构形式。其特点是先浇筑轨道板混凝土,然后将双块式轨枕安装就位,通过振动法将轨枕嵌入压实的混凝土中直至到达精确的位置,如图 2-19 所示。

图 2-19　CRTS Ⅱ型双块式无砟轨道施工图

CRTS Ⅱ型双块式无砟轨道与 CRTS Ⅰ型双块式无砟轨道相似，都是在水硬性混凝土承载层上铺设双块埋入式无砟轨道，但采用的施工工艺不同。

6）道岔区轨枕埋入式无砟轨道

客运专线正线与站线、道岔区连接处无砟道床一般采用轨枕埋入式无砟轨道。道岔区轨枕埋入式无砟轨道：将预制的混凝土岔（轨）枕组装成标准道岔轨排，现浇入混凝土形成均匀连续的钢筋混凝土道床，并适应 ZPW-2000 轨道电路的无砟轨道结构，如图 2-20 所示。

图 2-20　道岔区轨枕埋入式无砟轨道

2. 板式无砟轨道道床施工

无砟轨道是指采用混凝土、沥青混合料等整体基础取代散粒碎石道床的轨道结构，是当今世界先进的轨道技术。无砟轨道避免了道砟飞溅，平顺性好、稳定性好、使用寿命长、耐久性好、维修工作少，列车运行时速可达 350 km 以上。下面主要以无砟道床施工加以叙述，无砟道床上铺设的是无缝线路，无缝线路将在后续加以说明。

无砟轨道施工前，需先进行线下工程与无砟轨道工序交接等工作。

路基填筑完成或施加预压荷载后应有不少于 6 个月的观测和调整期，观测数据不足以评估或工后沉降评估不能满足设计要求时，应延长观测期或采取必要的加速或控制沉降的措施。桥涵主体工程完工后，沉降观测期一般应不少于 6 个月；岩石地基等良好地质区段的桥梁，沉降观测期应不少于 2 个月。观测数据不足或工后沉降评估不能满足设计要求时，应适当延长观测期。隧道主体工程完工后，变形观测期一般不应少于3个月。观测数据不足或工后沉降评估不能满足设计要求时，应适当延长观测期。路基、桥涵、隧道沉降变形观测资料应齐全、翔实、规范，符合相关的规定，并及时整理、汇总分析，提交相关单位作为轨道铺设条件评估的依据。

无砟轨道施工前应由建设、设计、咨询、施工和监理单位组成的验评小组对沉降变形观测资料进行分析评估，并提出分析评估报告。无砟轨道施工单位应接收《无砟轨道铺设条件评估报告》，工后沉降变形符合设计要求后方可进行无砟轨道施工。

无砟轨道施工前，线下工程主体应全部完工，检验合格。未完成的附属工程不得影响无砟轨道施工。无砟轨道工程与线下工程工序交接应在轨道工程施工一个月前进行。线下单位应向轨道施工单位提交线下构筑物竣工测量资料、桩橛和与轨道工程有关的变更设计、线下工程施工质量检验合格报告等资料。无砟轨道施工前应接收基桩测设单位的线路测量资料及基桩控制网，并复测基桩控制网、中线桩和路面高程、平整度及几何尺寸等，核实中线和高程贯通情况。复核时发现同设计不符时应及时联系有关单位，共同解决。

1）轨道板预制

轨道板预制场址选择在现场的，进场时应考虑可以水、电、大临设施共用，可以工厂化标准建设预制厂房，可以各生产线共用一座拌合站，统一进行钢筋加工焊接，进行轨道板预制，轨道板预制施工工艺流程如图2-21所示。

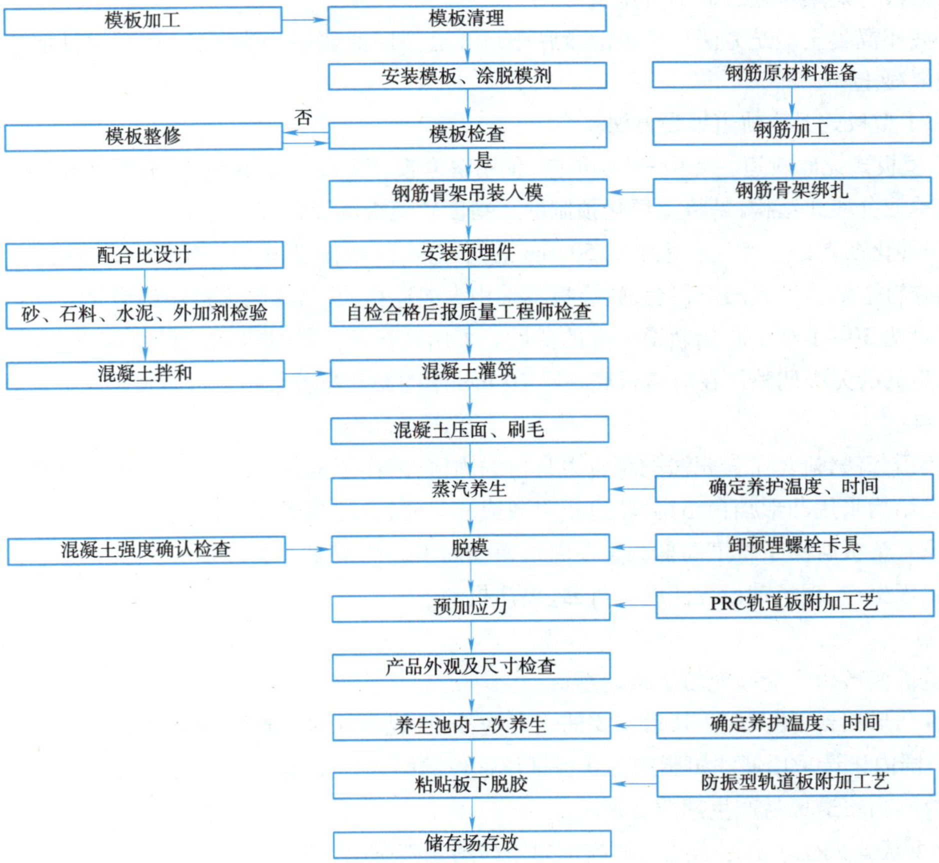

图2-21　轨道板预制施工工艺流程

预应力或非预应力轨道板均需要在徐变1个月后，对承轨台进行切削打磨。切削采用专用数控机床，计算机智能控制切削参数，达到要求的精确度。对切削加工后的轨道板进行编号，以便安装时各就各位。轨道板出场前完成道钉、垫板、扣件的安装。

2）轨道板存放、运输

轨道板生产后存放在堆放场，码堆层数不超过8层。堆放场设置40 m跨度走行式龙门吊，配备专用吊具，进行出车间后的起重运输及装车。有绝缘轨道板和无绝缘轨道板分区堆放。

装卸轨道板应利用轨道板上的起吊装置水平起吊，使起吊螺栓均匀受力，严禁碰、撞、摔。轨道板运输前应确认装车平稳，捆绑牢固，严禁三点支撑，严防冲击。轨枕铺设前，采用专用平车运往工点临时存放或直接堆放在路基上。各种条件下堆放时，每层轨道板间都应设置垫木进行层间分隔和缓冲。

3）支承层施工方法

路基基床上支承层摊铺方法。轨道板布设前在路基上施作水硬性支承层的施工程序为：

施工准备（待路基本体和地基沉降趋于稳定后，再行开始施工基床表层和支承层）→测量放样→水硬性的材料拌合与运输→摊铺准备→摊铺→抹面成型→养护（混凝土支承层采用覆盖膜洒水的方式进行养护）。

桥梁上保护层、底座混凝土浇筑方法。桥梁上保护层、底座混凝土铺筑采取模筑法方案，钢筋常规法施工，混凝土铺筑采取平板式振动，人工抹面成型。保护层、底座混凝土在桥梁徐变基本完成后进行，一般架梁后该区段没有运梁车通过时即可施工。

隧道上底座混凝土浇筑方法。隧道地段底座与隧道仰拱回填层合为一体，按照设计混凝土强度进行模筑法浇筑混凝土。

4）CRTS Ⅰ型板式无砟轨道铺设方法

CRTS Ⅰ型板式无砟轨道主要由钢轨、扣件、预制轨道板、CA砂浆充填层、底座等组成。CRTS Ⅰ型板式无砟轨道为单元分块式结构，是将工厂化预制的高精度轨道板铺设在浇筑好的底座上，其空间状态精调到位后，将水泥乳化沥青砂浆灌注在板下约50 mm的间隙内，从而构成板下全面支承的结构。

板式无砟轨道结构设置凸形挡台，轨道板不采用纵向连接，轨道板的纵横向约束是靠凸形挡台。灌注CA砂浆（厚度为50～100 mm）给轨道一定的弹性。采用铁垫板弹性分开式扣件系统，无级调高充填式垫板实现线路高低的无级调整。在轨道板底粘贴20 mm厚的微孔橡胶垫板形成减振型无砟轨道。

主要优点：

（1）采用后张法，避免了先张法的预应力自由锚固区，减小了板的宽度，降低了轨道结构自重。

（2）轨道结构采用凸形挡台结构，轨道板单独成一单元，轨道结构的维护。

（3）充填式垫板解决了轨道高低调整及轨道板翘曲引起的变形。

（4）轨道板生产、现场铺设方法简单可靠、灵活机动。

主要缺点：

（1）轨道板变形后只能靠充填垫板调整。

（2）设置凸形挡台，使其成为轨道主要的受力构件，且成为轨道结构的薄弱环节。由于凸形挡台处砂浆容易破坏，国内设计采用灌注树脂的方式保证该部位的耐久性能，但造价提升很高。

（3）存放不当轨道板易产生翘曲变形。

CRTS Ⅰ型板式无砟轨道道床施工的施工顺序如图2-22所示。

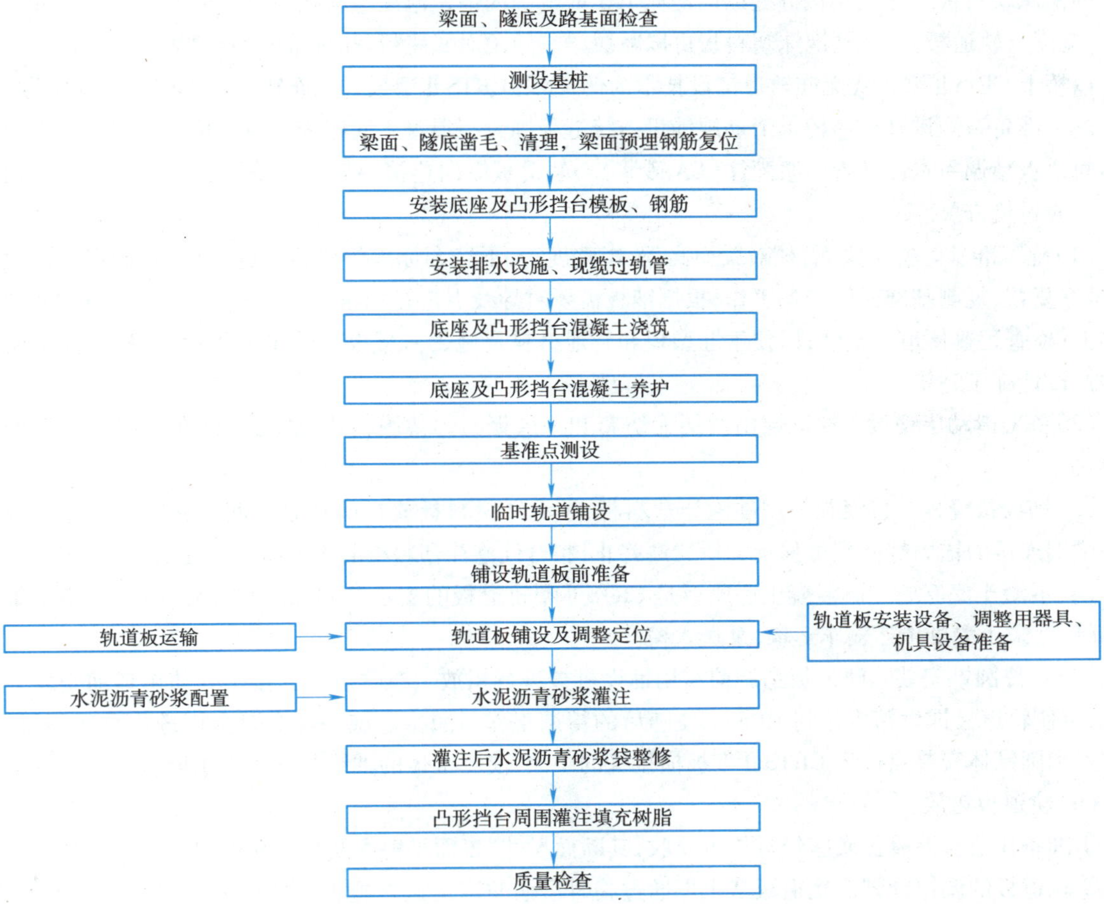

图 2-22 CRTS Ⅰ 型板式无砟道床施工工艺流程

5) CRTS Ⅱ 型板式无砟轨道铺设方法

CRTS Ⅱ 型板式无砟轨道主要由钢轨、扣件、预制轨道板、高弹模 CA 砂浆、底座板或支承层等组成。轨道板相互之间通过纵向螺纹钢筋连接，是一种连续结构。轨道板下仍设有 CA 砂浆调整层，但起着传递水平荷载的作用。

CRTS Ⅱ 型板式无砟轨道结构包括路基上和桥梁上两种类型。路基和桥梁过渡段采用轨道板与端刺摩擦板结构过渡。桥上 CRTS Ⅱ 型板式无砟轨道的轨道板、水泥乳化沥青砂浆、钢轨、扣件等与路基上相同，与路基上的主要区别在于：

铺设滑动。桥梁面上没有级配碎石防冻层，而是在验收合格的梁面上施作喷涂防水层、5 mm 厚两布一膜滑动层和梁端缝 5 cm 厚硬泡沫塑料板，使底座板与梁面可相对滑动。

纵连底座板。桥上采用的是 C30 的钢筋混凝土底座而路基上采用的是 C14 素混凝土支承层。

端刺及固结机构。为了适应底座板连续结构，在桥梁两端路基上设置摩擦板及端刺，以限制底座板中的应力及温度变形，两端刺间底座板纵向跨梁缝连续，在桥梁固定支座上方设置预埋螺纹钢筋和抗剪齿槽与梁体固结，形成底座板纵向传力机构。

限位挡块。底座板两侧设置侧向挡块，限制底座板、轨道板横、竖向位移和翘曲。

硬泡沫塑料板。在梁端接缝处纵向两侧1.5 m范围内铺设泡沫塑料板(1.5 m+0.1 m+1.5 m),厚度5 cm,宽度与轨道板一致,硬泡沫塑料板可以减缓梁端转角对底座板、扣件等的不利影响。

以桥上CRISⅡ型板式无砟轨道铺设技术为例,介绍CRTSⅡ型板式无砟轨道道床施工的顺序为:

施工准备→测设基桩→桥上滑动层铺设→接缝板铺设→混凝土底座施工→定位圆锥安装→轨道板粗放→轨道板精调→水泥沥青砂浆灌注(CA砂浆)→轨道板纵向连接→轨道板锚固和剪切连接→侧向挡块施工→质量检查。

(1)施工准备。检查梁面,核对梁面高程、半整度等,不符合标准的梁面应进行修整,达到梁面验收标准;做好复核、复测基准网的准备工作,根据铺板需要对导线点进行加密,并将控制点引至梁面或固定的结构物上;检查运输便道平整性,以便于Ⅱ型板和其他材料及施工机械设备的吊装和运输;桥梁面的防水层必须按设计施工完毕。

(2)桥上滑动层铺设。滑动层由两层无纺布和一层聚乙烯薄膜构成,两层无纺布之间铺一层聚乙烯薄膜。

(3)铺设接缝板。接缝板采用硬泡沫塑料板,硬泡沫材料板放在两片梁之间。从固定支座端的上部结构梁端连接的锚固螺栓到可移动的桥梁端终止,粘合硬泡沫塑料板时不能有交叉接头。

(4)混凝土底座施工。混凝土底座板是CRTSⅡ型轨道板的支承基础和结构元件,桥上底座板采用现浇混凝土,采用混凝土运输车运输,泵送入模。

(5)定位圆锥安装。轨道板精调前需用铺设机械进行粗放。在轨道板的接头处使用辅助安装工具圆锥体,可使轨道板铺设精度达到10 mm,使随后的精调工作量减少。施工前应对全桥进行贯通测量,轨道基准点和圆锥体安装点位于CRTSⅡ型板横接缝的中央,使圆锥体的轴线与安置点重合。

(6)轨道板粗放:

①准备作业。混凝土底座经过检查验收,其断面尺寸、表面平整度及最大允许偏差应符合要求。

②轨道板的调用计划。轨道板从工厂通过临时运输便道运送至施工段的桥下或提前在桥下备板,由履带式吊机吊至梁上直接进行铺设。

③轨道板的粗放。轨道板安装前要在精调装置的安设部位先放上发泡材料制成的模制件,用硅胶固定,垫层灌浆时作密封用,以防垫层砂浆溢出。

(7)轨道板精调。轨道板精调时采用全站仪和电子数字水准仪,同时应配套使用用于轨道板精调的测量滑架、用来精确近地面架设全站仪及棱镜的专用三脚架、与测量滑架配套的标准棱镜。

在已知的轨道基准点上对速测仪进行程控设站,并通过已精调好轨道板上的卡尺进行定向,再使用其他已知轨道基准点进行定向检查。出现较大偏差时,则应对轨道基准网以及前一块铺好的轨道板的精调精度进行进一步的检查,粗略定位后,在轨道板的两侧分别放置3个两轴的校正架,借助全站仪和安装在轨道板端部的激光感应器对轨道板进行精细调整。

根据测量结果,对轨道板进行纵向和横向移动。为此必须根据测量员的口令同步操作所有4个位置的调节装置。然后根据测量人员的要求调整高度。同时也须同步调整有关的定位装置。当经过多次调整后各角均达到最终位置后,对轨道板中间的高度进行补调。

(8)轨道板沥青砂浆灌注:

①轨道板边缝密封。精细调整完成并满足精度要求后,在轨道板和底座板之间有一平均2~4 cm厚的缝隙,要用垫层砂浆对轨道板逐块填充。为防止沥青水泥砂浆在垫层灌浆时不受控制地从轨道板侧面溢出,必须将轨道板和底板之间的缝隙进行密封,侧缝采用稳固的水泥砂浆。在密封开始时底板的表面,

包括轨道板以外的部分应清扫干净。在气候很干燥时还必须浇湿这一范围。在进行密封砂浆施工这一工作流程中不允许触动定位装置以及铺设的轨道板,否则会再次破坏已调好的精确度。

②轨道板的固定。为保证在垫层砂浆灌浆时轨道板不浮起要加装压紧装置。压紧装置设置在轨道板的中间和安装圆锥体用过的锚杆处。在轨道板中间设置时也采用精轧螺纹钢锚固件,在锚固杆上用冀形螺母充分拧紧,以防止轨道板移动。

③灌注沥青水泥砂浆。在轨道板和底板间有一平均厚度为 2 ~ 4 cm 的空隙,空隙用沥青水泥砂浆逐块填充。

(9)轨道板的纵向连接。为实现 CRTSⅡ型板式轨道系统的适用性,要将轨道板相互连接起来。用张拉锁件和螺母套在预制轨道板两端露出的螺纹钢筋上对其进行张拉连接,使接缝处始终处于压应力状态,以此提高耐久性。

(10)轨道板锚固和剪切连接。在桥梁固定端处,轨道板上预留四排孔眼,混凝土底座板在对应位置打孔,轨道板精调后注入专用胶体,把螺栓与底座板锚固起来,灌注沥青水泥砂浆后锁紧轨道板上螺栓。

(11)挡块施工:

①侧向挡块施工。侧向挡块的连接钢筋通过在桥面钻孔或预埋钢套筒埋入桥梁,然后在该钢筋上绑扎挡块钢筋,在混凝土底座板侧面粘贴橡胶支垫,支立模型,灌注混凝土。侧向挡块和混凝土底座板之间通过橡胶支垫进行传力,其余缝隙用矿物纤维(即硬泡沫材料)进行填塞。

②竖向挡块施工。竖向挡块与混凝土底座板和轨道板之间均通过橡胶支垫进行传力,其余缝隙用矿物纤维(即硬泡沫材料)进行填塞。在竖向挡块施工之后清理桥面,喷涂防水层。

6)CRTSⅢ型板式无砟轨道

CRTSⅢ型板式无砟轨道主要由钢轨、扣件、预制轨道板、自密实混凝土、底座或支承层等部分组成。CRTSⅢ型板式无砟轨道为分块式结构,轨道板与板下自密实混凝土通过门型钢筋形成整体结构,轨道板与底座之间通过限位凹槽限位,结构承力和传力路径明确。

CRTSⅢ型板式无砟轨道道床施工的顺序为:

施工准备→底座验收→轨道板测量放样→中间隔离层及限位凹槽弹性垫层铺设→自密实混凝土钢筋绑扎→轨道板初安装→轨道板初调→轨道板精调→轨道板限位装置安装→自密实混凝土模板安装→自密实混凝土灌注→观察孔填充→混凝土养护→质量检查验收→长钢轨铺设→轨道静态精调。

3. 双块式无砟轨道道床施工

双块式无砟轨道主要由钢轨、扣件、预制轨枕、道床板、混凝土底座或支承层组成。双块式无砟轨道在桥梁地段采用单元结构,路基和隧道地段采用连续结构。我国双块式无砟轨道结构分为 CRTS Ⅰ型和 CRTSⅡ型两种,CRTS Ⅰ型双块式无砟轨道是将预制好的双块式轨枕,在现场通过浇筑混凝土将轨枕埋入混凝土道床板中,而 CRTSⅡ型是将轨枕“振入”混凝土道床板中,使轨枕与混凝土道床板成为一个整体的无砟轨道结构形式。

(1)双块式无砟轨道的主要优点:

①道床混凝土灌注成型,未设特殊的垫层(如板式轨道的 CA 砂浆)均为常规的施工工艺,利于掌握及技术革新。

②采用常规轨枕的结构形式,预制件的生产经验及生产设备利于掌握。

③由于采用单根枕,平整度利于保证,避免了板式轨道需模型精细加工或车床加工等工序。

④预制件较小，运输吊装方便。

⑤轨道基本为混凝土构筑，耐久性保证概率高。

（2）双块式无砟轨道的主要缺点：

①新老混凝土结合面易产生裂纹，裂纹控制较困难。

②轨道结构宽度较板式轨道宽，自重大。

③现场混凝土施工量大。

④采用工具轨施工，质量受工具轨、扣件的影响。工具轨的刚度、热膨胀性等影响轨道精度。

1）双块式轨枕预制

轨枕预制场址选择在现场，水、电、大临设施共用，工厂化标准建设厂房，各生产线共用一座拌合站，统一进行钢筋加工焊接。双块式轨枕预制施工工艺流程如图2-23所示。

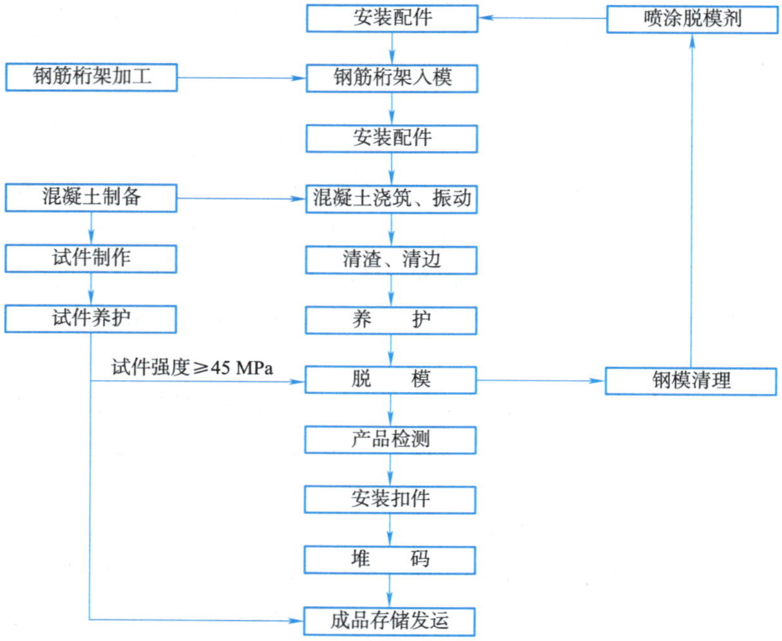

图2-23　双块式轨枕预制施工工艺流程

2）支承层施工方法

路基水硬性支承层施工方法、桥梁上保护层、底座混凝土浇筑方法、隧道上底座混凝土浇筑方法见CRTSⅠ型板式无砟轨道。

3）轨道组装与定位、道床混凝土浇筑方法

以CRTSⅡ型双块式无砟轨道为例，施工方法如下：

梁面、隧底及路基面检查→测设基桩→梁面、隧底凿毛、清理→混凝土支承层施工（路基）→支撑柱准备、安装支撑柱→安装侧模及走行轨→铺设混凝土道床板钢筋网、钢筋绝缘性能检查并可靠接地→测量、精确调整支脚→道床板混凝土浇筑、抹平→安装横梁→轨枕振动嵌入→道床表面抹平→拆除固定架、横梁、支脚及横板→混凝土养护→质量检查。

（1）支撑柱及模板安装。根据设计图纸先测量放出支撑柱位置，支撑柱位置由测量人员，在轨道板两侧每隔一定距离进行标注，并在下部结构上为支撑柱和钢模板安装钻孔。每隔一定距离，在将要浇筑混凝土的底座板两侧设置支撑柱并固定好。

机械施工使用的模板为配套的定型轨道模板。隔离层土工布与侧模板的接缝处用胶带密封，防止漏浆。轨道模板侧模插板可直接放在底座板上，用胶带密封接缝，用扎丝或绑扎带将插板固定在侧模板上。

(2)铺设钢筋。先测量放出线路的中心线，根据设计图纸定出纵向钢筋在横向上的铺设位置，将纵向钢筋全部按定出的位置摆放好，纵向钢筋的搭接除接地钢筋外长度不少于600 mm。

在底层钢筋完成后，安放垫块于钢筋网下面，以满足钢筋保护层厚度要求。

(3)道床板的接地与绝缘检测。道床板结构内有三根纵向钢筋作为接地钢筋。纵向上每隔大约100 m的长度设置为一个绝缘绑扎节点，纵向钢筋之间相互绝缘，搭接长度不小于600 mm。

利用绝缘电阻表对纵、横向钢筋的绝缘情况及接地钢筋之间的导电进行检查，每两根相交的钢筋都必须进行绝缘检测，即每根横向钢筋和所有纵向钢筋之间，上下层钢筋之间，以及上下层钢筋与轨枕结构钢筋之间都必须用绝缘电阻表进行测量，测量结果应不小于2 MΩ。

(4)支脚精调：

①测站的选取。双块式无砟轨道主要使用带自动锁定功能全站仪配合相应的精调软件进行支脚精确调整。为了将支撑柱设置到设计位置上，将全站仪安装在位于固定端一侧的还未调整的支撑柱上，使用自由测站。将支撑柱垂直于超高放置时，配合使用平衡楔，以便全站仪平衡角度保持水平。

②自由测站。通过在工作区域前后均匀8个CPⅢ网络衔接点作为自由测站，使可以将全站仪设置在固定点区域内。自由测站的精确度必须在1~2 mm范围内。

③支撑柱点的设置。支撑柱的设置需要球形棱镜，棱镜放置在支撑柱上并调整好，通过全站仪的追踪系统，可获得球形棱镜的三维坐标，并一直显示基于轨道设计尺寸的里程偏差、侧向位置偏差和高度的偏差。全站仪与将要设置的支撑柱之间的标准距离为9.8~86 m。

④支撑柱将交替安置于固定端和活动端。相对于前一个支座点的剩余偏差必须小于0.5 mm(横向和高度)。在活动端一侧需要精确地设置高度，两相邻点的允许偏差为0.5 mm。测量剩余误差需要将实际值与设计值的差别在所有测站的剩余支撑柱上呈线性均匀分配。

(5)混凝土施工。在运输通道条件允许的情况下，混凝土搅拌车直接将混凝土运送至施工点，接滑槽将混凝土导入模板内；运输通道不具备条件时，采用混凝土巡回车或混凝土泵车将混凝土输送至施工点模板内。

通过刮板将混凝土表面精确地、按规定地进行刮光。刮平以后安装轨枕。安装机械将一根横梁和一个轨枕框架运送到即将施工的段落内。先将横梁放置在一对支撑柱上，然后将安装好5根轨枕的框架压入混凝土中。

完成轨枕框架压入混凝土以后，立刻使用0.2 nm的金属塞尺检查轨枕框架和横梁之间的接触面。必须保证所有的接触点都相互接触到，并且之间没有任何空隙。

(6)后期处理。混凝土灌注完毕后，一是将轨枕框架从已浇筑好混凝土的轨枕上拆下，二是拆掉支撑柱，三是拆掉钢模板轨道。支撑柱和钢模板轨道都是通过相应的辅助机械，从施工段末尾向头运送，这样就形成了一个循环。当混凝土已经达到一定的强度后，就可以将轨枕上的框架拆掉。

(7)混凝土的养护。用薄膜覆盖喷湿养护或洒水养护。在道床混凝土未达设计强度70%之前，严禁各种车辆在道床上通行。雨期施工时准备防雨棚罩，一旦需要，能立即对新浇筑混凝土加以保护。

任务四　无缝线路铺设

钢轨接头是轨道薄弱环节之一。列车通过接头时，车轮对接缝处轨端产生巨大的冲击和振动，并伴随有打击噪声，不仅影响行车平稳和乘坐的舒适度，还会促使道床破坏、线路状态恶化、钢轨及联结零件的使用寿命缩短、养护维修费用的增加。

为减少钢轨接头的不良影响，人们将钢轨的轨端进行焊接，这样就形成了无缝线路。与有缝线路相比，无缝线路在一定长度范围内消灭了钢轨接头，因而具有行车平稳，提高旅客舒适度，降低维修费用，延长维修周期，延长线路设备和机车车辆使用寿命等优点。所谓无缝线路，就是把标准长度的钢轨（未经钻眼和淬火）焊接而成的长钢轨线路，又称焊接长钢轨线路。

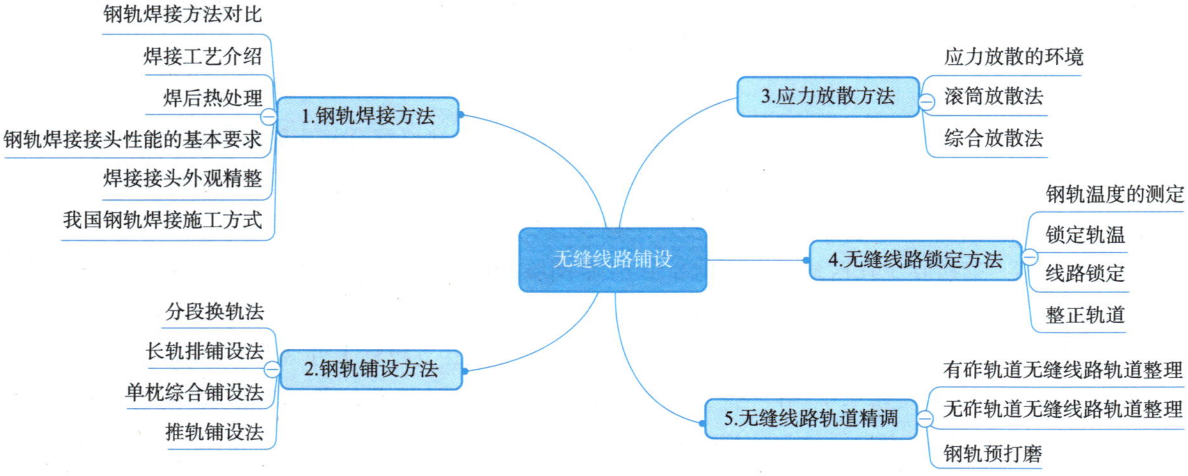

观察与思考

无缝线路有哪些施工工艺流程？我国常用钢轨焊接方法有何异同？无缝线路的长钢轨铺设方法有哪些？长钢轨是如何铺设的？无缝线路为什么要进行应力放散？如何进行应力放散？无缝线路是如何锁定的？是如何精调的？下来就对此内容进行学习。

无缝线路施工工艺流程为：钢轨焊接→钢轨铺设方法→应力放散方法→无缝线路锁定方法→无缝线路轨道精调。

2.4.1　钢轨焊接方法

视频

钢轨焊接

1. 钢轨焊接方法对比

钢轨焊接方法主要有四种，分别是闪光焊、气压焊、铝热焊和窄间隙电弧焊。我国主要采用闪光焊（又称闪光接触焊）、气压焊和铝热焊。

我国三种钢轨焊接方法所占的接头数量比例为：闪光焊约占87%，气压焊占10%，铝热焊占3%。

从焊接质量看，闪光焊的质量最稳定，统计的折损率仅为0.007%，铝热焊最差，折损率为0.5%。可见闪光焊是最主要且最可靠的钢轨焊接方法。

2. 焊接工艺介绍

长钢轨焊接基本工艺流程:选配轨轨头校直→轨端处理→焊接→正火→焊缝粗打磨→焊缝冷却→钢轨四向调直→焊缝精打磨→探伤、验收→存储。

1)闪光焊焊接方法介绍

将待焊钢轨分别上下夹紧,钢轨两端相互接近直至接触,电流通过待焊钢轨端部产生的热量,不断形成金属过梁,随着过梁爆破产生闪光、飞溅使被焊端面加热至表面熔化状态,随后加压顶锻,在压力下两端金属相互结晶,使两节钢轨焊接在一起,如图2-24(a)所示。

闪光焊的焊缝缺陷有:灰斑、裂纹、烧伤、未焊合。

2)气压焊焊接方法介绍

将需焊接的钢轨端面对准并紧密贴合,用火焰加热端面周围到塑性状态,然后对贴合面加压顶锻。钢轨气压焊的焊接温度较低,只加热到1 250 ℃左右,且为固相结合,故具有焊接强度高等一般压接法所具有的优点,如图2-24(b)所示。

气压焊的焊缝缺陷有:光斑、过烧、未焊合。

3)铝热焊焊接方法介绍

铝热焊是热剂焊的一种。铝热焊是在待焊件之间留出一定的间隙,周围用模具围上,然后点燃坩埚中的焊剂,通过氧化还原反应,放热生成液态金属,将液态金属注入焊件之间的间隙,完成金属的焊接,如图2-24(c)所示。

铝热焊的焊缝缺陷有:夹碴、气孔、夹砂、缩孔、疏松、未焊合、裂纹。

4)窄间隙电弧焊焊接方法介绍

将钢轨待焊端部预留一定的间隙,轨底衬上模具,预热后采用手工焊条进行焊接,轨底第一道焊接采用单面焊双面成型,第二层以上采用单道焊接,每道焊接完后进行除渣。轨底焊完后,用模具围住轨腰和轨头两侧,采用连续焊接的方法焊接轨腰和轨头,焊接过程不进行除渣。焊后对接头进行热处理和打磨,如图2-24(d)所示。

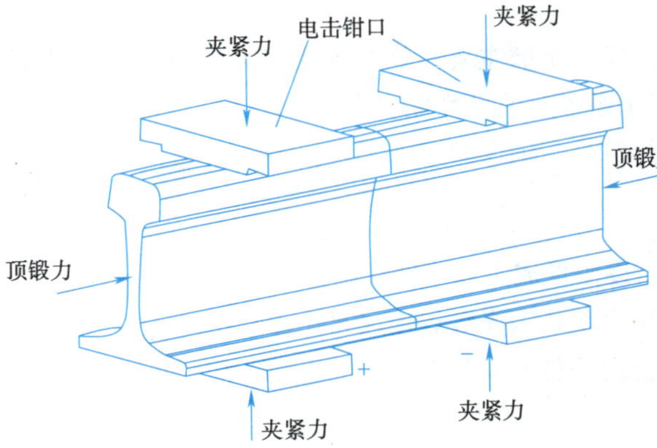

(a) 闪光焊

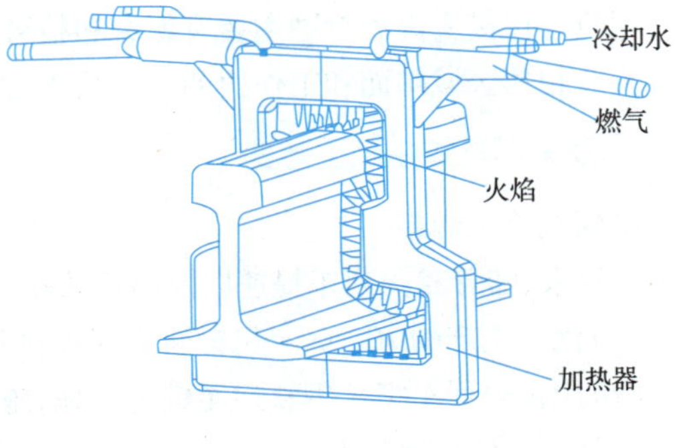

(b) 气压焊

图2-24 钢轨焊接示意图

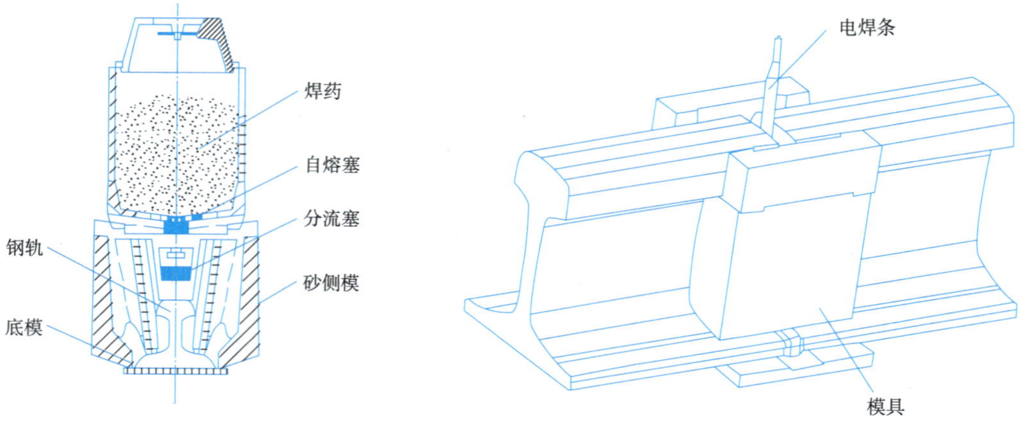

(c) 铝热焊　　(d) 窄间隙电弧焊

图 2-24　钢轨焊接示意图(续)

3. 焊后热处理

钢轨焊后热处理对于接头性能改善比较重要,通过热处理:一方面可以细化焊接接头组织晶粒,提高接头韧性,防止接头断裂;另一方面对于热处理钢轨可以对接头再次欠速淬火,恢复接头硬度,可降低接头处的磨耗。

4. 钢轨焊接接头性能的基本要求

作为钢轨焊接接头,一般的要求是内部没有焊接缺陷,力学性能做到与母材匹配;在外观上除了一般焊接接头的要求,如咬边及其他一些外观缺陷有要求外,对焊接接头的平直度有较高要求。

钢轨焊接接头的性能受钢轨母材、焊接设备、焊接条件和焊后处理等因素影响。不同方法的焊接接头的力学性能和服役状态存在较大的差异,但也存在一些共同的特点,比如焊接热影响区的存在引起的接头区域等不均衡的磨耗、形成软带区域导致接头区域鞍形磨耗轮廓和应力集中区域容易产生疲劳裂纹源。

5. 焊接接头外观精整

钢轨焊接接头焊后打磨主要有粗磨和精磨两个工序。粗磨主要是恢复接头区域钢轨轮廓,精磨是保证接头及相邻区域踏面和工作边的平顺状态,提高列车通过时的平稳性。

6. 我国钢轨焊接施工方式

1)新线施工焊接

多年来,随着我国列车提速以及高速铁路的发展,逐步形成了如下新线施工焊接方式:

(1)钢厂生产的 100 m 定尺钢轨进入焊轨基地,用固定式闪光焊焊接成 500 m 长钢轨。

(2)用长轨列车把长钢轨运至铺轨基地,施工单位使用铺轨机铺轨后,再用移动焊轨车用移动闪光焊机进行单元焊接与锁定焊接。

(3)在道岔内部采用铝热焊。

2)既有线路换轨

既有线路换轨与新线施工类似:由运轨车把 500 m 长轨卸到铁路路肩,然后用移动焊轨车把放在路肩上的长钢轨焊接成 1.5 km 左右长钢轨,这时的焊接称为线下焊;然后用换轨车把 1.5 km 长钢轨换到线路上,再用移动焊轨车把长钢轨的一端与正线焊接,这称为线上焊。2012 年之前,既有线换轨线下焊已经普及了移动焊轨车,但线上焊仍有大量使用小型气压焊或铝热焊。

2.4.2 钢轨铺设方法

无缝线路的长钢轨铺设方法有:分段换轨法、长轨排铺设法、单枕综合铺设法、推轨铺设法。

1. 分段换轨法

我国自20世纪50年代推广无缝线路以来,对焊接长钢轨的铺设,只是在营业线上进行,按其作业类型,可称为“分段换轨法”。近些年某些新线在铺设轨排后,也采用此法换铺长钢轨。其基本作业程序为:

(1)先将长钢轨运送至需要更换的线路区段,并摆放于线路两侧。

(2)将摆放于线路两侧的焊接轨,按所需铺设的单元长度于现场进行焊接。

(3)由一台收轨机将拟拆除的旧钢轨收放于轨枕中间,同时由另一台收轨机将摆放在线路两侧的单元轨收放于轨枕槽内。

(4)调整轨距并安装钢轨扣件同时予以紧固。

(5)将拆除的旧钢轨予以回收装运。

分段换轨法的特点是作业简便易行,使用的主要机械为两台收轨机。

2. 长轨排铺设法

自1969年开始,德国就采用长轨排铺设法铺设长钢轨。其作业程序与传统的短轨排铺设程序基本相同,即轨排组装、轨排运输和铺架、轨排连接和整理,但是长轨排可达180 m。

1)轨排组装

为了尽可能缩短长轨排的运输距离,通常轨排组装基地设置在距离铺设工地几千米处,可在车站的轨道上或直接在线路轨道上组装轨排。组装前,预先将长钢轨存放在线路两侧鞍座上并在线路两侧各铺一根与线路相平行的辅助轨,以作为龙门吊机行走轨;组装时,先由门式吊机吊卸轨枕车上轨枕,并按要求的轨距将轨枕铺设在线路轨道上,随后由置放在线路一侧的臂杆可回转的多台小吊机将长钢轨吊放于轨枕轨槽内,最后放置钢轨扣件并予以紧固。

2)轨排运输和铺架

(1)轨排运输。在轨排和线路轨道之间使用可变斜辅助轨进行连接;自行液压式起重小车通过可变斜辅助轨驶入轨排轨道,并在轨排上按相等距离排列,排列后由起重小车上夹轨装置将轨排夹紧;落下起重小车液压支腿,将轨排吊起直至运载小车进入轨排下面为止;由牵引车辆将轨排运载小车推至轨排下面,并在每台起重小车下面安置一台运载小车;由起重小车在缩回液压支腿的同时将轨排坐落于运载小车上,此时,可用牵引机车将运载小车随同运载的轨排与起重小车推送至现场铺设地点。

(2)轨排铺架。轨排铺架的前期工作是先在现场铺设长度略长于轨排长度的辅助导轨,并与正式轨道连接。

由牵引机车将运载小车随同轨排和起重小车推送至辅助导轨上;由坐落在轨排上的起重小车通过下落液压支腿将轨排吊起,脱离运载小车;运载小车从轨排底下退出,同时由牵引车辆将辅助导轨向前拖拉,让出轨排铺设位置;由起重小车将轨排下落于铺设位置,随后起重小车自行跟随运载小车返回组装基地。

3)轨排连接和整理

将新铺轨排两端与正式轨道及辅助导轨进行连接,并按线路方向予以拨正,同时将钢轨上手紧的扣件予以紧固。

3. 单枕综合铺设法

(1)新建铁路有砟道床的正线轨道铺设宜采用单枕综合铺设法,如图2-25所示,主要设备由牵引车、铺轨机、枕轨运输列车、运枕龙门吊等组成。

图2-25　单枕综合铺设法施工

(2)单枕综合铺设法施工基本作业程序为:

施工准备→设备编组进场→长钢轨抽放拖送→轨枕转运→布枕→钢轨入槽就位→轨枕方正→安装扣件→转入下一循环,长钢轨抽放拖送。

4. 推轨铺设法

对于长大隧道内的整体道床以及无砟轨道,由于轨枕块与道床已浇筑在一起,铺设长轨时可采取长轨运输车运输长轨条,利用推轨车将长钢轨一次推入承轨台落槽后上紧扣件,推轨车和运轨车立即在其上行走通过,实现连续作业。

对于有砟轨道,当沿线交通条件较好,单根轨枕运输方便时,也可以先人工布放单枕,然后采取推轨铺设法铺设长钢轨。

推轨铺设法相当于单枕综合铺设法中的一个铺轨工序,但机具略作改造,十分简单,铺设速度较快,避免了换轨法铺设长钢轨需要二次铺轨的缺点,也避免了单枕综合铺轨法需要昂贵大型专业机械的缺点,是必须掌握的一种长钢轨铺设方法。

2.4.3　应力放散方法

1. 应力放散的环境

无缝线路有下列情况之一者,应放散或调整应力后重新锁定,并使其符合设计要求:

(1)实际锁定轨温超出设计锁定轨温范围。

(2)相邻两单元轨节锁定轨温之差大于5 ℃,左右两股钢轨的锁定轨温之差大于3 ℃,同一设计锁定轨温的长轨条最高与最低锁定轨温之差大于10 ℃。

(3)钢轨产生不正常的过量伸缩。

(4)无缝线路固定区钢轨出现严重的不均匀位移。

(5)原因不明,施工时未按设计规定锁定的线路。

2. 滚筒放散法

滚筒放散法是在设计的锁定轨温范围内,把需要放散应力的长轨条先松开,并拆除扣件,然后抬起钢轨,放上滚筒,将钢轨落放在滚筒上,撞击长轨条数次,使长轨条基本上能自由伸缩。一旦轨温合适,即撤滚筒、紧扣件,进行锁定。

滚筒放散法最好在轨温较设计锁定轨温略高时进行,并与撞轨配合使用,以消除滚筒本身摩阻力的影响,才能使应力放散均匀彻底。

3. 综合放散法

综合放散法是在设计的轨温范围以下时,利用拉轨器和撞轨器配合作用,通过均匀拉伸长轨条,以提高它的零应力轨温,使锁定轨温一步到位的方法。拉伸长轨条时,应做到匀、准、够。其过程是:

(1)形成零应力:在放散段自然温度的条件下,轨下垫滚筒,全部配件必须松开,使钢轨能自由伸缩、以 50 m 或 100 m 为单元进行观测,并用撞轨器沿钢轨走行方向依次撞轨。当钢轨发生反弹现象时,即视为零应力。

(2)计算拉伸量:钢轨放散至零应力状态后,根据锁定轨温和实际轨温计算出钢轨拉伸量,用拉伸器和撞轨器联合作用拉出该伸长量后即锁定钢轨。

2.4.4 无缝线路锁定方法

1. 钢轨温度的测定

(1)钢轨温度是无缝线路设计、铺设和维修的重要资料。影响轨温的因素比较复杂,根据调查观测资料分析,一般规定最高轨温比当地最高气温高 20 ℃,最低轨温与当地最低气温相同,中间轨温为最高和最低轨温的平均值。

(2)线路上的钢轨由于背阴状况、太阳直射与否等的影响,轨顶、轨腰和轨底的温度可能都有差别,同一股钢轨不同位置也有差别。因此,在测量轨温时,要多测几个位置,然后取其平均值。

(3)钢轨轨温目前多采用半导体点温计和钢轨测温计测量。

2. 锁定轨温

无缝线路的锁定轨温是指长轨节温度应力状态为零时的轨温(又称零应力轨温)。在铺设无缝线路时,把长轨节的始端和终端落槽时分别测得的轨温取平均值,作为该段无缝线路施工的锁定轨温。设计无缝线路时采用的设计锁定轨温,通常是在保证无缝线路的强度与稳定条件下,由计算确定,即这样的轨温要保证无缝线路冬天钢轨不被拉断,夏天不发生胀轨跑道。一般算得的设计轨温比中间轨温略高。

3. 线路锁定

(1)线路锁定前应掌握当地轨温变化规律,根据各施工区段的时间间隔,选定轨温及施工时间。

(2)考虑到施工的方便,线路锁定时允许锁定轨温变化范围为 ±5 ℃。

(3)锁定轨温应准确、可靠,符合设计规定。

(4)整正轨枕及轨距后,应两股钢轨同步锁定,同时在钢轨上设置纵向位移观测的“零点”标记。

(5)必须准确确定无缝线路锁定轨温,相邻两段单元轨节锁定轨温之差不得大于 5 ℃,左右两股钢轨的锁定轨温差不得大于3 ℃，同设计锁定轨温的长轨条最高与最低锁定轨温之差不大于10 ℃。

(6)锁定轨温与锁定日期应列入竣工资料。

4. 整正轨道

线路锁定后，应立即按下列要求整正轨道，并开始观测钢轨位移情况：

(1)捣固道床，特别应捣实经方正的轨枕下的道床，水平和高低差应符合设计规定。

(2)夯拍整理道床，使断面符合设计要求。

(3)钢轨位移观测记录应列入竣工资料。

(4)起道时，着力点应离开焊缝。

2.4.5 无缝线路轨道精调

1. 有砟轨道无缝线路轨道整理

铺设无缝线路之后至线路开通之前，道床应逐步进入稳定阶段。通过检测，对于不能满足技术规定的线路，应用大型养路机械等对轨道及道岔进行轨道整理作业。

轨道整理达标基本工艺流程为：轨道整理→静态检测→钢轨预打磨→动态验收→交工。

2. 无砟轨道无缝线路轨道整理

1)一般规定

(1)无砟轨道工程施工质量应符合相关规定，对不符合规定的轨道应进行轨道整理作业。

(2)线路开通前应由轨道检查车进行动态质量检测(道岔及钢轨伸缩调节器与轨道一并进行)。

(3)线路动态质量检测应符合轨道动态质量检测的相关规定，道床漏泄电阻和钢轨阻抗应满足轨道电路传输长度的要求。

(4)位移观测规定：对无缝线路长轨条位移情况每月观测一次，并填写记录。位移观测桩处相对位移换算轨温加上原锁定轨温超出设计锁定轨温允许范围时，应及时查明原因并进行处理。

2)无缝线路及道岔轨道整理

(1)无缝线路轨道整理准备工作、作业轨温条件等与有砟轨道线路相同。

(2)轨下充填式垫板施工基本工艺流程为：确认轨道状态→按规定间距插入调整垫块→精调轨面高程、水平、高低→插入注入袋→切开注入口、排气口→调和树脂并注入→不受载静置，切除注入口、排气口→取出调整垫块，拧紧扣件螺栓→轨道状态检查。

3. 钢轨预打磨

(1)在线路验收前，应对全线钢轨进行预打磨作业。

(2)钢轨全线预打磨应具备以下条件：无缝线路经整理作业后，道床进入稳定阶段。轨面高程及道床外观尺寸应符合设计要求。钢轨扣件齐全紧固。钢轨焊接接头的平直度应达到设计规定。

(3)打磨列车到达工地后，根据轨面状态，可采用列车运行打磨、成形打磨等方式进行作业。打磨列车的使用和管理按其操作手册及维修保养手册的相关规定执行。

(4)质量检验应符合以下要求：检验机具包括直尺、塞尺、钢轨平直度测量仪、波纹磨耗测量仪、钢轨头部横断面绘图仪和打磨列车上的测量仪器。在使用打磨列车时，必须用安装在打磨列车上的测量设备做打磨后测量。打磨后的钢轨应达到设计要求。

项目三

工务管理与工务检测

轨道线路运营具有高密度、不间断、高舒适度的特点，要求轨道设备必须安全、可靠、舒适。而它常年裸露在大自然中，经受着风雨、冻融和列车荷载的作用，轨道几何尺寸不断变化，路基及道床不断产生变形，钢轨、联结零件及轨枕不断磨损，从而使线路设备技术状态不断发生变化。因此要及时对轨道线路进行检测，掌握线路状态的变化规律，实施科学管理，并指导线路养护与维修，确保线路处于良好状态，确保线路的安全运行。

学习目标

1. 了解铁路工务系统和工务管理。
2. 理解设备状态检测和行车平稳性检测。
3. 掌握直线、曲线轨道几何形位。

任务一　工务管理

工务设备是铁路的基础设施，直接影响到铁路运输的安全与效率。对铁路工务设备的有效管理，一直是国内外铁路工作者的研究重点。不断优化生产组织，夯实安全基础，保障线路的安全运营，抓好线路的检、养、修管理，确保提速安全。实现线路质量均衡提高，全面提升安全保障能力。

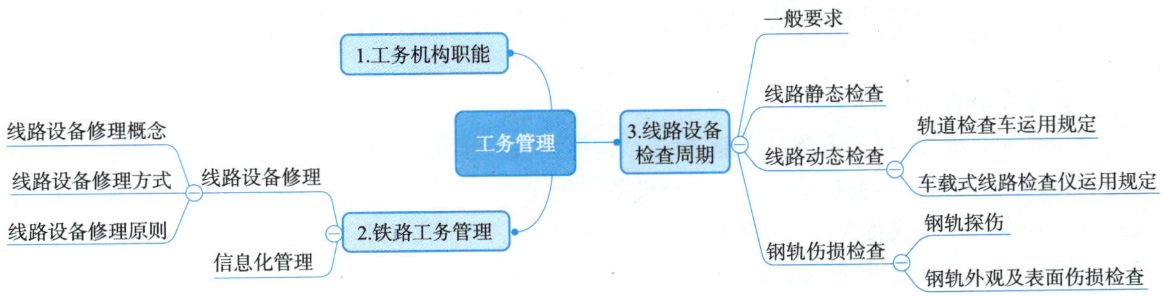

观察与思考

铁路工务系统各部门的职责是什么？大修与维修线路设备修理方式分别是什么？线路设备修理原则有哪些？如何实现生产过程中的动态闭环管理？轨道线路的检查周期有哪些规定？接下来就对此内容进行学习。

3.1.1 工务机构职能

工电部(中国国家铁路集团有限公司下设置)负责制定规章;工务部(铁路局集团公司下设置)负责制订计划;工务段实行段、车间、工区班组三级管理制度。

工务段负责管辖范围,正线线路延展长度不宜超过1 200 km。工务段下设安全生产调度指挥中心和线路车间、桥梁车间、重点维修车间、综合机修车间、探伤车间等。段部设线路技术、安全、桥隧技术等若干专业科室,以及人事、财务、教育、行政等若干后勤科室。

线路车间:负责铁路线路及相关设备的日常保养与维修。以及铁路巡道,铁路道口的看守。

桥梁车间:负责桥梁、隧道、涵洞的保养与维修。

重点维修车间:负责铁路线路的大中维修施工作业。

综合机修车间:负责机具检修、配件修理、辅助加工等。每个车间下设若干作业班组。

线路车间负责管辖范围,正线延展长度单线以60~80 km为宜,双线以100~120 km为宜。线路车间下设检查工区、维修工区、线路工区。支线铁路可只设车间,不设或少设工区。

3.1.2 铁路工务管理

积极利用现代检测监测技术加强线路检测利用大数据提升智能化分析水平,实现对线路的智能分析,精准修理,完善生产信息管理系统,提升科学管理水平。实现优化劳动组织,实行检、养、修分开,大力推进检测、修理专业化建设;推行工务、电务、供电等专业日常维修一体化管理,促进专业管理和综合管理融合。

1. 线路设备修理

线路设备修理的基本任务是通过科学合理和经济的维修策略,保持和恢复线路设备安全性、可靠性。

1)线路设备修理概念

线路设备修理分为线路设备大修和维修。线路设备大修是为全面恢复和提高线路设备固有可靠度而对线路进行的大规模修理。线路设备维修是根据线路设备变化规律,维持列车以规定速度安全和不间断地运行而对线路进行的日常维护和小规模修理。

2)线路设备修理方式

线路设备修理采用周期修与状态修相结合。线路设备大修以周期修为主,日常维修以状态修为主。线路设备修理实行天窗修制度,铁路局集团公司应安排足够数量的天窗,以满足线路设备修理的需要。大力推广“集中修”。

3)线路设备修理原则

线路设备大修应按照“运营条件匹配、轨道结构等强、修理周期合理、线路质量均衡”和“全面规划、适度超前、区段配套”原则,根据运输需要及线路设备变化规律,及时对线路设备进行更新和修理,恢复和提高线路设备强度。线路设备大修项目原则上应按周期安排,并可根据设备状态评价结果合理调整。线路设备大修应由专业大修设计、施工队伍承担。

线路设备维修应坚持“预防为主、防治结合、修养并重、严检慎修”原则,根据线路设备变化规律,合理安排计划维修与临时补修,有效预防和整治线路病害,有计划地补偿线路设备损耗,保持线路设备完整和质量均衡,延长设备使用寿命,以取得较好的技术经济效益。线路设备维修项目原则上按状态评价结果安排修理。

积极推行机械化、标准化、信息化,提高修理质量和作业效率,确保作业安全。采用新技术、新设备、新材料、新工艺,改善劳动条件,提高作业效率,保证作业质量。

2. 信息化管理

加快和完善铁路局集团公司、工务段、车间、班组信息平台和网络通道建设，按要求配置硬件和网络，确保系统运行环境要求。加强人员培训，提高工务技术人员信息化应用水平。积极应用大数据、物联网、移动互联网、人工智能等信息技术，推进线路设备全服役寿命周期信息化管理。

逐步建立健全信息管理系统，运用大数据分析，掌握设备变化规律，预测设备发展趋势，科学指导设备修理，合理控制设备修理成本。

推广应用铁路工务安全生产管理信息系统，做好数据采集，强化作业关键环节控制，实现对线路设备状态、安全生产计划和作业过程控制的动态闭环管理，及时消除设备隐患，不断促进工务管理水平的提升。

打通生产闭环，形成大数据平台，以"检测检查→状态分析→生产计划→现场作业→质量验收"为主线，实现工务安全生产闭环管理，如图 3-1 所示。通过建立工务数据标准，把标准化后的检测数据、作业数据、地理数据、台账数据按照线型资产维度进行整理，为站段、车间组织作业提供辅助决策依据。

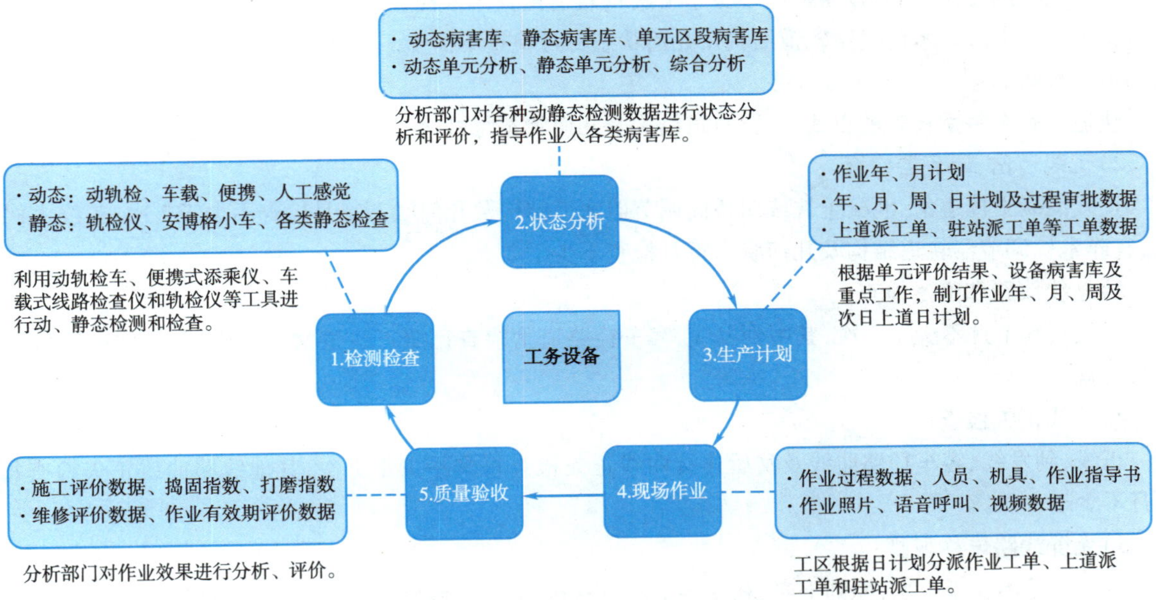

图 3-1 工务安全生产闭环

设备状态可控，利用动（轨）检车、车载式线路检查仪、钢轨探伤车、轨道检查仪、轨道几何状态测量仪等进行检测、检查、监测获得大量数据。分析部门对各种动静态检测数据进行状态分析和评价，并结合工务设备属性数据、生产数据、通过总重数据、地理信息等，分析工务设备变化规律，指导病害入各类病害库。根据单元评价结果、设备病害库及重点工作，制订作业年、月、周及次日上道日计划。工区根据日计划分派作业工单、上道派工单和驻站派工单，及时消除病害。分析部门对作业效果进行分析、评价。最后进行复检。以此来实现工务安全管理。

3.1.3 线路设备检查周期

1. 一般要求

线路检查应坚持"动、静态检查相结合，结构检查与几何尺寸检查并重"的原则。

动态检查应以轨道检查车、综合检测列车和探伤车检测结果为主要依据，巡检设备、车载式线路检查仪作为动态检查的辅助手段。发现问题时，应结合现场静态复核，全面分析原因并及时处理。

加强线路设备状态分析，指导线路维修作业。仪器检查的数据文件可作为检查记录，保存期不少于1年。

山区、高原、严寒地区和遇有极端气候时，应加强重点线路设备检查和巡检，具体办法由铁路局集团公司规定。

2. 线路静态检查

检查工区应有计划地对线路车间管辖线路设备进行月度周期性检查和重点病害的调查、复核，线路工区参加月度周期性检查。轨道几何尺寸以仪器检查为主，人工主要进行轨道结构检查。

线路设备周期性检查内容及周期：

1）正线线路检查

轨道检查车每月检查的正线：无砟轨道、混凝土枕线路轨道结构及几何状态每季检查不少于1次（轨道结构未检查的月份，当月设备巡检不少于1次）；轨道检查车未检查的月份，线路轨道结构及几何状态当月检查不少于1次。木枕线路轨道结构及几何状态每月检查不少于1次，轨道结构薄弱地段、重点地段应增加检查次数。

轨道检查车每季检查的正线：线路轨道结构及几何状态每月检查不少于1次。

2）正线道岔、调节器检查

正线混凝土枕道岔、混凝土枕或明桥面调节器轨道结构及几何状态每月检查不少于1次，正线木枕道岔、有砟木枕调节器轨道结构及几何状态每月检查不少于2次。

3）站线线路和道岔检查

一般每6个月不少于1次，其中到发线、客车径路道岔检查比照正线道岔检查周期，具体由铁路局集团公司规定。

4）曲线正矢检查

正线、到发线、客车径路曲线及岔后连接曲线正矢检查每季不少于1次，其他线路曲线正矢检查每6个月不少于1次。

5）无缝线路位移观测

每6个月不少于1次，原则上春、秋季各1次，进行影响无缝线路稳定的作业后，应及时进行观测

6）对严重线路病害地段和薄弱处所，应加强检查

应根据线路速度等级、闭塞类型、设备条件、列车对数等情况，合理确定线路设备巡检要求。

3. 线路动态检查

应采用轨道检查车、综合检测列车、巡检设备、车载式线路检查仪等移动装备进行定期检查，了解和掌握线路的动态质量，指导线路养护维修工作。

1）轨道检查车运用规定

（1）检测周期。检测周期根据运量和线路状态确定。

中国国家铁路集团公司轨道检查车，对允许速度大于120 km/h的线路及其他主要繁忙干线进行定期检查。

铁路局集团公司轨道检查车，对允许速度大于120 km/h的线路每月检查不少于2次（含中国国家铁路集团有限公司轨道检查车检查），对年通过总质量不小于80 Mt的正线15～30天检查1次，对年通过总质量为25～80 Mt以内的正线每月检查1遍，对年通过总质量小于25 Mt的正线每季检查1遍，对状态较

差的线路可适当增加检查遍数。

对轨道检查车查出的Ⅲ级偏差处所应及时处理，对查出的Ⅳ级偏差处所，或Ⅲ级偏差且车辆动力学指标超限处所立即限制行车速度并处理。

(2)检测报告。中国国家铁路集团有限公司轨道检查车检查发现的Ⅲ级及以上偏差，应及时通知铁路局集团公司工务部，其中Ⅳ级偏差和重复Ⅲ级偏差应及时上报中国国家铁路集团有限公司，工务部应在24 h内将复核结果和处理情况上传铁路基础设施检测中心。铁路基础设施检测中心应于每月10日前向中国国家铁路集团有限公司提交上月中国国家铁路集团有限公司轨道检查车检查分析报告。

铁路局集团公司轨道检查车检查中发现的Ⅲ级及以上偏差，应及时通知工务段并上报铁路局集团公司工务部，工务段应及时将复核结果和处理情况上报铁路局集团公司工务部。铁路局集团公司每月上旬(或年初)向中国国家铁路集团有限公司提报上月(或上年度)轨道检查车检测结果。

轨道检查车运用单位应在每年1月将上一年度轨道检查车线路检查情况、轨道检查车运用状况以书面报告形式报铁路基础设施检测中心，铁路基础设施检测中心汇总后上报中国国家铁路集团有限公司。

2)车载式线路检查仪运用规定

车载式线路检查仪对年通过总质量不小于25 Mt或允许速度不小于120 km/h线路每天检查不少于1遍。

4. 钢轨伤损检查

1)钢轨探伤

钢轨探伤检查应实行定期检查制度，依据年通过总质量、轨型、季节及钢轨的实际状态等条件合理确定钢轨探伤周期，冬季探伤间隔时间应短于夏季。

(1)正线线路和道岔(调节器)的钢轨探伤周期见表3-1。

表3-1 正线线路和道岔(调节器)的钢轨探伤周期

年通总质量 $W_{年}$/Mt	年探伤遍数		
	75 kg/m、60 kg/m 钢轨	50 kg/m 钢轨	43 kg/m 及以下钢轨
$W_{年} \geq 80$	10		
$80 > W_{年} \geq 50$	8	10	
$50 > W_{年} \geq 25$	7	8	9
$25 > W_{年} \geq 8$	6	7	8
$W_{年} < 8$	5	6	7

到发线线路和道岔的钢轨每年探伤检查不少于4遍。

其他站线、段管线、岔线的线路和道岔钢轨每半年探伤检查不少于1遍。

(2)下列重点地段应根据线路、钢轨的实际状态适当增加探伤遍数，具体办法由铁路局集团公司规定。

- 在桥梁上、隧道内、小半径曲线、大坡道及钢轨状态不良地段。
- 伤轨数量出现异常，连续两个探伤周期内都发现疲劳伤损(如核伤、鱼鳞伤、螺孔裂纹、水平裂纹等)地段。
- 超过大修周期地段、钢轨与运量不匹配地段。

(3)对无缝线路和道岔、调节器钢轨的现场焊缝除按规定周期探伤外，还应使用焊缝探伤仪进行全断面探伤，现场闪光焊、数控气压焊焊缝每两年检查不少于1遍，铝热焊焊缝每半年检查不少于1遍。

中国国家铁路集团有限公司钢轨探伤车检查中发现问题，应及时向有关单位发出通知，并按规定向中国国家铁路集团有限公司提报月度(或年度)检测、运用报告。

铁路局集团公司钢轨探伤车检查中发现问题,应立即通知工务段处理,检查后向有关单位通报检查结果,并按规定向中国国家铁路集团有限公司提报月度(或年度)检测、运用报告。

2)钢轨外观及表面伤损检查

采用巡检设备与人工巡查相结合的方式对钢轨外观进行检查。人工巡查可结合线路设备静态检查和巡检进行。发现钢轨擦伤、剥离裂纹、波磨、锈蚀及其他伤损时,应及时进行复核并处理。

(1)对发生磨耗的钢轨、道岔、调节器等,每年对磨耗检查不少于1遍。对磨耗接近重伤的钢轨、磨耗接近轻伤的道岔和调节器,每季度检查不少于1遍。

(2)对正线钢轨现场焊接焊缝表面质量及平直度,每年检查不少于1遍;对低塌达到轻伤的焊接接头,每季度检查不少于1遍。

(3)对发生波磨的钢轨,每季度检查不少于1遍。

(4)应对钢轨外观及表面伤损检查结果做好记录。线路上的伤损钢轨应作标记。发现重伤钢轨应立即通知线路车间和工务段安全生产调度指挥中心。工务段每月应分析钢轨探伤周期兑现和钢轨伤损情况并报铁路局集团公司。

任务二　工务检测

工务检测是既有铁路线路质量状态评估并科学合理地制订维护计划的重要手段和基础;工务检测能为新建线路设计、线路病害原因分析及维护标准制定等提供重要的实测数据。本任务将对工务检测的检测内容进行详细说明。

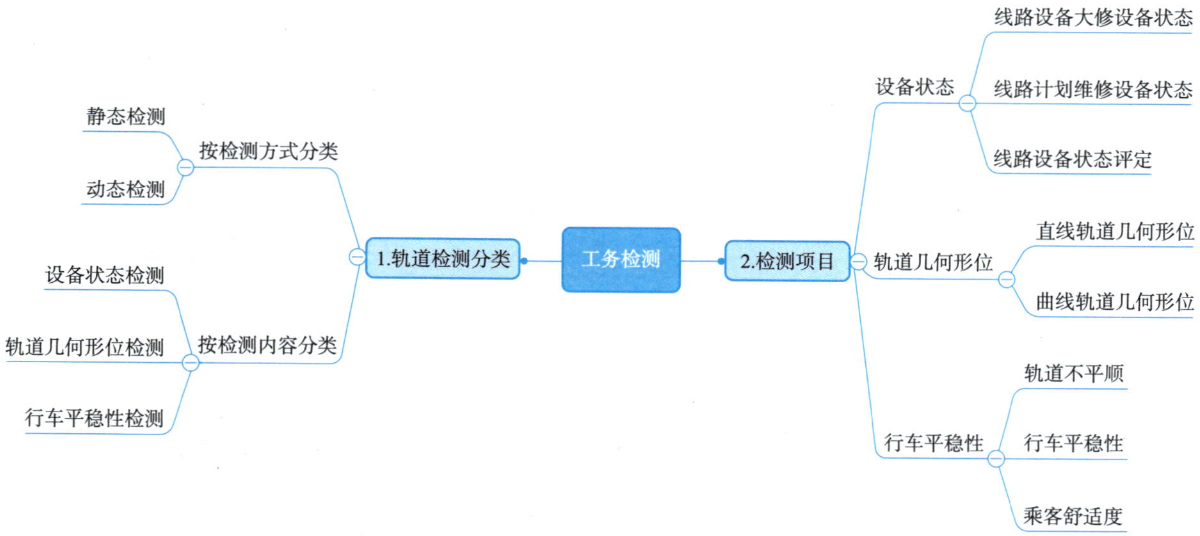

观察与思考

什么是静态检测?什么是动态检测?设备状态检查要检查哪几部分?轨道几何形位检测要检测哪几方面?什么是行车平稳性检测?用哪些仪器设备可进行行车平稳性检测?接下来就对此内容进行学习。

3.2.1 轨道检测分类

1. 按检测方式分类

视频

工务检测

按检测方式分类:静态检测、动态检测。

1)静态检测

其中静态检测指在没有车轮荷载作用时,用传统方法(工具为轨距尺、弦线)或轨道检查仪对线路进行检查。静态检测出的不平顺不能如实反映暗坑、空吊板、刚度不均匀等形成的不平顺,只能部分反映路基道床不均匀残余变形积累形成的不平顺。静态不平顺只是在无列车轮载时,部分的、不确定的表象。

真正对行车安全、轮轨作用力、车辆振动产生实际影响的轨道不平顺是动态不平顺。动态检测是在列车车轮荷载作用下对线路几何状态和力学指标进行的检测。动态不平顺是在列车车轮荷载作用下完全显现出的轨道不平顺。

2)动态检测

动态检测应以轨道检查车、高速综合检测列车和探伤车的检测结果为主要依据(因其检测项目齐全,结果准确);以巡检设备、车载式线路检查仪和添乘检查为动态检测辅助手段(因其检测项目非常有限,它们只能在轨道检查车检查周期的空隙时间对线路进行补充检测,以便对线路状态进行实时监控,确保列车运行的安全)。发现问题时,应结合现场静态复核,全面分析原因并及时处理。

2. 按检测内容分类

按检测内容分类:设备状态检测、轨道几何形位检测、行车平稳性检测。

1)设备状态检测

(1)钢轨状态检测。钢轨状态主要包括轨头磨耗、钢轨波磨、接头不平顺以及钢轨内部核伤和裂纹等,分别采用测磨仪或轨头轮廓仪、波磨检测装置或波磨检测车及钢轨探伤车等检查设备进行检测。

(2)轨枕状态检测。轨枕状态检测的主要内容为:轨枕顶面螺栓孔附近或两螺栓孔间的纵向裂纹、轨枕顶面螺栓孔附近横向裂纹、轨枕中部顶面横向和侧面垂直裂纹、轨枕挡肩处水平裂纹及挡肩损坏、空吊枕等。

(3)道床状态检测。有砟道床状态包括道床断面尺寸、道床脏污和板结程度等。道床断面尺寸的检测方法较为简单,而道床的脏污和板结程度则需要使用相关的检测仪器进行测试。

(4)其他轨道状态检测。其他轨道状态检测有轨道弹性连续检测、无缝线路状态检测与监测,道岔状态检测与监测和巡道车。

2)轨道几何形位检测

(1)轨道几何尺寸静态检测。静态检测利用轨距尺、弦线等检测工具检测,包括线路几何尺寸和道岔几何尺寸。

(2)轨道几何尺寸动态检测。轨道几何尺寸动态检测的主要设备是轨检车,检查结果为轨道动态几何尺寸误差、走行部振动情况和行车平稳性情况。

3)行车平稳性检测

除轨检车上车体加速度可反映行车平稳性外,工务段或路局管理人员或技术人员定期添乘列车,携带添乘仪对行车平稳性进行检测。

4)轨道状态及行车平稳性的其他检测装备

(1)高速综合检查车。一般将线路、车辆、供电、信号等专业的检查集中起来,称为综合检测车。

(2)轨道确认车。轨道确认车具备部分轨道检查车和巡道车的功能。

(3)车载线路动态检测装置。其包括主要的轨道检查车的功能。

3.2.2 检测项目

1. 设备状态

1)线路设备大修设备状态

线路设备大修设备状态见线路设备大修、道岔大修、调节器大修、铺设无缝线路工程设计文件及《普速铁路线路修理规则》(TG/GW 102—2019)相关项目,线路设备大修主要项目(轨道几何尺寸、线路锁定、道床清筛、捣固质量),道岔大修主要项目(轨道几何尺寸,道床清筛和捣固质量,尖轨、可动心轨、辙叉与护轨状态,道岔锁定轨温),调节器大修主要项目(轨道几何尺寸,道床清筛和捣固质量,尖轨、基本轨与护轨状态,尖轨锁定)一次达到标准,可评为“优良”。如有主要项目不符合标准,次要项目漏项或不合格,经整修后复验达到标准,评为“合格”。

线路大、中修各项目验收数量及扣分标准由各铁路局集团公司根据实际情况规定。验收其他线路设备大修工程时,应参照线路大、中修标准进行质量评定。

2)线路计划维修设备状态

线路计划维修设备状态:线路计划维修验收评分标准见表3-2规定;道岔计划维修验收评分标准见表3-3规定;调节器计划维修验收评分标准见《普速铁路线路修理规则》(TG/GW 102—2019)规定。满分为100分,100~85分为优良,85(不含)~60分为合格,60分以下为失格。失格线路整修复验后,在60分及以上者为合格。大型养路机械捣固维修按计划维修作业验收评分标准规定进行验收评分,其他单项维修由铁路局集团公司规定。

表3-2 线路计划维修作业验收评分标准

项目	内容	编号	扣分条件		抽验数量	单位	扣分(分)	说明
			正线及到发线	其他站线				
轨道几何尺寸	轨距、水平、三角坑	1	超过作业验收标准容许偏差管理值	同左	连续检测100 m	处	4	选择质量较差地段,有曲线时检测一个曲线的正矢,曲线正矢超过作业验收标准容许偏差,每处扣4分,超过计划维修容许偏差,每处扣41分
		2	超过计划维修容许偏差管理值	同左		处	41	
		3	轨距变化率(不含规定的递减率)允许速度大于120 km/h线路大于1‰,其他线路大于2‰	轨距变化率(不含规定的递减率)大于3‰		处	2	
	轨向、高低	4	超过作业验收标准容许偏差管理值	同左	全面查看,重点检测	处	4	
		5	超过计划维修容许偏差管理值	同左		处	41	

续上表

项目	内容	编号	扣分条件		抽验数量	单位	扣分（分）	说明
			正线及到发线	其他站线				
钢轨	接头错牙	6	轨面及内侧错牙大于1 mm	轨面及内侧错牙大于2 mm	全面查看，重点检测	处	4	错牙大于3 mm时扣41分
	接头相对	7	直线偏差大于40 mm，曲线偏差大于40 mm加缩短轨缩短量的一半	直线偏差大于60 mm，曲线偏差大于60 mm加缩短轨缩短量的一半	全面查看，重点检测	处	4	轨缝在调整轨缝轨温限制范围以内检查
	轨缝	8	连续瞎缝或大于构造轨缝，普通绝缘接头轨缝小于6 mm	同左	全面查看，重点检测	处	8	
		9	轨端肥边大于2 mm	同左	全面查看，重点检测	处	8	含胶接绝缘钢轨
	焊缝	10	新焊接的焊缝不符合《钢轨焊接》（TB/T 1632.1 ~ TB/T 1632.4）的标准；原焊缝打磨后，不符合钢轨打磨作业验收标准		全面检测	处	8	
轨枕	位置	11	位置、间距偏差或偏斜大于50 mm	位置、间距偏差或偏斜大于60 mm	全面查看，重点检测	处	1	枕上或枕下离缝大于2 mm者为吊板，枕下暗吊板不明显者，可拔起道钉或松开扣件查看
	失效	12	接头或焊缝处失效，其他处连续失效	同左	全面查看	处	8	
	修理	13	应修混凝土枕未修，木枕应削平及劈裂者未修	同左	全面查看	根	1	
	空吊率	14	大于8%	大于12%	连续检测50头	每增1%	2	
联结零件	接头螺栓	15	缺少/松动或扭矩不符合规定	同左	全面查看，抽测4个接头扭矩	个	16/2	
	扣件、道钉	16	铁垫板、轨下垫板缺少	同左	连续查100头	块	2	
		17	轨下垫板、轨下调高垫板失效（含偏斜、窜出）超过8%	轨下垫板、轨下调高垫板失效（含偏斜、窜出）超过16%	连续查看，检测100头	每增1%	1	
		18	道钉、扣件缺少	同左	连续查看100头	个	2	单股同侧钢轨连2缺少扣4分，连3缺少扣16分，连4缺少扣41分；一组扣件的零件不全，按缺少一个计算
		19	道钉浮离或扣板（轨距挡板）前、后离缝大于2 mm者，超过8%	道钉浮离或扣板（轨距挡板）前、后离缝大于2 mm者，超过12%	连续检测50个	每增2%	1	

续上表

项目	内容	编号	扣分条件		抽验数量	单位	扣分(分)	说明
			正线及到发线	其他站线				
联结零件	扣件、道钉	20	扣件扭矩(扣压力)或弹条扣件中部前端下颚离缝、Ⅲ型弹条小圆弧内侧与预埋铁座端部相距不符合标准者,超过8%	扣件扭矩(扣压力)或弹条扣件中部前端下颚离缝、Ⅲ型弹条小圆弧内侧与预埋铁座端部相距不符合标准者,超过12%	连续检测50个	每增1%	1	
轨道加强设备	轨距杆、轨撑	21	缺损或松动	同左	全面查看,重点检测	根、个	2	区间正线无观测桩或观测桩不起作用按爬行超限计算;站内线路爬行检查道岔及绝缘接头前后
	防爬设备	22	防爬器缺损、松动或离缝大于2 mm	同左	连续查看,检测50个	个	2	
		23	支撑缺损、失效、尺寸不符合标准	同左	连续查看,检测50个	个	1	
	线路爬行	24	普通线路爬行量大于20 mm,无缝线路位移观测无记录	同左	全面检测	km	41	
护轨	护轨与基本轨间距	25	护轨与基本轨间距离不符合规定	同左	全面查看,重点检测	处	2	
	护轨与基本轨高差	26	顶面高出基本轨5 mm,低于基本轨25 mm	同左	全面查看,重点检测	处	4	
	护轨轨底	27	轨底悬空大于5 mm处所超过8%	同左	连续查看,检测50头	处	1	
	梭头	28	梭头各部联结松动,尖端底部悬出桥枕大于5 mm	同左	全面检测	处	4	
	扣件、道钉	29	护轨垫板设置不符合规定,厚度大于30 mm处所超过8%	同左	连续检测50块	块	1	
		30	护轨道钉或扣件缺少、道钉浮离2 mm或扭矩不符合规定者超过8%	同左	连续检测50个	个	1	
道床	脏污	31	枕盒或边坡清筛深度不足,清筛不洁/翻浆冒泥	同左	全面查看,重点扒开道床检查	每10 m/空	2/41	按工务段下达的计划验收
	尺寸	32	Ⅰ型混凝土枕中部道床凹下尺寸不符合规定	同左	连续查看,检测100 m	每10 m	1	
	外观	33	道床断面不符合标准、不均匀、不整齐、有杂草	同左	全面查看	每10 m	1	
路基	路肩	34	不平整、有大草	不平整	全面查看	每20 m	1	单侧计算
	排水	35	有反坡、弃土未清理	同左	全面查看	每10 m	2	单侧计算

续上表

项 目	内 容	编号	扣分条件		抽验数量	单位	扣分（分）	说 明
			正线及到发线	其他站线				
道口	铺面	36	不平整、松动	同左	查看检测	块	4	
	轮缘槽	37	尺寸不符合规定	同左	查看检测	处	16	
	防护设施	38	缺损、歪斜	同左	全面查看	处	2	
标志标记	标志	39	缺损、歪斜、错误、字迹不清	同左	全面查看	个	2	
	标记	40	钢轨上标记不全、位置不对、不清晰或错误	同左	全面查看	处	1	

表 3-3 道岔计划维修作业验收评分标准

项 目	内 容	编号	扣分条件		抽验数量	单位	扣分（分）	说 明
			正线及到发线道岔	其他站线道岔				
轨道几何尺寸	轨距、水平、三角坑、支距	1	超过作业验收标准容许偏差管理值	同左	全面检测	处	4	同时检测两线间距小于 5.2 m 的连接曲线轨向，用 10 m 弦测量。连续正矢差超过 2 mm，每处扣 4 分
		2	超过计划维修容许偏差管理值	同左		处	41	
		3	轨距变化率（不含构造轨距加宽顺坡）允许速度大于 120 km/h 线路大于 1‰。其他线路大于 2‰	轨距变化率（不含构造轨距加宽顺坡）大于 3‰		处	2	
	轨向、高低	4	超过作业验收标准容许偏差管理值	同左	全面查看，重点检测	处	4	
		5	超过计划维修容许偏差管理值	同左		处	41	
	查照间隔	6	超过容许限度	同左	全面检测	处	41	尖趾距离指可动心轨辙叉长心轨尖端至叉趾的距离
	护背距离	7	超过容许限度	同左	全面检测	处	41	
	尖趾距离	8	超过容许限度	同左	全面检测	处	41	
钢轨	尖轨、可动心轨靠贴	9	尖轨尖端与基本轨、可动心轨尖端与翼轨不靠贴	同左	全面检查	组	41	不靠贴指二者之间的缝隙大于 1 mm
	接头错牙	10	轨顶面或内侧面错牙大于 1 mm	同左	全面查看，重点检测	处	4	错牙大于 3 mm 时扣 41 分
	轨缝	11	连续瞎缝或大于构造轨缝，普通绝缘接头轨缝小于 6 mm	同左	全面查看，重点检测	处	8	轨缝在调整轨缝轨温限制范围以内检查
		12	轨端肥边大于 2 mm	同左	全面查看，重点检测	处	8	含胶接绝缘钢轨

续上表

项目	内容	编号	扣分条件		抽验数量	单位	扣分(分)	说明
			正线及到发线道岔	其他站线道岔				
岔枕	位置	13	位置或间距偏差大于40 mm(钢枕为20 mm)	位置或间距偏差大于50 mm	全面查看,重点检测	处	2	
	失效	14	接头处失效,其他处连续失效	同左	全面查看,重点检测	处	8	枕上或枕下离缝大于2 mm者为吊板,枕下暗吊板可根据道床与岔枕间状态判断,不明显者可扒开道床查看
	修理	15	应修混凝土岔枕未修,木岔枕未削平或劈裂未修	同左	全面查看	根	2	
	空吊率	16	大于8%(钢枕不得有空吊)	大于12%	连续检测50头	每增1%	2	
联结零件	滑床板	17	尖轨、可动心轨与滑床板缝隙大于2 mm	同左	查看检测	块	2	
		18	滑床板及护轨弹片上反或离缝大于2 mm,销钉离缝大于5 mm	同左	查看检测	块	2	
	螺栓	19	接头、连杆、顶铁、间隔铁螺栓缺少/顶铁离缝大于2 mm	同左	全面查看	个、块	16/8	
		20	接头螺栓松动或扭矩不符合规定,连杆、顶铁、间隔铁及护轨螺栓松动	同左	查看检测	个、块	2	
		21	心轨凸缘或轨护螺栓缺少、松动	同左	查看检测	个	41	
		22	长心轨与短心轨联结螺栓缺少、松动	同左	查看检测	个	41	
		23	其他各种螺栓或螺栓开口销缺少、松动	同左	查看检测	个	1	
	铁垫板	24	铁垫板、橡胶垫板、橡胶垫片缺少	同左	连续查看50块	块	2	
	胶垫	25	橡胶垫板或橡胶垫片失效超过8%	橡胶垫板或橡胶垫片失效超过12%	连续查看,检测50块	每增1%	1	
	道钉、扣件	26	道钉、扣件缺少	同左	连续查看50个	个	2	一组扣件的零件不全,按缺少一个计算
		27	扣件扭矩(扣压力)或弹条扣件中部前端下颚离缝不符合标准者,超过8%	扣件扭矩(扣压力)或弹条扣件中部前端下颚离缝不符合标准者,超过12%	连续查看,检测50个	每增1%	1	
	辊轮	28	辊轮缺失或失效	同左	全面查看	处	41	
		29	在尖轨密贴状态下,辊轮与尖轨轨底的间隙超出1~2 mm;在尖轨斥离状态下,滑床台上表面与尖轨轨底的间隙超出1~3 mm	同左	全面查看,检测	处	8	

续上表

项　目	内　容	编号	扣分条件		抽验数量	单位	扣分(分)	说　明
			正线及到发线道岔	其他站线道岔				
轨道加强设备	轨撑、轨距杆	30	转辙或辙叉部位轨撑离缝大于 2 mm,其他部位轨撑或轨距杆缺损、松动	同左	查看检查	个、根	2	轨撑离缝是指轨撑与轨头下颚或轨撑与垫板挡肩之间的间隙
	防爬设备	31	防爬器缺损、松动或离缝大于 2 mm,支撑缺损、失效、尺寸不符合标准	同左	查看检查	个	2	
	爬行	32	道岔两尖轨尖端相错量大于 20 mm、无缝道岔位移无观测记录	同左	检测	组	41	
道床	脏污	33	枕盒内或边坡道床不洁/翻浆冒泥	同左	全面查看,重点扒开检查	组/空	6/41	
	外观	34	道床断面不符合标准、不均匀、不整齐、有杂草	同左	全面查看	组	4	
路基	路肩	35	不平整、有大草	同左	全面查看	组	2	
	排水	36	有反坡、弃土未清理	同左	全面查看	组	4	
标志标记	标志	37	警冲标损坏或不清晰	同左	查看检查	组	8	警冲标缺少或位置不对扣 41 分
	标记	38	钢轨上标记不全、位置不对、不清晰或错误	同左	全面查看	处	1	含钢轨编号、轨距、支距、钢轨伤损等标记

3)线路设备状态评定

线路设备状态评定,是对正线线路设备质量基本状况的检查评定,是考核各级线路设备管理工作和线路设备状态改善情况的基本指标。线路设备状态评定是安排线路大修、维修计划的主要依据。工务段应根据设备变化规律、季节特点以及结合设备日常检查对线路设备状态进行评定,具体办法由铁路局集团公司规定。

线路设备状态评定应以千米为单位(评定标准见表 3-4),满分为 100 分,100 ~ 85 分为优良,85(不含) ~ 60 分为合格,60 分以下为失格。

表 3-4　线路设备状态评定评分标准

编　号	项　目	扣分条件	计算单位	扣分(分)	说　明
1	慢行	线路设备不良(不含路基)	处	41	检查时现存慢行处所
2	道床	翻浆冒泥	每延长 10 m	4	
		道床不洁率大于 25%(在枕盒底边向下 100 mm 处取样)	每延长 100 m	8	道床不洁率指通过边长 25 mm 筛孔的颗粒的质量比
3	轨枕	木枕失效率超过 8%	每增 1%	8	
		混凝土枕失效率超过 4%	每增 1%	8	

续上表

编　号	项　目	扣分条件	计算单位	扣分（分）	说　明
4	钢轨	一年内新生轻伤钢轨（不含曲线磨耗）	根	2	长轨中 2 个焊缝间为 1 根
		现存曲线磨耗轻伤钢轨	每延长 100 m	4	按单股计算
		一年内新生重伤钢轨（不含焊缝）	根	20	长轨中 2 个焊缝间为 1 根
		无缝线路现存重伤钢轨（不含焊缝）	根	20	同上
		无缝线路现存重伤焊缝	个	20	

线路、道岔（调节器）日常保持状态评定（见表 3-5），是考核线路、道岔（调节器）质量的基本指标，也是安排维修计划的主要依据之一。线路、道岔（调节器）的日常保持状态评定应由工务段组织，采取定期抽样的办法进行。具体评定标准、组织办法暂由铁路局集团公司规定试用。

表 3-5　线路设备状态评定统计报告年度

段、线名	检查数/km	评定质量/km				其中单项失格/km				不良分数（分）									
														轻伤轨		重伤轨			
		优良	合格	失格	合格率	道床	轨枕	伤损钢轨	重伤焊头	慢行	道床	木枕	混凝土枕	一年新生	现存磨耗	一年新生	无缝线路现存重伤	重伤焊头	合计

注：①“段、线名”栏先填写各工务段名，后填写各线名（或另用一张）。
②合格率指优良加合格占评定数的百分比。
③另附正线钢轨使用情况统计表。
④表格采用 16 开本。

填报人：
单位：
年　　月　日

视频　轨道的几何形位1

2. 轨道几何形位

铁路轨道直接承载车轮并引导列车运行，轨道的几何形位与机车车辆轮对的几何尺寸必须密切配合，因而轨道几何形位的控制对于保证列车运行安全是非常重要的。另外，随着铁路列车提速及高速铁路技术的应用，为了保持高速列车运行的平稳性和舒适性，也必须对轨道的几何形位实行严格控制。

轨道几何形位：是指轨道各个部件的几何形状、相对位置和基本尺寸。目的是保证机车车辆在轨道上安全、平稳、不间断地运行。

轨道静态几何形位有直线轨道及曲线轨道两种基本形式,除此之外,还有轨道的道岔。

直线轨道几何形位基本要素有:轨距、水平、高低、方向轨底坡。

曲线轨道几何形位的基本要素除以上五项规定以外,还有以下三个特殊构造,即曲线轨距加宽、曲线外轨超高、缓和曲线。

本处介绍直线及曲线轨道几何要素,道岔基本要素比较复杂,将在道岔部分加以说明。

1)直线轨道几何形位

(1)轨距。轨道直接承受来自机车车辆的载荷,并引导机车车辆的运行。为确保列车的安全运行,轨道的两股钢轨之间,应保持一定的距离。

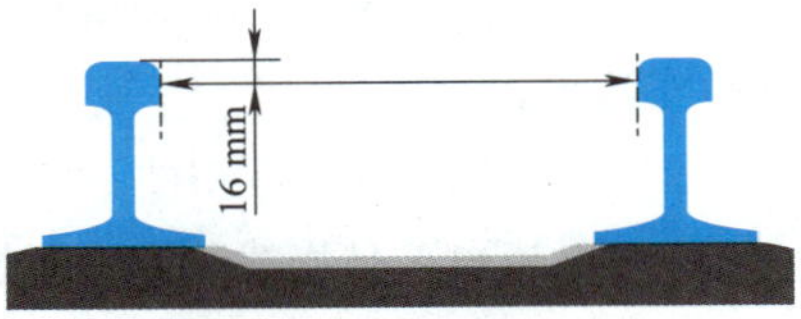

图 3-2 轨距

轨距定义:是钢轨顶面下 16 mm 处两股钢轨工作边之间的最小距离,如图 3-2 所示。

轮对:轮对是机车车辆走行部分的基本部件,由一根车轴和两个相同的车轮组成。

车轮踏面:车轮与钢轨接触的曲面称为车轮踏面,踏面呈圆锥面。

轮缘:车轮踏面内侧制成的凸缘,称为轮缘,轮缘可以保证车轮沿钢轨滚动时不致于脱轨。

轮对宽度:轮对上左右两车轮内侧面之间的距离称为轮对的轮背内侧距离 T,再加上两个轮缘厚度 d,称为轮对宽度 q,即 $q=T+2d$,如图 3-3 所示。

转向架:把两个或两个以上的轮对专门的构架组成一小车,称为转向架。车体就支承在两个转向架上,如图 3-4 所示。

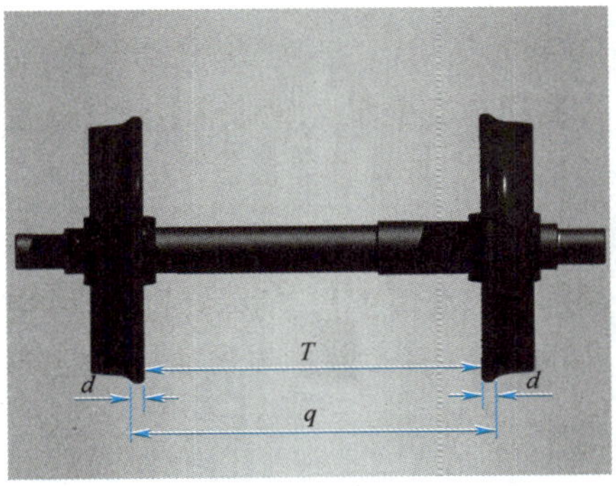

图 3-3 轮对宽度示意图

图 3-4 转向架示意图

游间也即活动量(δ):当轮对的一个车轮轮缘紧贴一股钢轨的作用边时,另一个车轮轮缘与另一股钢轨作用边之间便形成一定的间隙,这个间隙称为游间。δ 值要适中,太小会加速轮缘磨耗及增大运行阻力,挤翻钢轨,甚至危及安全;太大引起蛇形运动幅度加大,列车横向晃动加剧,破坏钢轨,降低舒适性。轨距 S = 轮对宽度 q + 游间 δ,如图 3-5 所示。

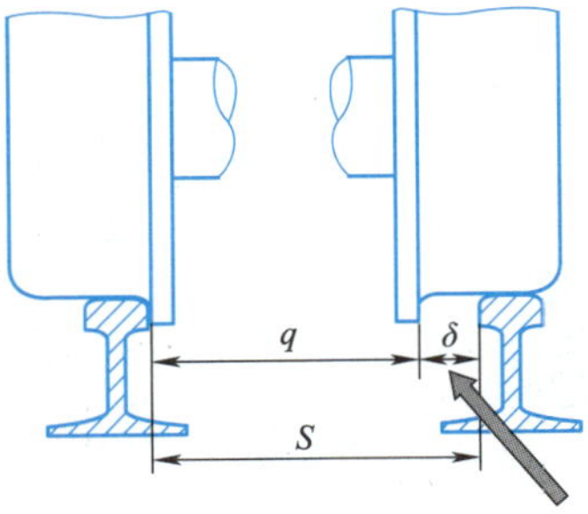

图 3-5 游间 δ(活动量)

标准轨距:线路直线地段的标准轨距为 1 435 mm,曲线地段按不同半径给予加宽。

轨距变化率:轨距变化应缓和平顺,其变化率正线和到发线不应超过2‰（规定递减部分除外），站线和专用线不得超过3‰。在短距离内如果有显著的轨距变化，即使不超过允许误差，也会使机车车辆发生剧烈摇摆。限制轨距变化率对于保证行车平稳是非常重要的。

轨距不平顺偏差规定：轨距不平顺的容许偏差，符合《普速铁路线路修理规则》（TG/GW 102—2019）规定。

轨距的测量：静态测量使用轨距尺（道尺）、轨道检查仪。动态测量使用轨道检查车。轨距尺是用于测量铁路线两股钢轨间的轨距、水平以及超高等的专用计量器具。轨道检查车是用来检测轨道的几何状态和不平顺状况，以便评价轨道几何状态的特种车辆。检测项目：轨距、水平、三角坑、高低、方向，以及里程和行车速度。

轨距不平顺原因：通常扣件不良、轨枕挡肩失效、轨头侧面磨耗等会造成轨距偏差。

（2）水平。水平是指线路左右两股钢轨顶面的相对高差。在直线地段，两股钢轨顶面应置于同一水平面上，以使两股钢轨受载均匀，保持列车平稳运行。曲线上保持一定超高。

水平不平顺偏差规定：两股钢轨顶面水平的容许偏差，符合《普速铁路线路修理规则》（TG/GW 102—2019）规定。两股钢轨顶面水平偏差沿轨道方向变化率不可太大，在1 m范围内，变化不大于1 mm。

水平测量：静态使用轨距尺、轨道检查仪；动态使用轨检车。

水平不平顺分类：实践中有两种性质不同的钢轨水平偏差，对行车的危害程度也不相同。水平差，这就是在一段规定的距离内，一股钢轨的顶面始终比另一股高，高差值超过容许偏差值，只是引起车辆摇晃和两股钢轨的不均匀受力，并不导致钢轨不均匀磨耗，如图3-6所示；三角坑，是左右两股钢轨顶面相对于轨道平面发生的扭曲状态，又称“扭曲”，用相隔一定距离（18 m）的两个横截面水平幅值的代数差度量，由水平不平顺值计算而得。三角坑超过容许偏差，将使同一转向架的四个车轮，只有三个正常压紧钢轨，还有一个形成减载或悬空。如果恰好在这个车轮上出现较大的横向力，就可能使浮起的车轮只能以它的轮缘贴紧钢轨，在最不利的情况下甚至可能爬上钢轨，引起脱轨事故，如图3-7所示。

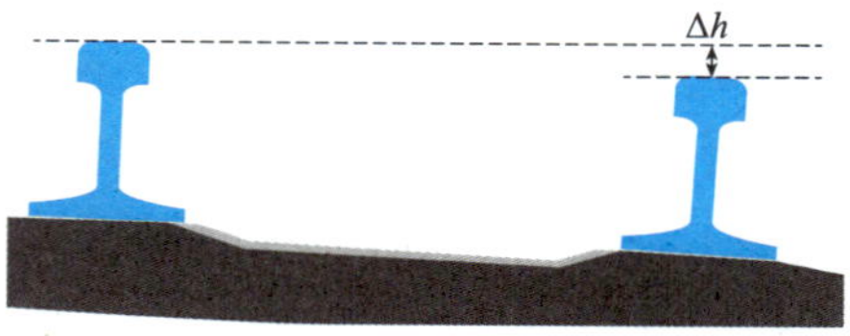

图3-6　水平

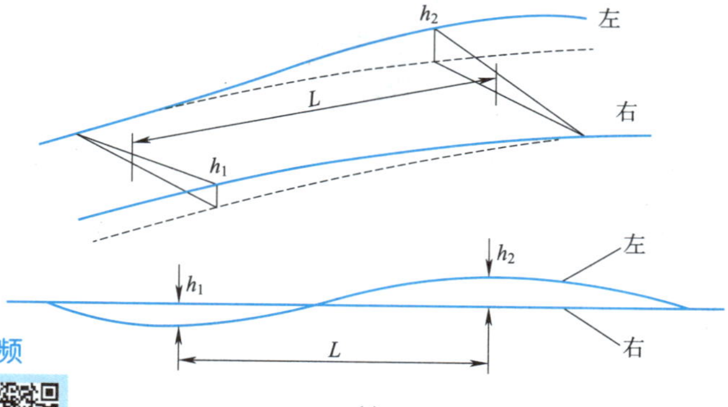

(a)

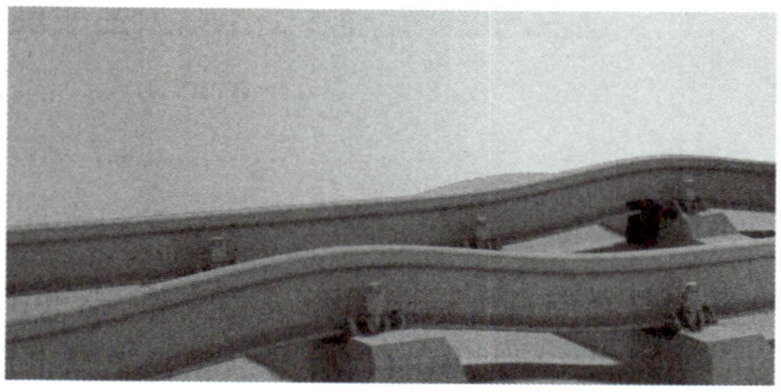

(b)

图3-7　三角坑

视频

轨道的几何形位2

水平不平顺原因：它是由于左右轨道两侧强度的不一致或受力不均匀而造成的。

（3）高低。高低是指钢轨顶面沿钢轨方向的竖向凹凸不平顺，如图3-8所示。

静态高低不平顺。新建或经过大修的轨道，即使其轨面是平顺的，但经过一段时间列车运行后，由于路基状态、道床捣固坚实程度等原因，将产生不均匀下沉，致使轨面前后高低不平，这种不平顺，称为静态高低不平顺。动态高低不平顺。有些地段，从表面上看，轨面是平顺的，但实际上轨底与铁垫板或轨枕之间存在间隙（间隙超过 2 mm 时称为吊板），或轨枕底与道碴之间存在间隙（间隙超过 2 mm 时称为空板或暗坑），当列车通过时，这些地段的轨道下沉不一致，也会产生不平顺，这种不平顺称为动态高低不平顺。轨道高低不平顺，危害甚大。列车通过这些地方时，冲击力增加，使道床变形加速，从而又进一步扩大不平顺，使机车车辆对轨道的破坏力增大。

高低不平顺偏差规定：高低不平顺的容许偏差，符合《普速铁路线路修理规则》（TG/GW 102—2019）规定。

高低的测量：静态在钢轨顶面中间以 10 m 弦量取最大矢度。动态以轨检车检测。

高低不平顺原因：线路施工和大修作业的高程偏差、桥梁挠曲变形、轨道垂向刚度不一致、道床和路基的不均匀残余变形或沉降不均匀、轨道各部件间的间隔不相等、存在暗坑、吊板等造成的。

（4）轨向。轨向是指钢轨头部内侧面沿钢轨方向的横向凹凸不平顺（见图 3-9），即直线上轨道是否直，曲线上轨道是否圆顺。

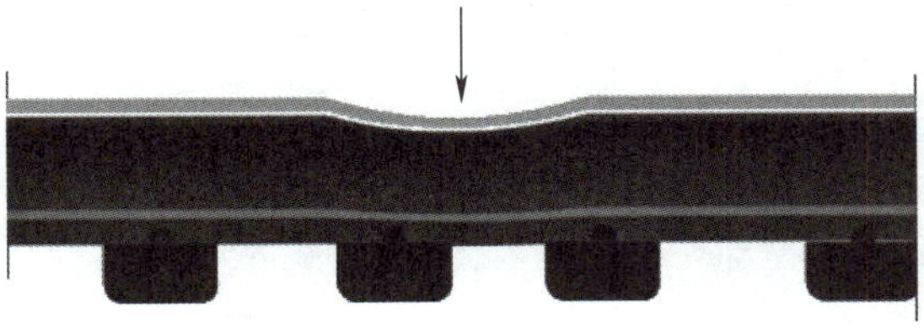

图 3-8 高低

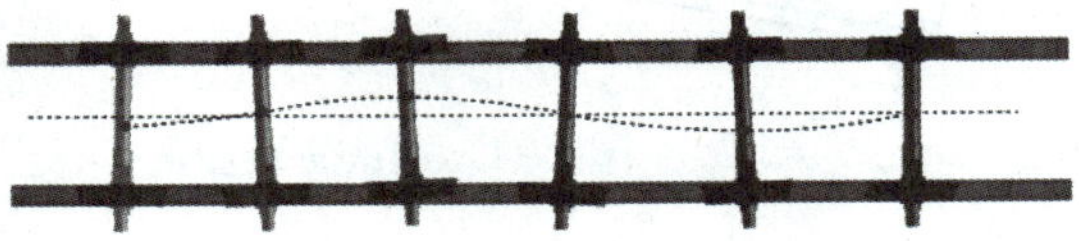

图 3-9 方向

经过运营的直线轨道并非直线，而是由许多波长为 10 ~ 20 m 的曲线所组成，因其曲度很小，故通常不易察觉。若方向不直则必然引起列车的蛇行运动。在行驶快速列车的线路上，轨道方向对行车的平稳性具有特别重要的影响，是行车平稳性的控制因素。

轨向不平顺偏差规定：轨向不平顺的容许偏差，符合《普速铁路线路修理规则》（TG/GW 102—2019）规定

轨向的量测：静态使用 10 m 弦（直线地段）、20 m 弦（曲线地段），在轨头内侧顶面下 16 mm 处量取最大矢度。动态使用轨检车检测。

轨向不平顺原因：铺轨施工和大修作业的轨道中心线定位偏差、轨排横向残余变形积累和轨头侧面磨耗不均匀、扣件失效、轨道横向弹性不一致等。

（5）轨底坡。轨底坡是指钢轨底面与轨道平面之间所形成的横向坡度。在直线上钢轨不是竖直铺设，而是要向内倾斜 1:40 的坡度。在曲线地段应视其外轨超高值而加大内轨的轨底坡，如图 3-10 所示。

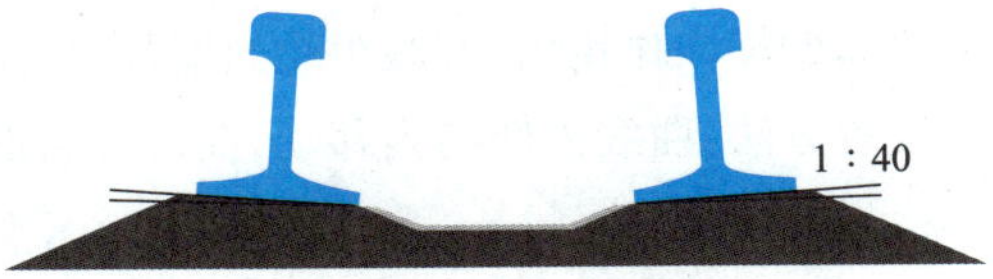

图 3-10 轨底坡

轨底坡设置是否正确，可根据钢轨顶面上由车轮碾磨形成的光带位置来判定。如光带偏离轨顶中心向内，说明轨底坡不足；如光带偏离轨顶中心向外，说明轨底坡过大；如光带居中，说明轨底坡合适。轨道养护工作中，可根据光带位置调整轨底坡的大小，或用轨底

坡测量仪。

2）曲线轨道几何形位

曲线与接头、道岔并称为钢轨三大薄弱环节，曲线因其钢轨受到阻力较大，易磨损；车辆倾斜及转弯，容易碰撞，受磨损较大，易损坏；旅客列车舒适度低等原因需要额外处理。

曲线轨道几何形位的基本要素除直线五项规定以外，还有以下三个特殊构造，即曲线轨距加宽、曲线外轨超高及缓和曲线，如图 3-11 ~ 图 3-13 所示。

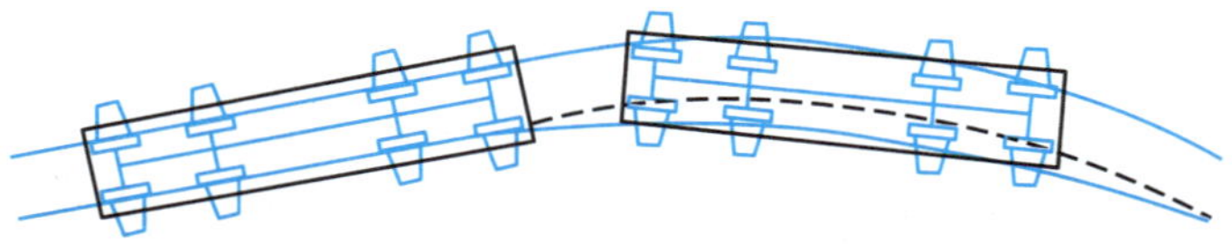

图 3-11　曲线轨距加宽

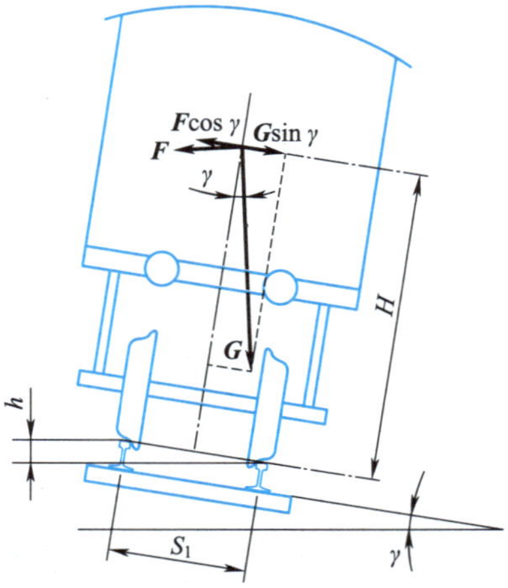

图 3-12　曲线轨道外轨超高

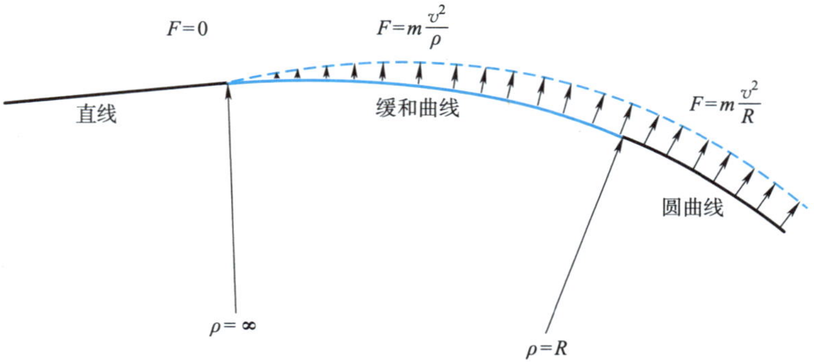

图 3-13　缓和曲线

（1）曲线轨距加宽。

轨距加宽的作用：在小半径曲线，为使机车车辆转向架顺利通过曲线而不致被楔住或挤开轨道，以减小轮轨间的横向作用力，并减少轮轨磨耗，轨距要适当加宽。曲线轨距的加宽标准见表 3-6。

设置方法：曲线内轨向内移动，曲线外轨的位置不变。

表 3-6　曲线轨距加宽标准

曲线半径 R/m	加宽值/mm
$R \geqslant 295$	0
$295 > R \geqslant 245$	5

续上表

曲线半径 R/m	加宽值/mm
$245 > R \geq 195$	10
$R < 195$	15

注:曲线轨距加宽值不符合上述规定时,应有计划地进行改造,道岔内的轨距加宽按设计图保留。

(2)曲线轨道外轨超高。

外轨超高的作用:机车车辆在曲线上行驶时,由于惯性离心力作用,将机车车辆推向外股钢轨,一方面加大了对外股钢轨的压力,另一方面使旅客感觉不适。因此需要把曲线外轨适当抬高,使机车车辆的自身重力产生一个向心的水平分力,以抵消惯性离心力,达到内外两股钢轨受力均匀和垂直磨耗均等,满足旅客舒适感,提高线路的稳定性和安全性。

设置方法:在设置外轨超高时,有外轨提高法和线路中心高度不变法两种。我国铁路所采用的是保持内轨标高不变而只抬高外轨的外轨提高法。

(3)缓和曲线。

缓和曲线的作用:行驶于曲线轨道的机车车辆,出现一些与直线运行显著不同的受力特征。为了使ZH和HZ点离心惯性力不致突然产生和消失;为了使轨距加宽和外轨超高在缓和曲线范围内逐渐变化。需要在直线与圆曲线轨道之间设置一段曲率半径和外轨超高均逐渐变化的曲线,称为缓和曲线。

缓和曲线的几何特征:缓和曲线连接直线和半径为 R 的圆曲线,其曲率由零至 $1/R$ 逐渐变化;外轨超高由直线上的零值逐渐增至圆曲线的超高值,与圆曲线超高相连接;缓和曲线连接半径小于350 m的圆曲线时,在整个缓和曲线长度内,轨距加宽呈线性递增,由零至圆曲线加宽值。

3. 行车平稳性

轨道线路在列车和各种外力作用下,容许存在一定的弹性和塑性变形。伴随列车的不间断运行,轨道结构的状态不断变化,轨道不平顺不可避免。列车车轮在轨道上周而复始地作用,其轮轨作用力使轨道不平顺不断发生、发展、恶化。各种轨道不平顺对列车运行平稳性、乘坐舒适性、运行安全性、轮轨作用力、车辆和轨道部件的使用寿命、轨道状态的恶化速度均有较大影响,严重的轨道不平顺会引起列车颠覆或脱轨。

1)轨道不平顺

轨道不平顺是指轨道几何形状、尺寸和空间位置相对其正常状态的偏差。直线轨道不平、不直,对中心线位置和轨道高度、宽度正确尺寸的偏离;曲线轨道不圆顺,偏离曲线中心线位置,偏离曲率、超高、轨距的正确数值,偏离顺坡变化尺寸等轨道几何偏差通称轨道不平顺。

轨道不平顺的种类,轨道不平顺具有种类、性质多样性的特点,分类方法不尽相同。

按轨道不平顺波长可分为短波、中波、长波不平顺;按照轨道不平顺项目可分为轨道几何不平顺、钢轨表面不平顺、钢轨断面不平顺;按照轨道不平顺发生的先后可分为轨道初始不平顺、轨道运用不平顺。

根据对机车车辆的激扰方向,轨道不平顺可分以下三类。

(1)垂向轨道不平顺。包括高低、水平、扭曲、轨面等短波不平顺及钢轨轧制校直过程中形成的垂向周期性不平顺。

(2)横向轨道不平顺。包括轨向、轨距及钢轨轧制校直过程中形成的横向周期性不平顺。

(3)复合不平顺。包括轨向水平逆向复合和曲线头尾的几何偏差。

复合不平顺是在轨道一定范围内，垂向和横向不平顺共存称为轨道复合不平顺。曲线头尾的几何偏差，曲线圆缓点附近、缓直点附近，超高、正矢、轨距顺坡起点、终点不一致或不匹配形成的几何偏差，曲线圆缓点、缓直点的几何偏差造成了复合不平顺。

2）行车平稳性

平稳性是列车在规定的线路条件下、在设计最高速度范围内运行时，设备能平稳工作、乘客感到舒适的基本性能。

轨道不平顺引起列车振动，列车振动会产生随机的横向、垂向和纵向三个方向的振动和旋转加速度，相应列车的平稳性就会降低。振动有周期性和并发性等特点，应长时间对列车平稳性指标进行监测。

3）乘客舒适度

乘客舒适度是反映乘客在旅途中疲劳程度的综合性生理指标。影响舒适度的因素很多，如车内设备、通风、照明、温度、湿度、噪声、嘹望和振动等，其中振动是车辆整个运行中始终存在的、一直起作用的主要因素，对此通常用平稳性指标表示车辆振动对舒适度的影响。

理论分析及实践表明，车辆垂向和横向运行平稳性与车辆运行速度密切相关，平稳性随速度变化而变化，故在监测平稳性指标的同时测量列车行车速度，便于观察列车性能。

项目四

线路静态检测

轨道是铁路线路的重要组成部分，由于轨道设备常年暴露在大自然的各种环境当中，因而会导致线路设备技术状态恶化。通过线路检查可以了解线路设备的技术状态和变化规律，及时发现问题，从而合理地安排线路的养护和维修，确保线路处于良好质量状态。

线路检测方式包括静态检查与动态检测，静态检测指在没有列车荷载作用时，利用轨距尺、弦线以及轨道检查仪等检测工具或设备对线路进行的检查。静态检测可对设备状态、轨道几何形位进行检测、无法对行车平稳性检测；线路动态检测是在列车车轮荷载作用下通过添乘仪、车载式线路检查仪、轨道检查车等设备对线路进行的检测。线路检查应坚持“动、静态检查相结合，结构检查与几何尺寸检查并重”的原则。

学习目标

1. 掌握静态检测工具、仪器的校正与使用。
2. 掌握静态检测传统方法与轨道检查仪检测方法。
3. 掌握轨道线路、道岔的传统检测方法。
4. 掌握轨道静态检测的质量评价会进行超限勾划。

任务一　传统方法检测

轨道静态检查指在没有列车荷载作用时，利用轨距尺、支距尺、弦线等检测工具，有周期、有目的地对轨道的状态进行检查。检查内容主要包括轨距、水平、高低、方向等轨道几何形位以及空吊板、钢轨接头、防爬设备、联结零件、轨枕及道口等设备状态。检查是进行设备质量评定的重要手段，也是修理作业前的重要程序。

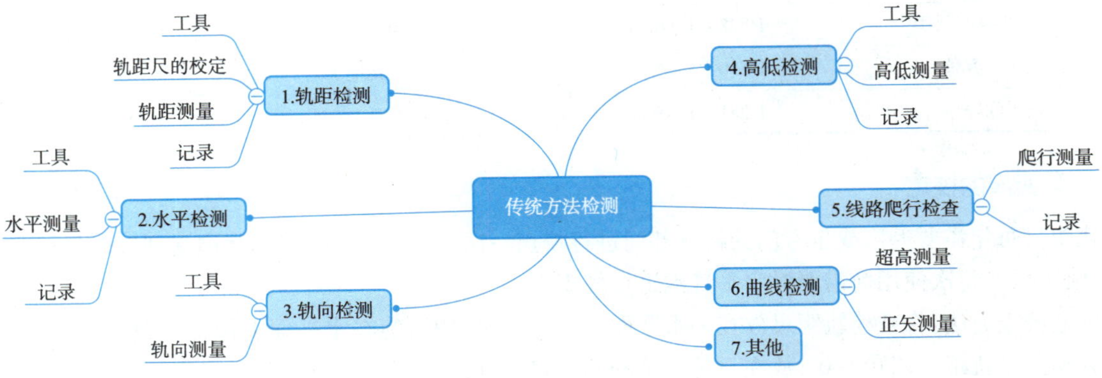

观察与思考

检测工具是如何校正、使用的？轨距、水平、高低、方向等几何形位测点位置如何确定、符号如何判断？各个几何形位要素的检测是如何进行的？接下来就对此内容进行学习。

4.1.1 轨距检测

视频

线路静态检测传统方法1

1. 工具

轨距尺(又称道尺)是用于测量铁路线路轨距、水平以及超高等数据的铁路专用计量器具。其准确度分为0级、1级、2级三个等级。0级轨距尺用于测量允许速度≤350 km/h的铁路线路，1级轨距尺用于测量允许速度≤250 km/h的铁路线路，2级轨距尺用于测量允许速度≤160 km/h的铁路线路。轨距尺结构形式主要分为标尺类和数显类。

标尺类轨距尺的结构组成如图4-1所示，由固定测头、固定端测座、活动测头、活动端测座(又称尺头)、尺身、拉手、标尺视窗、水准泡和水平度盘组成。

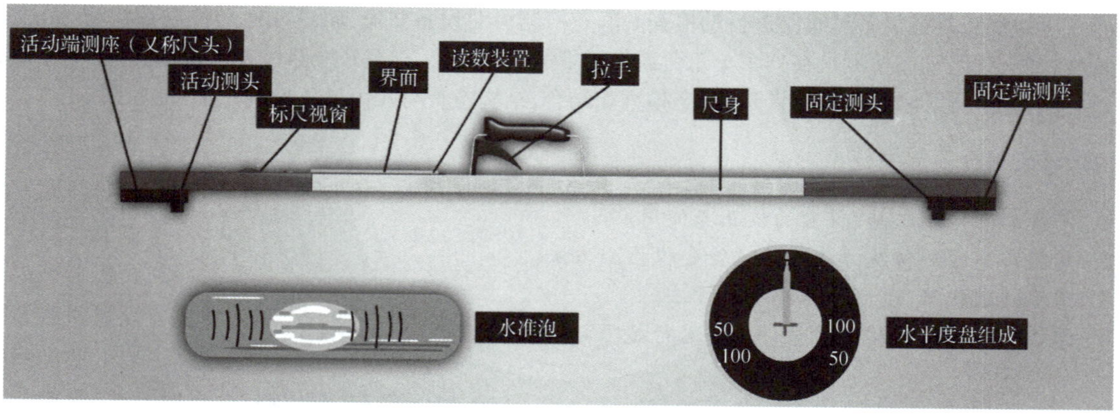

图4-1 标尺类铁路轨距尺的结构示意图

轨距尺测量范围如表4-1所示。

表4-1 轨距尺测量范围 单位毫米

项目名称		测量范围	项目名称		测量范围
轨矩	2级标尺类	1 428 ~ 1 470	超高	2级标尺类	−150 ~ +150
	其他	1 410 ~ 1 470		其他	−185 ~ +185
查照间隔		1 381 ~ 1 401	护背距离		1 338 ~ 1 358

2. 轨距尺的校定

轨距尺每年需要返厂或由专门的检测部门进行校正一次。由于测量水平的气泡受到温度的热胀冷缩影响，轨距尺在每次使用前需要对水平气泡进行校正。

气泡校正方法：将被检轨距尺放在一水平面上进行检定，用石笔在水平面上做记号，从轨距尺上读出水平数据。将轨距尺调转180°，放在石笔标记的测量点上，再从轨距尺上读出水平数据。水平值代数和的一半即为水准泡的水平零位误差，计算公式如下。

$$\Delta_{SP}=(P_1+P_2)/2$$

式中 Δ_{SP}——水平零位误差，mm；

P_1——第一次水平指示值，mm；

P_2——掉转180°后的水平指示值，mm。

0级轨距尺的水平零位误差为±0.15 mm，1级轨距尺为±0.2 mm，2级轨距尺为±0.65 mm。若水平零位误差未超限，则无须调整。若超限，则需要拨动调节螺丝，使水准气泡向误差反方向移动校正水准气泡。

3. 轨距测量

轨距是钢轨顶面下16 mm处两股钢轨工作边之间的最小距离。

1）测点位置

一般以每6.25 m检查一处。12.5 m钢轨的接头及中间（又称大腰）各检查一处，每节钢轨检查两处；25 m钢轨的接头、长度的四分之一（又称前小腰）、二分之一（又称大腰）、四分之三（又称后小腰），每节钢轨检查四处。非标准长度的钢轨可比照办理，无缝线路每千米检查160处（即按每6.25 m检查一处），小于12.5 m的缩短轨检查2处。

2）操作方法

使用轨距尺测量时，先去除钢轨测量点处的渣子、污垢；捏拉手使活动端（即尺头）回缩，将固定端放于一钢轨的内侧，活动端收缩测量头卡入另一根钢轨内测；左右轻微移动，找到最小轨距示值，轨距尺与钢轨保持垂直，此时读取轨距刻度，单位一般为mm。（注意因水平测量的需要，轨距尺活动端放置于基准股上）。按先轨距后水平的顺序检查，口述与标准尺寸的偏差。

3）符号

测量值大于标准轨距（1 435 mm）的偏差为"+"，小于标准的偏差为"-"。

4. 记录

在线路检查记录簿（见表4-2）上按线路里程（股道）、轨号、检查部位，记录轨距的偏差值。

表4-2 线路检查记录簿

正线________km至________km　站道________股道　曲线半径________m　超高________mm　顺坡率________%

<table>
<tr><td rowspan="7">检查日期</td><td rowspan="3">检查项目</td><td colspan="12">钢轨编号</td></tr>
<tr><td colspan="4"></td><td colspan="4"></td><td colspan="4"></td></tr>
<tr><td>接头</td><td></td><td>中间</td><td></td><td>接头</td><td></td><td>中间</td><td></td><td>接头</td><td></td><td>中间</td><td></td></tr>
<tr><td>轨距</td><td></td><td></td><td></td><td></td><td></td><td></td><td></td><td></td><td></td><td></td><td></td><td></td></tr>
<tr><td>水平、三角坑</td><td></td><td></td><td></td><td></td><td></td><td></td><td></td><td></td><td></td><td></td><td></td><td></td></tr>
<tr><td>轨向、高低及其他</td><td colspan="12"></td></tr>
<tr><td>临时补修日期及内容</td><td colspan="12"></td></tr>
</table>

4.1.2 水平检测

水平是指线路左右两股钢轨顶面的相对高差。

1. 工具

水平检测所用工具为轨距尺(道尺),与轨距测量相同。

2. 水平测量

(1)测点位置:水平检查与轨距检查同步进行,在钢轨长度的同一处所,按先轨距后水平的顺序检查,口述与标准尺寸的偏差。

(2)符号:水平检查时,水平差的符号,在直线地段,顺里程方向,以左股钢轨为基准股,基准股水平较高时符号为“+”,反之为“-”;曲线地段以曲线外股钢轨为基准股,外股钢轨与内股钢轨顶面的高差比曲线超高大时为“+”,反之为“-”;道岔前后100 m以道岔导曲线上股,同侧直线上股为基准股。基准股水平较高时为“+”,反之为“-”。曲线地段高低以下股为基准股(设置超高时抬高外轨),方向以上股为基准股(设置加宽时内轨向内侧移动)。

3. 记录

在线路检查记录簿上,按线路里程(股道)、轨号、检查部位,记录水平的偏差值。检查轨距、水平时测量数值准确,误差不大于1 mm,要全面检查、全面记录,超限勾划准确符合规定,无漏勾错划。

4.1.3 轨向检测

视频
线路静态检测传统方法

1. 工具

10 m、20 m弦线是检测线路轨向的主要量具。其中检测直线方向用10 m弦线以左股为基准,检测曲线正矢通常用20 m弦线以外股为基准。

2. 轨向测量

(1)测点位置:目测线路轨向和高低,在检查轨距、水平的同时,每隔100~150 m目测前后轨向和高低,全面查看,重点检查。

(2)操作方法:直线方向目视顺直时,检查者首先跨站一股钢轨或站在一股钢轨的里侧,目视前方,找出方向不良的位置,用石笔做出标记,将10 m弦线两端贴靠在钢轨内侧踏面下16 mm处。若轨向是向轨道外凸,则测量弦线至轨向不良处钢轨作用边的最大矢度值。若轨向是向轨道内侧凹入的,则应在10 m弦线的两端垫以同样厚度的垫块,将弦线两端垫离轨头内侧,量取弦线至轨向不良处钢轨作用边的最小矢度值。用垫块厚度减量取的最小矢度的差,即为该处轨向的最大凹矢度值。

(3)符号:轨向偏向轨道外侧时计为“+”,偏向内侧时计为“-”。

4.1.4 高低检测

1. 工具

10 m弦线是检测线路高低的主要量具,在钢轨顶面中间以10 m弦量取最大矢度。

2. 高低测量

(1)位置:位置同轨向,对直线地段两股钢轨的高低应分别进行检查,对曲线地段只检查内股钢轨的高低。

(2)测量方法:在日常检查中,对直线地段两股钢轨的高低分别检查时,先俯身目视钢轨下颚圆弧的延长线,从纵向上找出线路高低不良的位置,用石笔做出标记。然后用10 m弦线在钢轨顶面中部测量最大矢度。若钢轨是向上凸起的则在钢轨顶面垫以同样高度的垫块(一般可采用20 mm或30 mm),将10 m弦线拉紧后两端紧贴垫块上表面,量取弦线至轨顶面的矢度。用垫块高度减量取的矢度之差,即为该处线路的高低偏差值。

(3)符号:线路向上凸起,符号为“+”;线路向下凹陷,符号为“-”。

3. 记录

检查轨向、高低位置准确,测量方法正确。弦线要结实,不能打结使用。对轨向、高低及设备其他状态,应全面检查,重点记录,记录在“轨向、高低及其他”栏中。

4.1.5 线路爬行检查

1. 爬行测量

(1)位置及测量方法:确定观测桩标记及两钢轨外侧轨底位移标记。在两观测桩标记间拉紧弦线,弦线处于两钢轨底面下,并向上贴靠轨底。分别测量两钢轨外侧轨底位移标记至弦线与外侧轨底边缘交点的距离,所得长度即为线路的爬行量。

(2)符号:顺爬行观测桩编号方向爬行为“+”,反之为“-”(即钢轨位移标记符号在弦线顺公里方向侧为“+”,反之为“-”)。

2. 记录

检查线路爬行位置正确,测量数值准确。记录正确、完整。数值的正负号和观测桩编号无误。

对无缝线路长轨条位移情况,发现观测桩处累计位移量大于10 mm时(不含长轨条两端观测桩)应及时上报工务段查明原因,采取相应的措施。对普通线路爬行情况,爬行量大于20 mm时,应安排整正。

4.1.6 曲线检测

1. 超高测量

用轨距尺检查曲线各超高点的水平值与各点现场设置的超高值进行校对就可准确得出超高值。

2. 正矢测量

在曲线上每10 m设测点(用弦代替弧),用一根20 m长的弦线,两端拉紧并贴靠轨道外轨内侧轨顶面下16 mm处,在弦线中点准确量出弦线至外轨内侧的距离,即实测正矢。依此类推测出各正矢点的正矢值,将实测正矢值与现场设置的正矢值进行校对即可准确得出正矢值。

4.1.7 其他

以观察为主的静态检查其他内容如钢轨、联结零件、轨枕、防爬设备、道床和道岔等部件状态,同时记入检查记录簿。

任务二　线路检查实操

为进一步提高技术业务水平，提高检查质量。通过传统方法检查找出线路病害处所，分析产生的原因，为线路保养、重点病害整治和维修提供准确的工作量。本任务重点讲述用静态检测传统方法，进行线路直线和曲线检查作业的流程、方法和质量要求。

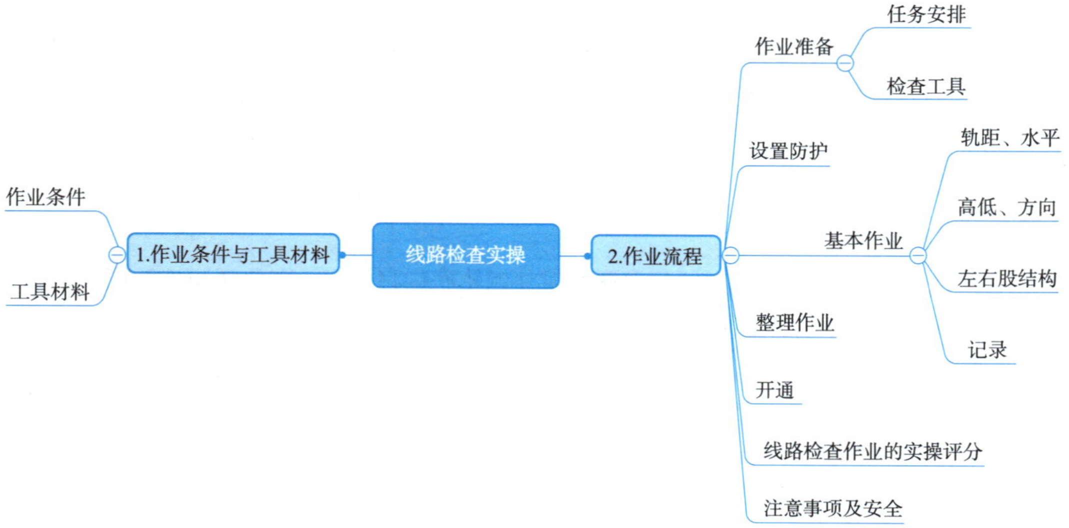

观察与思考

在对铁路线路进行检测时，是否一定要在天窗点内进行作业？在作业时有哪些注意事项？是如何保证工作人员与工具设备安全的？是如何进行作业的？接下来就对此内容进行学习。

4.2.1　作业条件与工具材料

1. 作业条件

视频：线路检查作业指导书

$v \leqslant 160$ km/h 的线路区段即可在天窗点内也可在天窗点外作业，在天窗点外作业时必须按规定设置好防护，来车时要及时下道。160 km/h $< v \leqslant$ 200 km/h 的线路区段必须纳入天窗点内作业。

2. 工具材料

轨距尺、支距尺、150 mm 直钢尺、1 m 平直尺、塞尺、弦线、检查锤、扭力矩扳手、石笔、线路检查记录本、曲线正矢检查记录本、笔、油漆、毛笔、卷尺、信号旗（信号灯）、通信设备（对讲机）。

4.2.2　作业流程

作业准备→防护设置→基本作业（1. 轨距、水平—2. 高低、方向—3. 左、右股结构—4. 记录）→整理作业→开通。

1. 作业准备

1)任务安排

由施工负责人点名安排作业任务,明确作业地点、作业任务,分配作业工具。(作业负责人为班长及以上人员,作业人员为经培训并考试合格人员。)

2)检查工具

备齐量具,检查记录本。重点检查校正轨距尺,轨距尺每年需要返厂或由专门的检测部门进行校正一次。使用前检查轨距尺检验卡是否有效,并且在每次使用前需要对水平气泡进行校正,校正检测误差不大于 ±1 mm。气泡校正方法见 4. 1. 1 中轨距部分。

2. 设置防护

驻站联络员在车站作施工登记,现场防护员向驻站联络员确定来车情况,接到上道作业通知后,转告施工负责人,施工人执行上道作业程序后,听到施工负责人指令,方可上道。

3. 基本作业

1)轨距、水平

检查轨距、水平,按"先轨距、后水平"的顺序记录。量轨距水平顺序,一根 25 m 标准长钢轨量 4 次,依次为:接头→小腰→大腰→小腰;按根为检查单位,依次循环检查线路轨距水平。如遇曲线加宽、超高则同步检查。方法见 4. 1. 1 和 4. 1. 2。

2)高低、方向

目测高低和方向:在检查轨距、水平的同时,每隔 100 ~ 150 m 目测高低、方向。查大方向、大高低时看道距离是 30 ~ 50 m,检查局部高低和方向时,应在钢轨中部大腰处,看前后 25 m 范围内的高低变化,找出 10 m 范围内的最高点和最低点,用 10 m 弦线和直尺测量出钢轨方向偏差量。曲线地段同步检查正矢。按规定进行检查并在登记簿钢轨方向一栏做好记录。高低、方向、曲线检查方法见 4. 1. 3、4. 1. 4 和 4. 1. 6。

3)左右股结构

(1)检查接头状态,由看高低的人负责检查接头相错量。

(2)检查结构病害,左右股各一人,检查接头钢轨病害及错牙,联结零配件松动缺损,胶垫损坏、爬离、歪斜、窜动,轨枕失效、歪斜、间隔,防爬设备松动、缺损,道床冒浆、道砟储备,路基状况、排水、道口、标志标记。其他设备是否完好,如发现设备破坏的要在本页的其他栏做好登记。

4)记录

(1)检查记录本记录清晰、字迹工整。

(2)检查记录填写道尺编号、误差、检查人与检查时间。

(3)检查位置准确、方法正确、项目齐全,不漏项。

4. 整理作业

(1)检查的各项数据与现场数据有无误差。误差不大于 ±1 mm。

(2)超限勾划,对所测数据进行分析,凡检查记录中,所检查项目检查值超过临时补修或保养偏差管理值,应在检查记录簿相应位置进行勾划,并及时消灭。

5. 开通

人员工具出清,撤除防护,车站销记。

6. 线路检查作业实操评分

线路检查作业实操评分表见表4-3。

表4-3　线路检查作业实操评分表

专业班级________　　小组:________　　姓名:________　　成绩:________

考核要求	评分标准	扣分原因	得分
1. 操作时间:20 min。 2. 操作程序规定:按线路检查的标准程序及检查的技术标准执行。 3. 作业质量:符合《普速铁路线路修理规则》(TG/GW 102—2019)的作业验收标准。	(一)操作技能(85分)		
	1. 操作程序(30分)		
	①检查工器具,校正轨距尺,误差不得大于1 mm(5分)。		
	②目测钢轨高低、方向并记录(5分)		
	③量轨距水平顺序:一根25 m标准长钢轨量4次,依次顺序为:接头→小腰→大腰→小腰;按根为检查单位,依次循环检查线路轨距水平(20分,漏检一处扣2分,直到扣完本项目分为止)		
	2. 作业质量(55分)		
	①检查记录本记录是否清晰、字迹是否工整(5分)		
	②检查记录是否填写道尺编号、误差、检查人与检查时间。(5分,没有填写或缺项每项扣2分)		
	③检查的位置不正确、方法不对(10分,错误一处扣1分)		
	④检查的各项数据与现场数据有无误差(10分,误差大于±1扣1分)		
	⑤对所测数据进行分析(10分,包括高低、方向、水平、轨距、三角坑,错、漏分析一处扣2分)		
	⑥检查线路存在的问题(如夹板松动、轨距块缺失等,15分,找到五处即可,少一处扣3分)		
	(二)工具设备的使用和维护(5分)		
	工器具使用不恰当,导致工器具损坏的扣5分		
	(三)安全及其他(10分)		
	①戴劳保鞋、荧光衣(5分)		
	②免错误操作、伤手碰脚(5分)		
合计			

注:①考核时间到,应即时停止操作,否则相应扣分。②未能完成作业者可按其完成工作量的比例评分。

日期:________年________月________日

7. 注意事项及安全

(1)避免恶劣天气上道检查风险。如浓雾天气上线检查。

(2)按规定位置设置红闪灯。

(3)有来车时应按有关规定及时下道避车。邻线有来车时应停止工作,加强瞭望。

(4)作业时要佩戴劳保防护用品,全套工装、荧光衣、劳保鞋等进行作业。避免错误操作、伤手碰脚。

(5)保护工具,防止损坏。

(6)作业完成后出清现场。

任务三 单开道岔检查实操

为进一步提高技术业务水平,提高检查质量。通过检测掌握道岔设备现状,制订整治计划及时消灭设备病害。本任务重点讲述用静态检测传统方法,进行普通单开道岔检查作业的流程、方法和质量要求。

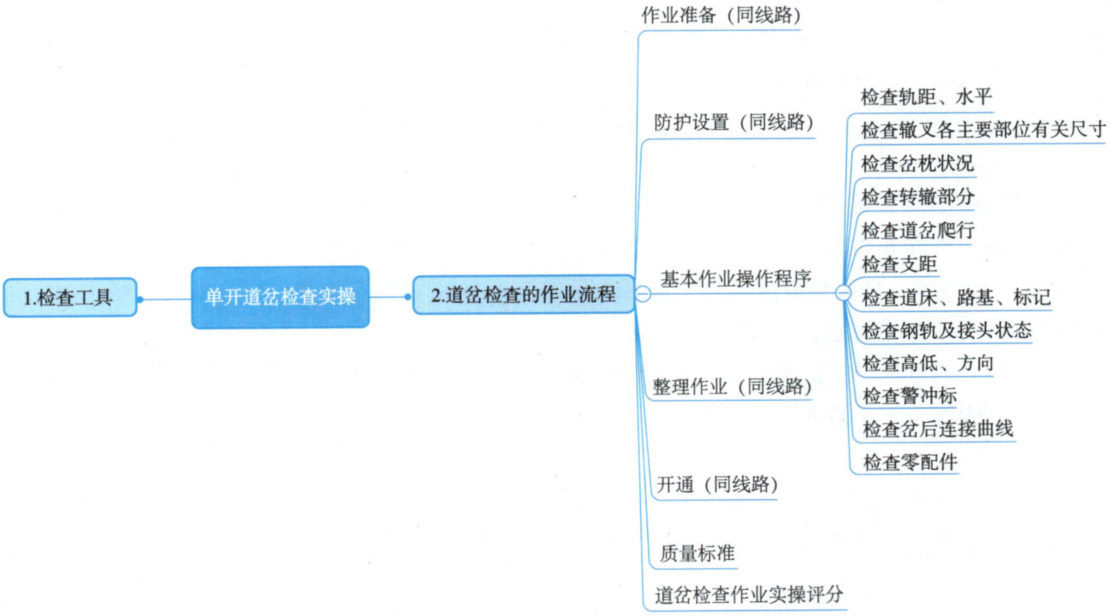

道岔检查的作业条件、注意事项及安全、道岔检查的作业流程(除基本作业操作程序与质量标准外)均与线路检查作业相同。

观察与思考

如何按标准程序及检查的技术标准进行道岔十七处检查?什么是道岔的查照间隔、护背距离?如何进行检查?工电联合整治道岔整治项目有哪些?接下来就对此内容进行学习。

4.3.1 检查工具

轨距尺、支矩尺、方尺、弦线、接头扭力扳手、扣件扭力扳手、150 mm 直钢尺、1 m 直钢尺,5 m 钢卷尺、塞尺、检查锤、笔、记录簿、石笔等。

视频

道岔检查作业指导书1

4.3.2 道岔检查的作业流程

道岔检查作业流程包括:作业准备→防护设置→基本作业→整理作业→开通。

1. 基本作业操作程序

道岔检查基本作业操作程序包括:①检查轨距、水平→②检查辙叉各主要部位有关尺寸→③检查岔枕状况→④检查转辙部分→⑤检查道岔爬行→⑥检查支距→⑦检查道床、路基、标记→⑧检查钢轨及接头状态→⑨检查高低、方向→⑩检查警冲标→⑪检查岔后连接曲线→⑫检查零配件。

1)检查轨距、水平

普通单开道岔由三大部分组成,分别为转辙器部分、连接部分、辙叉及护轨部分。下面以 P50-9 号道岔加以说明。

(1)转辙器部分包括基本轨、尖轨;共检查 5 处。

第 1 处:前顺坡终点。

检查位置:基本轨接头轨端 100 mm 范围内,一般为接头的第一与第二根螺栓间。

注意:轨距尺禁止放在绝缘接头轨缝处。

轨距:1 435。

第 2 处:尖轨尖端。

检查位置:距尖轨尖端 50 mm 左右,一般尽量接近尖轨尖端。

轨距:尖轨长度在 6.25 m 以上 7.7 m 以下的直线型尖轨,轨距为 1 450。

第 3 处:尖轨中端(量取直股或曲股均可)

检查位置:尖轨竖切起点,一般在刨切线处。

注意:①检查时准确、迅速,防止道岔搬动时挤坏轨距尺。②为减小轮对对尖轨的冲击,尖轨在此处通常比基本轨低,固该处不量取水平偏差值。

轨距:1 444.5。

第 4 处:尖轨跟端(曲)。

检查位置:导曲线接头轨端 100 mm 范围左右。一般在夹板处。

轨距:直线型尖轨为 1 439。

第 5 处:尖轨跟端(直)。

检查位置:接头轨端 100 mm 范围左右。一般在夹板处。

轨距:直线型尖轨为 1 439。

(2)连接部分包括直轨、导曲线轨;共检查 6 处。规律为直曲→曲直→直曲。

第 6 处:导曲线部分前(直),简称直前。

检查位置:距离尖轨根端直向 1.5 m 处。一般在支距 352 喷涂点。

轨距:1 435。

第 7 处:导曲线部分前(曲),简称曲前。

检查位置:距离尖轨根端曲向 3 m 处。

轨距:1 450。

第 8 处:导曲线部分中(曲),简称曲中。

检查位置:导曲线股侧向接头。

轨距:1 450。

第 9 处:导曲线部分中(直),简称直中。

检查位置:直线股接头。

注意:曲中、直中接头不在同一处,直中近,曲中远。

轨距:1 435。

第 10 处:导曲线部分后(直),简称直后。

检查位置:从导曲线支距终点向前 4 m 处。

轨距:1 435。

第 11 处:导曲线部分后(曲),简称曲后。

检查位置:从导曲线支距终点向前 4 m 处。

轨距:1 450。

(3)辙叉及护轨部分包括翼轨、护轨、叉心;共检查 6 处;规律为从曲股开始量取辙叉及护轨部分的轨距和水平,在直股结束量取。即曲进直出。

第 12 处:叉心前(曲)。

检查位置:导曲线终点位置。量在钢轨上,而非叉心上。

轨距:1 435。

第 13 处:叉心中(曲)。

检查位置:心轨顶面宽 50 mm 范围内。

注意:①在此处需要将尺头调转 180°,读取轨距后捏紧拉手测查照间隔,在捏紧拉手的同时推动轨距尺测护背距离。②为减小轮对对叉心轨的冲击,叉心轨在此处通常较低,固此处不测水平。

读数:

- 轨距:1 435。
- 查照间隔≥1 391。
- 护背距离≤1 348。

第 14 处:叉心后(曲)。

检查位置:辙叉后侧向接头 100 mm 左右。

轨距:1 435。

第 15 处:叉心后(直)。

检查位置:辙叉后直向接头 100 mm 左右。

轨距:1 435。

第 16 处:叉心中(直)。

检查位置:心轨顶面宽 50 mm 范围内。

注意:测轨距、查照间隔、护背距离,但不测水平

读数:

- 轨距:1 435。
- 查照间隔≥1 391。
- 护背距离≤1 348。

视频

道岔检查作业指导书2

第 17 处:叉心前(直)。

检查位置:导曲线终点位置。尺量在钢轨上,而非叉心上。

轨距:1 435。

查照间隔:心轨工作边至护轨工作边间的距离。作用是防止轮对冲击岔心。

护背距离:翼轨工作边至护轨工作边的距离。作用是防止翼轨、护轨卡住轮对。

按图表 4-4 所示的位置、顺序检查道岔的轨距、水平。按“先轨距、后水平”的顺序记录,将各部位几何

尺寸偏差值记录在道岔检查记录簿，见表4-5轨距、水平栏内。道岔检查一共有17处检查位置，检查过程中要严格执行该顺序，不要漏项错项。

表4-4　单开道岔检查17处顺序表

编号	检查地点	说明
1	前顺坡接头	1 435
2	尖轨尖端	1 450
3	尖轨中部（直或曲）	1 444.5
4	尖轨跟端直股	1 439
5	尖轨跟端曲股	1 439 导曲线起点处
6	导曲线部分前（直），简称直前	1 435 距跟端1.5 m
7	导曲线部分前（曲），简称曲前	1 450 距导曲线起点3 m
8	导曲线部分中（曲），简称曲中	1 450
9	导曲线部分中（直），简称直中	1 435
10	导曲线部分后（直），简称直后	1 435
11	导曲线部分后（曲），简称曲后	1 450 距导曲线终点4 m
12	叉心前（曲）	1 435
13	叉心中（曲）	1 435 量查照间隔和护背距离
14	叉心后（曲）	1 435
15	叉心后（直）	1 435
16	叉心中（直）	1 435 同时量查照间隔和护背距离
17	叉心前（直）	1 435

表4-5　道岔检查记录簿

站名：　　　　道岔编号：　　　　道岔类型：

<table>
<tr><td rowspan="3">检查日期</td><td rowspan="3">检查项目</td><td colspan="5">转辙部分</td><td colspan="6">导曲线部分</td><td colspan="10">辙叉部分</td><td rowspan="3">支距</td><td rowspan="3">记事</td></tr>
<tr><td rowspan="2">尖轨顺坡终点</td><td rowspan="2">尖轨尖端处</td><td rowspan="2">尖轨中</td><td colspan="2">尖轨跟端</td><td colspan="3">直线</td><td colspan="3">导曲线</td><td colspan="2">叉心前</td><td colspan="2">叉心中</td><td colspan="2">叉心后</td><td colspan="2">查照间隔</td><td colspan="2">护背距离</td></tr>
<tr><td>直</td><td>曲</td><td>前</td><td>中</td><td>后</td><td>前</td><td>中</td><td>后</td><td>直</td><td>曲</td><td>直</td><td>曲</td><td>直</td><td>曲</td><td>直</td><td>曲</td><td>直</td><td>曲</td></tr>
<tr><td rowspan="3">×月×日</td><td>轨距</td><td></td><td></td><td></td><td></td><td></td><td></td><td></td><td></td><td></td><td></td><td></td><td></td><td></td><td></td><td></td><td></td><td></td><td></td><td></td><td></td><td></td><td></td><td></td></tr>
<tr><td>水平</td><td></td><td></td><td>×</td><td></td><td></td><td></td><td></td><td></td><td></td><td></td><td></td><td></td><td></td><td>×</td><td>×</td><td></td><td></td><td>×</td><td>×</td><td>×</td><td>×</td><td></td><td></td></tr>
<tr><td>紧急工作量</td><td colspan="21"></td><td></td><td></td></tr>
<tr><td rowspan="3">×月×日</td><td>轨距</td><td></td><td></td><td></td><td></td><td></td><td></td><td></td><td></td><td></td><td></td><td></td><td></td><td></td><td></td><td></td><td></td><td></td><td></td><td></td><td></td><td></td><td></td><td></td></tr>
<tr><td>水平</td><td></td><td></td><td>×</td><td></td><td></td><td></td><td></td><td></td><td></td><td></td><td></td><td></td><td></td><td>×</td><td>×</td><td></td><td></td><td>×</td><td>×</td><td>×</td><td>×</td><td></td><td></td></tr>
<tr><td>紧急工作量</td><td colspan="21"></td><td></td><td></td></tr>
<tr><td></td><td>保养维修项目</td><td colspan="21"></td><td></td><td></td></tr>
</table>

注：普通单开9号、12号道岔填该表，打“×”处不检，共计17处21尺。

2)检查辙叉各主要部位有关尺寸

(1)量护轨轮缘槽宽度,在护轨平直段处测量,标准宽度为 42 mm,容许误差为 +3 ~ -1 mm。

(2)辙岔部位轮缘宽度,在对应检查查照间隔、护背距离及轨距量取处测量,辙叉心轮缘槽标准宽度为 46 mm,容许误差为 +3 ~ -1 mm。

(3)量护轨开口端距离,在护轨端部测量,标准宽度为 80 mm。

3)检查岔枕状况

(1)检查接头岔枕无失效,其他处无连续失效。

(2)检查轨枕位置偏斜、间距误差。

(3)检查橡胶垫板无失效、位置无歪斜、外露。

4)检查转辙部分

(1)量限位器是否居中。

(2)量取开程,量取位置在尖轨刨切起点,并在刨切起点与尖轨跟之间间隔最小处量取最小值。开程规定为 65 mm。

(3)检查框架尺寸,用钢卷尺在两基本轨作用边,距离尖轨尖端 4 681 mm 处测量,标准尺寸为 1 506 mm。测量时为防止轨道电路短路,应在尖轨顶面用绝缘材料遮挡。

(4)检查密贴,用塞尺检查尖轨与基本轨竖切是否密贴,离缝大于 2 mm。顶铁与基本轨腹部是否密贴,离缝大于 2 mm,有否顶得过严而造成尖轨有反弯等病害,检查尖轨底与滑床板离缝有否大于 2 mm,不良处所分别记录在检查记录簿内。

(5)量尖轨动程,将卷尺放在较低一股钢轨顶面上,量基本轨作用边与尖轨非作用边之间的距离。第一动程在距离尖轨尖端 380 mm 处量取第二动程在第二牵引点的拉杆中心处测量。第一牵引点的设计动程最小为 160 mm,第二牵引点的设计动程最小为 75 mm。

(6)检查尖轨顶面宽 50 mm 断面处,检查尖轨顶面宽 50 mm 及以上断面处,尖轨顶面不能低于基本轨顶面 2 mm 及以上,检查尖轨顶面宽 50 mm 及以下断面处,尖轨顶面不能高于基本轨顶面 2 mm 及以上。

(7)检查尖轨尖端与基本轨是否密贴,不密贴不得大于 1 mm。

5)检查道岔爬行

(1)校正方尺,在没有碎弯、没有肥边的直线处校对方尺,把方尺放在两股钢轨上,T 形头紧贴钢轨工作边,用石笔在方尺同一侧的两股钢轨面画一条线,再把方尺调头,如果重合或不大于 2 mm,该方尺可使用。

(2)检查爬行,用方尺在基本轨接头前和尖轨尖端前,分别检查基本轨和尖轨的直角相错量,检查时将方尺丁字一端放在直基本轨上,为防止尖轨扳动挤压量具以及为保证检查的准确度,应离开接头和尖轨尖一定距离,如相错量超过 20 mm。还应填写在检查记录簿的补修栏内。

6)检查支距

应由两人协作配合,在直股支距检查点上,用支距尺逐点量取直股工作边与导曲线上股工作边之间的支距值,将差值填写在检查记录簿导曲线支距栏中,如有超限还应填写在检查记录簿的补修栏内,大于计划值为正,反之为负。

视频

道岔检查作业指导书3

7)检查道床、路基、标记

(1)道床有否冒浆、脏污,是否饱满、均匀。

(2)轨枕头有否外露。

(3)路肩排水有否外高内低和杂草。

(4)标志、标记是否正确。齐全、清晰。

8)检查钢轨及接头状态

用1 m直钢尺和塞尺检查钢轨错牙、低头、硬弯、焊缝凹陷、马鞍型磨耗、波浪型磨耗。用小钢尺量钢轨肥边、擦伤、剥落掉块、磨耗有否超标及轨缝,量绝缘接头时不得搭接两端钢轨。

9)检查高低、方向

查高低时,检查人员俯身看轨头下颚水平线,找准位置后用直钢尺测量10 m弦线范围内的最大矢度值。查方向时,负责人目视轨向偏差,找准位置后把10 m弦线,放在两个凸出或凹进点的钢轨内侧,用直钢尺测量最大矢度值。检查时要拉紧弦线,以保证检查数据正确。

10)检查警冲标

警冲标设在两会合线路线间距离为4 m的中间,限界间距不足4 m时,设在两线路中心线最大间距的起点处,直线段警冲标距离两侧线路中心均为2 m。如警冲标在曲线侧还要加上曲线限界加宽,曲线警冲标的埋设高度为高于轨枕面300~350 mm,高度用弦线放在两股轨枕面上拉一条直线测量。

11)检查岔后连接曲线

用10米弦线和钢板尺检查连接曲线正矢,在外股钢轨踏面下16 mm处按正矢逐一测量并记录,有偏差处圈出。

12)检查零配件

(1)先查转辙部分联结零件,有不合格者,打上记号。

(2)抽查一对接头,用扭力扳手检测扭力矩是否达到500 N·m。

(3)连续检测50个扣件螺栓,用扣件扭力扳手检测扭力矩是否达到80~150 N·m或查看弹条中部前端下颚与轨距挡板离缝是否大于1 mm。

(4)检查轨距块离缝,连续查看25个头,检查轨距块前、后离缝大于2 mm,记录不良百分比。

(5)检查螺栓,用小锤检查各种螺栓缺少、松动情况。

2. 质量标准

(1)检查项目和部位必须完整,无遗漏,检查位置必须准确,要将超限处所查出来,记录准确无误。在轨距递减、递增变化点检查部位,按规定位置偏差不得超过100 mm。支距检查部位的位置偏差不得超过10 mm。

(2)检查数据结果正确。轨距、水平、高低、方向、支距、正矢测量误差不超过±1 mm。

(3)检查顺序规范合理,部位齐全。

(4)对超限处所的范围判定正确。

(5)能及时发现危及行车安全的危险处所,并记录清楚。

(6)准确判断各种病害产生原因、作业位置、工作项目、工作量。

(7)测量时数据要严格按照作业标准进行分析,并及时整改超限部位。

3. 道岔检查作业实操评分

道岔检查作业实操评分表,见表4-6。

表 4-6 道岔检查作业实操评分表

专业班级__________ 小组:__________ 姓名:__________ 成绩:__________

考核要求	评分标准	扣分原因	得　分
1. 操作程序规定:按道岔十七处检查的标准程序及检查的技术标准执行。 2. 作业质量:符合《普速铁路线路修理规则》(TG/GW 102—2019)的要求	(一)操作技能(80 分)		
	1. 操作程序(30 分)		
	(1)设置防护(5 分)		
	(2)检查轨距尺是否状态良好;校正轨距尺水平零位误差(5 分)		
	(3)检查轨距、水平:按"先轨距、后水平"的顺序记录。检查的顺序按照"前顺接头→尖轨尖端→尖轨中(直或曲)→尖轨跟端(直)→尖轨跟端(曲)→直线前部→导曲线前部→导曲线中部→直线中部→直线后部→导曲线后部→叉心前(曲)→叉心中(曲含 91、48)→叉心后(曲)→叉心后(直)→叉心中(直含 91、48)→叉心前(直)"检查。出现漏检、检查位置不对、"叉心中"不翻尺等情况,每件次扣 1 分(15 分)		
	(4)撤出防护,人员工具出清(5 分)		
	2. 作业质量(50 分)		
	(1)记录填写不全(如道尺编号、道岔编号、道尺误差等)、记录填写不清、有黑疤、有勾抹每处扣 2 分(20 分)		
	(2)轨距、水平错误(包括误差超过 1 mm)每处扣 2 分(30 分)		
	(二)工具设备的使用和维护(10 分)		
	(1)不能正确使用工、量具,酌情扣分(5 分)		
	(2)损坏轨距尺(5 分)		
	(三)安全及操作时间(10 分)		
	(1)按规定着全套工装、荧光衣、劳保鞋,缺一件扣 1 分(5 分)		
	(2)按规定位置设置红闪灯,一处位置错误、1 处红闪灯不开扣 1 分(5 分)		
	(四)规定考试时间 20 min,20 min 内完成不加分,每超时 1 min 扣 1 分,时间小数位只入不舍		
合计			

注:1. 考核时间到,应即时停止操作,否则相应扣分。
2. 未能完成作业者可按其完成工作量的比例评分。

日期:　　　年　　　月　　　日

拓展阅读

工电联合整治道岔

道岔设备是行车设备最重要的基础设备,它构造复杂、零件较多、受列车冲击力最大、技术标准要求高,是轨道设备的薄弱环节,也是工电部门日常维修的难点和重点,是电务设备故障的易发设备。由于道岔设备分属工电两家维修，就存在结合部，设备上相互牵涉、相互影响，而结合部的设备病害如果得不到及时整治，就会影响设备正常运用，特别是反映到电务设备上，会发生道岔操纵和表示方面的故障。所以工务部门和电务部门都必须相互配合，密切协作，联合整治道岔。道岔设备上工务的技术标准，尺寸数据很多，学习了解掌握工务方面的基础知识，有利于对道岔维修、克服病害。

1. 工务项目

(1)拉方道岔、整体防爬锁定，全起全捣、拨改结合，消灭道岔大方向不良，作业范围包括道岔前后 100 m 线路。

(2)整治基本轨硬弯，尖轨拱腰、硬弯、翘头。

(3)校正基本轨曲折点及矢度。

(4)处理基本轨横移、三道缝。

(5)打磨钢轨飞边。

(6)更换磨损方钢、丁字铁，调整尖轨宏观密贴、动程和开程，调整顶铁间隙。

(7)更换磨损严重的滑床板，对弯曲的滑床板进行整平。

(8)采用高强接头螺栓，扭矩不少于 700 N · m。

(9)更换失效、补充缺少的各种螺栓。

(10)改道、调整轨距及各部间隔尺寸，起道、拨道，调整高低、水平、轨向等轨道几何尺寸及其他(影响道岔技术状态需电务配合)项目。

普通道岔结合部车工电联合调查，工务项目见表 4-7。

表 4-7　普通道岔结合部车工电联合调查表(工务项目)

工务段:________　车间:________　工区:________　车站:________　道岔编号:________

项　目	序　号	结合部调查内容	单　位	调查结果
几何尺寸	1	轨道几何尺寸超限	处	
	2	动、开程超标(直尖轨不小于 142 mm，曲尖轨不小于 152 mm，AT 型弹性尖轨不小于 180 mm，复交心轨不小于 90 mm，开程：不小于 63 mm)	处	
	3	尖轨、基本轨爬行 >20 mm/单根尖轨前后窜动之和 >10 mm	处	
钢轨	4	尖轨、基本轨肥边 >2 mm/5 mm	处	
	5	尖轨与基本轨不密贴，尖轨尖至第一连接杆处离缝 >1 mm，竖切部分离缝 >2 mm/5 mm，双机道岔二机处(密贴调整杆处)尖轨与基本轨间隙 >4 mm/8 mm	处	
	6	尖轨有翘头、拱腰、旁弯：尖轨头部第一块滑床台板离缝 >2 mm，第二块开始离缝 >2 mm/5 mm，轨距递减率超过维修标准	处	
	7	尖轨、基本轨硬弯 >0. 5 mm/1 mm	处	
	8	基本轨有横移	根	
	9	基本轨顶面有剥落	处	
接头	10	接头错牙(轨面或作用边错牙 >1 mm/3 mm)	处	
	11	绝缘接头轨缝 >15 mm 或 <6 mm	处	
	12	绝缘接头螺栓紧固不良	处	
	13	绝缘接头未采用高强度绝缘材料	处	
	14	绝缘接头、胶接绝缘轨端肥边 >2 mm	处	

续上表

项目	序号	结合部调查内容	单位	调查结果
连接支撑零件	15	轨撑与轨头下颌或垫板挡肩缝 >2 mm,基本轨未落槽	处	
	16	工务连接杆安装不平直、未撑紧	处	
	17	顶铁缺少,伤损失效	处	
	18	顶铁与尖轨间隙 >1 mm 或顶死尖轨	根	
	19	接头螺栓缺少/松动	根	
	20	其他螺栓缺少/松动,轨撑横穿螺栓缺开口销	根	
	21	销子与孔旷动,合计磨耗 >1 mm	处	
	22	铁垫板、胶垫、弹条缺少	处	
	23	滑床台板折断,滑床台板弯曲、脱落或磨耗 >2 mm	处	
	24	牵引点前后或尖轨跟端四根枕木空吊	个	
	25	枕木与角钢间距不合理,枕木与角钢间距 >10 mm	处	
	26	复交道岔加强措施未做/不完整	处	
	27	嵌发丝防磨胶垫缺损、状态不良	处	
	28	直尖基轨外侧防横移挡板缺损,作用不良	个	
	29	尖轨前及导曲线轨距杆缺损、作用不良	个	
	30	中轴两侧导曲线下股外侧加强轨撑缺损、作用不良	块	
	31	中轴两侧弯折基本轨轨腰与导曲线下股轨腰之间梯形加强轨撑缺损、作用不良	块	
	32	弯折基本轨外侧特制轨撑缺损、作用不良	块	
	33	中轴处连接导曲线上股的轨距杆缺损、作用不良		
	34	防爬设备缺损、作用不良		
道床	35	道岔部位翻浆冒泥		

调查人: 车站:
工务段:
电务段:
调查时间: 年

2. 电务项目

(1)调整安装装置,更换不合格角钢,做到两根长角钢平顺,间距符合标准。

(2)更换上部不顶,下部、腰部不贴角型座。

(3)整治、平顺密贴调整杆、表示杆与基本轨(直股或直股延长线)相垂直。

(4)消除 4 mm 能锁闭病害。

(5)绝缘接头采用高强度绝缘件。

(6)更换不合格销子、螺栓及弹簧垫圈。

(7)做到手摇道岔无反弹,动作电流、故障电流不超标。

(8)更换锈蚀折损及整理安装不标准的轨道电路引接线、接续线。

(9)完善防松装置。

普通道岔结合部车工电联合调查,电务项目见表 4-8。

表 4-8　普通道岔结合部车工电联合调查表(电务项目)

电务段:________　车间:________　工区:________　车站:________　道岔编号:________

项　目	序　号	结合部调查内容	单　位	调查结果
安装装置	1	转辙机安装角钢与直基本轨不垂直、不平顺		
	2	角钢与轨底碰卡,角钢长边距枕木 < 10 mm		
	3	角钢与轨底间隙大于 5 mm		
	4	角钢与钢轨内侧不成直角,不符合 1 465 或 1 445 mm,AT 型不符合 1 495 mm		
	5	L 铁与钢轨密贴不良		
杆件	6	电务各杆安装不平直、有碰卡、活动部位别劲,道岔各部位杆件安装偏移量 > 10 mm		
	7	各部连接螺丝松动,调整丝扣余量 10 mm,调整活动部位缺油		
	8	密贴调整杆空动距离 < 5 mm		
	9	表示杆旷动量 > 0.5 mm,其他部位旷动量 > 1 mm		
	10	动作、表示杆水平方向两端高低偏差 > 5 mm(以基本轨工作面为准)		
	11	第一连接杆处 2 mm 不失效 4 mm 失效/4 mm 失效,能开放信号		
	12	尖端杆未撑紧、作用不良		
其他	13	各部位表示缺口超标		
	14	动作电流:ZD 转辙机 6 > 1.2 A;复交、18 号道岔 > 1.4 A		
	15	故障电流:ZD6(A、D、F 型) < 2.3A 或 > 2.9 A;ZD6(E、J 型) < 2.0 A 或 > 2.5 A		
	16	各引接线、跳线、导线长度过长或固定不良		

调查人:　　车站:
工务段:
电务段:
调查时间:　　年

任务四　轨道检查仪检测

轨道检查仪是测量轨道几何尺寸的手推式静态检查仪器,其测量结果随着仪器在线路上推行实时显示并记录在内存中。轨道检查仪检测线路与传统方法检测线路相比较,具有速度快、易于统计查询、结构简单、质量小、上下道方便等优点。

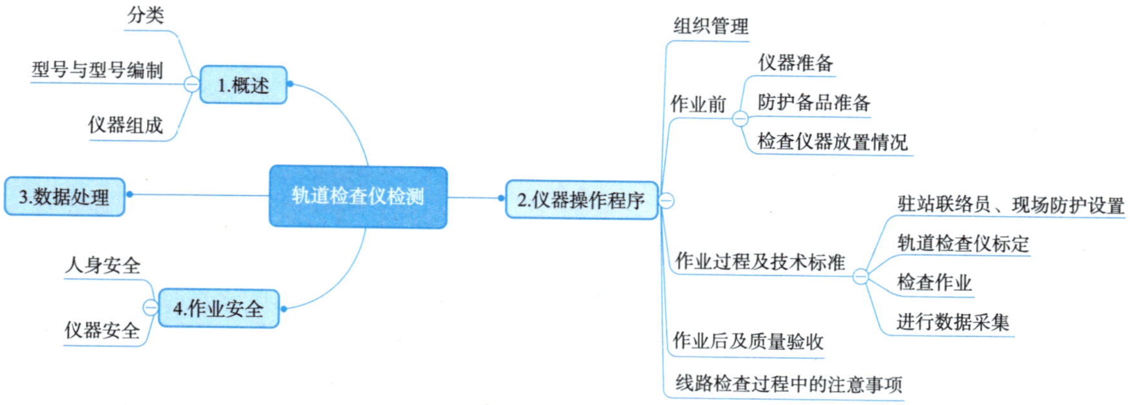

观察与思考

轨道检查仪由哪几部分组成？轨道检查仪是如何进行仪器设置的？轨道检查仪是如何进行数据采集的？在检查过程中有哪些注意事项？接下来就对此内容进行学习。

4.4.1 概述

视频

轨道检查仪1

轨道检查仪又称轨检仪或轨检小车。它是一种高精度、轻便式、全数字化轨道几何状态检测系统，是轨道参数随着仪器在线路上推行而实时显示并记录在内存中的手推车式静态检查仪器。轨道检查仪主要用于对轨道的静态几何参数即轨距、水平(或超高)、左右轨向及正矢、左右高低及三角坑的检测。

1. 分类

轨检仪的准确度分为0级、1级两个等级，0级轨检仪用于测量允许速度不大于350 km/h的线路，1级轨检仪用于测量允许速度不大于200 km/h的有砟轨道。

2. 型号与型号编制

轨检仪的型号有H型、T型、S型、L型等。

①H型：具有左右轨双侧平顺性测量功能的轨检仪。

②T型：只具有左轨或右轨单侧平顺性测量功能的轨检仪。

③S型：仅包含轨距、超高功能的轨检仪。

④L型：长激光弦轨道平顺性测量仪。

包含外部参数测量功能的轨检仪，在基本型号后附加W，如HW型，是指同时具有左右轨双测平顺性和外部参数测量功能的轨检仪。

目前使用的小车主要有：安博格轨检小车、日月明轨检小车、瑞邦轨检仪，天宝GEDO小车。

型号编制：GJY-XX-X。其中，GJY为产品代号，是轨检仪首字母缩写；XX是功能特征：H、T、S、L、HW、TW、X改进尾数(用阿拉伯数字表示)。如GJY-T-4的含义为：T型4号轨检仪。

3. 仪器组成

GJY-T-4型轨道检查仪，包括检查机械装置(仪器可轻松拆卸为横梁与纵梁两部分，位于横梁上的手推架除可旋转折叠于横梁上，还可以自由调整高度)、数据采集分析系统(即微型计算机控制检查分析系统，以下简称为面板)及智能型分析处理软件三大部分。

4.4.2 仪器操作程序

1. 组织管理

(1)现场作业必须安排负责人1名，执机手、跟机手各1名，前、中、后专职防护员各1名，驻站员1名，不少于七名人员(必要时增加联络员)。现场负责人由车间干部担任，主要负责轨检仪的检查、病害核对、现场病害盯控整修。执机手、跟机手主要是完成轨检仪的操作使用。

(2)轨检仪管理实行段、车间二级管理，逐级负责。各车间要根据上报的检查计划进行检查。

2. 作业前

1)仪器准备

检查轨道检查仪各部状态：机架、绝缘装置、数据线、电池、笔记本计算机及各部连线等是否齐全作用良好，各部位螺栓是否有松动、缺少，对发现的问题及时修复。检查轨距尺、钢轨侧磨测量仪是否作用良好、是否按规定校验。

2）防护备品准备

检查对讲机等防护备品是否齐全有效；检查运送人员、轨道检查仪的车辆，确保车辆状态良好。

3）检查仪器放置情况

仪器应装箱运送，放置牢固并确保不会相互发生碰撞，避免损坏仪器面板、连线折断等。

视频

轨道检查仪2

3. 作业过程及技术标准

1）驻站联络员、现场防护设置

在车站进行作业登记，车站值班员签认后方可设置现场防护。

2）轨道检查仪标定

传感器标定，要求会使用状态监测进行数据准确性的判定。先用轨距尺在直线段分别查找轨距、水平0点位置，然后在轨道检查仪静止状态下在系统设置中选择选项1传感器标定，进入以后，有3个选项，按照选项3-1-2的顺序，即方向高低、轨距、水平顺序标定。方向高低仪器放在钢轨上静止即可标定。标定任意一个选项时，都是直接按“确定”键，并且标好一个项目，需回状态监测，检查标定是否正常，即方向高低，标定以后状态监测显示为±3以内，轨距在0.1以内，水平在0～0.16以内。

3）检查作业

（1）仪器组装。本次使用的轨检仪型号为GJY-T-4，依次连接纵横梁、电源线、面板、扶手等。

（2）开机，格式化存储器。操作步骤：开机→系统服务→系统设置→选项5格式化存储器，进入按“确定”键完成格式化，再按任意键返回上级菜单，系统设置。

（3）设置时间日期。格式化以后，在回到的上级菜单，选择选项3时间日期设置，进入设置界面。按“F1”键设置年月日，依据显示屏左下角提示，分别输入年、月、日，并按“确定”键。设置完毕，根据左下角提示按“F2”键，进行小时、分、秒的具体设置。完成以后，按“确定”键退出，回到上级菜单，系统设置。

（4）资料导入。轨道检查仪分析处理软件的“数据库维护”→“轨道检查仪资料设置”中，软件能够自动生成一个用于轨道检查仪参数设置的文本文件（设置.txt），该文本文件中包含“铁路局名称、工务段名称、工区名称、线路名信息和员工信息”，并且能够通过U盘导入到控制面板中去，供在检查数据时选择相应参数。开机后进入“系统设置”界面，选择“资料设置”，系统将自动导入“设置.txt”文件中的资料。

（5）上道进行轨道检查。上道时两人将轨道检查仪抬起，放到轨道上方使横梁右侧的行走轮置于右轨顶面。轻推纵梁使横梁右边弹簧压缩到能将纵梁一边的2个定位轴承放入钢轨内侧面为止，然后将纵梁上的行走轮置于左轨顶面。右侧弹簧回弹后，左边2个定位轴承与左轨内侧自动贴合。下道时先将纵梁行走轮向前轻推后再抬起，再将横梁抬起即可。下道动作与上道刚好相反，上、下道不到10 s即可完成。

4）进行数据采集

进入轨道检查，输入相关内容开始检查。在状态监测界面检查完所标定的值正确，仪器电压正常，即可点2次取消，回到开机界面，将仪器推行到选好的起点位置，开始检查。按照3～5 km/h推行速度进行检查，执机手要紧盯面板，及时查看实时检测数据，作业负责人同时对线路外观、零配件、钢轨、轨枕、道床等项目进行检查并记录。检查负责人要随机携带道尺、弦绳等工具，当发现几何尺度严重不良时，要暂停仪器进行现场核对检查。

数据采集时系统设置及操作方法参见《数据采集系统使用说明书》。匀速的推行仪器，在检测过程中，如遇避车、S 形曲线、道岔，按下列操作进行。

（1）避车。如遇避车，按“暂停”键后下道，并在下道地方做标记，避车后在标记位置上道，如有需要可按“F1”键对方向、高低传感器进行标零，然后再按“暂停”键继续向前推行进行数据采集；数据采集过程中向后拉仪器可删除已测量的数据，再前进时将继续采集数据；如在采集过程中带入了里程误差，可在公里标处用“F1 同步”键进行里程同步。

视频

轨道检查仪3

（2）S 形曲线。如遇 S 形曲线，其测量方法如下：

由于 T4 轨道检查仪为 T 型结构，在检查过程中一次只能测量一股的方向和高低（纵梁所在股），而另一股的方向和高低需要通过分析软件推算出来。检查时仪器纵梁一侧所在的钢轨，称为基准轨。

线路上测量曲线部分主要要求测量曲线外股的方向（即正矢），为使得测量的准确度更高，在进行曲线部分测量时，一般都将仪器的纵梁置于曲线的上股进行测量，为此，该仪器设计了可以在推行中使仪器测量的基准轨改变而不改变推行方向的功能。

S 形曲线：线路上连续两个或以上的相临两曲线的圆心在线路的不同侧，线路看上去像个蛇行的 S。推行仪器前行测量数据时，纵梁（有两个轮子的梁）所在的钢轨为测量的基准轨，测量 S 形曲线时，测量第一个曲线按普通的曲线测量方法测量，在进入下一曲线前的 20 m（尽量大于 20 m）的直线上，将仪器的纵梁换到另一条钢轨上，基准轨换到另一条钢轨，具体操作方法如下：

在进入下一曲线前的 20 m（尽量大于 20 m）的直线上，按控制箱的“暂停”键，测量的数据界面消失，显示“请按‘暂停’键继续测量”；在钢轨上做个记号，将仪器抬起，旋转 180°，纵梁换到另一条钢轨上，保证前后两次仪器的位置尽量在同一点；改变推行测量的左右轨，如果刚才测量的是左轨，则现在测量的为右轨；将手推架旋转 180°；静止状态下，按“F1”键对方向、高低传感器进行标零操作（也可以不进行此步操作）；按“暂停”键，显示测量的数据后，继续推行测量。

（1）道岔。为确保在过道岔时（继续原轨道测量）不给里程带来测量误差，过道岔时具体操作方法如下：

在进入道岔时按控制盒的“岔起”键，继续推行；在行至辙叉中心（咽喉）处按控制盒的“暂停”键，将仪器抬起平移至另一轨道的相同里程处；按“暂停”键，显示数据采集状态后，继续推行仪器，出道岔时再按“岔终”键，继续前进进行数据采集。

4. 作业后及质量验收

检查完毕，关机插优盘，再开机导数据。检查完毕，结束时按“取消”键，根据提示，再按“确定”键，保存数据。关机插入优盘，然后开机，进入系统服务（内含 3 选项），选择选项 2 记录资料，输入自己需要导出的数据编号，按“确定”键，再按“F1”键，等待数据导出结束。然后退回开机界面，关机，取优盘。拆卸仪器，进行保养。

拆卸仪器之前，先下道，再关闭电池电源，将拆卸的部件放好，清理仪器测量轮以及走行轮上的油污。

检查结束，轨道检查仪下道完毕，对数据进行收集、转储，并将其撤除护网以外，撤除前后防护后，通知驻站防护进行作业销记。

视频

轨道检查仪4

5. 线路检查过程中的注意事项

（1）数据开始检测时，应从直线段开始，到直线段结束，最好从整公里或整百米开始，不能在曲线段内开始结束。

（2）检查时，检查人员应逐公里校对里程。检查遇曲线时，操作人员要核对曲线要素点，正确打点。

(3)检查过程中每隔一段距离按一下"确定"键暂时保存数据,避免出现意外,丢失数据。要求检查数据真实有效,数据无效或检查不准确需安排复检;检测周期符合《普速铁路线路修理规则》(TG/GW 102—2019)要求。

(4)检查工作时,突遇下雨,及时遮挡面板和电池,并尽快结束工作,但是不能赶时间推着仪器跑。

(5)轨检仪通过困难地段(如较大轨缝处、侧磨、肥边、短轨线路等)应适当减慢推行速度,严禁用蛮力快速通过,必要时人工抬起通过。

(6)仪器检查过程中报警,执机手应立即上报带班人,现场进行数据复核,并在现场做好标记。

(7)仪器上下道时,严格按照仪器操作手册执行,防止损坏轨距传感器。

4.4.3 数据处理

(1)导入检测数据,设置线路资料以及职工、工区资料。开始分析,校对曲线特征点。单击"通信",弹出对话框后,单击"确定"按钮,再找到自己的数据,根据提示,校正理论上的曲线特征点和实际的特征点(如果现场打点有缺漏,此处需要补上)。

(2)检查班组对当日推行数据进行分析,提取超限病害处所和上报检查资料。并于当日将原始检查数据及各类统计报表网报质量监控分析中心。

(3)质量监控分析中心将病害录入管理系统,各车间负责入库病害的签收、制订计划、病害销号。

(4)车间负责及时复核《轨检仪曲线正矢检查报告》中的超临时补修偏差,确认现场超限后录入管理系统,静态检查病害库,并负责制订计划整修、销号。

(5)质量监控分析中心要对各车间的轨检仪检查结果进行分析,掌握病害集中、线路薄弱地段,并在月末对全段线路状态,提出整修建议并上报线路科,由线路科安排保养计划。

4.4.4 作业安全

1. 人身安全

(1)作业过程中严格按照《铁路技术管理规程》(TG/01—2014)、《普速铁路线路修理规则》(TG/GW 102—2019)和《普速铁路工务安全规则》(TG/GW 101—2014)的要求进行防护、避车,确保人身安全。

(2)轨检仪在通过长大桥梁时,负责人要注意观察适合放置仪器的位置,做好随时下道准备,下道避车时,要确保仪器放置平稳不超限;在长大下坡道检查时,严禁撒手溜放;在通过隧道时,要加强防护,确保联系畅通,避车时,人员和仪器必须进避车洞。

2. 仪器安全

(1)轨道检查仪属精密仪器,使用、保养、维修过程中应轻拿轻放,避免撞击和敲打,注意防水、强磁和高温。

(2)检查过程中严禁脚踢着仪器走,在仪器暂停下道时或是拆卸后严禁操作人员坐在仪器上。

(3)检查工区应合理安排作业时间,注意天气变化情况,遇有天气不良时应携带轨道检查仪防雨罩,遇到大雨、雪、雾等恶劣天气,应停止作业,仪器搬运时,应轻拿轻放,避免碰撞。

(4)每次作业完后执机手要对轨道检查仪进行常规保养,对轨道检查仪进行擦拭清洗,清洁各测量轮,机械轴部位加油保养,电池充电并对各部件进行检查、紧固、复紧螺栓等保养,以确保次日工作正常进行。

(5)小车每使用一月，工区要进行一次保养，要在标定台上进行一次标定，每半年要在检定台上进行一次检定。

(6)发现故障及时报修，确保检查任务及时完成，每月对轨道检查仪走行轮、测量轮进行检查，并对全月检查里程数量进行统计，分析测量部位的精度要求，提报需测量轮及配件计划。

(7)备用仪器长期不用时，应拆除电源，装箱放置在干燥环境中保存，远离高温潮湿，避免阳光直射。

任务五　轨道静态检测的质量评价

对轨道线路进行定期的静态检测，会得到各种轨道不平顺数据。再经过静态检测数据的分析，可以对轨道质量状态做出科学的评价，诊断轨道不平顺的严重程度，及时准确发现轨道病害处所，指导养护维修作业。轨道的质量评价分为静态检测的质量评价与动态检测的质量评价，本次课程主要就静态检测质量评价进行讲解。

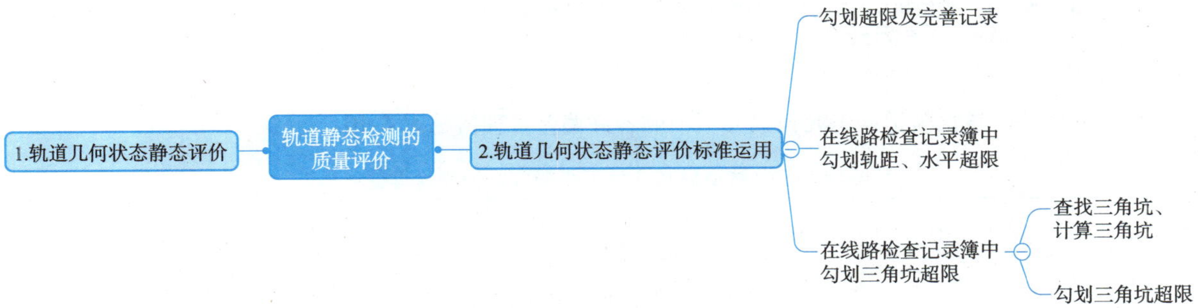

观察与思考

什么是轨道静态几何尺寸不平顺容许偏差管理？如何查容许偏差管理值表？如何勾划轨距、水平超限？如何查找三角坑、计算三角坑值？如何勾划三角坑？接下来就对此内容进行学习。

4.5.1　轨道几何状态静态评价

在《普速铁路线路修理规则》(TG/GW 102—2019)、《高速铁路无砟轨道线路维修规则》(TG/GW 115—2012)和《高速铁路有砟轨道线路维修规则》(TG/GW 116—2013)中分别规定了线路、道岔(钢轨伸缩调节器)和曲线的静态容许偏差管理值。

视频

轨道静态检测的质量评价1

轨道不平顺：是指轨道几何形状、尺寸和空间位置的偏差。

容许偏差又称极限偏差，是人为规定的不能超过的偏差极限值。超过此偏差值即为超限。

普速铁路中线路、道岔(钢轨伸缩调节器)静态几何容许偏差管理值包括作业验收、计划维修(高速铁路为经常保养)、临时补修、限速四个等级。

普速铁路——线路轨道静态几何尺寸不平顺容许偏差管理值见表4-9。

表 4-9　线路轨道静态几何不平顺容许偏差管理值(混凝土枕线路,mm)

项目		160 km/h < h < v_{max} 正线				120 km/h < v_{max} ≤160 km/h 正线				80 km/h < v_{max} ≤120 km/h 正线				v_{max} ≤80 km/h 正线及到发线				其他站线			
		作业验收	计划维修	临时补修	限速(160 km/h)	作业验收	计划维修	临时补修	限速(120 km/h)	作业验收	计划维修	临时补修	限速(80 km/h)	作业验收	计划维修	临时补修	限速(45 km/h)	作业验收	计划维修	临时补修	封锁
轨距		+2 -2	+4 -3	+6 -4	+8 -6	+4 -2	+6 -4	+8 -6	+14 -7	+6 -2	+7 -4	+14 -7	+16 -8	+6 -2	+7 -4	+16 -8	+19 -9	+6 -2	+9 -4	+19 -9	+21 -10
水平		3	5	8	10	4	6	10	14	4	6	14	17	4	6	17	20	5	8	20	22
高低		3	5	8	11	4	6	11	15	4	6	15	19	4	6	19	22	5	8	22	24
轨向(直线)		3	4	7	9	4	6	9	12	4	6	12	15	4	6	15	18	5	8	18	20
三角坑	缓和曲线	3	4	5	6	4	5	6	7	4	5	7	8	4	6	8	9	5	7	9	10
	直线和圆曲线	3	4	6	8	4	6	8	11	4	6	11	13	4	6	13	15	5	8	15	16

注:①轨距偏差不含曲线上按规定设置的轨距加宽值,但最大轨距(含加宽值和偏差)不得超过 1 456 mm。

②轨向偏差和高低偏差为 10 m 弦测量的最大矢度值。

③三角坑偏差不含曲线超高顺坡造成的扭曲量;检查三角坑时基长,采用轨道检查仪时为 3 m,采用轨距尺时为 6.25 m,但在延长 18 m 的距离内无超过表列的三角坑。

④段管线、岔线按其他站线办理。

普速铁路——道岔轨道静态几何尺寸不平顺容许偏差管理值见表 4-10。

表 4-10　道岔轨道静态几何不平顺容许偏差管理值(mm)

项目		160 km/h < v_{max} 正线			120 km/h < v_{max} ≤160 km/h 正线			80 km/h < v_{max} ≤120 km/h 正线			v_{max} ≤80 km/h 正线及到发线			其他站线		
		作业验收	计划维修	临时补修	作业验收	计划维修	临时补修	作业验收	计划维修	临时补修	作业验收	计划维修	临时补修	作业验收	计划维修	临时补修
轨距		+2 -2	+4 -2	+5 -2	+3 -2	+4 -2	+6 -2	+3 -2	+5 -3	+6 -3	+3 -2	+5 -3	+6 -3	+3 -2	+5 -3	+6 -3
水平		3	5	7	4	5	8	4	6	8	4	6	9	6	8	10
高低		3	5	7	4	5	8	4	6	8	4	6	9	4	8	10
轨向	直线	3	4	6	4	5	8	4	6	8	4	6	9	6	8	10
	支距	2	3	4	2	3	4	2	3	4	2	3	4	2	3	4
三角坑		3	4	6	4	6	8	4	6	8	4	6	9	5	8	10

注:①支距偏差为现场支距与计算支距之差。

②导曲线下股高于上股的限值:作业验收为 0,计划维修为 2 mm,临时补修为 3 mm。

③三角坑偏差不含曲线超高顺坡造成的扭曲量:检查三角坑时基长,采用轨道检查仪时为 3 m,采用轨距尺时按规定位置检查,但在延长 18 m 的距离内无超过表列的三角坑。

④轨距偏差不含构造轨距加宽值,尖轨尖处轨距作业验收的容许偏差管理值为 ±1 mm。

⑤段管线、岔线道岔按其他站线道岔办理。

普速铁路中曲线正矢容许偏差管理值普速铁路包括作业验收、计划维修两个等级;高速铁路包括作业验收、经常保养、临时补修三个等级。

普速铁路——曲线正矢作业验收容许偏差管理值见表 4-11。

表 4-11 曲线正矢作业验收容许偏差管理值

曲线半径 R/m		缓和曲线的正矢与计算正矢差/mm	圆曲线正矢连续差/mm	圆曲线正矢最大最小值差/mm
$R \leqslant 250$		6	12	18
$250 < R \leqslant 350$		5	10	15
$350 < R \leqslant 450$		4	8	12
$450 < R \leqslant 480$		3	6	9
$R > 800$	$v_{max} \leqslant 120$ km/m	3	6	9
	$v_{max} > 120$ km/m	2	4	6

注：曲线正矢用 20 m 弦在钢轨踏面下 16 mm 处测量。

轨道的几何尺寸容许偏差管理值是按行车速度、线路类别和维修作业类别来确定的。

其中维修作业类别中，作业验收管理值为线路设备大修、计划维修和临时补修作业的质量检查标准；计划维修管理值为安排轨道维修计划的质量管理标准；临时补修管理值为应及时进行轨道整修的质量控制标准；限速管理值为保证列车运行平稳性和舒适性，需立即限速并进行整修的质量控制标准；封锁管理值为保证列车运行平稳性，需立即封锁并进行整修的质量控制标准。其他内容参照相关规章。

4.5.2 轨道几何状态静态评价标准运用

1. 勾划超限及完善记录

(1)线路手工静态检测记录簿中超限处所的勾划，必须严格按照《普速铁路线路修理规则》(TG/GW 102—2019)的规定标准进行。轨距、水平超限处用红色的"√"勾划在超限数字的下方，三角坑用红色的"△"标在两数字间下方。轨向、高低不良处所，伤损钢轨、夹板和焊缝的伤损情况也需记录在"紧急工作量及其他"栏中。

(2)记录每页要填写里程(股道)、曲线半径、加宽、超高、轨号及检查日期等项目。曲线要素(ZH、HY、YH、HZ 或 ZY、YZ)标在对应轨号左上角。

(3)站线应在每股道的每页上方标明站线类别(有曲线时也应标明曲线要素)。

(4)正线每千米或站线每股道要有小计，每旬(次)要有合计，并统计出检查的长度，超限处数及最大超限程度。如：检查××km，轨距超限××处，最大超限××mm，最小超限××mm；水平超限××处，最大超限××mm；三角坑超限××处，最大超限××mm。

(5)钢轨爬行，无缝线路发现观测桩处累计位移量大于 10 mm 时(不含长轨条两端观测桩)应及时上报工务段查明原因，采取相应措施。对普通线路爬行情况，爬行量大于 20 mm 时，应安排整正。

2. 在线路检查记录簿中勾划轨距、水平超限

表 4-12 所示为线路手工静态检测的记录簿，该线路速度为 150 km/h 正线。请在表中进行超限勾划。

表 4-12　线路检查记录簿

正线________km 至________km　站道________股道　曲线半径________m　超高________mm　顺坡率________%

	检查项目	钢轨编号											
		19				20				21			
		接头		中间		接头		中间		接头		中间	
检查日期	轨距	8 √	5	−2	2	4	−6 √	2	0	3	4	7 √	5
	水平、三角坑	2	0	14 √	3	0	−2	12 √	0	2	6	4	0
	轨向、高低及其他	Δ14 轨向 1 处 7 mm,高低 1 处 7 mm											
	临修日期及内容												

因为 $v \leqslant 160$ km/h,查线路轨道静态几何尺寸不平顺容许偏差管理值表可知轨距的计划维修标准为 +6 mm、−4 mm,超过此范围为超限,用符号"√"勾划出超限处所。在表 4-12 中轨矩一栏超限的有 8、−6、7。

水平的计划维修标准为 6 mm,超限用符号"√"勾划出超限处所。在表 4-12 中水平一栏超限的有 14、12。

三角坑在直线上计划维修标准为 6 mm,超限用符号"△"勾划出超限处所。见三角坑勾划。

线路轨向、高低的计划维修标准均为 6 mm,超限记录在轨向、高低及其他栏中。

3. 在线路检查记录簿中勾划三角坑超限

1)查找三角坑、计算三角坑值

因为三角坑是通过水平值计算得出,所以在线路检查记录簿记录时,水平与三角坑是书写在同一栏中的。三角坑是以线路一定范围内 18 m,相邻两点或三点的水平正负偏差值代数差的绝对值来表示的。

视频

轨道静态检测的质量评价2

下列所有事例中,均为 $v = 150$ km/h 的正线。因为 $v \leqslant 160$ km/h,查线路轨道静态几何尺寸不平顺容许偏差管理值表可知,轨距的计划维修标准为 +6 mm、−4 mm,水平的计划维修标准为 6 mm,三角坑直线地段计划维修标准为 6 mm,超过此范围为超限。

(1)三角坑的查找计算范围为 18 m,超过 18 m 不用查找计算三角坑。(检查三角坑时的基长,采用轨道检查仪时为 3 m,采用轨距尺时为 6.25 m)。

例 1:表 4-13 所示为线路静态检查记录簿,请在表中进行超限勾划。

表 4-13　线路检查记录簿

正线________km 至________km　站道________股道　曲线半径________m　超高________mm　顺坡率________%

	检查项目	钢轨编号											
		19				20				21			
		接头		中间		接头		中间		接头		中间	
检查日期	轨距	8 √	5	−2	2	4	−6 √	2	0	3	4	7 √	5
	水平、三角坑	−2	0	0	14 √	0	2	12 √	0	2	6	4	0
	轨向、高低及其他	轨向 1 处 7 mm,高低 1 处 7 mm											
	临修日期及内容												

用轨距尺对钢轨进行静态检测时，检查出19号钢轨连续四点水平偏差为：-2、0、0、14。因为轨距尺基长为6.25 m，所以水平偏差值-2与14之间的距离为6.25 m+6.25 m+6.25 m=18.25 m，距离大于18 m，不需要勾划三角坑，只勾划水平超限。

(2)水平存在正负偏差值，才有三角坑。

在18 m范围内，水平偏差为同符号（同为"+"值或同为"-"值）或零时，不存在三角坑，只勾划水平超限。

例2：表4-14所示为线路静态检查记录簿，请在表中进行超限勾划。

表4-14　线路检查记录簿

正线________km至________km　站道________股道　曲线半径________m　超高________mm　顺坡率________%

	检查项目	钢轨编号											
		19				20				21			
		接头		中间		接头		中间		接头		中间	
检查日期	轨距	8 √	5	-2	2	4	-6 √	2	0	3	4	7 √	5
	水平、三角坑	2	10 √	4	0	0	6	2	0	1	6	4	0
	轨向、高低及其他	轨向1处7 mm，高低1处7 mm											
	临修日期及内容												

用轨距尺对钢轨进行静态检测时，检查出19号钢轨连续四点水平偏差为：+2、+10、+4、0，因为同符号或零间不存在三角坑，所以只对水平偏差值为+10的一处进行水平超限的勾划。

在18 m范围内，水平偏差值呈正负相反符号构成了三角坑，如同时存在水平超限，也应予以勾划。

例3：表4-15所示为线路静态检查记录簿，请在表中进行超限勾划。

表4-15　线路检查记录簿

正线________km至________km　站道________股道　曲线半径________m　超高________mm　顺坡率________%

	检查项目	钢轨编号											
		19				20				21			
		接头		中间		接头		中间		接头		中间	
检查日期	轨距	8 √	5	-2	2	4	-6 √	2	0	3	4	7 √	5
	水平、三角坑	2	10 √	4	0	7 √	-2	0	-1	0	0	4	0
	轨向、高低及其他	Δ9 轨向1处7 mm，高低1处7 mm											
	临修日期及内容												

用轨距尺对钢轨进行静态检测时，检查出20号钢轨连续四点水平偏差为：+7、-2、0、-1，应勾划三角坑，其偏差则为$|+7-(-2)|=9$ mm，同时勾划+7处为水平超限。

(3)三角坑的偏差值为水平正负偏差值的代数差的绝对值。即:三角坑值 = |前水平值 - 后水平值|。

例 4:表 4-16 所示为线路静态检查记录簿,请在表中进行超限勾划。

表 4-16 线路检查记录簿

正线________km 至________km 站道________股道 曲线半径________m 超高________mm 顺坡率________%

	检查项目	钢轨编号											
		19				20				21			
		接头		中间		接头		中间		接头		中间	
检查日期	轨距	8 √	5	-2	2	4	-6 √	2	0	3	4	7 √	5
	水平、三角坑	2	10 √	4	0	7 √	-2	0	0	-3	0	5	1
	轨向、高低及其他					Δ9		轨向 1 处 7 mm,高低 1 处 7 mm			Δ8		
	临修日期及内容												

用轨距尺对钢轨进行静态检测时,检查出 21 号钢轨连续四点水平偏差为:-3、0、+5、1,水平偏差 -3 与 +5 仍在 18 m 范围内,构成三角坑,三角坑偏差值为| -3 - (+5)| =8 mm。

(4)有的水平偏差,构成同向双三角坑,同向双三角坑只统计为一处三角坑,此时勾划三角坑应划大不划小,划远不划近,如果划大不划小和划远不划近的原则相矛盾时,应以划大不划小的原则为先。

例 5:表 4-17 所示为线路静态检查记录簿,请在表中进行超限勾划。

表 4-17 线路检查记录簿

正线________km 至________km 站道________股道 曲线半径________m 超高________mm 顺坡率________%

	检查项目	钢轨编号											
		19				20				21			
		接头		中间		接头		中间		接头		中间	
检查日期	轨距	8 √	5	-2	2	4	-6 √	2	0	3	4	7 √	5
	水平、三角坑	5	-4	-4	-1	0	-2	0	0	-3	0	5	1
	轨向、高低及其他		Δ9					轨向 1 处 7 mm,高低 1 处 7 mm			Δ8		
	临修日期及内容												

用轨距尺对钢轨进行静态检测时,检查出 19 号钢轨连续四点水平偏差为:+5、-4、-4、-1,则 +5 和 -4(近)、+5 和 -4(远)构成同向双三角坑,这时,按照划远不划近的原则,应勾划 +5 和 -4(远),三角坑偏差值为| +5 - (-4)| =9 mm;

例 6:表 4-18 所示为线路静态检查记录簿,请在表中进行超限勾划。

表 4-18　线路检查记录簿

正线________ km 至________ km　站道________股道　曲线半径________ m　超高________ mm　顺坡率________%

检查日期	检查项目	钢轨编号											
		19				20				21			
		接头		中间		接头		中间		接头		中间	
	轨距	8 √	5	−2	2	4	−6 √	2	0	3	4	7 √	5
	水平、三角坑	5	−5	−4	−1	0	−2	0	0	−3	0	5	1
	轨向、高低及其他	Δ10					轨向 1 处 7 mm,高低 1 处 7 mm				Δ8		
	临修日期及内容												

用轨距尺对钢轨进行静态检测时,检查出 19 号钢轨连续四点水平偏差为:+5、−5、−4、−1,则 +5 和 −5、+5 和 −4 构成同向双三角坑,按照划大不划小的原则,应勾划 +5 和 −5,三角坑偏差值为| +5 −(−5)| = 10 mm。

(5)有的水平偏差,构成交叉双三角坑,应划出双三角坑,按两处三角坑统计,同时存在水平偏差超限,仍应进行勾划和统计。

例 7:表 4-19 所示为线路静态检查记录簿,请在表中进行超限勾划。

表 4-19　线路检查记录簿

正线________ km 至________ km　站道________股道　曲线半径________ m　超高________ mm　顺坡率________%

检查日期	检查项目	钢轨编号											
		19				20				21			
		接头		中间		接头		中间		接头		中间	
	轨距	8 √	5	−2	2	4	−6 √	2	0	3	4	7 √	5
	水平、三角坑	5	4	−6	−7	0	−2	0	0	−3	0	5	1
	轨向、高低及其他	Δ11		Δ11			轨向 1 处 7 mm,高低 1 处 7 mm				Δ8		
	临修日期及内容												

用轨距尺对钢轨进行静态检测时,检查出 19 号钢轨连续四点水平偏差为:+5、+4、−6、−7,当日作业质量回检,+5 和 −6、+4 和 −7 构成交叉双三角坑,应分别予以勾划,三角坑偏差值为| +5 −(−6)| = 11 mm,| +4 −(−7)| = 11 mm,统计为两处三角坑超限,并勾划水平偏差 −7 一处超限。

(6)三角坑偏差不含曲线超高顺坡造成的扭曲量,在检查直线与曲线连接地段时,面向线路计算里程终端方向,如直线前面连接的曲线为左向曲线,检查及记录上均显示水平偏差符号相同,但事实上已构成三角坑。

例 8:如图 4-2 所示,在 ZH(ZY)处,前后 18 m 范围内,连续三点水平偏差为:+7(直线)、+6(曲线)、

+4(曲线),前水平差 +7 位于直线上,水平符号为左股-右股,“+”表示左轨比右股高 7 mm,后水平差 +6 和 +4 位于曲线上,水平符号为外股-超高值-内股,“+”表示去掉超高后,外股比内股高 +6 mm 和 +4 mm。因为曲线是左转曲线,外股钢轨同时又是右股钢轨。曲线右股比左股高 +6 mm 和 +4 mm,由此可知直线上左股高,曲线上右股高,构成了三角坑。

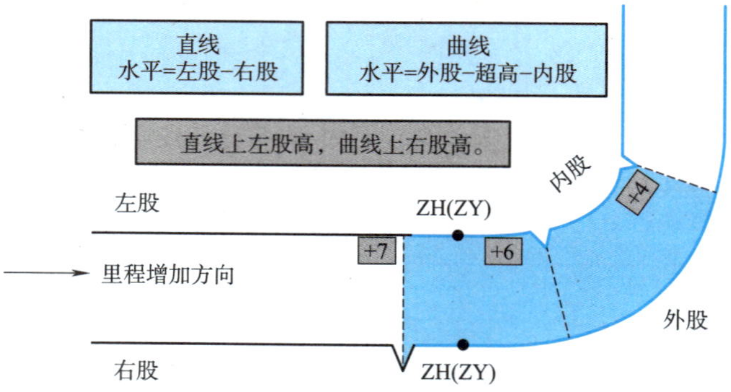

图 4-2　直线与曲线连接地段示意图

由于基本股选择的不同,虽然水平偏差符号相同,但已经构成三角坑。这种情况应注意勾划,防止三角坑的漏勾,同时在基本股选择变化处(ZH 或 ZY)以符号注明。

2)勾划三角坑超限

首先在线路检查记录簿中查找三角坑,如存在则计算其三角坑值。其次将计算三角坑值与三角坑容许偏差管理值作比较,大于容许偏差管理值为超限,需要用红色“Δ”勾划超限。

例 9:表 4-20 所示为线路静态检查记录簿,请在表中进行超限勾划。

表 4-20　线路检查记录簿

正线________km 至________km　站道________股道　曲线半径________m　超高________mm　顺坡率________%

检查日期	检查项目	钢轨编号											
		19				20				21			
		接头		中间		接头		中间		接头		中间	
	轨距	8 √	5	−2	2	4	−6 √	2	0	3	4	7 √	5
	水平、三角坑	5	4	−6	−1	0	−2	0	0	3	0	5	1
	轨向、高低及其他	Δ11 轨向 1 处 7 mm,高低 1 处 7 mm											
	临修日期及内容												

用轨距尺对钢轨进行静态检测时,检查出 19 号钢轨连续四点水平偏差为:+5、+4、−6、−1,当日作业质量回检,+5 和 −6、+4 和 −1 构成交叉双三角坑,应分别予以勾划,三角坑偏差值为|+5−(−6)|=11 mm,|+4−(−1)|=5 mm,统计为两处三角坑。第二处三角坑值为 5 mm＜容许偏差 6 mm,所以第二处超限无须勾划。

项目五

线路动态检测

动态检测是在列车车轮荷载作用下通过添乘仪(包括人工添乘)、车载式线路检查仪、轨道检查车(包括高速综合检测列车)等设备对线路几何状态和力学指标等进行的系统检测,用以反映轨道状态,分析轨道病害。为线路大、中维修提供了科学依据。

其中高速综合检测列车和轨道检查车检查项目齐全,可对轨道几何形位、行车平稳性和轮轨作用力等进行检测,结果准确,是线路动态检查的主要设备。其他检查仪的检查项目有限,仅可对行车平稳性进行检测,它们只能是对高速综合检测列车和轨道检查车的补充,在轨道检查车检查周期的空隙时间,对线路进行补充检查,以便对线路状态进行实时监控,确保列车运行的安全。

学习目标

1. 认识轨检车的发展过程。
2. 理解添乘仪、车载式线路检查仪、轨检车、高速综合检测列车的原理。
3. 掌握仪器使用与动态检测的质量评价。

任务一　添乘仪检测

线路检查仪分为机车车载式线路检查仪(即晃车仪)和便携式线路检查仪(即添乘仪)。其检测项目均为车体水平加速度、车体垂直加速度、线路里程和行车速度。

视频

添乘仪

便携式添乘仪是添乘机车车辆时对线路状况进行检测的智能仪器。它通过对车体振动数据的实时采集、记录和运算,量化判断线路状况,可用 GPS 识别线路、定位里程,也可通过蓝牙从车载式线路检查仪获取机车运行数据,进行线路识别和里程定位,目前一般都使用 GPS,自动记录晃车的准确里程和病害程度。检测数据可导出应用,利用计算机对数据查询、统计、分析。设备体积小,便于携带。下面以山西世恒出产的 SY-5 便携式线路检查仪为例进行讲解。

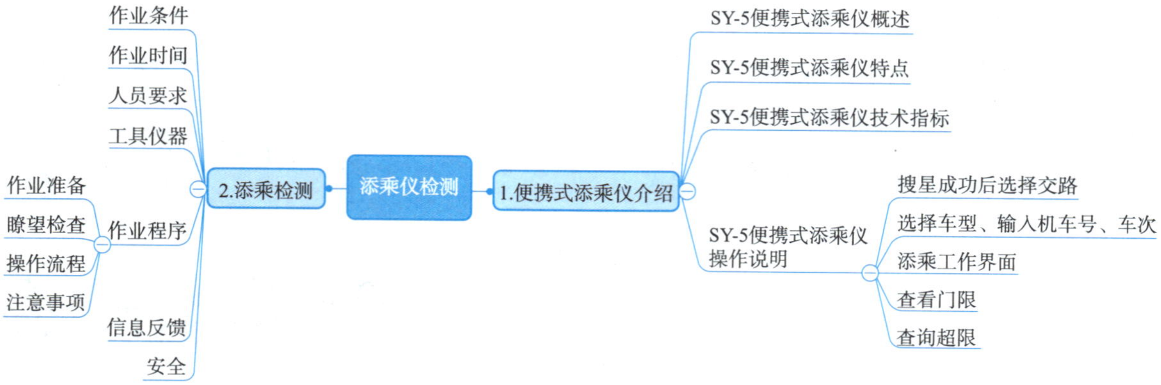

观察与思考

添乘仪的功能有哪些？SY-5便携式添乘仪有哪些特点？如何进行添乘检查？在添乘检查过程中对添乘人员有哪些要求？添乘检查过程中有哪些注意事项？接下来就对此内容进行学习。

5.1.1 便携式添乘仪介绍

1. SY-5便携式添乘仪概述

SY-5型是对SY-3型和SY-4型进行技术升级改造的便携式线路检查仪，如图5-1所示。在原有功能的基础上，提高线路动态监测的准确性、一致性。系统利用蓝牙通讯微网实现了与车载式线路检查仪的数据共享，解决了隧道内的定位问题，同时为系统进一步升级，组合PDA、遥控器使用，实现单人添乘、多人添乘、设备添乘与人工添乘相结合。SY-5采用新型传感器、GPS模块及运算能力超强的DSP处理器，引入FFT和小波算法，使监测数据及病害定位更准确，更能真实反映线路的情况，为指导工务线路维修提供科学依据。

图5-1 SY-5便携式添乘仪

GPS(Global Positioning System，全球定位系统)是一种以人造地球卫星为基础的高精度无线电导航的定位系统，它在全球任何地方以及近地空间都能够提供准确的地理位置、车行速度及精确的时间信息。GPS自问世以来，就以其高精度、全天候、全球覆盖、方便灵活吸引了众多用户。GPS的基本定位原理：卫星不间断地发送自身的星历参数和时间信息，用户接收到这些信息后，经过计算求出接收机的三维位置、三维方向、运动速度和时间信息，全球定位系统能为用户提供连续的、实时的三维位置、三维速度，而且不受天气的影响。

2. SY-5便携式添乘仪特点

(1)动态监测线路状况，反馈水平加速度、垂直加速度大小。

(2)GPS 准确定位,自动识别线路、行别及管界信息。自动校正里程误差。

(3)根据车型、速度,自动选择晃车门限。超限数据实时报警并打印。

(4)智能处理曲线、道岔、桥隧等特殊路段,监测结果更准确。

(5)大容量数据存储。微机 USB 接口,高速海量数据传输。

(6)数据查询:提供按交路的方式查询。波形显示:实时显示振动波形及速度里程。

(7)中文、背光液晶显示。菜单式操作、界面友好。

(8)微型热敏打印,快速、低功耗。

(9)工作时间不小于 15 h。体积小、质量小,便于携带。

(10)蓝牙通信,与车载式线路检查仪实现资源共享。

3. SY-5 便携式添乘仪技术指标

SY-5 便携式添乘仪技术指标见表 5-1。

表 5-1 SY-5 便携式添乘仪技术指标

参数类型	技术参数
量程	20 m/s^2
测量精度	0.1 m/s^2
非线性	<1%
横向效应	<2%
采样频率	2 000 Hz
频率响应	0.3~20 Hz
加速度数据分析范围	0.3-20 Hz;该范围内传递特性为 1±10%
连续工作时间	15 h
蓝牙传输距离	50 m,数据加密
GPS 定位精度	<30 m
存储容量	64 MB
电源	DC(7.4±0.005) V
充电时间	12 h
工作温度	0~70 ℃
存储温度	-40 ℃~+85 ℃
外形尺寸	200 mm×120 mm×45 mm
质量	≤1 000 g

4. SY-5 便携式添乘仪操作说明

1)搜星成功后选择交路

列车交路,又称机车牵引交路,是指列车担当运输任务的固定周转区段,即列车从起始站至终端折返站之间往返运行的线路区段。交路方案决定了列车运行的区段长度、折返车站以及按不同交路运行的列车开行对数等,是行车计划确定的基础。

在检测工程中,对便携式线路检查仪中已保存的交路进行添乘时选择已有交路,如图 5-2(a)所示。

对未保存的交路进行添乘时，选择新线路，如图 5-2(b)所示，不要直接进行添乘，进行打点工作后，再对线路进行添乘。直接对新线路进行添乘，由于没有该交路的 GPS 坐标数据，仪器无法自动校正里程信息，因此，添乘时需要添乘人手动校正里程数据，方可对超限处所进行较准确的定位。打点(即采标)工作须在添乘仪已接收到卫星信号的情况下才能进行，在采标时，应保证当公里标与 GPS 接收天线行至同一位置时采标，以减少采标点与公里标的误差。

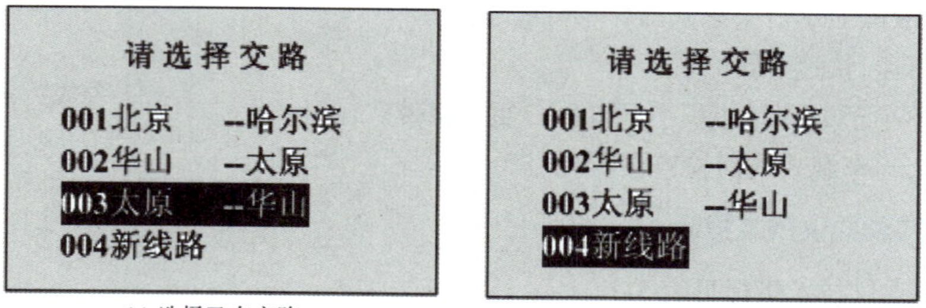

(a) 选择已有交路　　(b) 选择新线路

图 5-2　选择交路界面

2)选择车型、输入机车号、车次

车型选择界面如图 5-3 所示，输入车次界面下开启的字母键盘如图 5-4 所示。

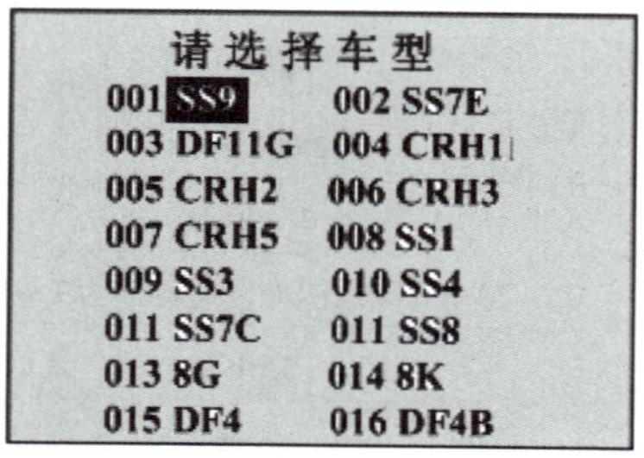

图 5-3　车型选择界面

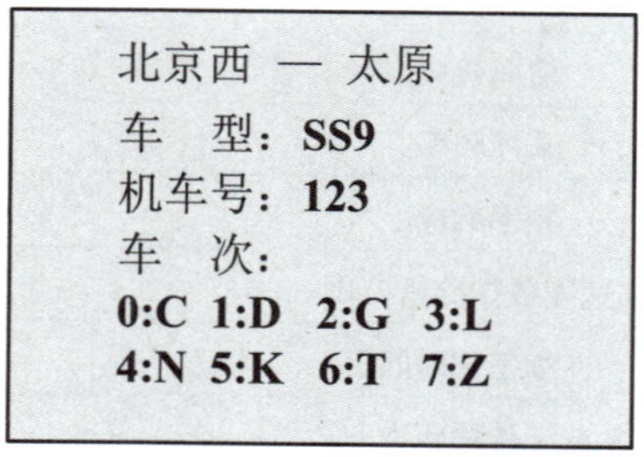

图 5-4　输入车次界面下开启字母键盘

3)添乘工作界面

添乘工作界面如图 5-5 所示。界面显示内容详见表 5-2。

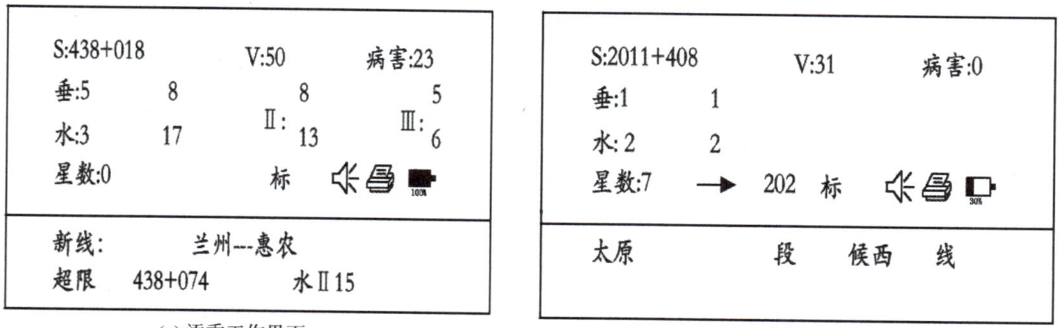

(a) 添乘工作界面　　(b) 识别管界后界面

图 5-5　添乘工作界面

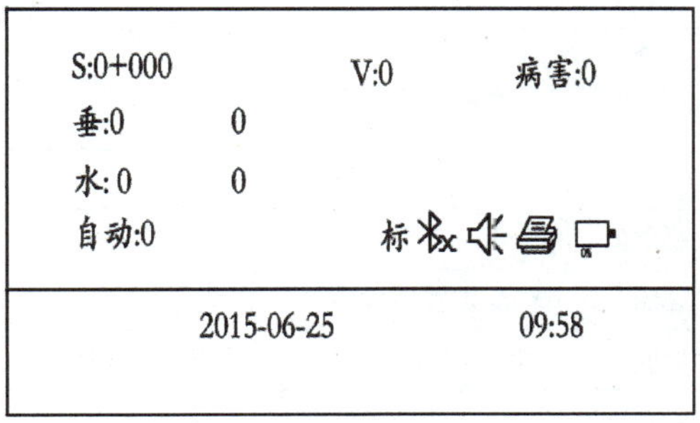

(c) 时间显示界面

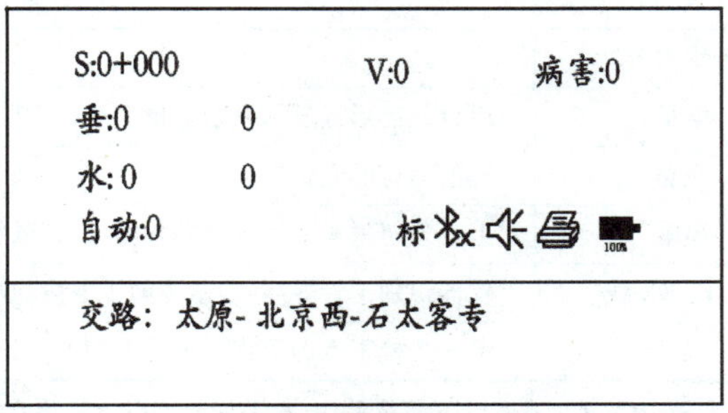

(d) 交路添乘显示界面

图 5-5 添乘工作界面(续)

表 5-2 添乘工作界面显示内容及其含义

显示内容	含 义	
S	当前机车运行里程(如 438 +018,即 438.018 km)	
V	当前机车运行速度(单位:km/h)	
病害	截止当前时间,本次添乘出现的病害数量	
垂	第一个数字:机车晃动实时垂直加速度(“5”表示 0.05 g)	第二个数字:截止当前时间,本次添乘的最大垂直加速度(“8”表示 0.08 g)
水	第一个数字:机车晃动实时水平加速度(“3”表示 0.03 g)	第二个数字:截止当前时间,本次添乘的最大水平加速度。(“17”表示 0.17 g)
Ⅱ	上:当前所添乘机车的垂直加速度Ⅱ级超限数量 下:当前所添乘机车的水平加速度Ⅱ级超限数量	
Ⅲ	上:当前所添乘机车的垂直加速度Ⅲ级超限数量 下:当前所添乘机车的水平加速度Ⅲ级超限数量	
自动	当前使用蓝牙和 GPS 协同定位	
星数	当前仅使用 GPS 定位,GPS 模块可用的卫星数量	
蓝牙	当前仅使用蓝牙定位	
标/内/精	根据机车状况,快速调整机车系数,在“菜单/机车系数设置”界面下调整其对应的机车系数。按 1 号键可切换标、内、精	
蓝牙	:蓝牙连接正常,通过蓝牙获取机车里程。屏幕显示“蓝牙 L”	
	:开启蓝牙,但蓝牙断开。屏幕显示“蓝牙 D”	
	使用 GPS,不使用蓝牙时,蓝牙位置显示星数	
声音	:有按键音、报警音	
	:关闭按键音、报警音	
打印	:打印 3 级超限	
	:打印 2、3 级超限	

续上表

显示内容	含　义
电量	以百分比形式显示剩余电量
交路	当前运行的交路信息
超限	上一条超限所在里程及超限类型、超限级别、超限值
XX 段 XX 线	仪器识别了管界后,显示当前工务段、线名。见图 5-5(b)“识别管界后界面”
→数字	下一个校正点的里程。见图 5-5(b)“识别管界后界面”,如“→202”表示下一个校正点是 202 km

注:表格中垂直加速度以下简称垂加,水平加速度以下简称水加。

4)查看门限

门限值与车型、速度有关,选择门限可控制打印数据的多少。当检测的加速度值达到设定的门限时,打印机就实时打印输出,如图 5-6 所示。在菜单列表界面下,选择“查看门限”,按“确认”键,进入“选择车型界面”。每个车型对应一组门限,选择车型后按“确认”键,显示该车型的门限表。例如,车型选择“CRH2”,则打开 CRH2 的门限表,如图 5-7 所示。

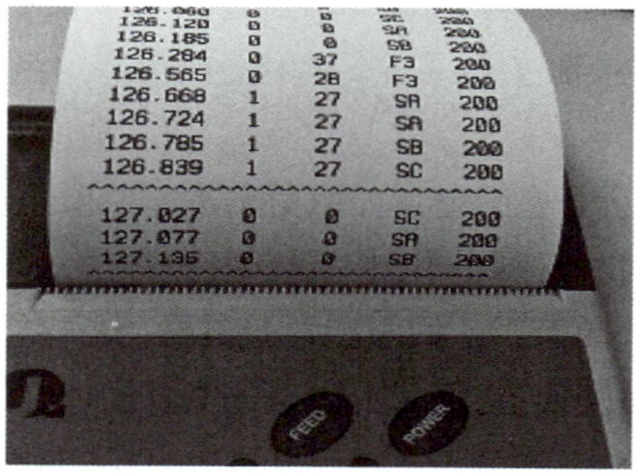

图 5-6　打印机

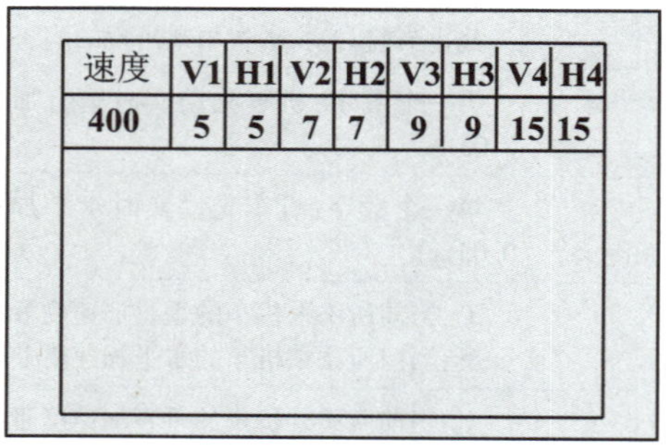

速度	V1	H1	V2	H2	V3	H3	V4	H4
400	5	5	7	7	9	9	15	15

图 5-7　CRH2 门限表

V1、H1:分别对应垂加和水加的一级门限;

V2、H2:分别对应垂加和水加的二级门限;

V3、H3:分别对应垂加和水加的三级门限;

V4、H4:分别对应垂加和水加的四级门限;

速度:该车型该行门限对应的速度区间,400(0～400)。

门限只能查看,如需修改可通过上位机软件修改后重新下发至仪器,也可在仪器的“主界面/参数设置”中进行修改。

5)查询超限

在主界面下,选择“查询超限”,按“确认”键,进入“超限级别选择”界面,如图 5-8 所示。

三级查询:查询所有三级和三级以上的超限数据;

二三级查询:查询所有二级和二级以上的超限数据。

相关界面如图 5-9 所示。

超限数据表内容解读:超限数据表中的“级别”为两位数字,分别表示垂加和水加级别。如“32”,表示垂加为 3 级,水加为 2 级。级别中字母“F”代表 0 级。

图 5-8 超限级别选择界面

太原段		南同蒲线		下
里程	速度	垂加	水加	级别
380+018	80	43	12	32
385+323	96	40	33	33
388+440	112	16	0	2F
396+544	115	0	32	F3
401+233	115	12	15	22

图 5-9 超限数据表

5.1.2 添乘检测

1. 作业条件

不受天窗时间限制。

2. 作业时间

根据添乘车次、添乘长度确定。

3. 人员要求

人员配置，岗位要求，经段级单位培训并考试合格符合添乘要求人员。添乘人员 1 人及以上。

4. 工具仪器

检查记录本，视频记录设备、添乘仪。

5. 作业程序

1）作业准备

出示证件，询问、记录司机姓名、机车型号、车次，安设仪器。

2）瞭望检查

集中精力瞭望和观测仪器；做好记录：区间、里程、问题、涉及人员、简要原因；危及行车安全或严重问题立即通知相关单位进行处理。遇突发事件，及时传递信息，协助乘务人员，在职责范围内处理问题。

3）操作流程

仪器平稳放好→连接 GPS 天线，然后把磁性天线头吸附在车外面（推荐）或驾驶室前窗的位置→连接打印机→长按开关启动检查仪→开启打印机→按“确认”键进入 GPS 搜星→搜星成功选择交路，搜星失败则按“退出”键选择交路→按“确认”键→选择车型“确认”→输入机车号“确认”→输入车次号“确认”→进入工作界面。

需要查询数据时，在主界面选择“查询超限”→选择查询级别“确认”→选择是否打印→按上下键查看超限数据，正在进行添乘时需退出至主界面选择查询超限，进行数据查询。

4）注意事项

（1）上车后，仪器平稳放置在驾驶台，与机车运行方向一致，确保在列车启动、制动和正常运行情况下不与车体产生相对运动。

(2)机车运行过程中进行操作,不得将仪器挪动或拿起,否则监测数据无效。

(3)由于机车内 GPS 信号强度较弱,要提前启动仪器,完成 GPS 搜星、定位工作。建议 GPS 天线放置车内开阔处(不可有物体遮挡),卫星星数多在 4 以上时,方可以正常使用。严禁带电插拔 GPS 天线接头,连接打印机,必须在仪器关机的状态下进行,严禁热插拔。

(4)仪器每年必须返厂标定,且标定时间间隔不得超过一年。

(5)添乘结束后关闭仪器,节约电池电量。

6. 信息反馈

(1)工务段轨道动态管理人员添乘检查线路后应及时将检查资料进行整理、分析,掌握管内线路设备状态,指导本单位线路设备维修。

(2)对检查出的Ⅲ、Ⅳ级偏差,各工务段应比照机车车载式线路检查仪的偏差分析、处理规定及时通知所属线路车间、工区进行检查、消灭。各工务段调度负责建档和监督消灭。对检查出的Ⅱ级偏差,轨道动态管理人员要按各线路车间管界进行分类统计列表,下发公里反量至各线路车间、工区,帮助指导线路车间、工区充分利用综合维修天窗有计划地进行线路设备整修。

(3)人工添乘。人工添乘检查是对仪器添乘检查的必要补充。添乘人员要将添乘资料报告单位调度。添乘发现的晃车处所比照动态添乘仪的偏差管理及时消灭。

7. 安全

(1)检测仪器未正确安置,造成数据不准。

(2)添乘过程中影响司机正常操作,不遵守驾驶室规定。

(3)在机车上随意乱碰机车部件触电,造成人员伤害。

任务二　车载式线路检查仪检测

机车车载式线路检查仪是通过固定在机车车体上加速度传感器采集在机车运行过程中车体垂向、横向振动加速度值及超限地点,通过无线数传模块将数据传送到便携式计算机,通过 GSM 将Ⅱ、Ⅲ级超限病害信息发送到地面接收单元或相关人员手机上,以便工务人员实时掌握线路不良地点。也可以通过数据转储器把线路数据转储到地面微机,由数据处理软件利用计算机对数据查询、统计、分析。

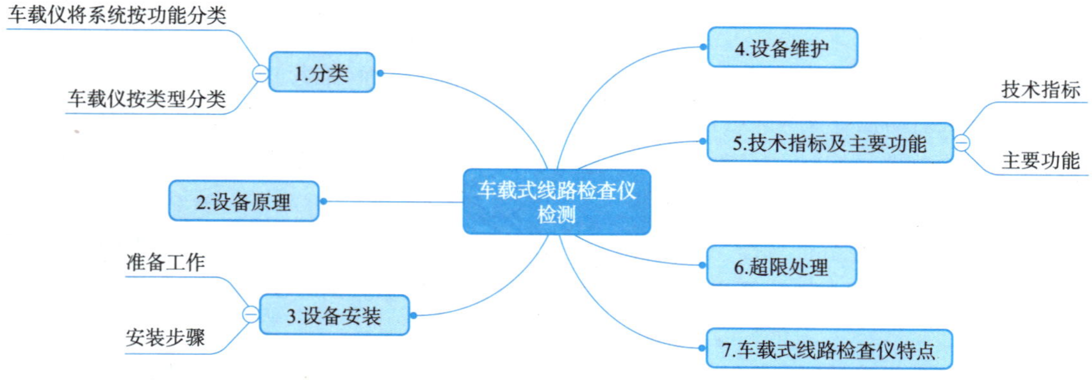

观察与思考

机车车载式线路检查仪的原理是什么？机车车载式线路检查仪是如何安装的？机车车载式线路检查仪是不同超限是如何处理的？机车车载式线路检查仪是如何进行设备维护的？接下来就对此内容进行学习。

车载式线路检查仪（又称晃车仪或车载仪）是安装在机车上对线路进行动态检查，实现检测数据无线传输的新型设备。在机车运行中，该设备可以连续采集、记录所通过线路状态的有关数据，无线传输至地面接收系统以及相关人员手机，以指导工务线路维修、及时消除线路严重超限处所，确保行车安全。

5.2.1 分类

视频

车载式线路检查仪

1. 车载仪将系统按功能分类

（1）数据采集处理传输系统：包括传感器、传感器连接线、主板（主板为TAX2箱插件），如图5-10和图5-11所示。

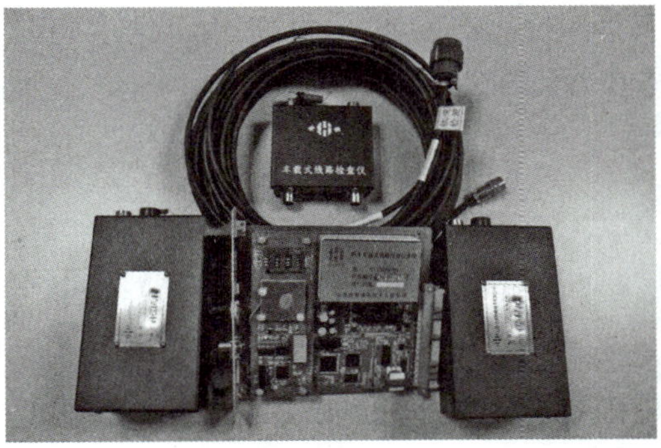

图5-10 机车车载式线路检查仪

图5-11 TAX2机箱

（2）线路动态检测地面处理系统：便携式计算机、地面接收装置、相关人员手机、机车报警装置等。

2. 车载仪按类型分类

（1）CGDJ-Ⅲ机车车载式线路检查仪：适用于运行速度不大于250 km/h的机车或动车组。

（2）HGDJ-Ⅲ动车组车载式线路检查仪：适用于运行速度大于250 km/h的高速动车组。

5.2.2 设备原理

车载式线路检查仪随机车或动车组运行，利用嵌入式智能传感器获得机车运行过程中水平、垂直方向振动信号，经高精度仪用放大器、A/D转换、数字信号滤波，运算处理得到有用信号。将该有用信号经主控单元，与机车安全信息综合检测装置（TAX2）或列控设备动态监测系统（DMS）中的日期、时间、机车号、车次、里程、速度、线路编号等信息综合生成一个能够反映轨道状态的综合数据信息包，并无线传输到用户端，如便携式计算机、地面接收装置、相关人员手机、机车报警装置等。

车载式线路检查仪检测原理如图5-12所示。

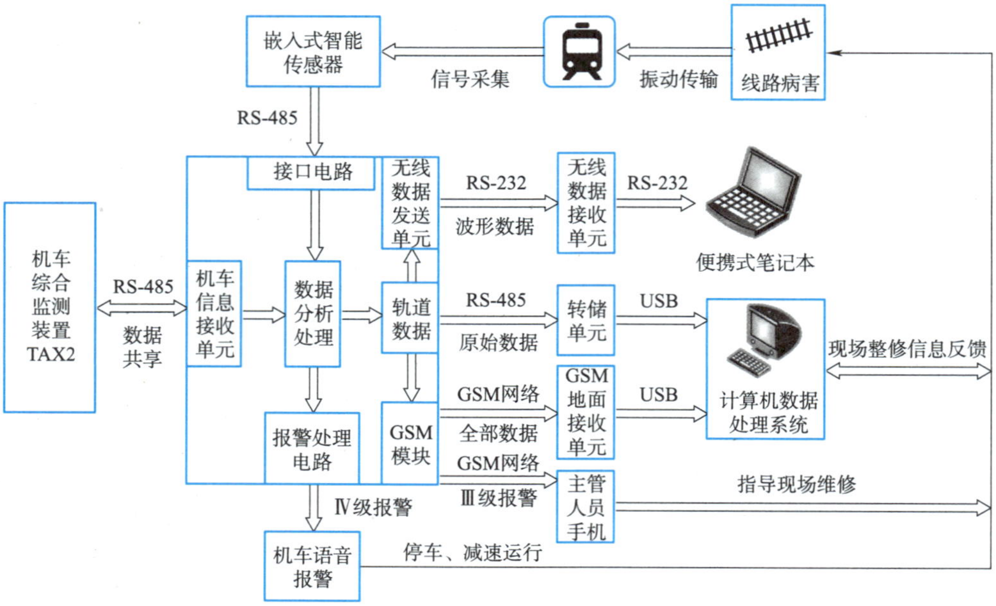

图 5-12　车载式线路检查仪检测原理

5.2.3　设备安装

1. 准备工作

(1)提前联系确定好要安装的机车号、清点安装时的设备及工具,安装3型设备时提前将本机号写入。

(2)办理好相关登乘作业手续,以免上车后不能安装设备。

2. 安装步骤

1)记录设备编号

安装前将各设备编号(车型、机车号、手机卡号、主板编号、传感器编号、连接线编号、蓝牙模块编号、各设备程序版本号)记录下来,安装完后更新设备台账表。

2)安装主板

铁路上现有的车型分内燃机车、电力机车、动车组。

安装前须先切断机车电源,线路检测单元主板在TAX2机箱内的安装位置如图5-13所示,将线路检测主板插入“通信记录单元”右侧的“线路检测”插槽内,拧紧上、下两个固定螺钉。

3)安装加速度传感器

传感器安放在位于转向架上方的车体上,如图5-14(a)所示。加速度传感器应安装在机车二系减振装置以上车体刚性较好的部位,位于转向架上方的车体上。在安装时,传感器均应水平放置,倾斜度以不大于5°为宜,传感器长轴方向与机车长轴方向垂直,偏差以不大于5°为宜,如图5-14(b)所示。传感器下方无杂物,传感器吸附到地板上要牢固,且不能紧贴可动物体。

传感器连线,将传感器连线一端与传感器插座相连(将插头的大缺口向上插入插座并向右拧紧插头环),另一端连接TAX2机箱的X3“轨道检测”插座,如图5-15所示。当传感器机箱安装在车体外的车体

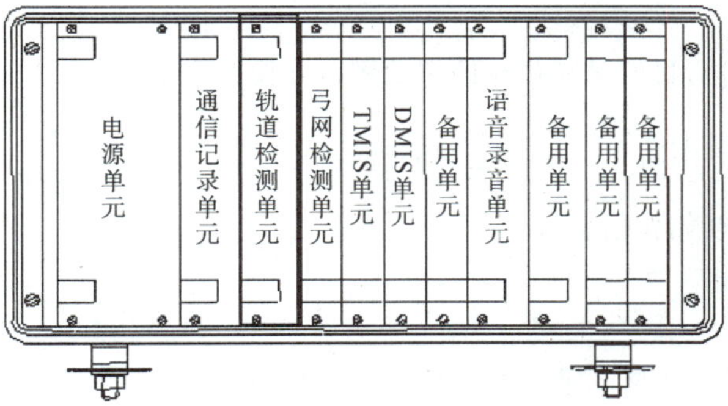

图 5-13　TAX2 型监测装置前面板布置示意图

底架上时，电缆穿过车体时要用穿线管套上以防磨损。将车体外的电缆线用线扣紧固在与车体相连的线架或管路上，以免需要吊起车体检修时损坏电缆。

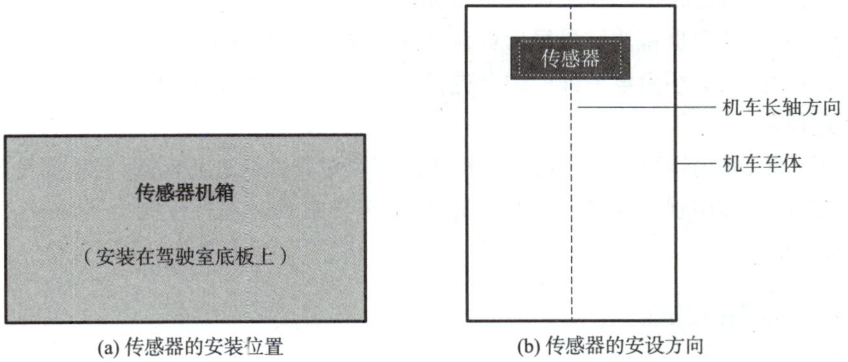

图 5-14　传感器的安装

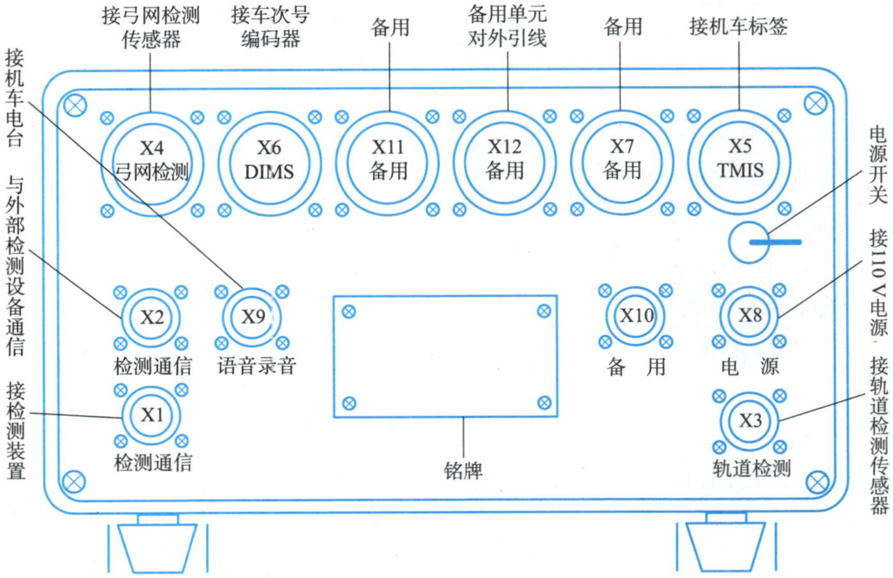

图 5-15　TAX2 型监测装置背板插座分布示意

4)安装蓝牙

百米蓝牙要求安装到机车电器间 TAX2 机箱旁边,目的是在机车两端使用蓝牙便携添乘时均可以收到百米蓝牙信号。

5)系统自检

安装完毕后通过主板指示灯观察是否已接收完初始化信息。

5.2.4 设备维护

车载仪的拆装、维修保养、参数调整、数据转发及接收终端维护由局站场调速技术研究所负责,并与使用单位、机务段、电务段签订维护协议。

车载仪的安装、调试完成后,即纳入电务段(TAX 箱车载部分)和工务段(接收终端)设备管理,地面接收终端的安设位置必须固定,并有专人负责管理。

为确保车载仪正常使用,由局站场调速技术研究所每月对其使用情况进行巡检,并填写检查记录,发现异常及时进行维修,每月分析汇总车载仪使用和各线覆盖情况,报局工务处。局工务处每半年组织有关单位对该系统全面检测,并根据检测结果提出更新修理意见,由路局在年度计划中安排解决。站场调速技术研究所对车载仪检修时,必须由电务部门配合进行检修,修复后,由站场调速技术研究所、电务部门共同确认恢复设备正常使用。

车载仪使用超 5 年,站场调速技术研究所组织生产厂家对其性能进行检测,经检测性能良好可适当延长使用寿命,并在使用过程中观测检查数据变化情况,发现异常及时进行性能检测,经检测性能不良报局工务处进行报废处理。

5.2.5 技术指标及主要功能

1. 技术指标

车载式线路检查仪主要技术指标见表 5-3。

表 5-3 车载式线路检查仪技术指标

参数类型	技术参数
速度范围/(km/h)	0 ~ 160、0 ~ 350
加速度监测范围/g	±0.1
频率响应范围/Hz	0.2 ~ 10
选存加速度最大间隔/m	2
蓝牙模块通讯距离/m	>10
环境温度/℃	-30 ~ +75

2. 主要功能

(1)动态实时监测功能:随着机车上线运行,超限报警数据与机车运行数据相结合,准确定位超限处所,如图 5-16 所示。

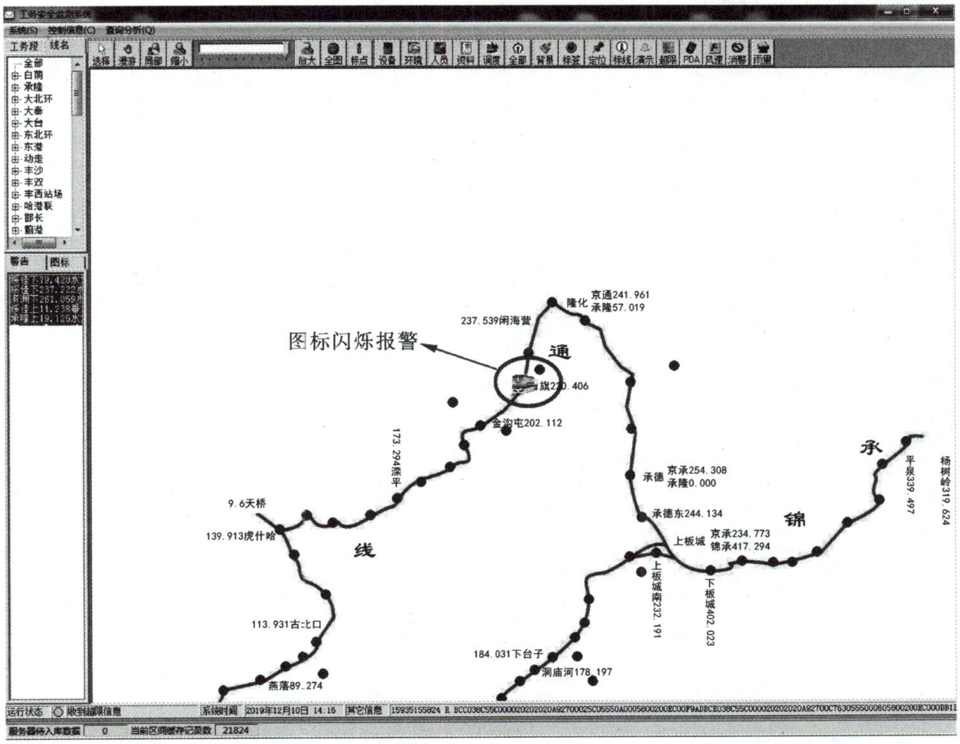

图 5-16　车载数据实时监测

机车运行数据指机车安全信息综合检测装置(TAX2)或列控设备动态监测系统(DMS)中的日期、时间、机车号、车次、里程、速度、线路编号等信息。

(2)超限数据实时传输:利用 GPRS/GSM 无线网络,实时上传超限数据。

(3)语音报警功能:严重超限处所,实时语音报警提示。

(4)报警短信实时发送:实时发送Ⅲ级及以上超限报警信息到相关人员手机,报警短信如图 5-17 所示。

图 5-17　报警短信

(5)数据大容量存储。

(6)实时数据、历史数据查询,如图 5-18 所示。

(7)超限数据综合分析,生成指导线路维修养护的报告文件、图表,清晰直观地反映线路状况,如图 5-19 所示。

(8)数据报告文件打印导出。

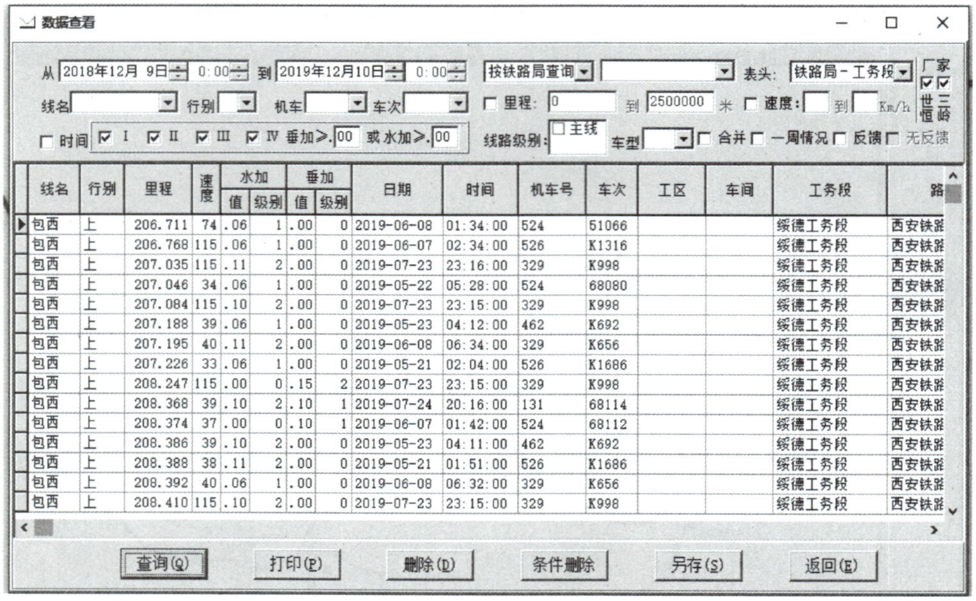

图 5-18　车载病害数据查询

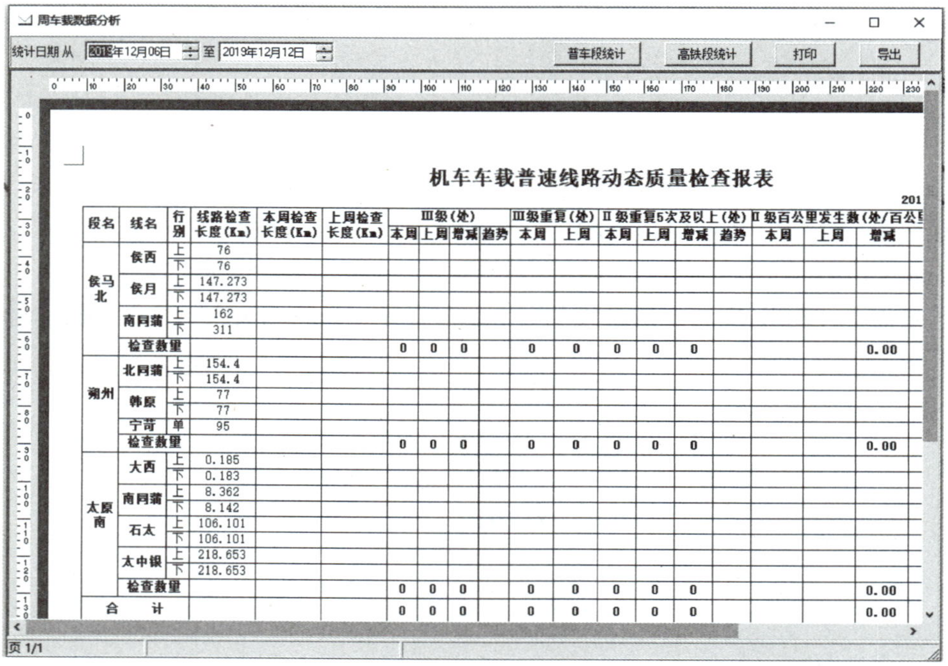

图 5-19　车载数据分析

5.2.6　超限处理

车载仪采集的轨道动态数据分别以文字和数字格式发送，其文字格式实时分级发送至相关人员的手机上，数字格式发送至接收终端。

具体要求：

(1)达到Ⅳ级及以上的信息发送至集团公司工务处处长、主管安全副处长、主管维修副处长、线路科科长、相关工务段段长、安全生产副段长和有关线路车间主任的手机上。

(2)达到Ⅲ级值的信息发送至相关工务段段长、安全生产副段长和车间主任、副主任的手机上。

(3)达到预警值及Ⅲ、Ⅳ级的信息采取实时发送，Ⅱ级信息以定点方式发送至集团公司工务处、集团公司站场调速技术研究所及相关工务段信息终端。

(4)相关人员手机号由工务处和各段向站场调速技术研究所提供，站场调速技术研究所负责设定和转发。

5.2.7 车载式线路检查仪特点

(1)车载式线路检查仪的速度、里程采用机车监控器中的数据，准确性较高；能满足等速检测；每天检测一次或若干次，监测频率高；数据储存便于全面分析线路质量，可转化为各种表格存档和分析。

(2)只能记录晃车里程和程度，不能确定属于什么线路病害；对钢轨波形磨耗、大轨缝反应过度灵敏，对三角坑和大轨距反应不明显；不能判别外来信号的干扰，易将干扰信号判断成晃车；易将列车紧急制动等车辆运行造成的晃车判断为线路病害引起的晃车。

(3)车载动态及添乘仪检测产生的加速度大小与线路上技术状态的优势以及车速密切相关，相同的设备状况，车速越高、产生的加速度值越大，通常是几种病害互相叠加后形成的。

(4)从现场核实情况来看，造成“水加速度”超限的地点主要是钢轨接头及道岔部位，主要病害：①线路方向不良，尤其是接头支嘴、错口、曲线正矢误差较大；②轨距超限或递减率不均匀，接头软硬不均，左右股钢轨交替偏压；③道岔前后接头或基本轨方向不良；④线路、道岔存在三角坑；⑤线路、道岔、曲线各项几何尺度变化率不均匀。

垂直加速度的主要病害：①空吊板，尤其是暗抗的处所；②轨道高低不良，轨面纵向不平顺；③接头高低不良；④道岔的叉心或前后接头空吊板；⑤线路、道岔轨道框架结构不稳定；⑥轨枕扣件及连接零件扭力距不达标。

各种病害往往同时存在，产生水平或垂直加速度。如线路存在连续的小碎弯或小三角坑、高低差，其检测结果就会出现连续的水平加速度或者垂直加速度。另外，机车通过道岔群地段时，也会出现连续的水平或垂直加速度超限，从现场复核情况看，是由于轨向、高低、水平、三角坑、轨距不良引起的，道岔本身的特殊构造影响，如基本轨的弯折点不符合要求，尖轨拱腰与滑床板不密贴，护轨磨耗、方向不顺，尖轨顶铁不合格，辙叉心磨耗都会使车体产生振动加速度。

拓展阅读

TAX2 型机车安全信息综合监测装置

车载系统信息化以来，一些与机车运行有关的辅助安全信息的检测及数据传输设备已相继问世，如轨道动态检测设备、弓网检测设备、无线列调语音录音设备、TMIS 及 DMIS 列车运行信息传输设备等。但这些设备分别由不同的研制单位生产或试制，自成一体，在机车上分散安装，系统性不强，资源浪费大；而且由于没有与列车运行的时间、公里标和速度等信息相结合，又没有一套较好的地面管理系统支持，致使记录的信息可用性差，不便于分析和统一管理。为此，很有必要将这些设备集中化、系统化，并建立统一的工作平台。

1998 年 11 月，在铁道部组织下，由株洲所牵头开始进行机车安全信息综合监测装置（第一代 TAX 装置）的研制，至今已经发展到第二代 TAX2 装置。

该装置将各检测设备以标准模块单元置于工作平台中，由该工作平台中的通信记录单元一方面获取监控装置的时间、公里标、速度和车次等信息，另一方面综合各功能模块单元检测到的信息进行记录，记录的格式与 LKJ-93A 监控装置的数据记录格式相同，可以用监控装置转储器进行记录数据的转储，并利用其地面处理软件进行地面分析处理和数据管理。另外，通过装置中的信息传输单元（如 DMIS 单元、TMIS 单元等），可以将列车运行的信息实时传送给有关地面设备，以便实现对机车的动态跟踪管理，提高对机车的周转率和利用率。该装置既解决了所有检测信息以统一时间、公里标作为基准座标记录的问题，又解决了数据的转储、分析管理和车地信息传输问题，同时也节约了资源和便于对设备的统一维护。

TAX2 型机车安全信息综合监测装置以电源单元、通信记录单元作为基本单元配置，其他已开发的功能单元有：TMIS 单元、轨道检测单元、弓网检测单元、DMIS 单元、无线列调语音录音单元；另外，预留 4 个单元位置用于备用功能单元的扩展。机箱各单元配置见图 5-13。

TAX2 型机车安全信息综合监测装置以电源单元和通信记录单元作为基本配置，该基本配置主要有以下功能：

1. 串行通信功能

装置内通信记录单元能通过 RS-485 串行通信方式从监控装置获取年月日、时分秒、公里标、运行速度、机车号、车次、车种、区段号、车站号、司机号、副司机号、列车编组等信息，并能将这些信息通过另一个 RS-485 接口周期地传送到装置内各功能单元。各功能单元将经过分析判断且要求记录的信息返回给通信记录单元进行记录。

2. 记录功能

装置内通信记录单元能以统一时间、公里标作为座标基准，实时记录各检测单元反馈的信息，数据记录格式与 LKJ-93A 型监控装置的数据记录格式相同。

3. 数据转储功能

通信记录单元记录的信息可以利用监控装置转储器通过 RS-232 串行通信方式进行数据转储。且预留有与可能应用的大容量 IC 卡设备通信的 RS-485 接口。

4. 数据分析处理功能

装置记录的信息通过转储器输送到地面微机后，可以利用 LKJ-93 监控装置地面分析处理软件（增加对各功能单元的事件记录项目，但与原软件兼容）进行地面分析和数据管理。

任务三　轨道检查车检测

轨道检查车用于工务轨道检测有近百年的历史，是轨道状态检测最主要的方式，尤其是随着铁路运输向提速重载的方向发展，列车对轨道的冲击和破坏日益严重，轨道几何形位变化越来越快，轨道检查车对各轨道几何尺寸及舒适度的全面检测，是对线路动态质量的系统评估，是铁路工务维修管理部门获取动态轨道状态信息、指导现场进行养护维修与施工作业、评估新线施工和既有线养护维修作业质量、实施轨道科学管理的重要手段。

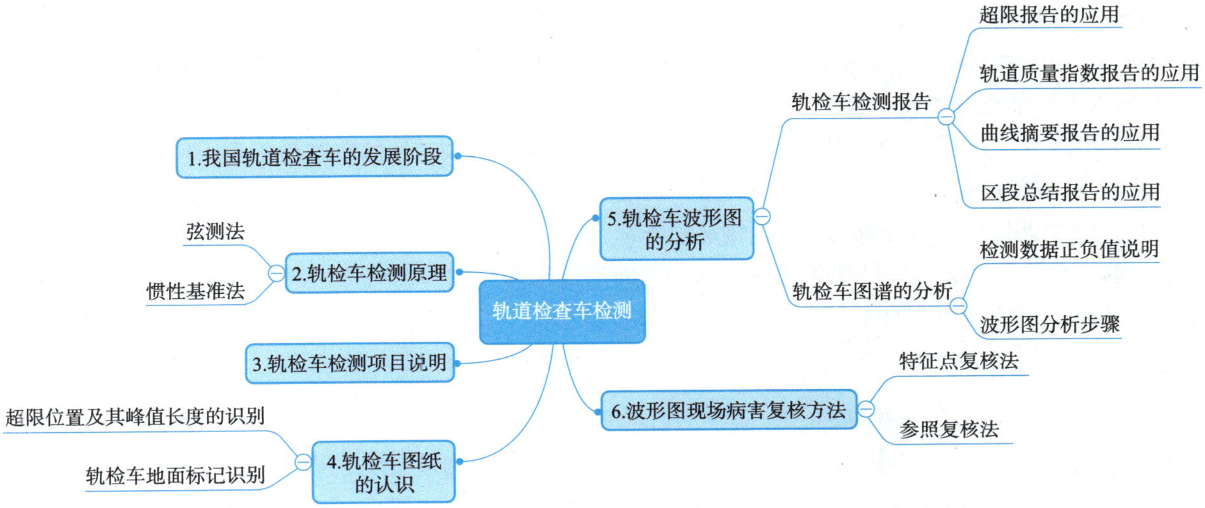

观察与思考

我国轨检车的发展包括哪几代？采用的是什么原理？轨检车的检测项目有哪些？如何进行轨检车报告与波形图识别？如何进行轨检车波形图分析？接下来就对此内容进行学习。

5.3.1 我国轨道检查车的发展阶段

1. 第一代：机械式

视频

轨检车介绍

1953 年，速度为 80 km/h。该轨检车采用的是弦测法，机械传动，可以将轨距、水平、三角坑、摇晃（用单摆测量）项目的幅值绘在图纸上，经过人工判读超限大小，计算每公里扣分，评价轨道质量。轨检车利用车轮和测量轮的位移拉动钢丝绳和弹簧，经滑轮、杠杆的导向和计算，在通过拉条带动圆珠笔实现检测波形输出，是一种简易机械式检测车，但检测项目少、精度低。

2. 第二代：电气式

1962 年，速度为 100 km/h。该轨检车仍采用的是弦测法，将机械传动改为电传动，检测项目比第一代车增加了长波高低和短波高低，超限判读和扣分计算方式与第一代车相同。轨检车由旋转变压器输出电压，通过电路计算和传导检测信号，运用磁笔记录仪输出检测波形，是一种简易电气式检测车。

3. 第三代：惯性基准式（GJ-3 型轨检车）

1986 年，速度为 120 km/h。该轨检车采用的是惯性基准原理，使用先进的电传感器、计算机技术，是我国轨检车技术的一次重大飞跃。它可以检测高低、水平、三角坑、车体垂直和水平振动加速度，但轨距、轨向无法检测。轨检车传感器信号经过相关处理，直接以电压大小作为不平顺超限判据，计算机采集后，计算超限等级和数量，并计算扣分，以扣分的多少来衡量线路质量的优劣。通过笔式绘图仪记录并显示轨道不平顺检测波形。

4. 第四代:捷联式(GJ-4 型轨检车)

1987—1995 年,速度为 160 km/h。该轨检车采用惯性基准检测原理,将激光、伺服、陀螺、电磁、小型计算机技术引入到轨检车中。检测项目齐全,包括轨距、轨向、高低、水平、曲率、三角坑等轨道几何不平顺、车体水平和垂直振动加速度。由于 GJ-4 型车(包括 GJ-3 型轨检车)复杂的机械系统在恶劣的使用环境下容易出现故障,轨距吊梁悬挂在轴箱上,冲击和振动影响非常大,导致轨距吊梁本身的安全问题。东北地区和其他寒冷地区,由于雨雪造成伺服机构结冰无法正常工作而引起轨距、轨向无法测量时间在 3 ~ 6 个月以上;西北地区风沙导致的伺服机构移动失常,伺服电机和梁上传感器的故障率远远大于安装在其他部位的传感器。吊梁在检测速度比较高时出现周期性振荡导致检测失真。随着电气化铁路的日益增多,电磁作用对采集系统的干扰问题也显现出来。

5. 第五代:激光摄像式(GJ-5 型轨检车)

2001 年至今,速度为 200 km/h。该轨检车仍然采用惯性基准测量原理,但引入了全新的激光摄像测量、网络和数据库技术,包含轨道几何测量系统、车体振动加速度测量系统、GPS 里程自动修正系统、环境监视系统等。轨道几何测量系统包含轨距、轨向、高低、水平、三角坑、超高、曲率等项目,车体振动加速度测量系统包含车体垂直加速度和水平加速度两个项目。该车还在原有项目上增加了高低、轨向长波长(70 m)、轨距变化率、曲率变化率和横加变化率。

GJ-5 型轨检车(见图 5-20)采用惯性基准法、非接触式测量方式,由基于摄像原理的轨距轨向测量系统取代光电伺服机构,所有传感器均安装在悬挂于转向架构架上的检测梁内,取消了轨距吊梁。由于经过一系列减振,检测梁工作时所受的振动和冲击大大降低,安全性显著提高,同时也消除了检测设备在特定检测速度下产生共振的可能性。由于不存在伺服机构的往复运动,检测设备的故障率也大大降低。

图 5-20　GJ-5 型轨道检查车

6. 第六代:高速、精确、可靠(GJ-6 型轨检车,采用高速综合检测车)

该轨检车摒弃了不安全的悬挂方式,去掉了伺服机构等移动部件,采用激光摄像式的轨道检测技术,克服了阳光干扰,采用数字图像技术,提高检测精度,同时探索出新的标定方法,采用实时控制技术,能够实现里程精确定位。轨道检测系统使用计算机集中处理全部检测项目数据,检测项目齐全,包括轨距、轨向、高低、水平、曲率、三角坑等轨道几何不平顺,以及车体水平和垂直振动加速度,还包括道岔、道口及桥梁等地面具有显著特征的标志物,方便查找病害。

5.3.2 轨检车检测原理

1. 弦测法（日本 East-i 综合检测列车）

East-i 综合检测车采用了弦测法进行检测。由于弦测法不能全部真实反映轨道状况，在复原及逆滤波处理时仅能换算到 40 m 波长的测值，因此该方法存在一定的缺陷。弦测法原理如图 5-21 所示。

2. 惯性基准法（世界上主流技术）

惯性基准：就是当轴箱（车体）上下运动很快时，即底座振动频率大大高于系统的自振频率。质量块（车体）不能追随而保持静止的位置。这个静止位置即为质量—弹簧系统的“惯性基准”。惯性基准法受速度影响较大，不适宜低速检测，在高速时更具优势。我国轨检车的原理都是基于惯性基准法。惯性基准法的建立是测量基准线，是由质量弹簧系统中质量块（车体）的运动轨迹给出的。轨检车是以车体为质量块。陀螺与车体为基准。惯性基准法的原理，如图 5-22 所示。

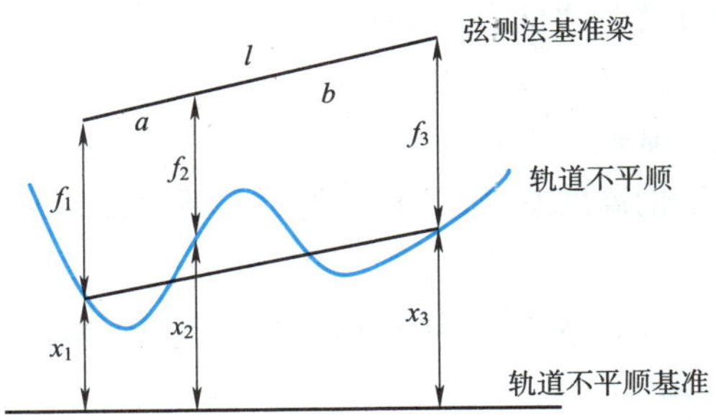

图 5-21 弦测法原理简化图

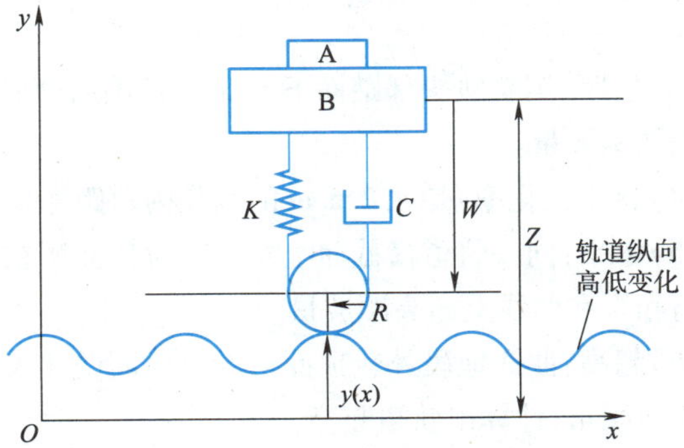

图 5-22 惯性基准原理简化图

以高低为例：M 为车体质量，K、C 分别表示其弹簧和阻尼。轨道高低不平顺 y 为

$$y(x) = Z - W - R$$

采用这一方法的特点是，质量块 M 上的加速度传感器主要反映频率较低的长波，位移传感器主要反映频率较高的短波，两者之和即为整个需测波长范围的轨道不平顺。

水平基准的建立不同于高低和方向。虽然同是利用加速度测量，但水平基准的建立是通过敏感重力得到当地水平面形成的。重力本身与行车速度无关，但重力测量要受到列车行进中复杂运动的影响。因此，水平测量无车速限制，即使是车辆静止时亦可进行测量。

5.3.3 轨检车检测项目说明

轨检车其检测项目主要包括轨道几何参数、车体加速度参数、动力学指标等。可以提供Ⅰ～Ⅳ级超限数据报告、TQI 数据报告、T 值报告、曲线资料报告、公里小结数据报告、区段汇总数据报告、波形打印输出、TQI 波形输出等检测报表。

（1）高低：分左右高低两种，钢轨顶面沿延长方向的垂向凹凸不平顺，如图 5-23 所示。使用惯性基准原理测量。检测基长分为短波不平顺和长波不平顺两种，短波不平顺检测基长为 1.5～42 m，长波不平顺检测基长为 1.5～70 m。

(2)轨向:轨向又称方向,分左右轨向两种。钢轨内侧,轨距点沿轨道延长方向的横向凹凸不平顺,如图5-24所示。使用激光摄像技术和惯性基准原理测量,短波不平顺(0~42 m)和长波不平顺(0~70 m)。

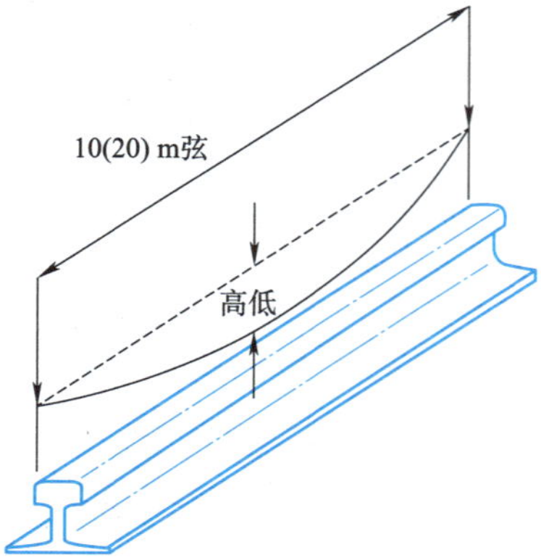

图5-23 高低示意图

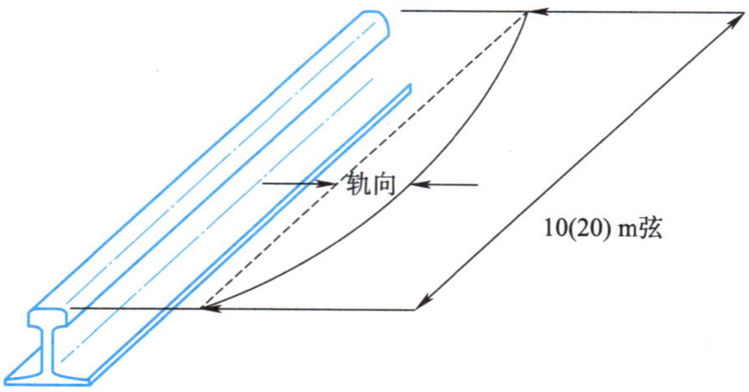

图5-24 轨向示意图

(3)轨距:钢轨轨头部踏面下16 mm范围内两股钢轨工作边之间的最小距离,如图5-25所示。使用激光摄像技术测量。

(4)轨距变化率:是以2.5 m的基长内轨距测量差值与基长的比值。

(5)水平:同一轨道横截面上左右钢轨顶面所在水平面的高度差,如图5-26所示。不含圆曲线上设置的超高和缓和曲线上超高顺坡量。

(6)超高:曲线地段外轨顶面与内轨顶面设计水平高度之差,如图5-26所示。通过滚动陀螺测量轨检梁与地面倾角,计算出轨道超高。

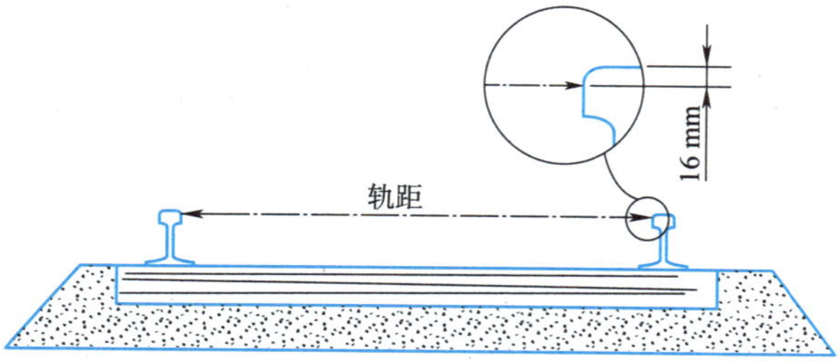

图5-25 轨距示意图

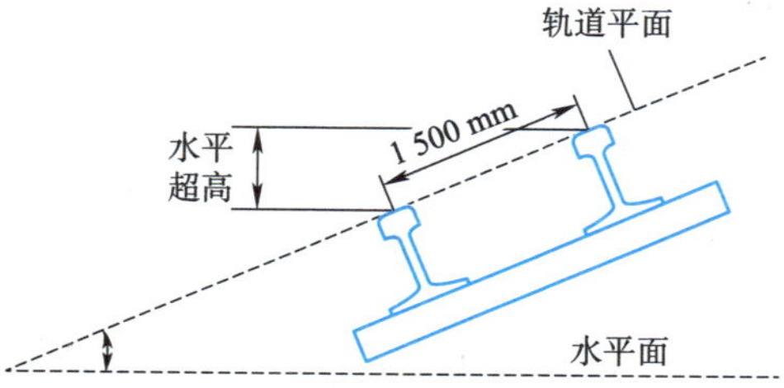

图5-26 水平、超高示意图

(7)三角坑:左右两轨顶面相对轨道平面的扭曲,用相距一定基长(2.5 m基长)水平的代数差表示,如图5-27所示。

(8)曲率:轨检车通过曲线时、测量轨检车每通过30 m后车体方向角的变化值,计算出轨检车通过30 m后的相应圆心角的变化值。根据曲率能正确判断曲线正矢连续差和曲线的圆顺度,如图5-28所示。

(9)复合不平顺:在轨道同一位置上,垂向和横向不平顺共存时称为轨道复合不平顺。目前主要指轨向不平顺与水平不平顺组合的逆向不平顺。

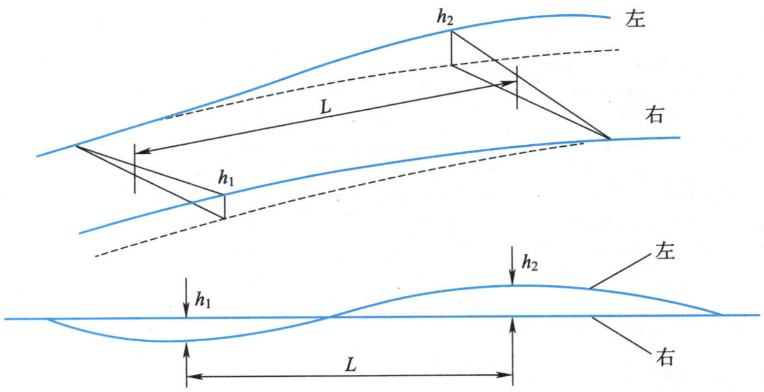

图 5-27 三角坑示意图

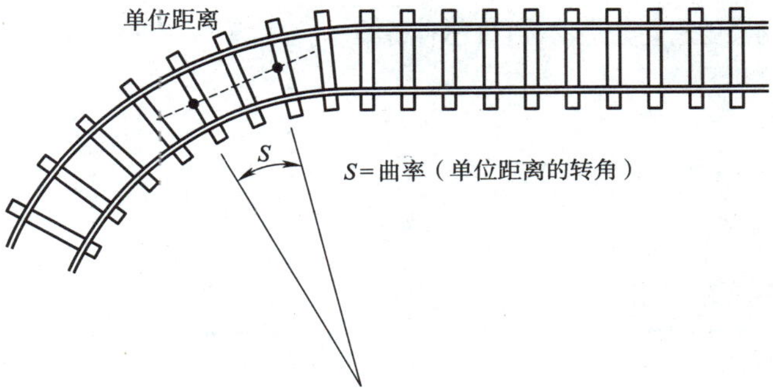

图 5-28 轨道曲率示意图

(10)垂直加速度:可以简单地定义为垂直方向上速度的变化和所用时间的比值。原因:高低不平顺(短波)、空吊、波浪磨耗、接头错牙、低接头、大轨缝、钢轨掉块、道床板结、线桥、新老路基结合处、多种病害叠加等。

(11)水平加速度:直线段上的水平加速度就是水平方向上速度的变化和时间的比值。原因:轨向不平顺、曲线正矢不良(连续差超限)、岔区连续小方向、轨距变化率不好、钢轨交替不均匀磨耗、逆向复合不平顺(轨向和水平)、曲线欠(过)超高、多种病害叠加等。

5.3.4 轨检车图纸的认识

1. 超限位置及其峰值长度的识别

采集原理:车辆每运行 250 mm 计算机对各检测项目电量采集一次,当某项目连续三次采集量都超过最低病害界限值时,计算机统计为一处病害,并取病害最大采集量值为该处超限病害的幅值,最低级超限病害起点为该处病害长度的起点。

当轨检车采集到的轨道病害超过Ⅰ级限界以后,又回到Ⅰ级限界以内,统计为一次超限。超限位置的里程为此处超限的最大峰值里程。超限长度为超过Ⅰ级限界以后,又回到Ⅰ级限界的长度,如图 5-29 所示。

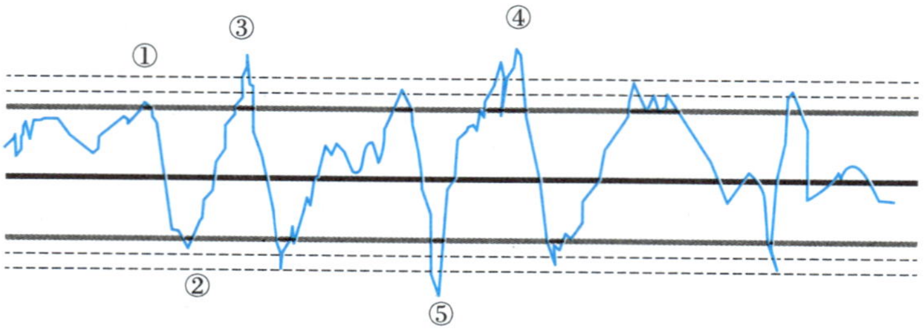

图 5-29　轨向波形图

2. 轨检车地面标记识别

轨道上的道口、道岔、桥梁、轨距拉杆等会含有金属部件，安装于轨检梁上 ALD 传感器可以探测到这些金属部件，其输出的信号可以和里程、轨道不平顺同步显示在轨道检测波形图上。

这是波形图中单开道岔、复式交分道岔、道口还有桥梁、电容枕等一些地面标记的标识，如图 5-30 所示。

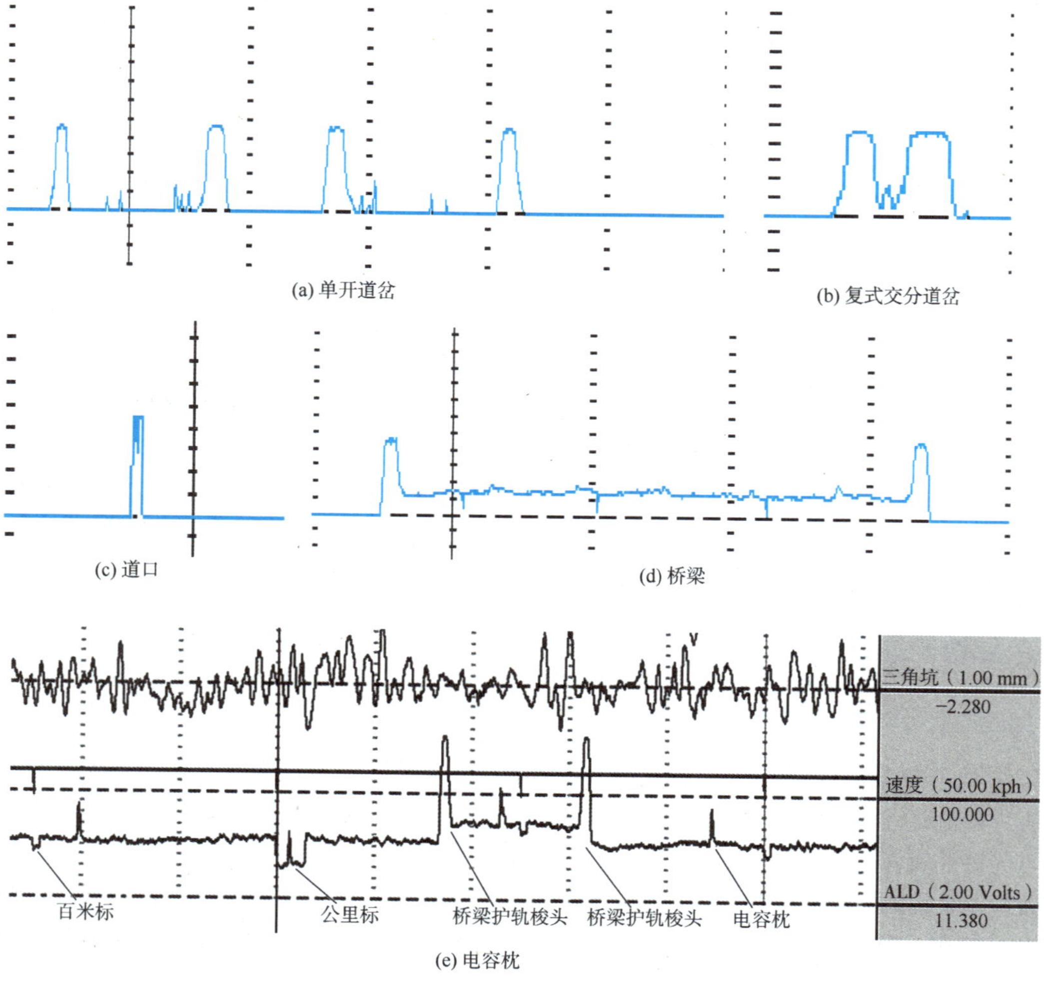

(a) 单开道岔　(b) 复式交分道岔　(c) 道口　(d) 桥梁　(e) 电容枕

图 5-30　设备 ALD 信号图例

由于道口、道岔、桥梁、轨距拉杆等会含有金属部件大小、形状、位置不同，ALD 信号反应就有所区别。因此根据 ALD 信号特征就可以识别道口、道岔、桥梁、轨距拉杆位置，根据这些位置可以方便准确地找出轨道病害的位置。

5.3.5 轨检车波形图的分析

视频

轨检车波形图分析

1. 轨检车检测报告

轨检车的主要作用是应用各项检查结果，指导线路养护维修工作，根据检测报告反应出的不同内容，分别在不同的修程上具有不同的指导意义。

1）超限报告的应用

Ⅰ、Ⅱ、Ⅲ、Ⅳ超限报告。现场的基本做法应该为通过处理和控制低一级的超限来达到控制高一级超限的目的。如消灭Ⅲ级超限必须控制Ⅰ、Ⅱ级超限。对时速 160 km 以上的区段，要及时对检测资料进行分析，有重点地整治Ⅰ、Ⅱ级超限，尤其是横向加速度和三角坑超限，可有效防止综合检测车Ⅲ级病害的发生。

轨检车输出的超限报告，见表 5-4。

表 5-4 超限报告

位置		超限类型	峰值/(mm 或 g)	长度/m	超限等级	线形(直/缓/曲)	速度/(km/h)	检测标准
公里	米							
1216	618	轨距变化率	-1.37	2	2	直	109	[200,250]
1216	624	轨距变化率	1.45	2	2	直	109	[200,250]
1217	160	三角坑	6.23	2	2	直	117	-160,200
1217	933	三角坑	6.36	2	2	圆	128	-160,200
1219	657	三角坑	6.31	2	2	圆	146	-160,200
1220	311	三角坑	6.48	2	4	圆	148	-160,200
1222	469	70 m 右高低	-10.55	17	2	圆	135	-160,200
1222	502	70 m 左高低	13.8	21	2	圆	135	-160,200
1222	503	70 m 右高低	13.68	22	2	圆	135	-160,200
1223	172	三角坑	6.59	1	2	圆	129	-160,200
1223	742	三角坑	-6.54	2	2	圆	124	-160,200
1224	3	三角坑	6.65	2	2	圆	122	-160,200
1233	238	70 m 左轨向	10.18	13	2	缓	99	(120,160]
1233	238	70 m 右轨向	10.24	11	2	缓	99	(120,160]
1246	517	转距变化率	7.86	3	2	缓	63	(0,120]
1246	519	大轨距	18.36	6	2	缓	63	(0,120]

2）轨道质量指数的应用

轨道质量指数代表着某一区段轨道的整体质量，它不受检测标准和速度的影响，更能反映轨道的实际状态，作为衡量轨道质量的指标，能够达到对不同等级线路、不同检测标准的轨道质量具有可比性。

检测基本原理是每200 m线路测量800个点，每点由7个单项数据组成一个综合数据，即左右高低、左右轨向、轨距、水平及三角坑，因此在养护维修前应分析轨道质量指数，若该区段大部分指数均较高，则需对该区段进行全项目养护维修，若只有某一单项数值较高时，可针对超限单项进行整修。

下面是轨检车输出的TQI数据报告(见表5-5)和T值报告(见表5-6)。

表5-5　TQI数据报告

里　程	超限	轨　向		高　低		水　平	轨　距	三角坑	TQI		速　度	标　准
		左	右	左	右				数　值	超　植		
1229	无	1.53	1.55	0.98	1.36	1.22	0.67	1.67	8.99	未超过	112.98	(120,160]
1229.2	有	1.61	1.6	2.26	256	1.26	0.9	1.8	11.99	超过	113.37	(120,160]
1229.4	无	1.59	1.73	21	219	1.2	0.89	1.73	11.42	超过	114.14	(120,160]
1229.6	无	0.72	0.92	1.15	1.24	0.97	0.88	1.47	7.36	未超过	115.89	(120,160]
1229.8	无	1.12	1.36	1.61	1.65	0.91	0.69	1.55	8.89	未超过	117.46	(120,160]
1230	无	1.43	1.2	2.14	2.1	1.4	0.89	2.09	11.24	超过	118.53	(120,160]
1230.2	无	1.65	1.48	1.8	2.02	1.23	0.95	1.84	10.98	未超过	119.39	(120,160]
1230.4	无	1.19	1.11	1.65	1.74	1.09	0.64	1.67	9.09	未超过	120.16	(120,160]
1230.6	无	1.14	1.02	1.13	1.23	0.91	0.82	1.34	7.59	未超过	120.77	(120,160]
1230.8	无	0.86	1	1.24	1.61	1.27	0.94	1.76	8.67	未超过	121.39	(120,160]

表5-6　T值报告

公　里	标　准	段　数				T值	评　价
		未超标	超　标	超标10	超标20		
1214	[200,250]	5	0	0	0	0	均衡
1215	[200,250]	4	1	0	0	40	计划
1216	[200,250]	5	0	0	0	0	均衡
1217	[200,250]	3	1	0	1	101	优先
1218	-160,200	5	0	0	0	0	均衡
1219	-160,200	5	0	0	0	0	均衡
1220	-160,200	4	1	0	0	40	计划
1221	-160,200	5	1	0	0	0	均衡
1222	-160,200	5	0	0	0	0	均衡
1223	-160,200	3	1	1	0	90	计划
1224	-160,200	5	0	0	0	0	均衡
1225	-160,200	3	2	0	0	80	计划
1226	-160,200	4	0	1	0	50	计划
1227	(-120,160]	5	0	0	0	0	均衡
1228	(-120,160]	5	0	0	0	0	均衡
1229	(-120,160]	3	2	0	0	80	计划
1230	(-120,160]	4	1	0	0	40	计划

3）曲线摘要报告的应用

曲线是线路的薄弱环节，也是日常养护维修工作的重点，可以通过对曲线检测报告的综合分析来控制曲线的圆顺度。

下面是轨检车输出的曲线报告，见表5-7。

表5-7 曲线报告

曲线起点		曲线终点		曲线长度/m	平均				限速(75 mm欠超高计算)				
									最高允许速度/(km/h)	极限点		半径/m	超高/mm
公里	米	公里	米		半径/m	超高/mm	加宽/mm	速度/(km/h)		公里	米		
1 177	440	1 177	541	102	11 111	-23.9	0	121	287	1 177	513	10 000	-22.3
1 177	738	1 177	819	82	12 500	16.4	0	123	289	1 177	808	11 111	14.8
1 185	821	1 186	272	451	2 857	-95.5	0	155	163	1 186	5	2 439	-53.3
1 188	779	1 189	205	427	2 941	77.5	0	155	148	1 189	16	2 439	31.5
1 196	117	1 196	422	305	2 500	57	0	151	159	1 196	238	2 381	51.5
1 196	653	1 196	918	266	3 846	42	0	149	182	1 196	844	3 571	34.8
1 197	49	1 197	552	504	1 667	-104.9	0	147	101	1 197	347	1 613	0
1 197	965	1 198	99	135	6 667	-30.7	0	144	221	1 198	58	5 882	-23.7
1 198	221	1 198	361	141	7 692	10.6	0	143	206	1 198	260	6 667	0

4）区段总结报告的应用

区段总结报告表中有两项重要的检测信息对指导现场的养护维修工作很有意义。

一是各项目的扣分百分比。某一单位轨道质量动态扣分的分布情况，是下一步进行养护维修工作的重点。

二是公里Ⅰ、Ⅱ、Ⅲ、Ⅳ级超限区段总结。

下面是轨检车输出的公里小结报告（见表5-8）和区段总结报告（见表5-9）。

2. 轨检车图谱的分析

1）检测数据正负值说明

轨检车正向：检测梁位于轨检车二位端，定义二位端至一位端方向为轨检车正向，轨检车行使方向与轨检车正向一致时为正向检测，反之为反向检测。

轨距（偏差）正负：实际轨距大于标准轨距时轨距偏差为正，反之为负。

高低正负：高低向上为正，向下为负。

轨向正负：顺轨检车正向，轨向向左为正，向右为负。

水平正负：顺轨检车正向，左轨高为正，反之为负。

曲率正负：顺轨检车正向，右拐曲线曲率为正，左拐曲线曲率为负。

车体水平加速度：平行车体地板，垂直于轨道方向，顺轨检车正向，向左为正。

车体垂向加速度：垂直于车体地板，向上为正。

三角坑正负：第一点的水平减第二点水平（所得差值的符号，即为三角坑的符号）。

表 5-8 公里小结报告

公里	检测长度	高低				轨向				轨距				水平				三角坑				垂向加速度				横向加速度				70 m 高低				70 m 轨向				曲率变化率		轨距变化率		横加变化率		公里扣分	通过速度
		4	3	2	1	4	3	2	1	4	3	2	1	4	3	2	1	4	3	2	1	4	3	2	1	4	3	2	1	4	3	2	1	4	3	2	1	2	1	2	1	2	1		
1 172	1 000	0	0	0	0	0	0	0	0	0	0	0	0	0	0	0	0	0	0	0	1	0	0	0	0	0	0	0	0	0	0	0	0	0	0	0	0	0	0	0	3	0	0	4	126
1 173	1 000	0	0	0	0	0	0	0	0	0	0	0	0	0	0	0	0	0	0	0	4	0	0	0	0	0	0	0	0	0	0	0	0	0	0	0	0	0	0	0	2	0	0	6	122
1 174	1 000	0	0	0	0	0	0	0	0	0	0	0	0	0	0	0	0	0	0	0	0	0	0	0	0	0	0	0	0	0	0	0	0	0	0	0	0	0	0	0	2	0	1	3	117
1 175	1 000	0	0	0	0	0	0	0	0	0	0	0	0	0	0	0	0	0	0	0	0	0	0	0	0	0	0	0	0	0	0	0	0	0	0	0	0	0	0	0	1	0	0	3	109
1 176	1 000	0	0	0	0	0	0	0	0	0	0	0	0	0	0	0	0	0	0	0	2	0	0	0	0	0	0	0	0	0	0	0	6	0	0	0	0	0	0	0	4	0	8	20	116
1 177	1 000	0	0	0	0	0	0	0	0	0	0	0	0	0	0	0	0	0	0	0	2	0	0	0	0	0	0	0	0	0	0	0	0	0	0	0	0	2	1	0	2	0	5	20	125
1 178	1 000	0	0	0	0	0	0	0	0	0	0	0	0	0	0	0	0	0	0	0	2	0	0	0	0	0	0	0	0	0	0	0	0	0	0	0	0	0	0	0	0	0	13	15	133
1 179	1 000	0	0	0	0	0	0	0	0	0	0	0	0	0	0	0	0	0	0	0	0	0	0	0	0	0	0	0	0	0	0	0	4	0	0	0	0	0	0	0	0	0	21	25	139
1 180	1 000	0	0	0	0	0	0	0	0	0	0	0	0	0	0	0	0	0	0	0	0	0	0	0	0	0	0	0	0	0	0	0	2	0	0	0	0	0	0	0	0	0	20	22	145
1 181	1 000	0	0	0	0	0	0	0	0	0	0	0	0	0	0	0	0	0	0	0	0	0	0	0	0	0	0	0	0	0	0	0	0	0	0	0	0	0	0	0	1	0	13	15	149

表 5-9 区段总结报告

项目	四级	三级	二级	一级	个数			扣分			TQI								
											平均指数			超标段数			超标百分比		
					总计	个数/公里	百分比	总计	扣分/公里	百分比	左	总	右	左	总	右	左	总	总
高低	0	0	0	37	37	0.49	2.58	37	0.49	202	1.25	25	1.25	4	0	6	1.06	0	1.6
轨向	0	0	0	11	11	0.14	0.77	11	0.14	0.6	0.95	1.88	0.94	0	0	1	0	0	0.27
轨距	0	0	2	9	11	0.14	0.77	19	0.25	1.04	0	0.75	0	0	4	0	0	0.53	0
水平	0	0	0	0	0	0	0	0	0	0	0	0.86	0	0	0	0	0	0	0
三角坑	0	0	12	223	235	3.09	16.41	283	3.72	15.45	0	1.18	0	0	50	0	0	6.65	0
垂向加速度	0	0	0	2	2	0.03	0.14	2	0.03	0.11	0	0	0	0	0	0	0	0	0
横向加速度	0	0	0	15	15	0.2	1.05	15	0.2	0.82	0	0	0	0	0	0	0	0	0
高低 70 米	0	0	3	124	27	1.67	8.87	139	1.83	7.59	0	0	0	0	0	0	0	0	0
轨向 70 米	0	0	2	21	23	0.3	1.61	31	0.41	1.69	0	0	0	0	0	0	0	0	0
曲率变化率	0	0	66	16	82	1.08	5.73	346	4.55	18.89	0	0	0	0	0	0	0	0	0
轨距变化率	0	0	15	86	101	1.33	7.05	161	2.12	8.79	0	0	0	0	0	0	0	0	0
横加变化率	0	0	0	788	788	10.37	55.03	788	10.37	43.01	0	0	0	0	1	0	0	0.13	0
总和	0	0	100	1332	1432	18.84	100	1832	24.11	100.01		7.17							

累计检测：76 km　　每公里平均 T 值：15.03

每公里平均扣分：24.11 分　　每公里平均 TQI：7.18

优良公里：72 km　优良率：94.74%　均衡公里：59 km　均衡率：77.63%

合格公里：4 km　合格率：5.26%　计划公里：14 km　计划率：18.42%

失格公里：0km　失格率：0%　优先公里：3 km　优先率：3.95%

2)波形图分析步骤

(1)计算比例。轨检车的波形图纸是A4纸输出。弄清纸上单位长度(1 mm)所对应地面的距离(波形图每幅输出1 km的波形)。弄清各检测通道的显示比例(可以调节)。

轨检车波形图自上而下共15个波形通道,分别为水平、轨距、左轨向、右轨向、左高低、右高低、三角坑、曲率、超高、垂加、水加、轨距变化率、曲率变化率、速度、地面标志,如图5-31所示。

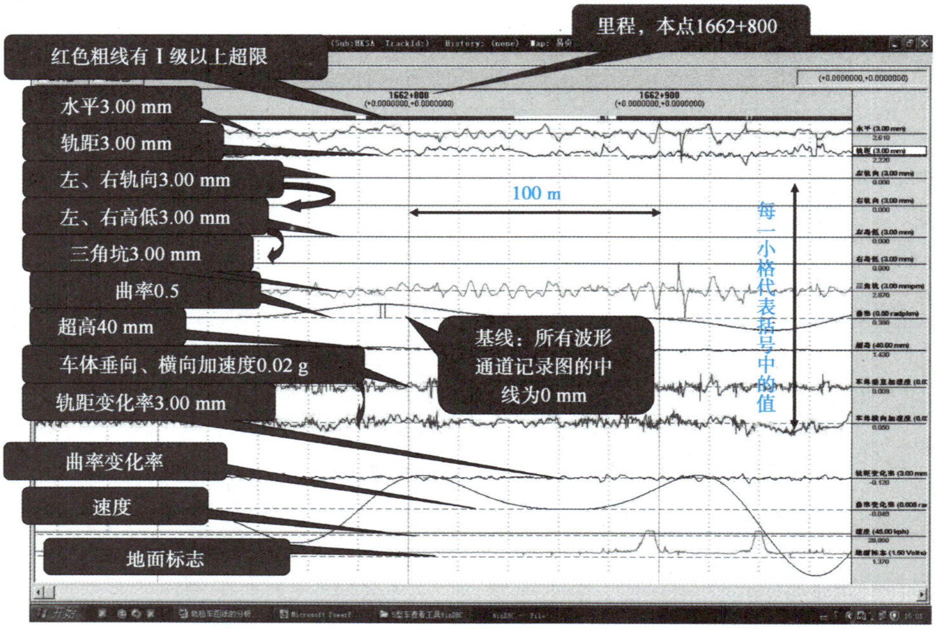

图5-31　轨检车输出波形图

一般情况下,高低、轨向、三角坑、轨距的比例为1:2.5,水平、超高的比例为1:6。垂加、水加为0.01 g;高低、轨向、水平、三角坑、轨距的中线即为0 mm。波形图的超限处所与超限报告存在一一对应关系。

(2)按检测项目用铅笔拉一直线,超范围即计划处理。

(3)结合超限报表及波形图确定重点工作、重点项目。

(4)根据波形图,按病害超限三级、二级、一级的顺序在波形图上相应检测项目通道上点圈出来,并确定超限具体里程。

5.3.6　波形图现场病害复核方法

1. 特征点复核法

利用波形图提供的道岔、曲线超高、道口、桥梁、轨距拉杆等特征(ALD),推算出与需复核超限病害的相对距离。在现场复核时,先找到如上所述特征点(特征点在线路现场容易找),再根据状态波形图的相对位置,确定病害点的位置,进行超限病害查找复核。

2. 参照复核法

在现场复核超限病害时,可先找幅值较大的、明显的、比较容易确定的病害点(如高低、方向等),再在状态波形图上根据病害点之间相对位置,在地面上查找复核其他病害。

任务四　高速综合检测列车的认知

随着高速铁路网的逐步完善，线路日常监测、新线开通联调联试，都离不开一个具有多项综合检测能力的动车组，即高速综合检测列车。高速综合检测列车是为高速铁路安全护航的“体检列车”，是进行铁路基础设施综合检测的重要技术装备，为高速铁路运营安全评估和指导各铁路局的养护维修提供技术支撑。可检测内容为轨道、路基、桥梁、隧道、电力牵引供电、通信系统、信号系统、客运服务系统、自然灾害及异物侵限监测系统、综合接地、电磁兼容、振动噪声、声屏障等多个项目。

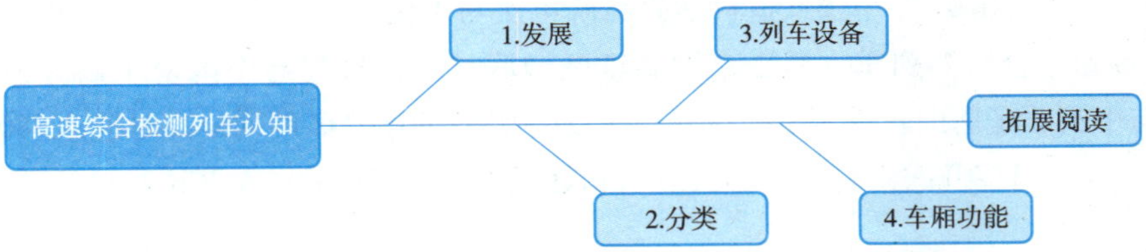

观察与思考

高速综合检测列车的功能有哪些？高速综合检测列车分为哪几类？我国高速综合检测列车发展分为哪几个阶段？常见的高速综合检测列车有哪些？列车上装置了哪些设备？接下来就对此内容进行学习。

高速综合检测列车以高速动车组为载体，加装了轨道检测、弓网检测、轮轨动力学检测、通信检测、信号检测等精密测量设备，集成现代测量、时空定位同步、大容量数据交换、实时图像识别和数据综合处理等先进技术，在高速运行中可对轨道、接触网、通信、信号等基础设施状态进行等速检测，是提高铁路基础设施检测效率、指导现场养护维修、确保列车运营安全的重要技术装备。

视频

高速综合检测1

高速综合检测列车有很多称呼，具体如下：

(1)“高铁综合检测车”是因其对高速铁路（高铁速度 >250 km/h）进行全面检测而来的。该车还对开行动车组的快速铁路（快铁速度 <250 km/h）进行检测，所以只叫高铁综合检测车还是不全面的。

(2)“高检车”这是高速综合检测车的简称。

(3)“高铁医生”这是因其对高铁线路基础设施进行全面“体检”，查找安全隐患与病害，就像“医生”一样，所以被亲切地称为“高铁医生”。

(4)“黄色医生、黄大夫、白色医生、白大夫”是根据车体涂装颜色（黄色涂装和白色涂装）来称呼的。

拓展阅读1

区分高检车与动检车

动检车是在凌晨“空跑”的动车组，而且在列车时刻表中查不到车次，每天开行最早，却不售票、不载客？这是为什么呢？原来，高铁线经过一天高密度的运行后，每天的深夜至凌晨，要进行检查维护，而检修的效果如何，铁路部门要放出一班确认车，即压道动车组，检测涉及高铁运行的所有设备是否正常，该列不载客的动车组,被称为“动检车”,即“扫雷车”。由它在前面探路,发现可能危及旅客乘车安全的一切隐患。但是动检车的使命圆满结束后,它就会“摇身一变”成了第一班载客列车,满载旅客向终点站驶去。而高速综合检测列车是始终不载旅客的。

1. 发展

2007 年,为保障铁路第六次大提速后安全运营,铁道部决定开行综合检测列车,对全路开行动车组的京沪、京广等提速线路和即将陆续开通的高速铁路进行周期性综合检测。2008 年,中国铁道科学研究院(简称铁科院)与中国南车四方公司联手,相继成功开发出时速 350 km 的 CRH2-061C、068C 高速综合检测列车。其中 CRH2-061C 检测车于当年 3 月 15 日投入京津城际高铁联调联试,068C 检测车于当年年底投入武广高铁联调联试。2010 年,中国铁道科学研究院再次与中国南车四方公司联手,开发出时速 350 km 的 CRH2-150C 高速综合检测列车。用于京沪高铁联调联试。铁科院与中国南车四方公司联合研发的 RH380A-001、与中国北车唐山轨道客车公司联合研发的 CRH380B-002 两列最高时速达 380 ~ 400 km 的高速综合检测列车,分别于 2011 年 2 月和 5 月出厂,相继投入京沪高铁的联调联试与运行试验。

2. 分类

高速综合检测车有两大等级:快铁级别(时速 250 km 速度等级)、高铁级别(时速 350 km 速度等级)。从开始研发综合检测技术至今,铁科院已经研发制造 12 列高速综合检测列车,其中快铁级别 3 列,高铁级别 9 列。

白色涂装的“白医生”“白大夫”,目前我国配属了 5 列。“白医生”是“半路出家”成为综合检测车的。其“身躯”最初是用于载客运营的车底(CRH380AM 除外),是为了“应急”或某种原因加装检测设备改造而成的综合检测车。

黄色涂装的“黄医生”“黄大夫”,目前我国配属了 7 列。“黄医生”是从“设计”到“出生”本身就是综合检测列车。

视频

高速综合检测2

3. 列车设备

高速综合检测列车的主要装备包括:录像装置、架线间隔测定装置、ATC 测定装置、列车无线设备测定装置及测定台;轴重横压测定轴、轴箱测定加速度计;轨道高低变位和车辆摇动测定装置、线路状态监视装置、轮重横压数据处理装置和录像装置;架线磨耗偏位高低测定装置、集电状态监视装置、受电弓观测装置;电力测定台、数据处理装置、供电回路测定装置、车次号、地面设备测定装置。

4. 车厢功能

下面以 0 号高速综合检测车为例,介绍一下它的车厢功能。1 号车厢为通信信号检测车厢、2 号车厢为会议车厢、3 号车厢为接触网检测车厢、4 号车厢为数据综合处理车厢、5 号车厢为轨道检测车厢、6 号车厢为餐车、7 号车厢为卧铺车厢、8 号车厢为信号检测车厢。

拓展阅读2

高速综合检测列车

(1)CRH2A-2010,是在 CRH2A 型电力动车组的基础上加装检测设备改造而成,故得名 10 号综合检测车,该车的技术尚不十分成熟,具有试验性质,为0号高速综合检测列车的研发提供了参考。速度等级:250 km/h是我国首列高速综合检测列车,以第六次铁路大提速的背景下研制而出。投入运用时间:2007年7月31日。

(2)CRH5J-0501,原编号CIT001、CRH5-000,故得名0号综合检测车。0号高速综合检测列车是我国自主研制的首列高速综合检测列车。CRH5J型综合检测车是长客在CRH5A型动车组的基础上制造的时速250 km综合检测列车。投入运用时间:2008年6月6日。

(3)CRH2C-2061,是我国第一列时速300 km高速综合检测列车,是在CRH2C型电力动车组(第一阶段)的基础上加装检测设备改造而成,同时也是第一列CRH2C型动车组。速度等级:350 km/h。投入运用时间:2007年12月22日。

(4)CRH2C-2068,时速300 km的高速综合检测列车,是我国第二列时速300 km高速综合检测列车。以CRH2C型电力动车组(第一阶段)为基础。为满足武广客运专线开通前的检测需要,于2009年1月在第8列CRH2C型电力动车组的基础上加装检测设备,改造而成高速综合检测列车的。

(5)CIT-380A,时速350 km的CRH2-150C高速综合检测列车。该车是CRH-2C型电力动车组(第二阶段)的最后一列车,同时也是CRH-380A型电力动车组的原型试验车。为了获得CRH-380A型动车组新头型的空气动力效能和实车试验数据,铁道部于2009年决定将CRH2-150C作为CRH-380A的试验实体样车,使用CRH-380A的新头型,而内部设备与CRH-2C(第二阶段)相同。于2010年11月经铁科院加装检测设备,改造成为正式的高速综合检测列车。

(6)CIT400A,时速400 km的CRH380A-001高速综合检测列车。CIT400A是以CRH-380A型电力动车组为基础的时速400 km高速综合检测列车,为8节编组(7动1拖),设计最高试验速度500 km/h。于2011年2月22日下线交付使用,3月3日起赴京沪高速铁路开始进行检测任务。

(7)CIT400B,时速400 km的CRH380B-002高速综合检测列车。以CRH380B型电力动车组为基础,但采用了北车CRH380C的头型。列车为8节编组(6动+2动或2拖),设计最高试验速度500(6动+2拖)/600(8动) km/h。列车在设计制造时就安装了8动的所有设备,但其中2节车可以灵活地变换安装动车或拖车转向架。于2011年3月下线交付使用。

(8)CIT-500冲击600 km时速的高速综合检测试验列车。CIT-500是中国铁路最新的高速综合检测试验列车,为6节全动车编组(6动)。以CRH-380A型电力机车组为基础,头车和尾车分别采用两种不同的新头型,列车已于2011年12月23日下线。

自2007年合宁客运专线联调联试以来,高速综合检测列车参加了京津城际、京广、京沪、哈大等我国所有新建高铁铁路、客运专线和城际铁路的联调联试,承担了对3.8万km运营高铁和开行动车组的普速铁路每月2~3次全覆盖的综合检测任务,检测里程累计超过500万km,成为名副其实的高速铁路安全守护者。

任务五 轨道动态检测的质量评价

动态检测是在列车处于正常运行状态下对轨道进行的检测。在正常运输条件下或接近于正常运输条件下对轨道的检测,也就是检测较大动荷载对轨道各部分的影响及其受力,可以较真实地反映出轨道的工作状态,发现一些静态下不能发现或不容易发现的病害。

观察与思考

轨道动态不平顺的评价方法有哪些？局部峰值动态评价采用哪几级管理？局部峰值管理是如何评价轨道状态的？区段均值管理是如何评价轨道状态的？接下来就对此内容进行学习。

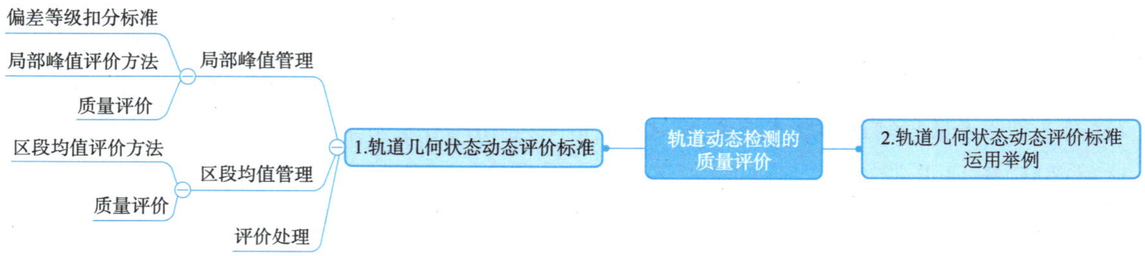

视频

动态检测的技术标准

5.5.1 轨道几何状态动态评价标准

动态几何不平顺容许偏差管理分为局部峰值管理（各级容许偏差管理值见表5-10）和区段均值管理（轨道质量指数管理值见表5-11）。

表5-10 轨道动态几何不平顺容许偏差管理值

项目		160 km/h < v_{max} 正线				120 km/h < v_{max} ≤160 km/h 正线				80 km/h < v_{max} ≤120 km/h 正线				v_{max} ≤80 km/h 正线			
		Ⅰ级	Ⅱ级	Ⅲ级	Ⅳ级（限速160 km/h）	Ⅰ级	Ⅱ级	Ⅲ级	Ⅳ级（限速120 km/h）	Ⅰ级	Ⅱ级	Ⅲ级	Ⅳ级（限速80 km/h）	Ⅰ级	Ⅱ级	Ⅲ级	Ⅳ级（限速45 km/h）
高低/mm	1.5～42 m	5	8	12	15	6	10	15	20	8	12	20	24	12	16	24	26
	1.5～70 m	6	10	15	—	—	—	—	—	—	—	—	—	—	—	—	—
轨向/mm	1.5～42 m	5	7	10	12	5	8	12	16	8	10	16	20	10	14	20	23
	1.5～70	6	8	12	—	—	—	—	—	—	—	—	—	—	—	—	—
轨距/mm		4 -3	8 -4	12 -6	15 -8	6 -4	10 -7	15 -8	20 -10	8 -6	12 -8	20 -10	23 -11	12 -6	16 -8	23 -11	25 -12
轨距变化率（基长m）/‰		1.2	1.5	—	—	1.54	2	—	—	2	2.5	—	—	2	2.5	—	—
水平/mm		5	8	12	14	6	10	14	18	8	12	18	22	12	16	22	25
三角坑（基长3 m）/mm		4	6	9	12	5	8	12	14	8	10	14	16	10	12	16	18
复合不平顺/mm		7	9	—	—	8	10	—	—	—	—	—	—	—	—	—	—
车体垂向振动加速度/（m/s^2）		1	1.5	2	2.5	1	1.5	2	2.5	1	1.5	2	2.5	1	1.5	2	2.5
车体横向振动加速度/（m/s^2）		0.6	0.9	1.5	2	0.6	0.9	1.5	2	0.6	0.9	1.5	2	0.6	0.9	1.5	2

注：①表中各种偏差限值为实际幅值的半峰值。
②水平限值不包含曲线按规定设置的超高值及超高顺坡量。
③高低和轨向采用对应波长的空间曲线。
④复合不平顺特指轨向和水平逆向复合不平顺。
⑤三角坑限值包含缓和曲线超高顺坡造成的扭曲量。
⑥固定型辙叉的有害空间部分不检查轨距、轨向，其他检查项目及检查标准与线路相同。
⑦车体垂向振动加速度采用20 Hz低通滤波，车体横向振动加速度采用0.5～10 Hz带通滤波和10 Hz低通滤波。

表 5-11 轨道质量指数管理值(mm)

高速等级	左高低	右高低	左轨向	右轨向	轨距	水平	三角坑	TQI 值
$v \leqslant 80$ km/h	2.2~2.5	2.2~2.5	1.8~2.2	1.8~2.2	1.4~1.6	1.7~1.9	1.9~2.1	13~15
80 km/h < v_{max} ≤120 km/h	1.8~2.2	1.8~2.2	1.4~1.9	1.4~1.9	1.3~1.4	1.6~1.7	1.7~1.9	11~13
120 km/h < v_{max} ≤160 km/h	1.5~1.8	1.5~1.8	1.1~1.4	1.1~1.4	1.1~1.3	1.3~1.6	1.4~1.7	9~11
160 km/h < v_{max}	1.1~1.5	1.1~1.5	0.9~1.1	0.9~1.1	0.9~1.1	1.1~1.3	1~1.4	7~9

1. 局部峰值管理

1)偏差等级扣分标准

根据《普速铁路线路修理规则》(TG/GW 102—2019)规定局部峰值动态评价采用四级管理:Ⅰ级为日常保持标准,Ⅱ级为计划维修标准,Ⅲ级为临时补修标准,Ⅳ级为限速标准。

2)局部峰值评价方法

局部峰值评价采用扣分法,各项目偏差扣分标准:Ⅰ级每处扣1分,Ⅱ级每处扣5分,Ⅲ级每处扣100分,Ⅳ级每处扣301分。

轨检车和综合检测列车检测项目包括高低、轨向、轨距、水平、三角坑、复合不平顺、轨距变化率、车体垂向振动加速度、车体横向振动加速度等。

局部峰值评价以整公里为单位,每公里扣分总数为各级、各项偏差扣分总和,计算公式如下:

$$S = \sum_{i=1}^{4}\sum_{j=1}^{M} K_i C_{ij}$$

式中:S 为整公里扣分总数;K_i为各级偏差的扣分数;C_{ij}为各项目的各级偏差个数;M 为参与评分的项目个数;i 为局部峰值动态评价采用的管理分级;j 为检测项目。

3)质量评价

每公里线路局部峰值动态评定标准:优良为总扣分在50分及以内;合格为总扣分在51~300分;失格为总扣分在300分以上。

2. 区段均值管理

区段均值评价指标为轨道质量指数(TQI)。根据《普速铁路线路修理规则》(TG/GW 102—2019)规定区段均值评价采用扣分法。单个TQI计算单元的扣分标准可由铁路局集团公司规定。

1)区段均值评价方法

区段均值评价采用TQI扣分值之和,区段均值评价以整公里为单位,每公里扣分总数为5个200 m的小区段计算TQI扣分值之和,计算公式如下:

$$T = \sum_{1}^{5} T_{200}$$

式中:T 为每公里扣分总数;T_{200}为单个TQI计算单元的扣分数。

2)质量评价

每公里线路区段均值评定标准划分为:均衡代表线路质量均衡,不需要维修;计划代表应列入维修计划,适时进行修理;优先代表应优先列入维修计划,尽快安排修理。

3. 评价处理

对轨道检查车查出的Ⅲ级偏差处所应及时处理，对查出的Ⅳ级偏差处所，或Ⅲ级偏差且车辆动力学指标超限处所立即限制行车速度并处理。

5.5.2 轨道几何状态动态评价标准运用举例

例题：某线路是 120 km/h < v_{max} ≤160 km/h 正线，在该线路 K220 + 000 ~ K221 + 000 区段，经过轨道检查车检查其高低(1.5 ~42 m) Ⅱ级超限有 1 处，轨向(1.5 ~42 m) Ⅰ级超限有 1 处，轨距Ⅰ级超限有 3 处，轨矩变化率Ⅰ级超限有 1 处，水平Ⅰ级超限有 1 处，三角坑Ⅰ级超限有 1 处，复合不平顺Ⅱ级超限有 1 处，垂向加速度Ⅰ级超限有 1 处，横向加速度Ⅰ级超限有 1 处请问该段线路扣分多少？并判断线路优良、合格、失格情况。

经过轨道检查车检查：高低Ⅱ级超限有 1 处，每处 5 分，扣 5 分；轨向Ⅰ级超限有 1 处，每处 1 分，扣 1 分；轨距Ⅰ级超限有 3 处，每处 1 分，扣 3 分；轨矩变化率Ⅰ级超限有 1 处，每处 1 分，扣 1 分；水平Ⅰ级超限有 1 处，每处 1 分，扣 1 分；三角坑Ⅰ级超限有 1 处，每处 1 分，扣 1 分；复合不平顺Ⅱ级超限有 1 处，每处 5 分，扣 5 分；垂向加速度Ⅰ级超限有 1 处，每处 1 分，扣 1 分；横向加速度Ⅰ级超限有 1 处，每处 1 分，扣 1 分。

$$\begin{aligned} S &= \sum_{i=1}^{4} \sum_{j=1}^{9} K_i C_{ij} \\ &= 5\times1+1\times1+1\times3+1\times1+1\times1+1\times1+5\times1+1\times1+1\times1 \\ &= 5+1+3+1+1+1+5+1+1 \\ &= 19 \end{aligned}$$

总共扣 19 分小于 50 分，线路优良。

因为 TQI 计算较为简单，此处不再赘述。

项目六 钢轨伤损检测

钢轨伤损是铁路上一个较为突出的问题，并严重影响行车的安全。钢轨内部伤损检测需采用无损检测，常规无损检测技术包括射线检测、超声检测、磁粉检测、渗透检测、涡流检测。钢轨的无损检测主要采用超声检测。

超声波是一种机械波，是机械振动在介质中的传播。了解超声波本身的性质，及其在介质中的传播特点，对于正确应用超声检测技术、解决实际检测中的各种问题是十分必要的。超声检测中，主要涉及几何声学和物理声学中的一些基本定律和概念。如几何声学中的反射、折射定律及波形转换，物理声学中波的叠加、干涉和衍射等。

学习目标

1. 了解超声波分类和超声波工作原理。
2. 掌握钢轨表面伤损及内部伤损检测。
3. 掌握超声波机械振动的原理和超声波传播速度。
4. 掌握超声波反射透射和实际声场与理想声场比较。
5. 掌握超声波衰减方程与衰减系数。

任务一 钢轨伤损认知

钢轨伤损是指钢轨在使用过程中发生钢轨折断，裂纹以及其他影响和限制钢轨使用性能的各种状态。钢轨伤损包括钢轨折断、裂纹及其他。

钢轨折断是指有下列情况之一者，钢轨全截面至少断成两部分；裂缝已经贯通整个轨头截面或轨底截面；引起钢轨失效的严重掉块；钢轨折断直接威胁行车安全，应及时更换。

钢轨裂纹是指钢轨表面或内部的部分金属发生分离。

钢轨其他伤损是指除裂纹、折断外，影响钢轨使用性能的磨耗、压溃、压陷（或凹陷）、波浪磨耗、弯曲变形、表面缺陷、外伤、腐蚀等伤损。

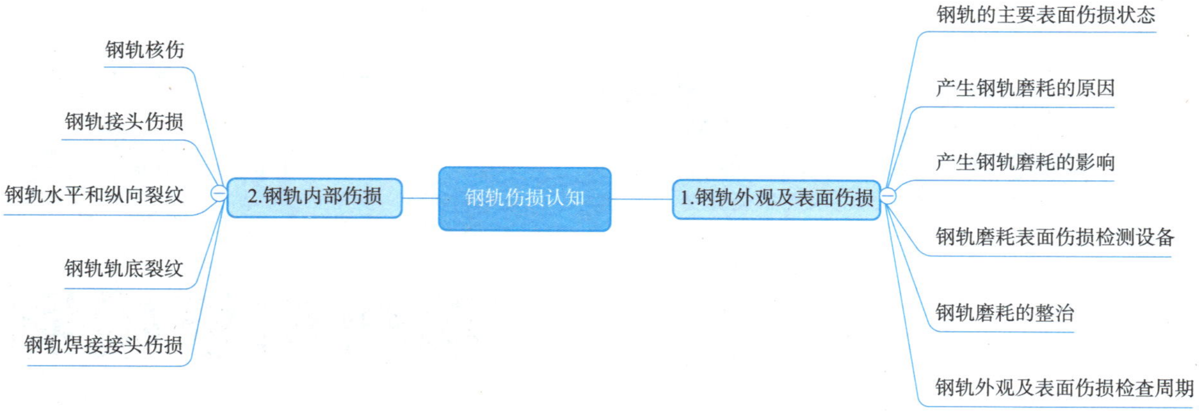

观察与思考

钢轨外观及表面有哪些伤损？如何检查？钢轨磨耗产生的原因有哪些？产生钢轨磨耗有哪些影响？钢轨磨耗的整治措施有哪些？钢轨磨耗测量仪如何读数？钢轨内部伤损有哪些？接下来就对此内容进行学习。

6.1.1 钢轨外观及表面伤损

视频

钢轨表面伤损检测1

在最新的《普速铁路线路修理规则》(TG/GW102—2019)中，增加了钢轨外观及表面伤损检查的要求。普速铁路工务检测将会更加重视钢轨外观及表面伤损检查。

1. 钢轨的主要表面伤损状态

钢轨的主要表面伤损状态包括轨头侧磨、轨头垂直磨耗(见图6-1)、钢轨波磨(见图6-2)、轨头表面擦伤和剥离、轨头肥边、钢轨本身及接头或焊缝不平顺等。目前钢轨表面伤损检测的主要仪器包括钢轨磨耗检测装置、钢轨波磨检测仪或波磨检测车。

图6-1　钢轨侧面磨耗及垂直磨耗

图6-2　钢轨波形磨耗

钢轨磨耗分类：包括侧面磨耗和波形磨耗(属损伤)，以及垂直磨耗(属正常)。

(1)侧面磨耗：使得轨头宽度变窄，钢轨在侧磨过程中，轨头下侧钢材产生塑性变形，产生裂纹，严重时形成核伤等病害。侧磨部位是小曲线半径地段的外股钢轨；侧磨成因是曲线轨道踏面的不均匀压力、轮轨间摩擦与滑动；改善措施为设置轨底坡；用耐磨钢轨；改善列车曲线通过条件等。

(2)波形磨耗：是指钢轨投入运行后在钢轨表面上出现的有一定规律的周期性磨损和塑性变形。波磨分为短波磨耗、长波磨耗。波磨一般出现在曲线地段，列车制动地段的波磨出现概率和磨耗速率都较大。波磨成因有动力作用(外因)；材质性能(内因)。波磨危害有轮轨部件损伤；行车安全；轮轨噪声；维修费用。改善措施使钢轨机械打磨。

2. 产生钢轨磨耗的原因

1)钢轨的位置不正确

钢轨的位置不正确是造成钢轨磨耗的主要原因。由于钢轨位置不正确，使里外股钢轨受力不均匀发生钢轨偏压，列车行走不平稳产生附加力打击钢轨从而加速轨面磨耗。主要表现形式有：①超高度不适合；②轨底坡不正确。

视频

钢轨表面伤损检测2

2)养护不良

曲线状态的好坏，对钢轨磨耗也会产生直接的影响。如果养护的曲线不良，则钢轨磨耗就大；反之，养护好的曲线，钢轨磨耗就小。表现形式有：①方向不圆顺；②轨距超限；③缓和曲线超高度递减距离不够；④道床不洁，捣固不良，线路上有三角坑。

3)其他

除了上述两大方面的原因外，还有其他方面的原因也能造成钢轨磨耗。如钢轨本身硬度不够或是旧钢轨未予及时修整，钢轨有低接头、硬弯，加大车轮对钢轨的打击；防爬设备、轨枕、联结零配件的数量缺少或失效，不能牢固地固定钢轨，这些都会使钢轨磨耗加剧。

3. 产生钢轨磨耗的影响

严重的钢轨磨耗削弱了钢轨强度，加剧了钢轨伤损，缩短了钢轨的使用寿命，不仅浪费了大量的资金，而且还影响运输任务的完成。

4. 钢轨磨耗表面伤损检测设备

1)钢轨侧磨和垂磨检测设备

钢轨的磨耗检测设备包括：数显式钢轨磨耗测量仪(又称测量尺、测量器)、钢轨断面针式测磨仪、游标式钢轨磨耗测量仪、数显式辙叉磨耗测量仪、钢轨断面接触测量、非接触式钢轨测磨仪，非接触磨耗检测系统基于激光三角测量原理，采用光取断面技术实现对钢轨磨耗的非接触测量。

2)钢轨平顺性及波磨检测设备

对钢轨波磨等不平顺，以往通常采用基尺和塞尺进行测量。目前使用的较为精确的静态测量钢轨平顺性及波磨检测设备是钢轨平直度测量仪。

3)其他检测设备

激光轨道高低和方向检测设备、轨枕状态检测设备、道床状态检测设备。

下面以游标式钢轨磨耗测量仪为例进行钢轨磨耗检测说明：

钢轨磨耗测量仪是用来测量钢轨垂直磨耗和侧面磨耗数值的专用计量器具。钢轨磨耗测量仪以钢轨非工作边和非工作边轨颌部分为测量基准，在标准断面内距离非工作边2/3轨头宽处和轨顶面下16 mm处测量钢轨垂直磨耗和侧面磨耗值。其垂直磨耗测量范围为0～15 mm，侧面磨耗测量范围为0～25 mm。按测量轨型分为P43、P50、P60、P75等4种型号。测量仪按其读数装置可分为游标式和数字式。图6-3所示为游标式钢轨磨耗测量仪的基本结构。

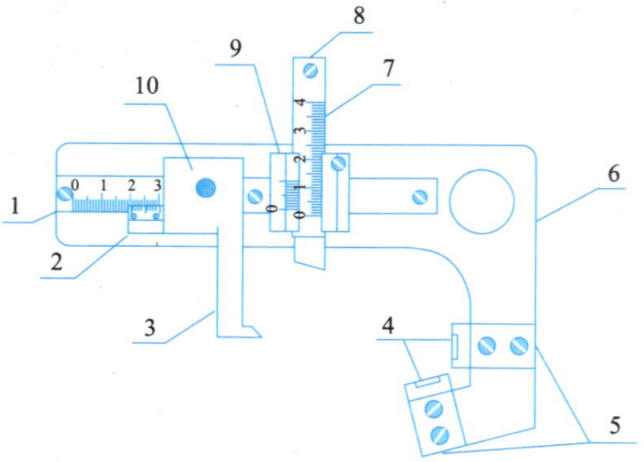

图 6-3　钢轨磨耗测量仪结构图

1—刻度标尺;2—侧磨读数游标;3—侧磨测尺;4—强力磁铁;
5—定位块;6—主尺框架;7—刻度线;8—垂磨测尺;9—定位尺框;10—紧固螺钉

游标式钢轨磨耗测量仪使用注意事项:

(1)本测量仪器机械构造而成,不得随意旋转构造内的固定螺丝。

(2)使用时应轻拿轻放,不得用力冲击,更不要把测量仪受外力磕碰。

(3)保持测量仪本体清洁无污,禁止与腐蚀性物体接触,使用完毕后,必须擦拭干净,放回到盒内。

(4)如不慎底座磁铁吸附大量铁屑,必须用干净的抹布或绵纸擦拭干净。

5. 钢轨磨耗的整治

钢轨发生磨耗超限,唯一的办法就是换轨。这样即浪费材料又浪费工时,因此,必须尽量减少换轨工作,把钢轨磨耗这一病害消灭在萌芽之中。即采取有效的措施防止钢轨磨耗发生。

①正确调整曲线外轨超高度;②定期涂油;③加强养护,消灭超限;④整修钢轨与零件的缺陷;⑤直线和曲线的钢轨交换使用。

6. 钢轨外观及表面伤损检查周期

采用巡检设备与人工巡查相结合的方式对钢轨外观进行检查。人工巡查可结合线路设备静态检查和巡检进行。发现钢轨擦伤、剥离裂纹、波磨、锈蚀及其他伤损时,应及时进行复核并处理。

(1)对发生磨耗的钢轨、道岔、调节器等,每年对磨耗检查不少于 1 遍。对磨耗接近重伤的钢轨、磨耗接近轻伤的道岔和调节器,每季检查不少于 1 遍。

(2)对正线钢轨现场焊接焊缝表面质量及平直度,每年检查不少于 1 遍;对低塌达到轻伤的焊接接头,每季度检查不少于 1 遍。

(3)对发生波磨的钢轨,每季度检查不少于 1 遍。

(4)应对钢轨外观及表面伤损检查结果做好记录。

(5)发现重伤钢轨应立即通知线路车间和工务段安全生产调度指挥中心。工务段每月应分析钢轨探伤周期兑现和钢轨伤损情况并报铁路局集团公司。

6.1.2 钢轨内部伤损

钢轨内部伤损从超声波探伤角度分析分五大类。包括钢轨核伤、钢轨接头部位伤损、钢轨的水平和纵向裂纹、钢轨轨底裂纹以及钢轨焊接接头伤损等。现将各类伤损的特征及形成原因简介如下。

视频

钢轨伤损及其形成原因

1. 钢轨核伤

钢轨核伤又称黑核或白核，多数发生在钢轨轨头内侧，它是各类伤损中危害最大的钢轨伤损。图 6-4 所示为轨头核伤。

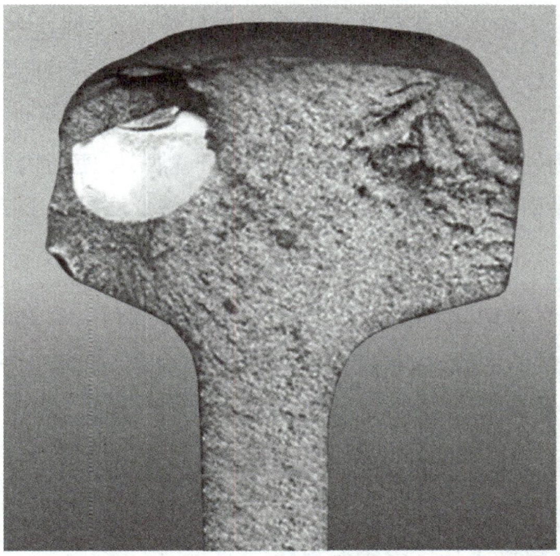

图 6-4 钢轨核伤

实验表明，当核伤面积占轨头 5% ~10% 时，静力强度只有正常钢轨的 16% ~40%；当核伤面积占轨头 10% ~15% 时，疲劳强度下降 90% 以上；当核伤面积发展到轨头截面的 20% ~30% 时，将发生断轨。

核伤形成的主要原因是钢轨本身存在白点、气泡、非金属夹杂或严重偏析等缺陷。在列车动荷载的重复作用下，这些微细疲劳源逐步扩展而形成斑痕。这种疲劳断面具有平坦光亮的表面，通常称为白核。当白核发展至轨面，疲劳斑痕受氧化时，逐步发展成黑核。除材质因素外还有下列原因可形成核伤。

(1)接触疲劳形成的核伤，多发生于曲线上股，侧磨挤压形成的核伤。

(2)轨面剥离形成的核伤。

(3)鱼鳞破损形成的核伤，小半径曲线上股轨头内侧表面经常发生鱼鳞状破损。

(4)擦伤焊补形成的核伤，除上述原因外还有轨腰纵向裂纹向轨头延伸，其裂端为疲劳源而形成的核伤。钢轨淬火工艺不良导致的轨头碎裂和重皮等。

由此可见钢轨核伤的产生和发展不仅与材质有关，而且与钢轨所处的外界条件有关。尤其是受冲击力较大的处所，如曲线上股、轨头内侧、钢轨小腰和道岔基本轨等处所最容易产生疲劳核伤，应加强对这些部位的探伤。

2. 钢轨接头伤损

钢轨接头是线路的薄弱环节，车轮作用在钢轨接头上的最大惯性力要比其他部位大 60% 左右。钢轨接头的主要伤损是螺孔裂纹，其次是下颚裂纹、马鞍形磨耗等。

1)螺孔裂纹产生的原因

(1)轨道结构不合理，国产 P50、P60、P75 钢轨接头均采用斜坡支承夹板。当夹板螺栓拧紧后，使轨腰承受垂直拉力，容易导致螺孔裂纹。

(2)接头冲击过大。

(3)养护状态不良。

2)轨头下颚裂纹的形成

采用斜坡支承夹板，使轨颚承受向上拉力，再加上养护作业不良，以及机车车辆的蛇形运动产生的横向作用力，内侧应力大于外侧，下颚裂纹往往从内向外逐步扩展，应掌握这些规律，注意对轨头下颚内侧的探测。

3)马鞍形磨耗的特征

钢轨淬火区与钢轨本体间硬度相差很大，而且没有均匀过渡，促使钢轨压陷和不均匀磨耗。马鞍形磨耗特征：使接头冲击加大，容易引起第三螺孔的向上裂纹。马鞍形磨耗在 P43 轨中居多。

3. 钢轨水平和纵向裂纹

由于钢轨制造工艺不良，没有切除铸锭中带有的严重偏析、缩孔、夹杂物，在轨头或轨腰中会形成水平、垂直和鼓泡等裂纹。无缝线路区段，因长期受过大的偏心负载，加之水平推力及轨头挠曲应力的复合作用，易产生焊接接头下颚水平裂纹。

4. 钢轨轨底裂纹

轨底裂纹的表现形式有以下三种：

(1)轨底坑洼(或划痕)发展形成的轨底横向裂纹。

(2)轨腰纵向裂纹向下发展形成轨底裂纹。

(3)焊接工艺不良造成轨底横向裂纹。尤其铝热焊接头轨底焊筋与母材呈直角，应力集中在轨底热影响区极易产生此类裂纹。

5. 钢轨焊接接头伤损

钢轨焊接接头伤损在前面项目二中已经叙述过，此处不再赘述。

任务二　超 声 检 测

钢轨伤损检测需要进行超声检测，超声检测是指利用超声波对金属构件内部缺陷进行检查的一种无损探伤方法。超声检测对缺陷精确定量、定位，尤其是定性问题，用发射探头向构件表面通过耦合剂发射超声波，超声波在构件内部传播时遇到不同界面将有不同的反射信号(回波)。利用不同反射信号传递到探头的时间差，可以检查到构件内部的缺陷。本任务就超声波基础知识进行叙述。

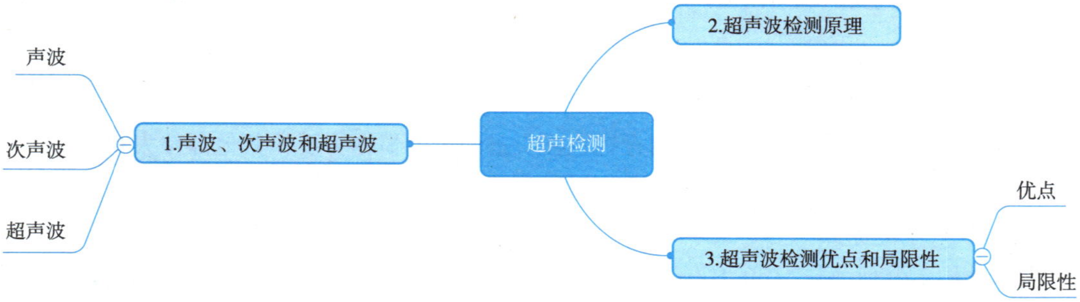

观察与思考

什么是超声波次声波和声波？超声波为什么可用于无损检测？超声是如何进行缺陷检测的？超声波有哪些优点和局限性？接下来就对此内容进行学习。

6.2.1 声波、次声波和超声波

次声波、声波和超声波都是在弹性介质中传播的机械波，同一波形在同一介质中传播速度相同。它们的区别主要在于频率不同。

1. 声波

人们日常所听到的各种声音，是由于各种声源的振动通过空气等弹性介质传播到耳膜引起的耳膜振动，牵动听觉神经，产生听觉，但并不是任何频率的机械振动都能引起听觉，只有频率在一定的范围内的振动才能引起听觉。人们把能引起听觉的机械波称为声波。

2. 次声波

频率在 20 ~ 20 000 Hz 之间。频率低于 20 Hz 的机械波称为次声波。

3. 超声波

频率高于 20 000 Hz 的机械波称为超声波。次声波和超声波人是听不到的。

对于宏观缺陷检测的超声波，其常用频率为 0.5 ~ 25 MHz；对钢等金属材料的检测，常用频率为 0.5 ~ 10 MHz。超声波频率很高，由此决定了超声波具有一些重要特性，使其能广泛用于无损检测。

1）超声波方向性好

超声波是频率很高、波长很短的机械波，在超声检测中使用的波长为毫米数量级。超声波像光波一样具有良好的方向性，可以定向发射，犹如手电筒发出的一束光，可以在黑暗中找到所需物品一样在被检材料中发现缺陷。

2）能在界面上产生反射、折射、衍射和波形转换

在超声检测中，特别是在脉冲反射法检测中，利用了超声波几何声学的一些特点，如在介质中直线传播，遇界面产生反射、折射等。

3）超声波能量高

超声检测频率远高于声波，而能量（声强）与频率的平方成正比。因此超声波的能量远大于声波的能量。如 1 MHz 的超声波的能量相当于 1 kHz 的声波的 100 万倍。

4）超声波穿透能力强

超声波在大多数介质中传播时，传播能量损失小，传播距离大，穿透能力强，在一些金属材料中其穿透能力可达数米。这是其他检测手段无法比拟的。

超声波除用于无损检测外，还可以用于机械加工，如加工红宝石、金刚石、陶瓷、石英、玻璃等硬度特别高的材料，也可以用于焊接，如焊接钛、钍等难焊金属。此外，在化学工业上可利用超声波催化、清洗等，在农业上可利用超声波促进种子发芽，在医学上可利用超声波进行诊断、消毒等。

6.2.2 超声波检测原理

超声波检测主要是基于超声波在工件中的传播特性，如声波在通过材料时能量会损失，在遇到声阻抗

不同的两种介质分界面时会发生反射等。其工作原理是:

(1)声源产生超声波,采用一定的方式使超声波进入工件。

(2)超声波在工件中传播并与工件材料以及其中的缺陷相互作用,使其传播方向或特征被改变。

(3)改变后的超声波通过检测设备被接收,并可对其进行处理和分析。

(4)根据接收的超声波的特征,评估工件本身及其内部是否存在缺陷及缺陷的特性。

以脉冲反射法为例:

声源产生的脉冲波进入到工件中——超声波在工件中以一定方向和速度向前传播——遇到两侧声阻抗有差异的界面时部分声波被反射——检测设备接收和显示——分析声波幅度和位置等信息,评估缺陷是否存在或存在缺陷的大小、位置等。两侧声阻抗有差异的界面可能是材料中存在某种缺陷(不连续),如裂纹、气孔、夹渣等,也可能是工件的外表面。声波反射的程度取决于界面两侧声阻抗差异的大小、入射角以及界面的面积等。通过测量入射声波和接收声波之间声传播的时间,可以得知反射点距入射点的距离。

通常用来发现缺陷和对其进行评估的基本信息为:

(1)是否存在来自缺陷的超声波信号及其幅度。

(2)入射声波与接收声波之间的传播时间。

(3)超声波通过材料以后能量的衰减。

6.2.3 超声波检测的优点和局限性

1. 优点

与其他无损检测方法相比,超声波检测方法的优点有:

(1)适用于金属、非金属和复合材料等多种制件的无损检测。

(2)穿透能力强,可对较大厚度范围内的工件内部缺陷进行检测。如对金属材料,可检测厚度为 1 ~ 2 mm 的薄壁管材和板材,也可检测几米长的钢锻件。

(3)缺陷定位较准确。

(4)对面积型缺陷的检出率较高。

(5)灵敏度高,可检测工件内部尺寸很小的缺陷。

(6)检测成本低、速度快,设备轻便,对人体及环境无害,现场使用较方便等。

2. 局限性

(1)对工件中的缺陷进行精确的定性、定量仍需作深入研究。

(2)对具有复杂形状或不规则外形的工件进行超声检测有困难。

(3)缺陷的位置、取向和形状对检测结果有一定影响。

(4)工件材质、晶粒度等对检测有较大影响。

(5)常用的手工 A 型脉冲反射法检测时结果显示不直观,检测结果无直接见证记录。

任务三　超声波特性认知

超声波是由机械振动产生的机械波,日常生活中的振动现象随处可见,凡有摇摆、晃动、打击、发声的地方都存在机械振动,如弹簧振子、摆轮、音叉、琴弦以及蒸汽机活塞的往复运动等。振动是自然界最常见的一种运动形式。机械波是机械振动在弹性介质中的传播过程,如水波、声波、超声波等。

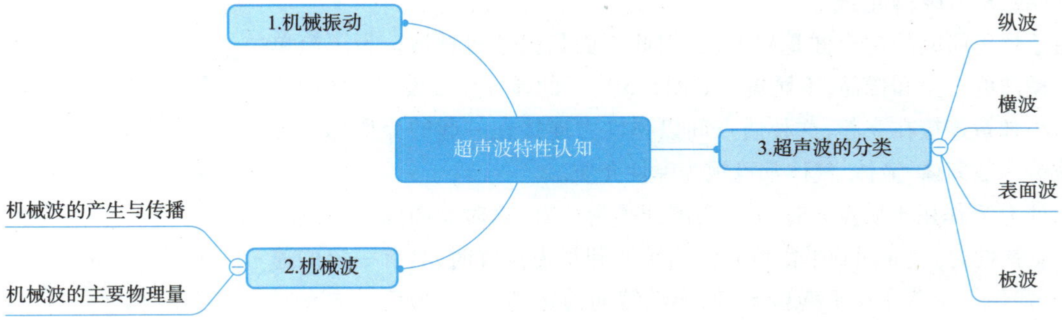

观察与思考

机械波是如何产生的?声波分类波形有哪些?各种振动方向与传播方向如何区分?接下来就对此内容进行学习。

6.3.1 机械振动

物体(或质点)在某一平衡位置附近作来回往复的运动,称为机械振动。

振动产生的必要条件是:物体一离开平衡位置就会受到回复力的作用;阻力要足够小。物体(或质点)在受到一定力的作用下,将离开平衡位置,产生一个位移;该力消失后,在回复力作用下,它将向平衡位置运动,并且还要越过平衡位置移动到相反方向的最大位移位置,然后再向平衡位置运动。这样一个完整运动过程称为一个"循环"或一次"全振动"。每经过一定时间后,振动体总是回复到原来的状态(或位置)的振动称为周期性振动,不具有上述周期性规律的振动称为非周期性振动。

振动是往复运动,可用周期和频率表示振动的快慢,用振幅表示振动的强弱。

振幅——振动物体离开平衡位置的最大距离,称为振动的振幅,用 A 表示。

周期——当物体作往复运动时完成一次全振动所需要的时间,称为振动周期,用 T 表示。常用单位为秒(s)。对于非周期性振动,往复运动已不再是周期性的,但周期这个物理量仍然可以反映这种运动的往复情况。

频率——振动物体在单位时间内完成全振动的次数,称为振动频率,用 f 表示。常用单位为赫兹(Hz),1 Hz 表示 1 s 内完成 1 次全振动,即 1 Hz = 1 次/s。此外还有千赫(kHz)、兆赫(MHz)。1 kHz = 10^3 Hz,1 MHz = 10^6 Hz。

由周期和频率的定义可知,二者互为倒数:

$$T=\frac{1}{f} \tag{6-1}$$

如某人说话的频率 f = 1 000 Hz,表示其声带振动为 1 000 次/s,声带振动周期 T = 1/f = 1/1 000 = 0.001 s。

6.3.2 机械波

1. 机械波的产生与传播

振动的传播过程,称为波动。波动分为机械波和电磁波两大类。机械波是机械振动在弹性介质中的传播过程,如水波、声波、超声波等。电磁波是交变电磁场在空间的传播过程。如无线电波、红外线、可见光、紫外线、X 射线,γ 射线等。

由于这里研究的超声波是机械波,因此下面只讨论机械波。为了简单说明机械波的产生和传播,不妨建立如图6-5 所示的弹性介质模型。图中质点间以小弹簧连接在一起,这种质点间以弹性力连接在一起的介质称为弹性介质。一般固体、液体、气体都可视为弹性介质。

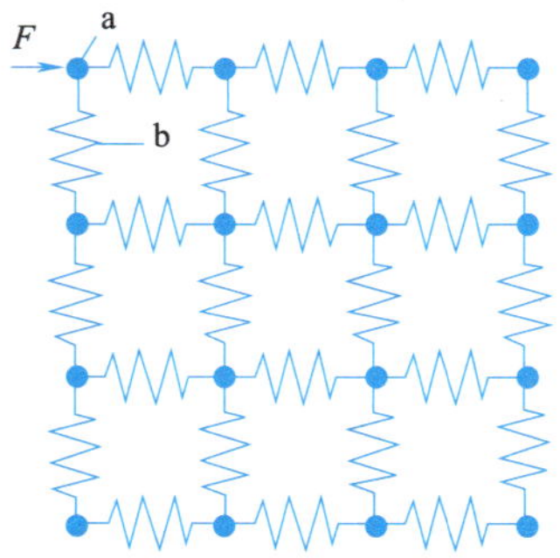

图 6-5　弹性质模型

a—质点;b—弹性的弹簧

当外力 F 作用于质点 a 时,a 就会离开平衡位置,这时 a 周围的质点将对 a 产生弹性力,使 a 回到平衡位置。当 a 回到平衡位置时,具有一定的速度,由于惯性 a 不会停在平衡位置,而会继续向前运动,并沿相反方向离开平衡位置,这时 a 又会受到反向弹性力,使 a 又回到平衡位置,这样质点 a 在平衡位置来回往复运动,产生振动。与此同时,a 周围的质点也会受到大小相等、方向相反的弹性力的作用,使它们离开平衡位置,并在各自的平衡位置附近振动。这样弹性介质中一质点的振动就会引起邻近质点的振动,邻近质点的振动又会引起较远质点的振动,于是振动就以一定的速度由近及远地传播开来,从而形成了机械波。液体和气体不能用上述弹性力的模型来描述,其弹性波是在受到压力时体积的收缩和膨胀产生的。

由此可见,产生机械波必须具备以下两个条件:

①要有作机械振动的波源。

②要有能传播机械振动的弹性介质。

机械振动与机械波是互相关联的,振动是产生机械波的根源,机械波是振动状态的传播。波动中介质各质点并不随波前进,而是按照与波源相同的振动频率在各自的平衡位置上振动,并将能量传递给周围的质点。因此,机械波的传播不是物质的传播,而是振动状态和能量的传播。

2. 机械波的主要物理量

描述机械波的主要物理量有周期、频率、波长和波速。

①周期 T 和频率 f:为波动经过的介质质点产生机械振动的周期和频率,机械波的周期和频率只与振源有关,与传播介质无关。波动频率也可定义为波动过程中,任一给定点在 1 s 内所通过的完整波的个数,与该点振动频率数值相同,单位为赫兹(Hz)。

②波长 λ:波经历一个完整周期所传播的距离,称为波长,用 λ 表示。同一波线上相邻两振动相位相同的质点间的距离即为波长。波源或介质中任意一质点完成一次全振动,波正好前进一个波长的距离。波长的常用单位为米(m)或毫米(mm)。

③波速 c:波动中,波在单位时间内所传播的距离称为波速,用 c 表示。常用单位为米/秒(m/s)或千米/秒(km/s)。

$$c=\lambda f \text{ 或 } \lambda=\frac{c}{f} \tag{6-2}$$

由上式可知,波长与波速成正比,与频率成反比。当频率一定时,波速越高,波长就越长;当波速一定时,频率越低,波长就越长。

6.3.3　超声波的分类

根据波动传播时介质质点的振动方向相对于波的传播方向的不同关系,可将波动分为多种波形,在超声检测中主要应用的波形有纵波、横波、表面波和板波等。

1. 纵波 L

介质中质点的振动方向与波的传播方向互相平行的波，称为纵波，用 L 表示，如图 6-6 所示。

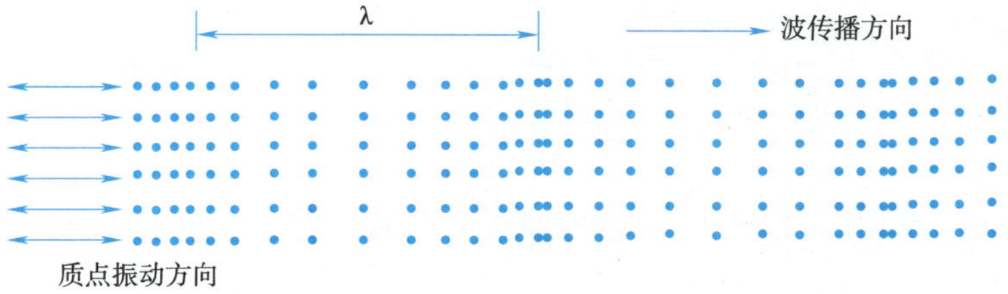

图 6-6 纵波

纵波中介质质点受到交变拉压应力作用并产生伸缩形变，故纵波亦称为压缩波。而且，由于纵波中的质点疏密相间，故又称疏密波。

凡能承受拉伸或压缩应力的介质都能传播纵波。固体介质能承受拉伸或压缩应力，因此固体介质可以传播纵波。液体和气体虽然不能承受拉伸应力，但能承受压应力产生的体积变化，因此液体和气体介质也可以传播纵波。

2. 横波 S(或 T)

介质中质点的振动方向与波的传播方向互相垂直的波，称为横波，用 S 或 T 表示，如图 6-7 所示。

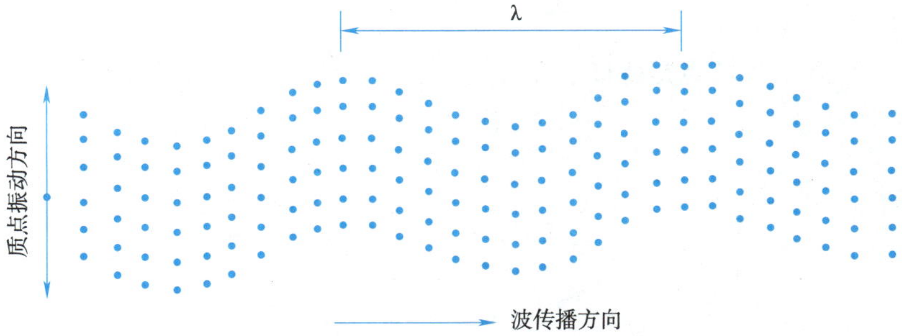

图 6-7 横波

横波中介质质点受到交变的剪切应力作用并产生切变形变，故横波又称切变波或剪切波。只有固体介质才能承受剪切应力，液体和气体介质不能承受剪切应力，故横波只能在固体介质中传播，不能在液体和气体介质中传播。

3. 表面波 R

当介质表面受到交变应力作用时，产生沿介质表面传播的波，称为表面波，常用 R 表示，如图 6-8 所示。表面波是瑞利在 1887 年首先提出来的，因此表面波又称瑞利波。

表面波在介质表面传播时，介质表面质点作椭圆运动，椭圆长轴垂直于波的传播方向，短轴平行于波的传播方向。椭圆运动可视为纵向振动与横向振动的合成，即纵波与横波的合成。因此表面波同横波一样只能在固体介质中传播，不能在液体或气体介质中传播。

表面波只能在固体表面传播。表面波的能量随传播深度的增加而迅速减弱。当传播深度超过两倍波

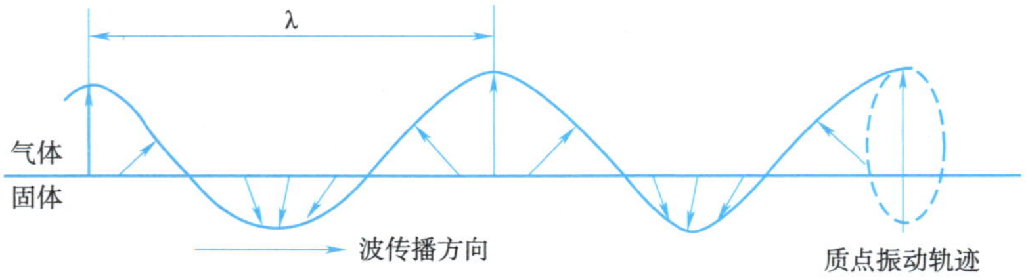

图 6-8　表面波（瑞利波）

长时，质点的振幅就已经很小了。因此，一般认为，表面波检测只能发现距工件表面两倍波长深度范围内的缺陷。

4. 板波

在板厚与波长相当的薄板中传播的波，称为板波。

根据质点的振动方向不同可将板波分为 SH 波和兰姆波。

1）SH 波

如图 6-9 所示，SH 波是水平偏振的横波在薄板中传播的波。薄板中各质点的振动方向平行于板面而垂直于波的传播方向，相当于在固体介质表面中的横波。

2）兰姆波

兰姆波又分为对称型（S 型）和非对称型（A 型），如图 6-10 所示。

对称型（S 型）兰姆波的特点是薄板中心质点作纵向振动，上下表面质点作椭圆运动、振动相位相反并对称于中心，如图 6-10（a）所示。

非对称型（A 型）兰姆波的特点是薄板中心质点作横向振动，上下表面质点作椭圆运动、相位相同，不对称，如图 6-10（b）所示。

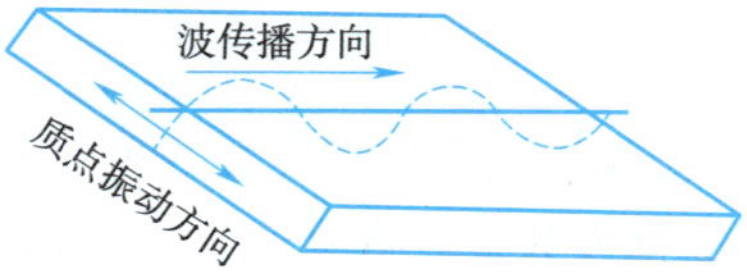

图 6-9　SH 波

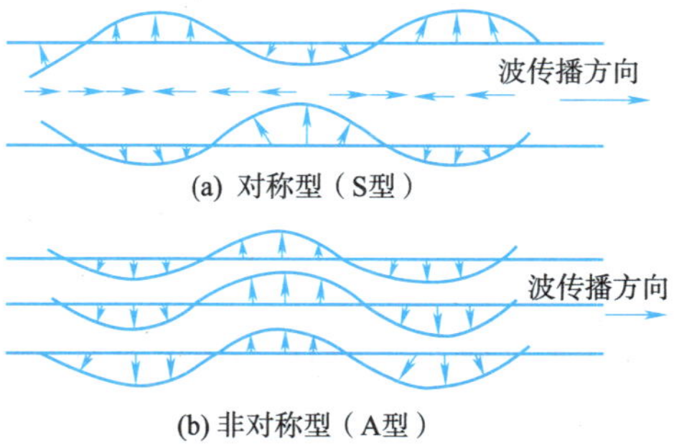

图 6-10　兰姆波

超声检测中常用的波形归纳在表 6-1 中。

表 6-1　超声检测中常用的波形

波的类型	质点振动特点	传播介质	应　用
纵波	质点振动方向平行于波传播方向	固、液、气体	铜板、锻件检测等
横波	质点振动方向垂直于波传播方向	固体	焊缝、钢管检测等

续上表

波的类型		质点振动特点	传播介质	应用
表面波		质点作椭圆运动,椭圆长轴垂直于波传播方向,短轴平行于波传播方向	固体表面,且固体的厚度远大于波长	钢管检测等
板波（兰姆波）	对称型(S 型)	上下表面:椭圆运动,中心:纵向振动	固体介质(厚度为几个波长的薄板)	薄板、薄壁钢管等(一般 $\delta<6$ mm)
	非对称型(A 型)	上下表面:椭圆运动,中心:横向振动		

注:SH 波应用较少,未列入表中。

任务四 超声场特征的认知

充满超声波的空间或超声振动所波及的部分介质,称为超声场。超声场具有一定的空间大小和形状,只有当缺陷位于超声场内时,才有可能被发现。描述超声场的特征值(即物理量)主要有声压、声强和声阻抗。

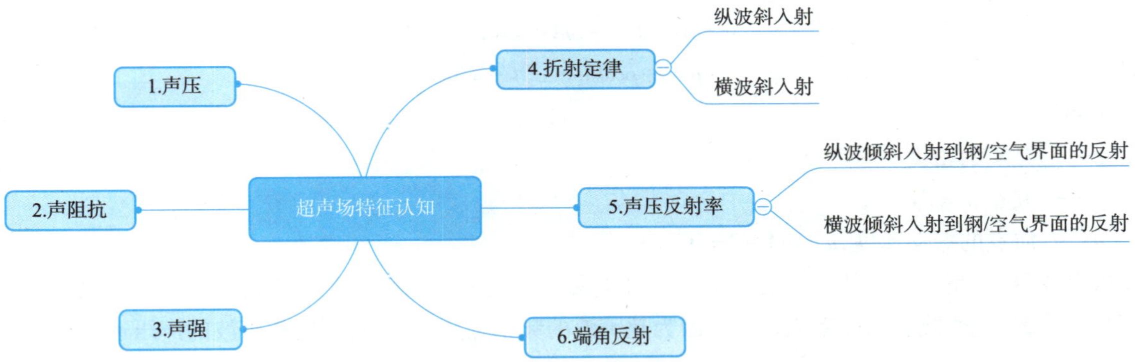

观察与思考

怎样描述超声波声压、声阻抗、声强?什么是超声波折射、声压反射率及端角反射?接下来就对此内容进行学习。

6.4.1 声压

超声场中某一点在某一时刻所具有的压强 p_1 与没有超声波存在时的静态压强 p_0 之差,称为该点的声压,用 p 表示。

$$p = p_1 - p_0$$

声压单位:帕斯卡(Pa)、微帕斯卡(μPa)

$$1\,\text{Pa} = 1\ \text{N/m}^2 \qquad 1\,\text{Pa} = 10^6\ \mu\text{Pa}$$

如图 6-11 所示,设超声场中面积元上声压为 p,则面积元上的压力为:$F = p\text{d}s$。以 d_x 表示超声波在 $\text{d}t$ 时间内所传播的距离,质点振动速度为 u,体积元质量 $m = \rho\text{d}s\text{d}x$。

根据动量守恒定律则有: $F\Delta t = m\Delta u$

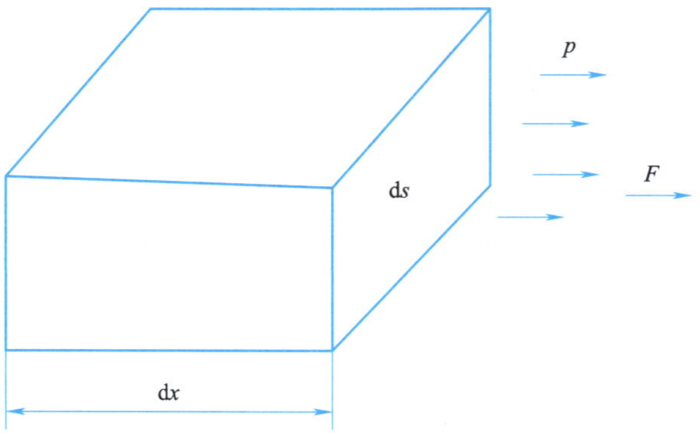

图 6-11　声压推导图

设初速为零，并取微分形式：$pdsdt = \rho udsdx$

即
$$p = \rho u dx/dt$$

由波动方程 $y = A\cos\omega(t - x/c)$ 得：

$$u = dy/dt = -\omega A\sin\omega(t - x/c)$$

所以
$$p = -\rho c\omega A\sin\omega(t - x/c)$$

则声压幅值
$$p_m = \rho c\omega A = \rho cu \tag{6-3}$$

式中：ρ——介质的密度；

c——波速，$c = dx/dt$；

u——质点的振动速度，$u = \omega A = 2\pi fA$。

由上式可知，超声场中某一点的声压随时间和该点至波源的距离按正弦函数周期性地变化。声压的幅值与介质的密度、波速和频率成正比。因为超声波的频率远高于声波，因此超声波的声压远大于声波的声压。

超声检测仪器显示的信号幅值的本质就是声压 p，示波屏上的波高与声压成正比。在超声检测中，就缺陷而论，声压值反映缺陷的大小。

6.4.2　声阻抗

超声场中任一点的声压与该处质点振动速度之比称为声阻抗，常用 Z 表示。

$$Z = p/u = \rho cu/u = \rho c \tag{6-4}$$

声阻抗的单位为克/厘米^2·秒（$g/cm^2 \cdot s$）或千克/米^2·秒（$kg/m^2 \cdot s$）。

由上式可知，声阻抗的大小等于介质的密度与波速的乘积。由 $= p/Z$ 不难看出，在同一声压下，Z 增加，质点的振动速度下降。因此，声阻抗 Z 可理解为介质对质点振动的阻碍作用。这类似于电学中的欧姆定律 $I = U/R$，电压一定，电阻增加，电流减小。

声阻抗是表征介质声学性质的重要物理量。超声波在两种介质组成的界面上的反射和透射情况与两种介质的声阻抗密切相关。

材料的声阻抗与温度有关，一般材料的声阻抗随温度升高而降低。这是因为声阻抗 $Z = \rho c$，而大多数材料的密度 ρ 和声速 c 随温度的增加而减小。

常用材料的声阻抗见表 6-2。

表 6-2 常用固体的密度、声速与声阻抗

种类	$\rho/(g/cm^3)$	σ	$c_{Lb}/(m/s)$	$c_L/(m/s)$	$c_s/(m/s)$	$Z=\rho c_L(\times 10^6\ g/cm^2\cdot s)$
铝(Al)	2.7	0.34	5 040	6 260	3 080	1.69
铁(Fe)	7.7	0.28	5 180	5 880 ~ 5 950	3 230	4.50
铸铁	6.9 ~ 7.3			3 500 ~ 5 600	2 200 ~ 3 200	2.5 ~ 4.2
钢	7.8	0.28		3 880 ~ 5 950	3 320	4.53
铜(Cu)	8.9	0.35	3 710	4 700	2 260	4.18
有机玻璃	1.18	0.324		2 730	1 460	0.32
聚苯乙烯	1.05	0.341		2 340 ~ 2 350	1 150	0.25
环氧树脂	1.1 ~ 1.25			2 400 ~ 2 900	1 100	0.27 ~ 0.36
尼龙	1.1 ~ 1.2			1 800 ~ 2 200		0.198 ~ 0.264

6.4.3 声强

单位时间内垂直通过单位面积的声能称为声强，常用 I 表示。单位是瓦/厘米^2（W/cm^2）或焦耳/厘米^2·秒（$J/cm^2\cdot s$）。

当超声波传播到介质中某处时，该处原来静止不动的质点开始振动，因而具有动能。同时该处介质产生弹性变形，因而也具有弹性位能，其总能量为二者之和。

下面以平面余弦纵波在固体细棒中的传播为例来说明声强的推导，如图 6-12 所示。当超声波传播到体积元 $\Delta V=S\cdot\Delta x$ 时，引起振动和形变，产生位移 y 和形变量 Δy。

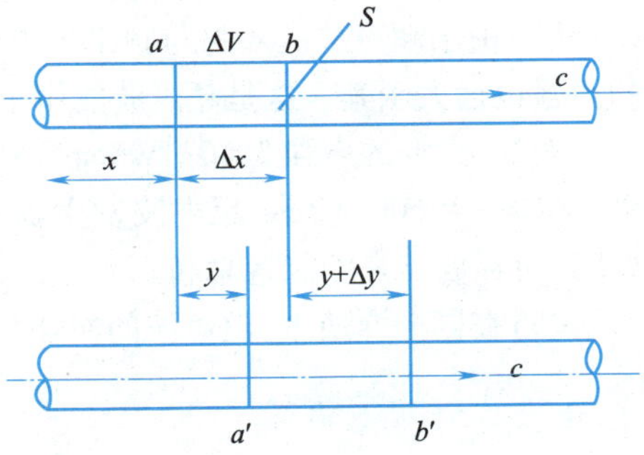

图 6-12 声强推导图

超声波传播到体积元引起的振动动能 W_k 为：

$$W_k=\frac{1}{2}mu^2$$

式中 $$m=\rho\cdot\Delta V$$

$$u=dy/dt=-\omega A\sin\omega(t-x/c)$$

所以 $$W_k=\frac{1}{2}\rho\Delta VA^2\sin^2\omega(t-x/c)$$

超声波传播到体积元引起的弹性变形位能 W_p 为：

$$W_p=\frac{1}{2}K(\Delta y)^2$$

根据胡克定律 $F=\frac{ES}{\Delta x}=\Delta y$ 得：

$$K=\frac{ES}{\Delta x}$$

由波动方程 $y=A\cos\omega(t-x/c)$ 得：

$$\frac{\partial y}{\partial x}=A\frac{\omega}{c}\sin(t-x/c)$$

由细棒中的波速 $c=\sqrt{E/\rho}$ 得：$E=c^2\rho$

所以 $$W_p=\frac{1}{2}K(\Delta y)^2=\frac{1}{2}\frac{ES}{\Delta x}(\Delta y)^2=\frac{1}{2}ES\cdot\Delta x\left(\frac{\Delta y}{\Delta x}\right)^2=\frac{1}{2}c^2\rho\Delta V\frac{A^2\omega^2}{c^2}\sin^2\omega(t-x/c)$$
$$=\frac{1}{2}\rho\Delta VA^2\omega^2\sin^2(t-x/c)$$

该体积元具有的总能量为

$$W=W_k+W_p=\rho\Delta VA^2\omega^2\sin^2\omega(t-x/c)$$

该体积元的平均能量为

$$W=\frac{1}{2}\rho A^2\omega^2\Delta V$$

其平均声强为

$$I=\frac{W}{S\Delta t}=\frac{1}{2}\rho A^2\omega^2\frac{dx}{dt}=\frac{1}{2}\rho cA^2\omega^2$$
$$=\frac{1}{2}Zu^2=\frac{1}{2}\frac{p^2}{Z} \tag{6-5}$$

所以由以上公式可知：

(1)超声波传播过程中，单位体积元所具有的总能量周期性地变化，时而最大，时而为零。这说明体积元在不断地接收和放出能量，超声波的能量是一层接一层地传播出去的。体积元的动能和势能同时最大，同时为零，这与单独的振动系统完全不同，单独的振动系统符合机械能守恒，动能最大时，势能为零，势能最大时，动能为零，动能与势能之和等于常数。这是因为机械能守恒的条件是系统只受到重力或弹性力作用。而这里介质中质点除受到弹性力外，还受到质点间摩擦力，因此不符合机械能守恒。

(2)由于超声波的声强与频率平方成正比，而超声波的频率远大于可引起听觉的声波。因此超声波的声强也远大于其。这是超声波能用于检测的重要原因。

例如，大炮的声强为 10^{-4} W/cm^2，已震耳欲聋，而超声波的声强可达 10^5 W/cm^2，等于大炮声强的 10^9 倍，又如一个 600 W/cm^{2}超声波发生器，10 min 可烧开一壶水，其能量相当于 700 万人集中在一起讲话 1.5 h 所释放出来的能量总和。

(3)在同一介质中，超声波的声强与声压的平方成正比。

6.4.4 折射定律

如图 6-13 所示，当超声波倾斜入射到界面时，除产生同种类型的反射和折射波外，还会产生不同类型的反射和折射波，这种现象称为波形转换。

1. 纵波斜入射

当纵波 L 倾斜入射到界面时，除产生反射纵波 L' 和折射纵波 L'' 外，还会产生反射横波 S' 和折射横波 S''，如图 6-14(a)所示。各种反射波和折射波方向符合反射、折射定律：

$$\frac{\sin\alpha_L}{c_{L1}}=\frac{\sin\alpha'_L}{c_{L1}}=\frac{\sin\alpha'_{as}}{c_{s1}}=\frac{\sin\beta_L}{c_{L2}}=\frac{\sin\beta_S}{c_{S2}} \tag{6-6}$$

式中：c_{L1}，c_{S1}——第一介质中的纵波、横波波速；

c_{L2}，c_{S2}——第二介质中的纵波、横波波速；

α_L，α'_L——纵波入射角、反射角；

β_L，β_S——纵波、横波折射角；

α'_S——横波反射角。

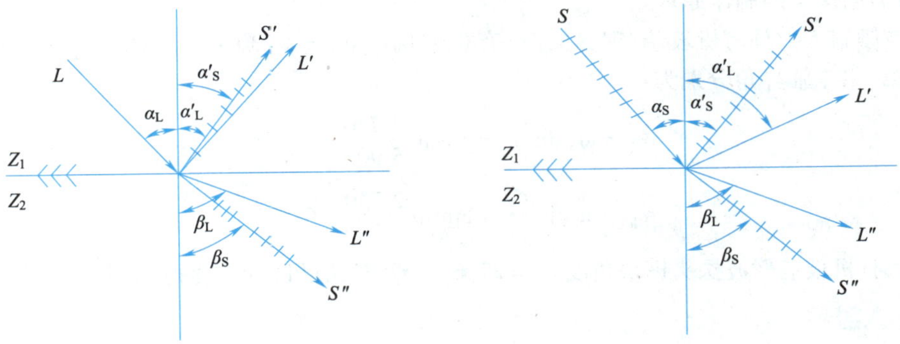

(a) 纵波入射　　(b) 横波入射

图 6-13　倾斜入射

由于在同一介质中纵波波速不变，因此 $\alpha'_L=\alpha_L$。又由于在同一介质中纵波波速大于横波波速，因此 $\alpha'_L>\alpha'_S$，$\beta_L>\beta_S$。

（1）第一临界角 α_{I}：由式（6-6）可以看出，$\dfrac{\sin\alpha_L}{c_{L1}}=\dfrac{\sin\beta_L}{c_{L2}}$，当 $c_{L2}\geqslant c_{L1}$ 时，$\beta_L>\alpha_L$ 随着 α_L 增加，β_L 也增加，当 α_L 增加到一定程度时，$\beta_L=90°$，这时所对应的纵波入射角称为第一临界角，用 α_{I} 表示，如图 6-14（a）所示。

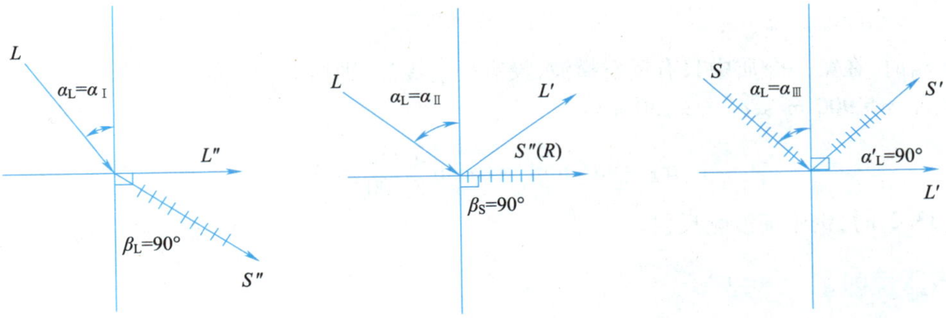

(a)　　(b)　　(c)

图 6-14　临界角

（2）第二临界角 α_{II}：由式 6-6 可得：$\dfrac{\sin\alpha_L}{c_{L1}}=\dfrac{\sin\beta_S}{c_{S2}}$，当 $c_{S2}>c_{L1}$ 时，$\beta_S>\alpha_L$ 随着 α_L 增加，β_S 也增加，当 α_L 增加到一定程度时，$\beta_S=90°$，这时所对应的纵波入射角称为第二临界角，用 α_{II} 表示，如图 6-14（b）所示。

$$\alpha_{\mathrm{II}}=\arcsin\frac{c_{L1}}{c_{L2}} \tag{6-7}$$

由 α_{I} 和 α_{II} 的定义可知：

①当 $\alpha_L<\alpha_{\mathrm{I}}$ 时，第二介质中既有折射纵波 L'' 又有折射横波 S''。

②当 $\alpha_L=\alpha_{\mathrm{I}}\sim\alpha_{\mathrm{II}}$ 时，第二介质中只有折射横波 S''，没有折射纵波 L''，这就是常用横波探头的制作和横波检测的原理。

③当 $\alpha_L\geqslant\alpha_{\mathrm{II}}$ 时，第二介质中既无折射纵波 L''，又无折射横波 S''。这时在其介质的表面存在表面波 R，

这就是常用表面波探头的制作原理。

例如，纵波倾斜入射到有机玻璃/钢界面时，有机玻璃中 $c_{L1}=2\ 730\ m/s$，钢中：$c_{L2}=5\ 900\ m/s$，$c_{S2}=3\ 230\ m/s_0$则第一、二临界角分别为：

$$\alpha_{I}=\arcsin\frac{c_{L1}}{c_{L2}}=\arcsin\frac{2\ 730}{5\ 900}=27.6°$$

$$\alpha_{II}=\arcsin\frac{c_{L1}}{c_{S2}}=\arcsin\frac{2\ 730}{3\ 230}=57.7°$$

由此可见，有机玻璃横波探头楔块角度 $\alpha_L=27.6°\sim57.7°$，有机玻璃表面波探头楔块角度 $\alpha_L\geqslant57.7°$

2. 横波斜入射

当横波倾斜入射到界面时，同样会产生波形转换，如图 6-14(b)所示。各反射、折射波的方向符合反射、折射定律：

$$\frac{\sin\alpha_S}{c_{S1}}=\frac{\sin\alpha'_S}{c_{S1}}=\frac{\sin\alpha'_L}{c_{L1}}=\frac{\sin\beta_L}{c_{L2}}=\frac{\sin\beta_S}{c_{S2}} \tag{6-8}$$

不难看出，横波倾斜入射时，同样存在第一、二临界角，由于在实际检测中无多大实际意义，故这里不再讨论，这里只讨论第三临界角列。

由式(6-8)得，$\frac{\sin\alpha_S}{c_{S1}}=\frac{\sin\alpha'_L}{c_{L1}}$因为 $c_{L1}>c_{S1}$ 所以 $\alpha'_L>\alpha_S$，随 α_S 增加，α'_L也增加，当 α_S 增加到一定程度时，$\alpha'_L=90°$。这时所对应的横波入射角称为第三临界角，用 α_{III} 表示，如图 6-14(c)所示，则：

$$\alpha_{III}=\arcsin\frac{c_{S1}}{c_{L1}} \tag{6-9}$$

当 $\alpha_S\geqslant\alpha_{III}$时，在第一介质中只有反射横波，没有反射纵波，即横波全反射。

对于钢：$c_{L1}=5\ 900\ m/s$，$c_{S1}=3\ 230\ m/s$

$$\alpha_{III}=\arcsin\frac{c_{S1}}{c_{L1}}=\arcsin\frac{3\ 230}{5\ 900}=33.2°$$

当 $\alpha_S>33.2°$时，钢中横波全反射。

6.4.5 声压反射率

超声波反射、折射定律只讨论了各种反射波、折射波的方向问题，未涉及声压反射率和透射率问题。由于倾斜入射时，声压反射率、透射率不仅与介质的声阻抗有关，而且还与入射角有关，其理论计算公式十分复杂，因此这里只介绍由理论计算结果绘制的曲线图形。

1. 纵波倾斜入射到钢/空气界面的反射

如图 6-15 所示，当纵波倾斜入射到钢/空气界面时，纵波声压反射率 $r_{LL}\left(r_{LL}=\frac{P_{rL}}{P_{OL}}\right)$与横波声压反射率 $r_{LS}\left(r_{LS}=\frac{P_{rS}}{P_{OL}}\right)$随入射角 α_L 而变化。当 $\alpha_L=60°$左右时，r_{LL}很低，r_{LS}较高。原因是纵波倾斜入射，当 $a_L=60°$左右时，产生一个较强的变型反射横波。

2. 横波倾斜入射到钢/空气界面的反射

如图 6-16 所示，横波倾斜入射到钢/空气界面，横波声压反射率 $r_{SS}\left(r_{SS}=\frac{P_{rS}}{P_{OS}}\right)$与纵波声压反射率 r_{SL}

$\left(r_{SL}=\dfrac{P_{rL}}{P_{OS}}\right)$随入射角 α_S 而变化。当 $\alpha_S=30°$左右时，r_{SS}很低，r_{SL}较高。当 $\alpha_S \geqslant 33.2°(\alpha_{Ⅲ})$时，$r_{SS}=100\%$，即钢中横波全反射。

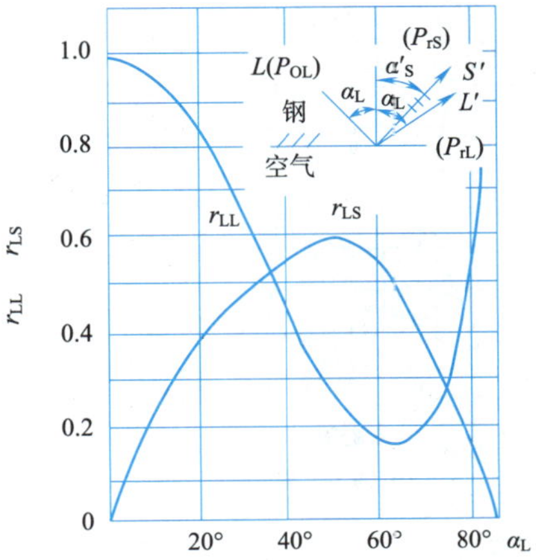

图 6-15 纵波 *L* 斜入射到钢/空气界面

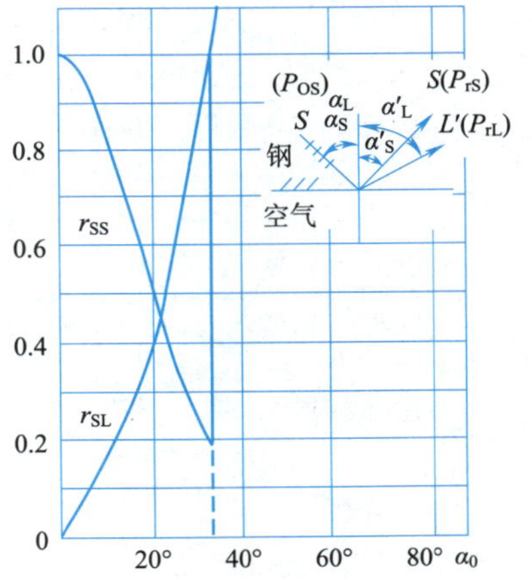

图 6-16 横波 *S* 斜入射到钢/空气界面

6.4.6 端角反射

超声波在两个平面构成的直角内的反射称端角反射，如图 6-17 所示。在端角反射中，超声波经历了两次反射，当不考虑波形转换时，二次反射回波与入射波互相平行 $L(S)//L'(S)$，且 $\alpha+\beta=90°$。

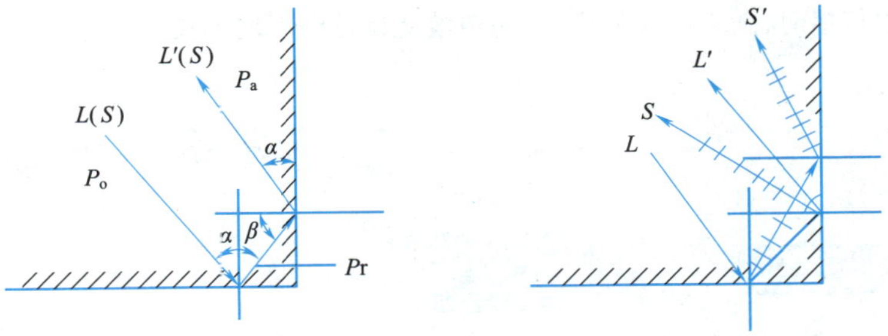

(a) 不考虑波型转换　　(b) 考虑波型转换

图 6-17 端角反射

回波声压 P_a 与入射波声压之比称为端角 P_0 反射率，用 $T_{端}$表示。

$$T_{端}=\frac{P_a}{P_0}$$

图 6-18 所示为钢/空气界面上铜中的端角反射率。

由图 6-18(*a*)所示可知，纵波入射时，端角反射率都很低，这是因为纵波在端角的两次反射中分离出较强的横波。

由图 6-18(*b*)所示可知，横波入射时，入射角 $\alpha_S=30°$或 60°附近时，端角反射率最低。

$\alpha_S=35°\sim55°$时，端角反射率达 100%。实际工作中，横波检测焊缝根部未焊透或根部裂纹情况就类似于这种情况，当横波入射角 $\alpha_S=$（等于横波探头的折射角）$=35°\sim55°$，即 $K=\tan\beta_S=0.7\sim1.43$ 时，检测灵敏度较高。当 $\beta_S \geqslant 56°$ 即 $K \geqslant 1.5$ 时，检测灵敏度较低。

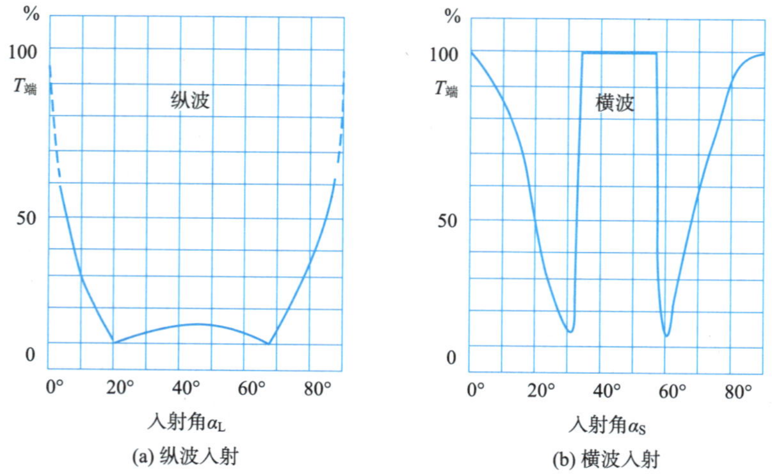

图 6-18　端角反射率

从图 6-18 所示还可以看出，$a_L(a_S)$ 在 0°或 90°附近时，无论是纵波还是横波，端角反射率理论上都很高，但实际上由于入射波、反射波在边界互相干涉而部分抵消，因此实际上这时检测灵敏度并不高。

任务五　超声波的衰减

超声波在介质中传播时，随着距离的增加，超声波能量逐渐减弱的现象称为超声波衰减。

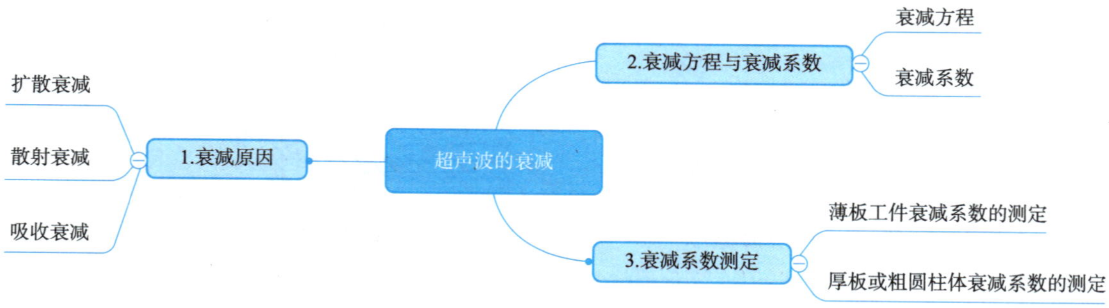

观察与思考

引起超声波衰减的主要原因是什么？衰减系数是如何测定的？接下来就对此内容进行学习。

6.5.1　衰减原因

引起超声波衰减的主要原因是波束扩散、晶粒散射和介质吸收。

1. 扩散衰减

超声波在传播过程中，由于波束的扩散，使超声波的能量随距离增加而逐渐减弱的现象称为扩散衰减。超声波的扩散衰减仅取决于波阵面的形状，与介质的性质无关。平面波波阵面为平面，波束不扩散，不存在扩散衰减。柱面波波阵面为同轴圆柱面。波束向四周扩散，存在扩散衰减，声压与距离的平方根成反比。球面波波阵面为同心球面，波束向四面八方扩散，存在扩散衰减，声压与距离成反比。

2. 散射衰减

超声波在介质中传播时，遇到声阻抗不同的界面产生散乱反射引起衰减的现象，称为散射衰减。散射衰减与材质的晶粒密切相关，当材质晶粒粗大时，散射衰减严重，被散射的超声波沿着复杂的路径传播到探头，在示波屏上引起草状回波（又称草波），使信噪比下降，严重时噪声会淹没缺陷波，如图 6-19 所示。

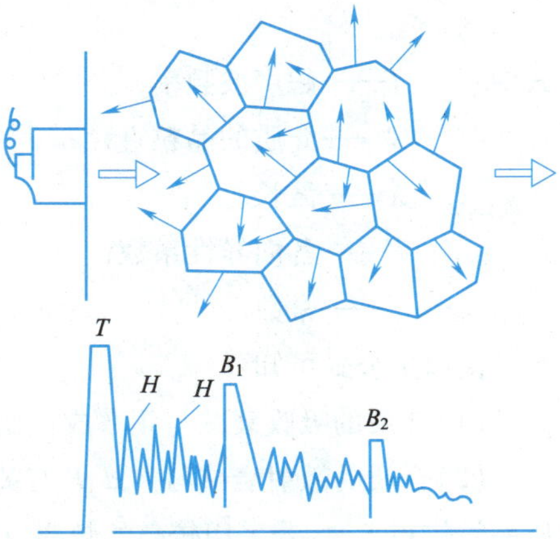

图 6-19 草状回波(草波)

3. 吸收衰减

超声波在介质中传播时，由于介质中质点间内摩擦（即黏滞性）和热传导引起超声波的衰减，称为吸收衰减或黏滞衰减。

除了以上三种衰减外，还有位错引起的衰减，磁畴壁引起的衰减和残余应力引起的衰减等。

通常所说的介质衰减是指吸收衰减与散射衰减，不包括扩散衰减。

6.5.2 衰减方程与衰减系数

1. 衰减方程

平面波不存在扩散衰减，只存在介质衰减，其声压衰减方程为：

$$P_x = P_0 e^{-ax} \tag{6-10}$$

式中：P_0——波源的起始声压；

P_x——至波源距离为 x 处的声压；

x——至波源的距离；

a——介质衰减系数，NP/mm；

e——自然对数的底（e = 2.718…）。

球面波与柱面波既存在扩散衰减，又存在介质衰减，它们的声压衰减方程分别为：

$$球面波：P_x = \frac{P_1}{x} e^{-ax} \tag{6-11}$$

$$柱面波：P_x = \frac{P_1}{\sqrt{x}} e^{-ax} \tag{6-12}$$

式中：P_1——至波源的距离为单位 1 处的声压。

2. 衰减系数

衰减系数 a 只考虑了介质的散射和吸收衰减，未涉及扩散衰减。对于金属材料等固体介质而言，介质衰减系数 a 等于散射衰减系数 a_S 和吸收衰减系数 a_a 之和。

$$a = a_a + a_S \tag{6-13}$$

$$a_a = c_L f$$

$$a_S = \begin{cases} c_2 F d^3 f^4, d < \lambda \\ c_3 F d f^2, d \approx \lambda \\ c_4 F / d, d > \lambda \end{cases} \tag{6-14}$$

式中：　f——超声波频率；

d——介质的晶粒直径；

λ——波长；

F——各向异性系数；

c_1, c_2, c_3, c_4——常数。

由以上公式可知：

(1)介质的吸收衰减与频率成正比。

(2)介质的散射衰减与 f、d、F 有关，当 $d<\lambda$ 时，散射衰减系数与 f^4、d^3 成正比。在实际检测中，当介质晶粒较粗大时，若采用较高的频率，将会引起严重衰减，示波屏出现大量草波，使信噪比明显下降，超声波穿透能力显著降低。这就是晶粒较大的奥氏体钢和一些铸件检测的困难所在。

对于液体介质而言，主要是介质的吸收衰减。

$$\alpha = \alpha_a = \frac{8\pi^2 f^2 \eta}{2\rho c^3} \tag{6-15}$$

式中：η——介质的黏滞系数；

ρ——介质的密度；

c——波速。

由上式可知，液体介质的衰减系数 α 与介质的黏滞系数和频率平方成正比，与介质中的密度和波速立方成反比。

由于 η、ρ、c 与温度有关，所以 α 也与温度有关。一般是 α 随温度的升高而降低，是因为温度升高，分子热运动加剧，有利于超声波的传播。

以上讨论说明，介质的衰减与介质的性质密切相关，因此在实际工作中有时可根据底波的次数和幅度来衡量材料衰减情况，从而判定材料晶粒度大小、缺陷密集程度、石墨含量以及水中泥沙含量等。

6.5.3　衰减系数测定

1. 薄板工件衰减系数的测定

对于厚度较小，上下底面互相平行，表面光洁的薄板工件或试块，可用直探头放在薄板表面，使声波在上下表面来回反射，在示波屏上出现多次底波。由于介质衰减和反射损失，使底波高度依次减少，如图6-20所示。其介质衰减系数按下式计算：

$$\alpha = \frac{20\lg(B_m/B_n) - \delta}{2(n-m)x} (\mathrm{dB/mm}) \tag{6-16}$$

式中：m, n——底波的反射次数；

B_m, B_n——第 m、n 次底波高度；

δ——反射损失，每次反射损失为(0.5～1.0)dB。

x——薄板的厚度。

式(6-16)没有考虑扩散衰减，因此现场应用时应根据薄板厚度来确定波的次数，使声波的传播距离在波束未扩散区内。

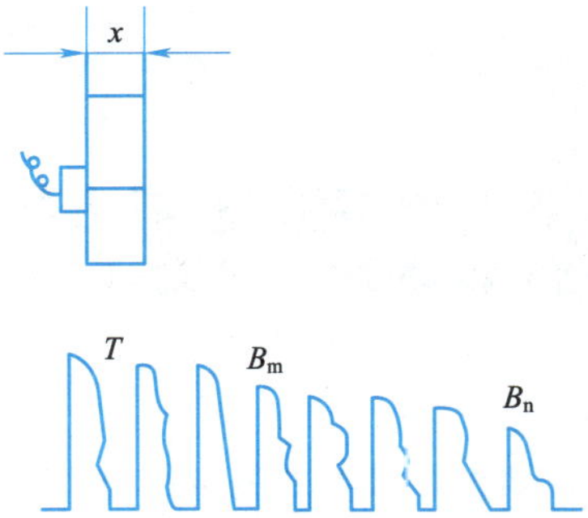

图 6-20 薄板工件衰减系数的测定

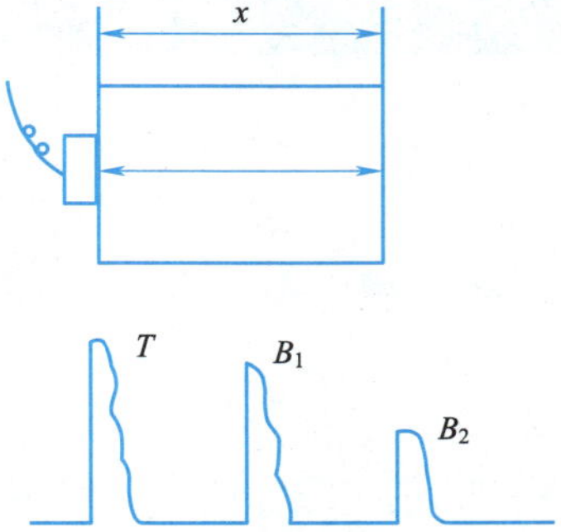

图 6-21 厚板工件衰减系数的测定

2. 厚板或粗圆柱体衰减系数的测定

对于厚度大于 200 mm 的板材或轴类零件，可根据第一、第二次底波高度来测定衰减系数，如图 6-21 所示。图中 B_1、B_2高度差由扩散衰减、介质衰减、反射损失引起。

这时介质衰减系数 a 按下式计算：

$$\alpha = \frac{20\lg(B_1/B_2) - 6 - \delta}{2x} \tag{6-17}$$

式中：B_1，B_2——第一、二次底波高度；

6——扩散衰减引起的分贝差；

δ——反射损失，每次反射损失为(0.5～1.0)dB；

χ——工件厚度。

举例：某工件厚度 $x = 500$ mm，测得 $B_1 = 80\%$，$B_2 = 20\%$，反射损失 $\delta = 0.5$ dB，则工件的衰减系数为：

$$\alpha = \frac{20\lg(B_1/B_2) - 6 - \delta}{2x}$$

$$= \frac{20\lg(80/20) - 6 - 0.5}{2 \times 500} = 0.005(\mathrm{dB/mm})$$

项目七

钢轨探伤原理的认知

超声波检测一般是指使超声波与工件相互作用,就反射、透射和散射的波进行研究,对工件进行宏观缺陷检测、几何特性测量、组织结构和力学性能变化的检测和表征,并进而对其特定应用性进行评价的技术。在特种设备行业中,超声检测通常指宏观缺陷检测和材料厚度测量。

学习目标

1. 掌握超声波探伤的基本方法及探伤要求。
2. 掌握钢轨伤损的分类及伤损形成的原因。
3. 掌握超声波探头的基本分类型号编制及主要性能。
4. 掌握钢轨常用试块以及钢轨焊接方式种类。

任务一　超声波探伤技术的认知

超声波检测技术是指利用超声几何物理性能对工件进行无损检测的技术,有周期、有目的地对钢轨进行检测,对钢轨全断面、正线、车场、试车线进行全面检测的方法。钢轨检测是评定钢轨质量的重要手段,也对列车安全运营有着重要的保障,探伤结果也是钢轨维修的重要依据。

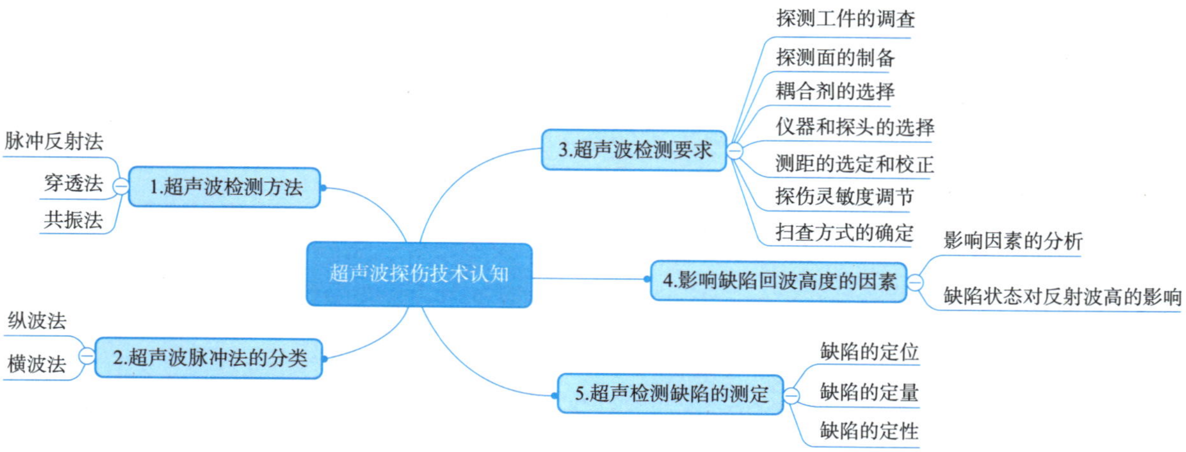

观察与思考

超声波脉冲法的分类有哪些？超声波检测的准备及要求有哪些？影响缺陷回波高度的因素是什么如何测定缺陷？接下来就对此内容进行学习。

7.1.1 超声波检测方法

1. 脉冲反射法

根据反射脉冲信号幅度及其在荧光屏上显示的位置来判断缺陷的方法，称为脉冲反射法。它是超声波探伤中应用最广泛的方法。图7-1所示为脉冲反射法的工作原理及缺陷显示方式。

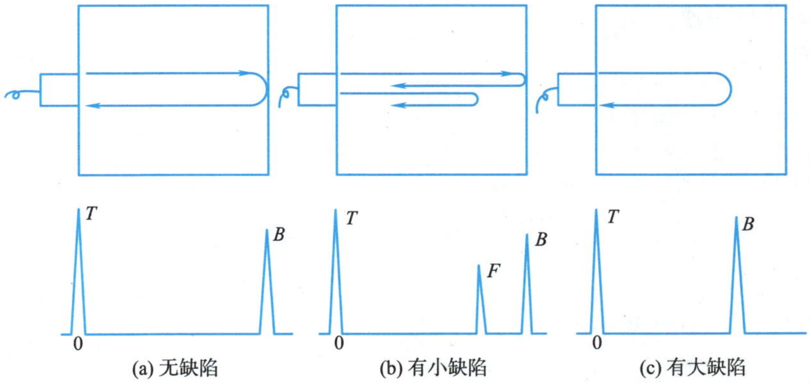

图7-1 脉冲反射探伤原理

脉冲反射法的优点是：适应范围广，探伤灵敏度高，缺陷定位准确，操作方便。缺点是：反射波受缺陷取向的影响，超声波在传播过程中衰减大，对近表面缺陷的探测能力差。

2. 穿透法

这是最早采用的超声波探伤方法。其原理是一个探头发射的超声波透过整个工件被另一个探头接收，根据超声波在工件中的能量变化来判断缺陷或工件质量。图7-2所示为穿透法的工作原理及缺陷显示方式。

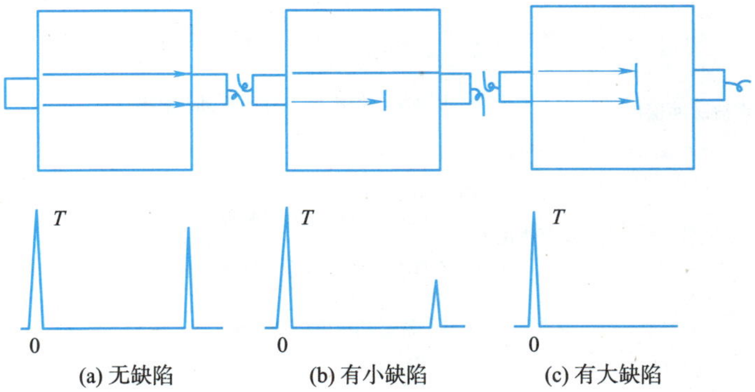

图7-2 穿透法探伤原理

穿透法的优点：工作中不存在探测盲区，超声波传播中衰减小，判定缺陷方法简单，适用于连续的自动化探伤。其缺点是：探伤灵敏度低，分辨力差，不能确定缺陷位置，一般需要专用的探头夹持装置。

3. 共振法

共振法是根据超声波在工件中产生共振的状况进行检测的方法，如图 7-3 所示。广泛用于对脉冲反射法不能探测的薄板厚度测定。其原理是当试件的厚度为超声波的半波长度或半波长度的整数倍时，由于入射波和反射波的相位相同而引起共振，仪器可显示出共振频率，用相邻的两个共振频率之差计算出工件厚度，则

$$\delta=\frac{c}{2(f_n-f_{n-1})} \tag{7-1}$$

式中：f_n——第 n 点的共振频率；

c——被检试件的声速；

δ——试件的厚度。

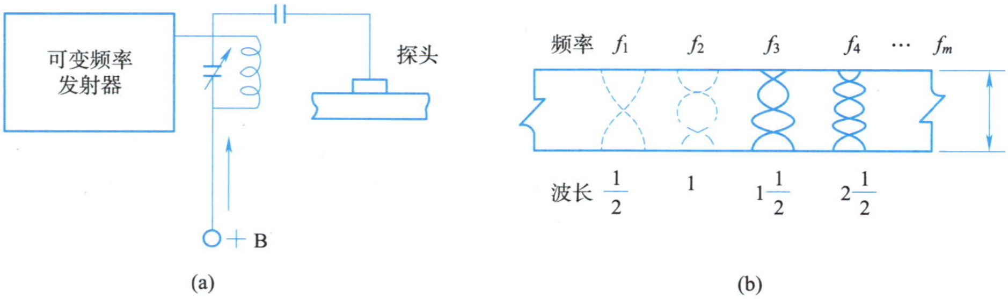

图 7-3　共振法测厚计方法原理

7.1.2　超声波脉冲法的分类

超声波探伤方法中除穿透法外，下述各种探伤方法（见图 7-4）均属于脉冲反射式探伤，现结合钢轨探伤实际，重点介绍纵波法和横波法。

- 超声波脉冲探伤
  - 单探头法
    - 直接法
      - 纵波法：内部缺陷，夹层粘接部位探伤
      - 横波法：焊接、板管材等探伤
      - 表面波法：表面缺陷探伤
      - 板波法：薄板、管材探伤
    - 水浸法：规则性工件的自动化探伤
  - 双探头法
    - 反射法：近距离的缺陷探测
    - 穿透法：衰减大的工件探测

图 7-4　超声波探伤方法分类

1. 纵波法

纵波是超声检测中应用最广泛的波形，其特点是利用压电换能器的厚度振动模式直接激发，根据纵波传播方向与工件入射界面法线夹角的关系，可以分为垂直入射纵波法（简称垂直法）和小角度入射纵波法。

1）垂直入射纵波法

纵波的传播方向与工件入射界面垂直（与工件入射界面法线夹角为零），超声波穿越界面后将仍与界面垂直地向前传播（没有折射现象发生）。根据缺陷性质和材质检验的需要，纵波垂直法又分一次脉冲反射法和多次脉冲反射法。

（1）一次脉冲反射法

当工件内无缺陷时，荧光屏只显示始波 T 和底波 B[见图 7-1（a）]，当工件内有较小缺陷或受探测条件限制，缺陷只遮挡声束的一部分时（如钢轨螺孔的单侧裂纹），荧光屏上除显示始波、底波外还显示缺陷波 F[见图 7-1（b）]，缺陷回波的幅度和位置与缺陷面积及离探测面距离有关。当缺陷大于声束直径且垂直于声束时，荧光屏上只显示始波和缺陷波[见图 7-1（c）]。

（2）多次脉冲反射法

这是依据工件底面反射波的次数及变化对工件质量进行检测的方法（见图 7-5）。

当工件内无缺陷时，在荧光屏上将显示底波的多次反射[见图 7-5（a）]，并随着声波往复多次，底波的幅度逐次递减。若工件内有较小的缺陷时，每次反射底波前，同时显示缺陷波[见图 7-5（b）]，如果缺陷遮挡了整个发射声束，荧光屏上将显示缺陷的多次反射波[见图 7-5（c）]，反射波的次数与发射声波的能量、缺陷的位置有关，在钢轨的探伤中，用 0°探头发现轨头至下颚间的水平裂纹常有这种显示。

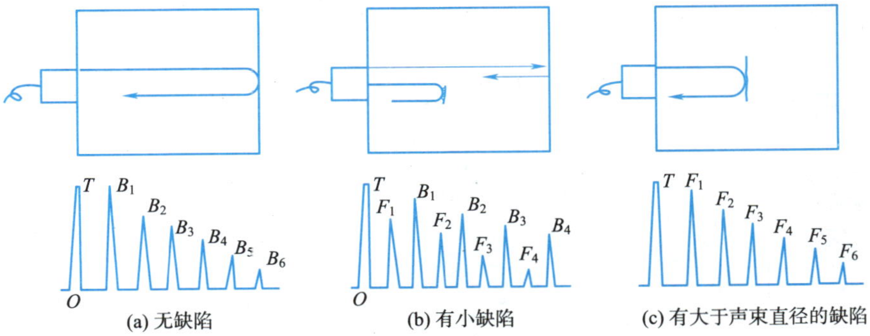

图 7-5　底面多次反射法原理

工件内存在吸收性缺陷（如疏松）时，发射声波被缺陷吸收，底波反射的次数明显减少或第一次反射底波后，能量全部消耗，这种显示在同类型批量工件检测中经常作为对材质的评估和工件底面光洁度、平整度的检验。钢轨探伤中发现 0°探头失（缩）底波引起的常报警，除纵向裂纹外，多数判断轨底（或轨腰）锈蚀严重，这种判断在某种意义上是依据上述原理的。

2）小角度入射纵波法

超声检测技术要求声束投射方向尽量与可能存在的缺陷的取向相垂直，以获得最佳的反射接收条件。在某些情况下，需要使入射纵波倾斜一个较小的角度，使进入被检工件中的折射波仍以纵波为主但有一定的折射角，以利于发现某些取向的缺陷。如钢轨探伤中选用的折射纵波为 18°，轨道车不解体轮轴的探伤中，选用纵波小角度探头都是采用纵波斜射法检测螺孔小角度裂缝和车轮镶入部位轴承座部位的裂缝。

纵波斜射法原理与横波斜射法相同，但折射声束方向的选取受到一定限制，因折射波中还有横波的成分，折射角越大则横波能量上升越大，因而影响探伤结果的评定。

2. 横波法

以纵波入射经过楔块及耦合等介质在工件内转换成横波进行探伤，称为横波法。因透入工件的横波与探测面形成锐角，故又称斜角法。

1）单探头法

单探头法是利用一个探头（包括双晶片探头）兼作发射和接收的探伤方法，主要适用于与声束垂直的片状或立体状缺陷的探测，对于与声束轴线倾斜的缺陷难于检测。在钢轨探伤中强调70°探头定期改变探测方向，就是为了避免与声束倾斜的核伤漏检。

2）双探头法

使用两个探头探伤的方法（见图7-6）能发现单探头法难以检测的缺陷。其中：并列式用于工件厚度薄或近表面缺陷检测，同样也有利于对与声束轴线不垂直的缺陷探伤。K形式和串列式主要用于对垂直于探测面缺陷的检测。交叉式多数运用于焊缝探伤，例如钢轨气压焊接头轨底三角区缺陷探测就是运用交叉式。而V形式除能发现与探测面平行的缺陷外，还可以测定工件表面耦合补偿值。

3）多探头法

指由两个以上探头组合进行探伤的方法。

例如，为解决钢轨焊缝的全断面探伤，铁科院金化所曾研制了多晶片组合的阵列式探头（见图7-7）。它的优点是自轨头至轨底的各不同部位均有一组收发探头对应，不用移动探头，只要按序按动琴键，即可由轨头至轨底全面扫查。

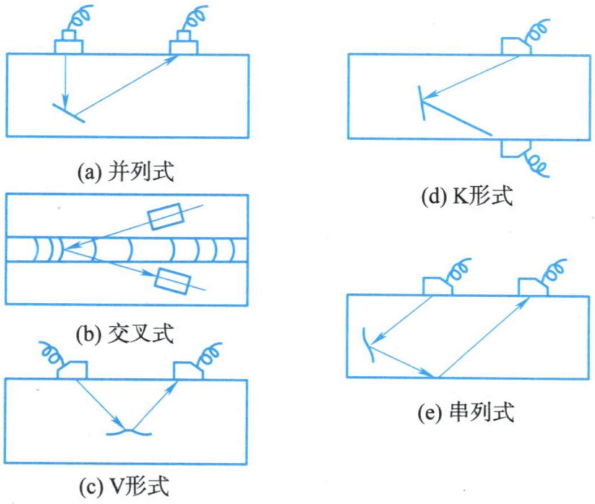

图7-6　双探头的排列形式图

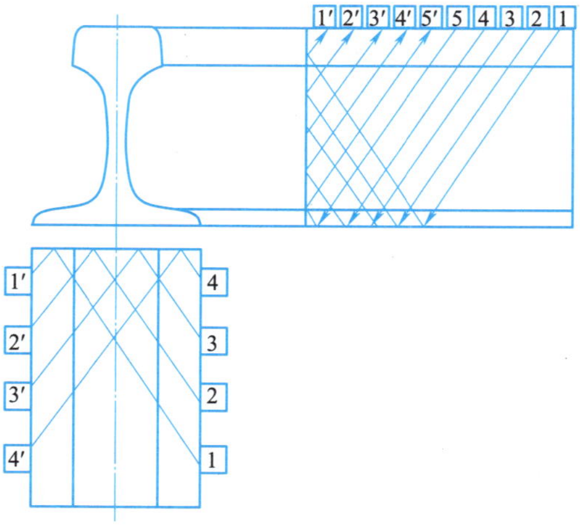

图7-7　阵列式探头检查钢轨焊缝示意图

7.1.3 超声波检测要求

1. 探测工件的调查

为了提高探伤结果的可靠性，探伤前应对被检工件的材料特性、热处理状态、制造工艺、表面情况、缺陷种类和形成规律以及受检部位的受力方向等进行调查。在调查的基础上确定探伤方法、探测部位和探伤时间。例如，钢轨铝热焊缝其强度只有钢轨母材的70%，焊接条件及工艺因素很容易产生缺陷，因而在常规探伤同时需要定期地对焊缝作全断面探伤。钢轨接头（尤其岔后引轨接头）受力状态不良，容易产生以螺孔裂纹为主的各类伤损，是钢轨探伤的重点，需要控制探伤速度，坚持慢走细看。

2. 探测面的制备

探测面的制备包含两个方面：一是选择探测面应尽可能保证被检部位均能受到超声波扫查，且能有效地发现和测定缺陷；二是尽可能避免不良的表面状态，例如剥落的氧化皮、黏着的异物、涂层、焊接飞溅物、高温处理后的表面和凹凸的曲面等，都会直接影响检测效果。钢轨探伤受工件限制只有一个探测面，即轨头顶面，焊缝探伤虽可利用轨脚坡面和轨腰，但探测面不可避免地存在局部的不良表面状态，需要在探伤前进行处理，尽可能排除和减小对探测的影响，以确保探伤质量。

3. 耦合剂的选择

施加于探头和探测面之间，以改善超声能量传递的液态介质称为耦合剂。其作用是消除空气间隙，确保声能传递，同时兼有减缓探头的磨损。为此，耦合剂的选择应满足以下要求：

（1）有足够的浸润性，容易附着在工件表面，以排除探头与工件间的空气薄层。

（2）声阻抗尽量与被检工件相差小，以提高透声性能。

（3）对人体无害，对工件无腐蚀作用，且易清除。

（4）来源方便，价格低廉。

机油为最常见的耦合剂，浸润性好，且具有较好的抗腐蚀能力，常用于粗加工零件的探伤或在试块上测试仪器性能之用。

水的来源方便，成本低廉，除水浸探伤必用外，被大量运用于流动工作或成批工件探伤，但也有其缺点，易流失，冬天易结冰，因而在钢轨探伤中应保证水量充足，东北各局在冬天探伤应在水箱内加入适量的防冻剂，以防冻结。

4. 仪器和探头的选择

1）探伤仪的选择

一般应选择垂直和水平线性好、分辨力强、灵敏度高、动态范围大、盲区小、衰减器精度高的仪器，但并非所有仪器都要求具有上述的良好性能，应根据探伤的实际需要选择探伤仪。例如钢轨探伤由于在野外作业，属流动探伤，探伤结果以定性为主，因而对灵敏度的要求特别高，同时必须具备多探头组合，多通道同时探伤的功能要求。钢轨探伤推行小车的机械性能应良好，体积小，重量轻，具有抗干扰和高低温性能好等特点。

2）探头的选择

（1）探头类型的选择。探头类型应根据被探工件的材料、工艺、受力状态以及可能产生缺陷的部位和方向、工件的几何形状和探测面情况进行选择，其原则尽可能使声束与缺陷反射面垂直，钢轨探伤因钢轨形状复杂，缺陷取向不一，在选择探头时既有纵波直探头，又有横波斜探头，采用多探头同时探伤，可最大限度地发现钢轨内各种不同取向的缺陷。

（2）斜探头K值的选择。按照尽可能使声束与缺陷垂直的原则，除考虑缺陷的取向外，应按工件的厚度选择探头，一般工件厚度较小时，选用较大K值，以便增大一次波的声程，避免近场区探伤。当工件厚度大时，选用小K值，以减少声程过大引起的衰减，便于发现远区的缺陷。表7-1所示为常用焊缝探伤的K值选择标准，可作为钢轨焊缝探伤时参考。

表 7-1　焊缝探伤斜探头的入射角、折射角和 K 值选择

工件厚度/mm	入射角度/(°)	折射角度/(°)	K 值
8 ~ 25	53 ~ 49	72 ~ 64	3.0 ~ 2.0
25 ~ 46	52 ~ 45	68 ~ 65	2.5 ~ 1.5
46 ~ 120	49 ~ 37	63 ~ 45	2.0 ~ 1.0

(3)探头频率的选择。频率的选择在很大程度上决定了探测能力,一般习惯于选用高频,因为频率高、声波波长短、声束窄、扩散角小、指向性和分辨力好,既能发现较小的缺陷,又能准确定位、定量。但它也有不足,穿透性能差,粗晶材料的晶界反射会干扰缺陷的检测。遇有探测面粗糙的工件界面时易散射,使声波不易透入工件;遇有不与声束垂直的片状缺陷时,反射的回波很有可能接收不到,因而频率的选择应有以下两条标准:

能发现最大距离内的最小缺陷,且尚有一定的灵敏度余量;有足够的信噪比,不产生妨碍识别缺陷的杂波。

5. 测距的选定和校正

1)测距的选定

测距是指探测范围,包含了探测声程和与此相应的水平距离、垂直深度,可根据被检工件的厚度、探伤方法以及选用的探头确定。

2)测距的校正

由于探头的楔块和保护膜的影响,需对测距进行校正,使时基线上每一刻度值能正确地代表实际的探测声程、水平距离和垂直深度,以便对缺陷准确定位。

(1)按声程校正。直探头:一般采用试块多次回波校正,选用试块厚度应小于工件厚度的 1/2,若选定测距为 250 mm,则可将直探头置于 CSK-IA 试块 A 的位置,探测深 100 mm 的底面,反复调节“深度微调”和“脉冲移位”(即水平移位),使第一次底波 B_1 和第二次底波 B_2 的前沿分别显示在刻度“4”和“8”上[见图 7-8(b)],则时基线全程为纵波 250 mm,每格代表 25 mm。

斜探头:一般选用 CSK-IA 试块校正,将探头入射点置于 $R100$ 圆弧的圆心,反复调节“深度微调”和“脉冲移位”旋钮,使 $R50$、$R100$ 圆弧回波的前沿分别显示在刻度“2”和“4”上[见图 7-8(c)],则时基线全程为 250 mm,每格代表 25 mm。

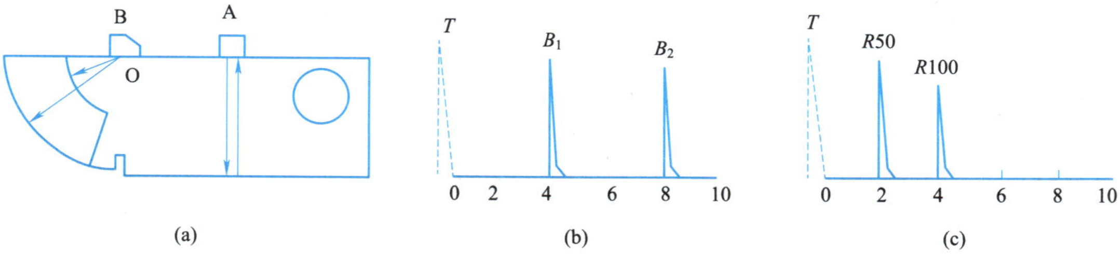

图 7-8　按声程校正测距原理

受探头的楔块和保护膜厚度影响,校正后的始脉冲 T 的前沿都越过“0”刻度。斜探头按声程校正,不便于对缺陷定位的计算,一般采用水平和深度校正测距。

(2)按水平校正。斜探头探伤时,常用 CSK-IA 试块上 $R100$、$R50$ 两个圆弧曲面校正水平测距。校正

前应先测定探头的入射点和折射角，通过三角函数计算将 $R100$、$R50$ 声程换算成水平距离。然后将探头的入射点置于 CSK-IA 试块上的 0 点[见图 7-8(a)]，使 $R100$、$R50$ 两个圆弧曲面回波达最高幅度，然后反复调节"深度微调"和"脉冲移位"，使两回波的前沿显示于计算值的时基线刻度上。

例如：某仪器需按 1∶10 水平测距校正时基线。已测得探头的折射角 $\beta=53.13°$，则水平距离：

$$L_1=50\times\sin 53.13°\approx 40(\text{mm})$$

$$L_2=100\times\sin 53.13°\approx 80(\text{mm})$$

按上述方法将 $R50$、$R100$ 两圆弧曲面回波前沿调节在时基线刻度"4"和"8"上。调好后的时基线每一刻度代表实际水平距离 10 mm，缺陷定位时，按回波显示的刻度，直读缺陷离探头入射点的水平距离。如果使用 K 值探头，把刻度值除以 K 值，可获得缺陷离探测面的深度。

(3)按深度校正。一般可按水平校正测距那样先算出 $R100$、$R50$ 声程所代表的深度，按上述方法进行深度校正。此外也可将探头置于 CSK-IA 试块厚度为 25 mm 的表面，分别用一次波和二次波测下边角和上边角的最高反射波，反复调节"深度微调"和"脉冲位移"旋钮，使两回波的前沿显示在时基线 2.5 和 5 的刻度上，校正后的测距代表相应比例的实际深度。

6. 探伤灵敏度调节

1)试块调节法

根据不同工件要求选定相应试块，利用试块中的人工反射体作基准来确定探伤灵敏度，这种方法容易比较相互的探测结果，简便直观，但需要加工大量试块，且需对试块与工件的材质、形状和表面光洁度作必要的补偿。

2)底面调节法

以工件底面作为基准反射体，将其底波调至规定的基准波高，以此进行探伤灵敏度调节。这种调节方法，虽不要进行材质和表面的补偿，但选择的部位不当或底面倾斜、锈蚀以及与其他零件接触时都会影响基准波高。因此钢轨探伤中以轨底作为 00 探头探伤灵敏度调节时就应注意上述影响。

3)灵敏度调整量的计算

无论是试块调节法，还是工件底面调节法都会存在调节量的计算，即应算出基准波高与实际缺陷相同波高的声压差，其公式如下：

$$\Delta \text{dB}=20\lg\frac{p_\text{f}}{p_\text{A}}$$

式中：p_f——被检测缺陷声压；

p_A——基准反射体声压。

根据计算结果作补偿，最后确定探伤灵敏度。为提高检测能力，防止漏检，在实际探伤中将基准灵敏度适当提高，提高后的灵敏度称为扫查灵敏度。钢轨探伤中以轨头端面(或平底孔)、螺孔和轨底底面为 70°、37°和 0°探头调节探伤灵敏度的基准，达基准波高后再提高一定量的 dB 值，所确定的探伤灵敏度也属于扫查灵敏度。

7. 扫查方式的确定

在进行超声波探伤时，探测面上的探头与被检工件的相对移动称为扫查。扫查时应考虑两个原则，一是保证工件的整个检查区有足够的声束覆盖；二是扫查过程中声束入射方向始终符合所规定的要求。为此扫查中应注意以下几个问题。

1）扫查速度

为了使缺陷回波能充分地被探头接收，扫查速度应适当，它取决于探头的有效尺寸和仪器的重复频率。探头有效直径愈大，重复频率愈高，扫查速度可以相应高些。钢轨探伤仪的重复频率约 500 Hz 左右，检查的速度一般为 2～3 km/h，超速检查容易导致漏检。

2）扫查幅度

为了保证工件的整个被检部位有足够的声束覆盖，探头扫查线的相邻距离应小于探头的有效直径，一般为探头有效直径的 70%，或应有探头宽度 10% 的重叠。

3）扫查力度

扫查过程中应给探头以适当和一致的压力，否则会导致耦合不良，致使探伤灵敏度不稳定。钢轨探伤不是用手持探头进行作业，而是通过探伤小车下的探头架压力实现探头与轨面的耦合，耦合情况的好坏，没有直接感受，因而对探头架的检查和保养显得十分重要。

4）扫查方向

探头的方向（尤其斜探头）应根据缺陷存在的规律进行布局和扫查，盲目改变扫查方向将影响缺陷检测能力。钢轨探伤中 70°探头在轨面上偏 20°角，37°和 0°探头必须置于轨面中央，其目的是提高对轨头疲劳区域核伤和轨腰范围（尤其螺孔）裂纹的检测。如果位置偏移、偏角不正都会造成声束无法射及缺陷或缺陷回波不能返回探头。所以在实际探伤中应随时调正探头位置。

5）扫查方式

图 7-9 所示为单探头的扫查方式，可作为钢轨焊缝全断面探伤借鉴。

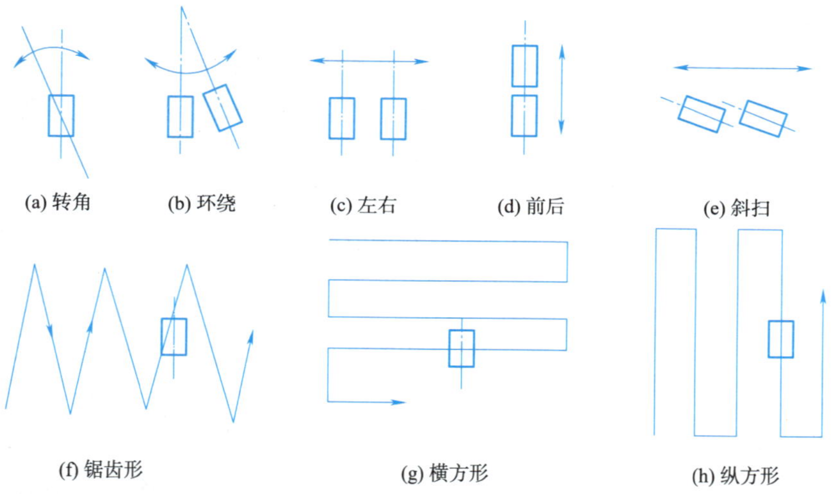

图 7-9　单探头的扫查方式

7.1.4　影响缺陷回波高度的因素

1. 影响因素的分析

分析和掌握影响缺陷波高的因素，不仅有利于对缺陷的正确评定，而且对实际探伤中分析和判断缺陷具有重要的指导意义。表 7-2 列出了影响缺陷波高的诸种因素，归纳起来有以下几个方面：

（1）缺陷本身的大小、形状、取向、表面状态及内含物性质及缺陷的位置。

(2)仪器和探头的特性及它们之间的连接和匹配。

(3)探测面的形状、粗糙度及工件的组织结构等。

表 7-2 影响缺陷反射波高的因素

图示	序号	项目	影响因素
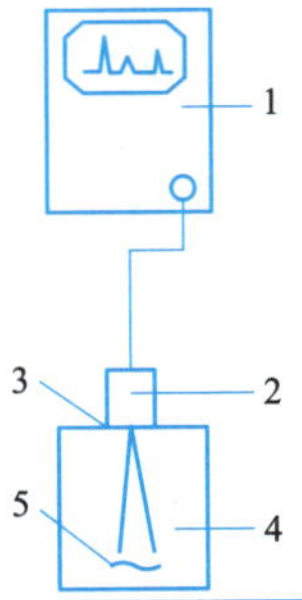	1	仪器	发射功率、频率、放大系数、抑制条件、重复频率、衰减器指标、补偿、盲区线性、分辨率和灵敏度
	2	探头	探头形式、晶片材料、尺寸、波束方向、扩散角
	3	耦合剂	耦合剂特性、耦合层厚度、温度及界面反射率
	4	工件	探测面形状、光洁度、组织结构、声速和衰减等
	5	缺陷	缺陷形状、取向和尺寸、缺陷性质及缺陷反射率

2. 缺陷状态对反射波高的影响

1)缺陷位置的影响

同一面积的缺陷,由于其位置不同,反射波高度也不同。在近场区内反射波的高低与声场能量分布有关。在远场区,随着距离增加,反射波高度下降,如图 7-10 所示。若距离相同,则缺陷愈大,反射波愈高。当缺陷面积大于声束截面时,声波全反射,反射波饱和,波高不再随缺陷面积的增大而变化。

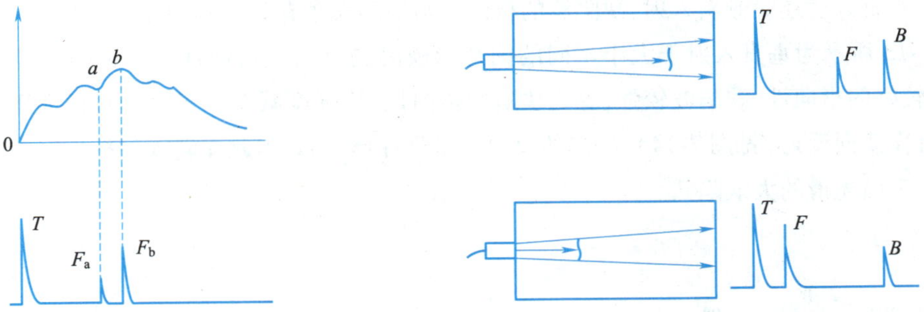

(a) 两个面积相同的缺陷在近场区不同点上的反射高度　　(b) 缺陷在远场区时，距离对波高的影响

图 7-10 缺陷的位置对反射波高度的影响

2)缺陷形状的影响

通常把缺陷的形状简化为圆片形、球形和圆柱形三种。根据各种规则形状缺陷波波高的近似计算,一般在探头一定、缺陷距离一定时,缺陷波高随缺陷直径的变化是:圆片形缺陷最快、长圆柱形缺陷最缓;在缺陷直径一定时,缺陷波高随距离的变化是:圆片形和球形较快,长圆柱形缺陷较缓;在缺陷距离和直径都相等时,缺陷波波高以长圆柱为最高,圆片形次之,球形最低。当缺陷很小时,缺陷的形状对波高的影响很小。

3)缺陷方向的影响

声波垂直于缺陷表面,反射波最高;若有倾斜角时,反射波降低。当倾斜角较大时,缺陷波接收不到,如图 7-11 所示。

用斜探头探伤时,有时不仅缺陷反射面不与声束轴成垂直,而且当获得缺陷的最大反射回波时,缺陷并不处于声束轴线上(见图 7-12),此时探头接收到的声压,受发射指向性与反射波指向性两者的共同影响。

由于缺陷方向对反射波高度的影响，为有效地发现钢轨内各种取向的缺陷，钢轨探伤仪均配置不同角度的探头同时探伤，增加小角度探头就是为了弥补37°探头对螺孔小角度裂纹难于发现的不足。

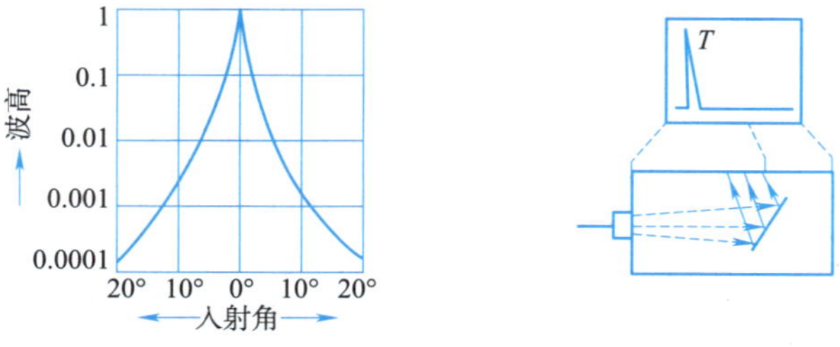

(a) 缺陷倾斜度与反射波高度的关系　(b) 缺陷倾斜角度大时对反射波高度的影响

图7-11　缺陷方向对反射波高度的影响

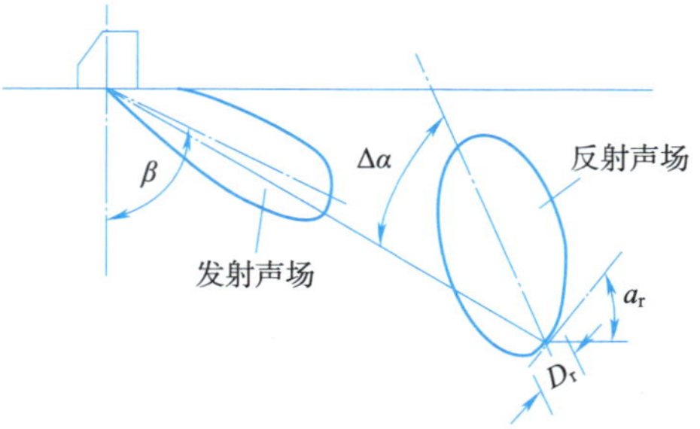

图7-12　发射指向性和反射指向性

4）缺陷表面粗糙度影响

声波垂直入射时，缺陷表面凹凸程度与波长的比值愈大，反射波愈低。凹凸不平的高度小于1/3波长时，反射能量约为光滑表面反射能量的90%以上。声波斜入射时，其结果与垂直入射相反。在钢轨探伤中遇有轨底锈蚀、坑洼时，0°探头缩底波报警，37°探头有时会产生轨底坑洼（或划痕）回波，表明了在不良轨底面上两种不同入射声波的相反结果。

5）缺陷波的指向性影响

无论垂直入射还是倾斜入射，缺陷波的指向性与缺陷大小有关，并随着缺陷大小不同而有很大差异。

图7-13所示为垂直入射于大小不同的圆片形缺陷的反射波指向性。当缺陷直径为波长的2～3倍时，具有较好的指向性，缺陷波较强，反之缺陷的指向性差，强度减弱。当缺陷直径大于波长3倍时，可以把缺陷看作镜面反射（见图7-14），缺陷的反射能量呈球形分布，因此在斜入射探伤时，小缺陷的检测能力不一定比表面光滑的大缺陷低。

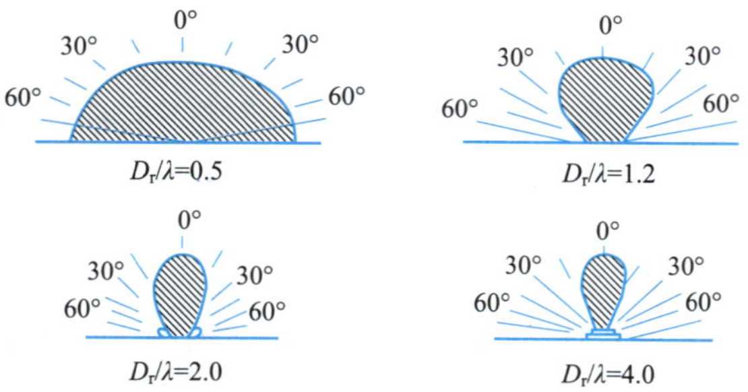

图7-13　圆片型缺陷波的指向性

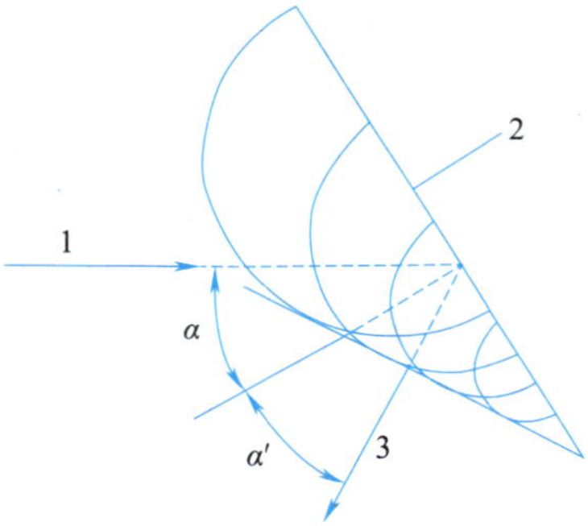

图7-14　声波在倾斜圆片处的反射

1—入射平面波；2—圆片；3—反射波

6）缺陷性质的影响

声波在界面的反射率是由界面两边介质的声阻抗决定的。基于这个原理，一般含有气体的缺陷，例如钢中的白点、气孔等，其声阻抗与钢的声阻抗相差大，声波的反射强。而非金属夹杂等缺陷，由于声阻抗与钢的声阻抗相差小，缺陷的反射波相应减弱，声波在缺陷上的透射和吸收明显高于白点、气孔等缺陷。

7.1.5 超声检测缺陷的测定

1. 缺陷的定位

测定缺陷在工件中的具体位置，称为定位。一般确定一个物体在空间的位置，应用三轴坐标描述，由于超声波探伤中，探头与缺陷间的相互关系，常用垂直高度和水平距离的二轴坐标确定缺陷的位置。

1）垂直法探伤的定位

垂直法探伤的定位比较简便，缺陷的水平位置就在探头入射点之下，只要测定缺陷在工件内的深度，即可对缺陷定位。当探伤仪显示声程测距时，基线刻度与声程的比例系数确定后，就可按缺陷回波的刻度值 m，测定其深度 $h=k\cdot m$。钢轨探伤仪接0°探头的五通道，因声程测距固定（$s=250$ mm，$k=25$ mm）所以P50轨底波显示在刻度6，P60轨底波显示在刻度7，缺陷的深度就可按声程比例系数和回波刻度进行换算。

2）斜角法探伤的定位

斜角法探伤的定位比较复杂，缺陷的水平位置不在探头入射点的法线上，需要通过三角函数关系，计算出缺陷的水平距离和垂直深度。

（1）声程换算法。当时基线按声程测距调节，就可以根据缺陷回波在荧光屏上的位置 m 和声程比例系数 k，得到缺陷距探头入射点的声程 s，然后按三角函数关系（见图7-15）计算出缺陷距工件表面的深度 h，以及缺陷在工件表面的投影点。距探头入射点 O 的水平距离 L。

（2）相对测定法。将探头分别在缺陷两侧移动（见图7-16），使缺陷的反射波显示在同一刻度上，并记下探头入射点在工件表面的位置（O，O'），缺陷的位置即在（O，O'）中点的下方。在20世纪60年代使用“四点定位法”确定钢轨核伤的位置就用此方法。

（3）直接定位法。当时基线按水平测距调节，即可根据缺陷回波位置 m 和比例系数 k 的乘积，直接测定缺陷距探头入射点的水平距离 L_a 缺陷的深度 $h=\dfrac{L}{\tan\beta}$，在钢轨探伤中常用基线定位法测定缺陷的位置和大小。由于时基线校正后，荧光屏上每一刻度代表的声程及换算水平、深度的比例系数一定，所以可按直接定位法测定核伤的位置和深度。

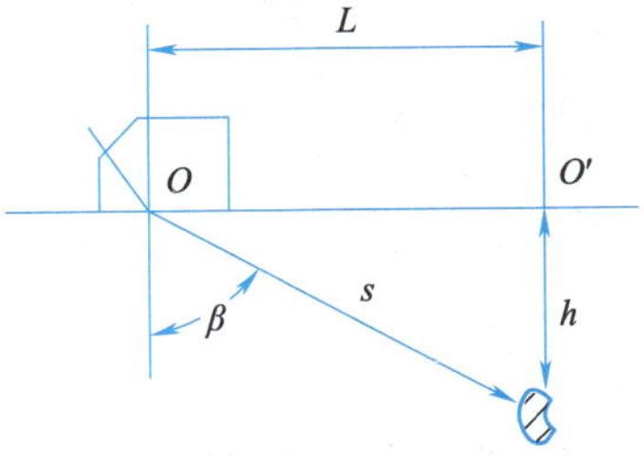

图7-15 声程换算法

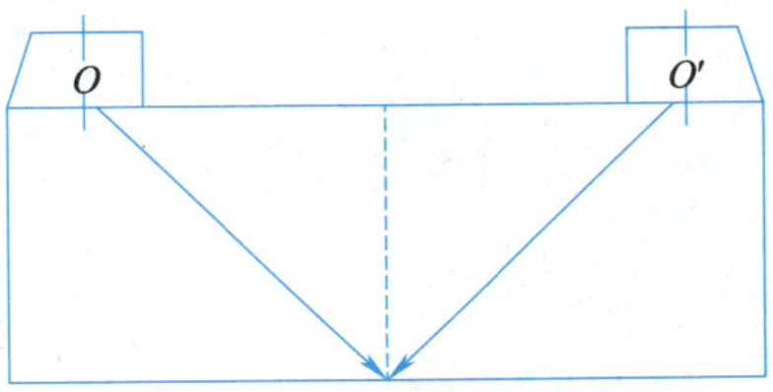

图7-16 相对测定法

$$h=s\cdot\cos\beta$$
$$L=s\cdot\sin\beta$$

2. 缺陷的定量

测定缺陷在工件内的大小和数量，称为缺陷的定量。根据缺陷状况其定量方法有以下三种。

1)以底波强度作基准的定量法

(1)百分比法。当工件底面大于声束截面积且缺陷回波未达到饱和时,以底波高为基准,使波高达到荧光屏的满幅,移动探头位置,在不改变灵敏度条件下,使缺陷波达到最高,分别记下缺陷回波和底波高度,由 F/B 求得缺陷的相对大小。使用此方法,不必考虑探头接触状态、探测面形状、材质、耦合等因素。其缺点是不能得到缺陷的真实大小,只是一个与底波相对的百分数,并要求仪器的动态范围和垂直线性良好。

(2)声压比法。缺陷波和底波高度与缺陷反射声压(p_f)和底面反射声压(p_B)成正比,而声压比又可用 dB 表示:

$$\text{dB} = 20\lg \frac{p_f}{p_B} = 20\lg p_f - p_B$$

因此,在配有衰减器的仪器中,当测知底波和缺陷波的相对分贝值,并求出两者之差后,根据图 7-17 即可换算出声压比 p_f/p_B,此值表示缺陷的大小。

2)以试块作比较的当量法

在一定的探测条件下,用某种规则的人工缺陷反射体尺寸来表征被检工件中实际缺陷相对尺寸的一种定量法,称为当量法。通常直探头以平底孔试块作比较,斜探头以横通孔或圆柱孔试块作比较,以试块人工缺陷作当量比较,要求试块的表面状态、材质、人工缺陷形状和位置尽可能与工件及其缺陷相近,同时,在仪器、探头的频率、发射、增益和灵敏度等条件相同时,才可能得到精度较高的当量值。如前所述,可利用规则形状的反射体或工件底面的反射波波高与缺陷反射波波高的关系,计算出缺陷的当量。

3)以声束指向为基础的延伸法

(1)半波高度法。半波高度法又称 6 dB 法(见图 7-18),首先找出缺陷最高波幅 A,然后移动探头,使缺陷两端边缘回波降至 $A/2$,根据探头中心在半波高度时的距离 b 确定缺陷的大小。

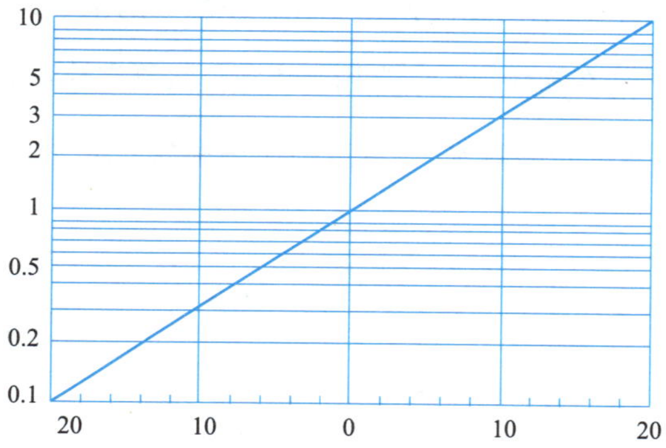

图 7-17 分贝与 p_f/p_B 换算表

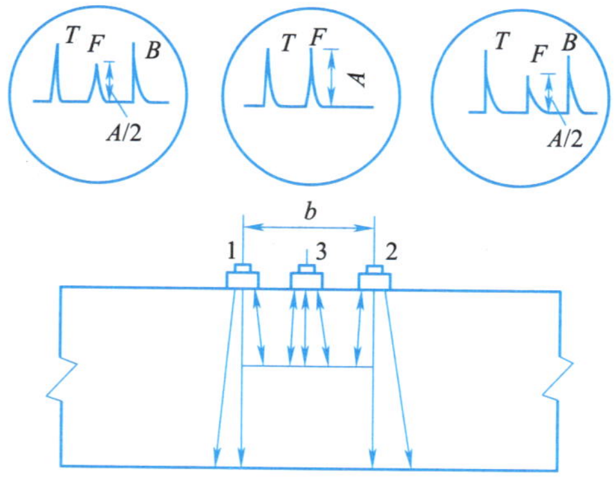

图 7-18 半波高度法探测缺陷大小

用斜探头测定缺陷垂直深度(见图 7-19)时,其方法基本与上述方法相同,只是前者以探头左右移动,后者以探头前后移动。若仪器时基线以深度校正测距时,可直接读出缺陷的高度比,如果按声程测距,则

$$h = h_2 - h_1 = (s_2 - s_1)\cos\beta = a\cot\beta$$

(2)全波消失法。如图 7-20 所示,探测时记下各个缺陷波消失时的探头中心所在的位置。探头在 3 位置缺陷波最高,在 1 及 2 位置,缺陷波开始消失,设 1 至 2 之间的距离为 L,扩散角为 θ,缺陷的深度为 h,则缺陷的大小 b 为:

$$b = L - 2a$$

$$a = h\tan\theta$$

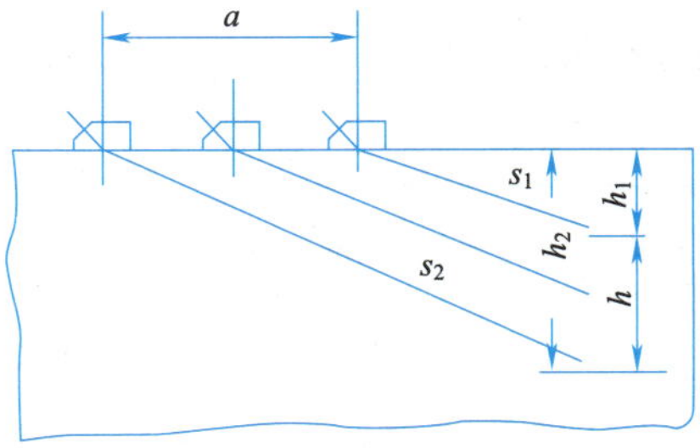

图 7-19 斜探头测定缺陷延伸长度

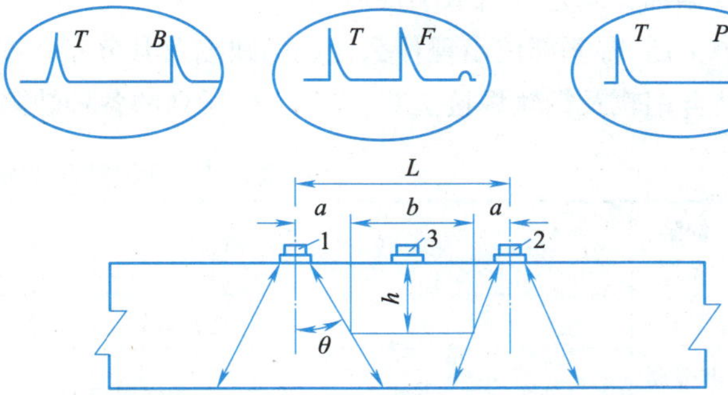

图 7-20 全波消失法测定缺陷大小

在钢轨探伤定量中，常采用全波消失法，由于钢轨探伤仪的动态范围小，垂直线性差，一般不作扩散角的修正。

(3)端点反射法。超声波射到缺陷时，除产生反射回波外，还激励缺陷形成一个新的辐射声源。在缺陷端点会产生比其他部位更大的辐射能量(见图 7-21)，因此在移动探头中应注意从最高波幅逐渐下降后的缺陷端点回波的加强信号。如在核伤定量中经常发现远点波形变粗的现象，便可依据远点波形变化作为核伤边缘端点位置。

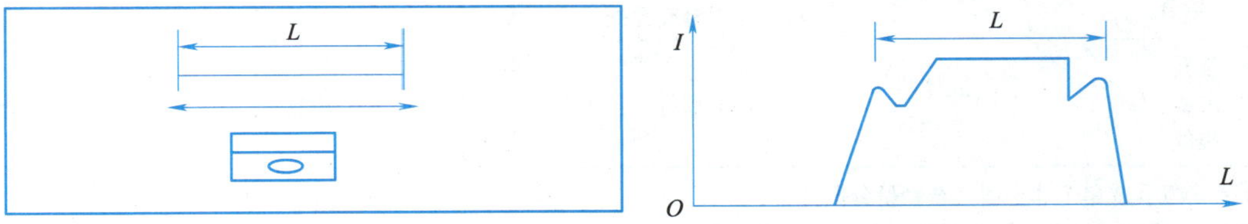

图 7-21 端点反射法测定延伸度

(4)端点峰值测长法。在测长扫查过程中，如发现缺陷反射波峰值起伏变化，有多个高点(见图 7-22)，则以缺陷两端反射波极大值之间探头的移动长度确定为缺陷的指示长度。

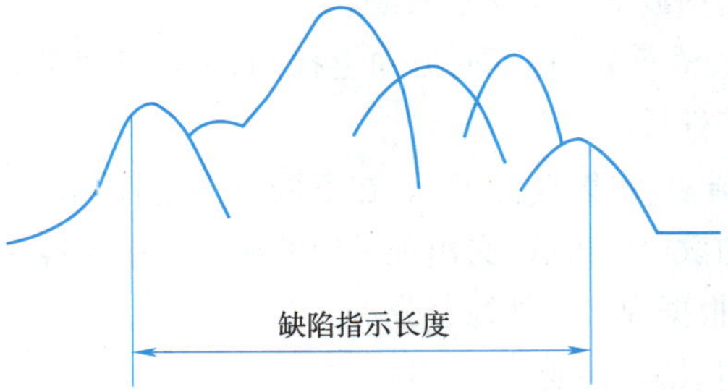

图 7-22 端点峰值测定

3. 缺陷的定性

缺陷的定性是评定工件是否符合质量要求的重要依据之一。目前广泛采用的脉冲反射式探伤中，由于回波特征和缺陷性质缺乏明显联系，因而对缺陷性质的评定比较困难，只有通过探伤人员的实践经验，结合工件加工工艺，缺陷特征、缺陷波、底波的变化规律及动态波形的变化对缺陷性质作综合判断。

1）根据加工工艺分析缺陷性质

一个工件，哪些部位出现什么性质的缺陷及其分布状况经常具有一定规律性，这种规律性取决于加工工艺。结合钢轨及钢轨焊接工艺，表7-3中所列的各种缺陷性质的分析可以借鉴。

表7-3　各种缺陷性质的分析

工件种类	缺陷名称	分布	形状	位置	大小	波形	敏感度	清晰度	数量	对底波影响
铸锻件	缩孔			浇冒口处	大	高		差		消失
	非金属夹杂物	密集分布	点状	铸件中部和浇冒口处	小	低		差	最后	降低
	白点	密集分布	圆或椭圆形	工件中心或截面最厚处	中	最高	敏感	好	少	降低或消失
	裂纹	密集分布	线状	应力集中处	（中）大		敏感	好		降低或消失
	气泡		点状							
	砂眼			浇冒口处或刚锭的汇合处	大	较高	敏感			影响大
	夹层疏松		平面状		小	高				降低或消失
焊接件	未焊接未熔合		线状或条状	中部和根部	大	高	敏感			
				器材与焊缝交界处	大	高	敏感			
	气孔 夹渣 裂纹		立体状或条状	各个部位	小 小 大	高 低 高	敏感			影响小

注：①单个气孔或单个非金属夹杂物呈分散分布；
②波高与缺陷的面积、厚度及缺陷介质的声阻有关；
③在50CII13内，有5个或更多缺陷者，为密集缺陷。

2）根据缺陷特征分析缺陷性质

（1）平面形缺陷（如裂纹、夹层、折叠等）。在不同方向上探测，缺陷回波高度显著不同。一般声束垂直于缺陷，回波高；平行于缺陷，回波低或无缺陷回波。

（2）点状缺陷（如气孔、小夹渣等）。在不同方向上探测，由于点声源反射的扩散，缺陷回波无明显变化，可依据这个规律确定其缺陷性质。

（3）密集形缺陷（如白点、疏松、密集气孔等）。在不同方向上探测，缺陷波基本呈相互毗连的密集波显示，有时因密集缺陷对声波的散射和吸收，会出现无回波显示。在焊料受潮或雨雾天焊接的钢轨铝热焊接缝中，容易产生此类情况，应根据焊接条件综合分析。

3）根据缺陷波波形特征分析缺陷性质

缺陷波波形包括缺陷波的波高、形状和密集程度，可按缺陷波的敏感性和清晰度进行分析。

（1）白点、裂纹、气孔等点、面状缺陷，反射回波高，波形清晰，且随着探头移动，缺陷波起伏很敏感。

（2）缩孔、夹渣或非金属夹杂物，声波在其缺陷表面除反射外，一部分声能透入夹层或被散射，缺陷波较弱，波幅较宽，或松散杂乱。移动探头时，缺陷波虽有变化，但很迟缓，有时只是左右滚动。

4）根据底波变化分析缺陷性质

当工件内存在缺陷时，超声波被缺陷反射，使底波高度降低或消失。因此，可利用底波的变化分析缺陷的性质，如图 7-23 所示。

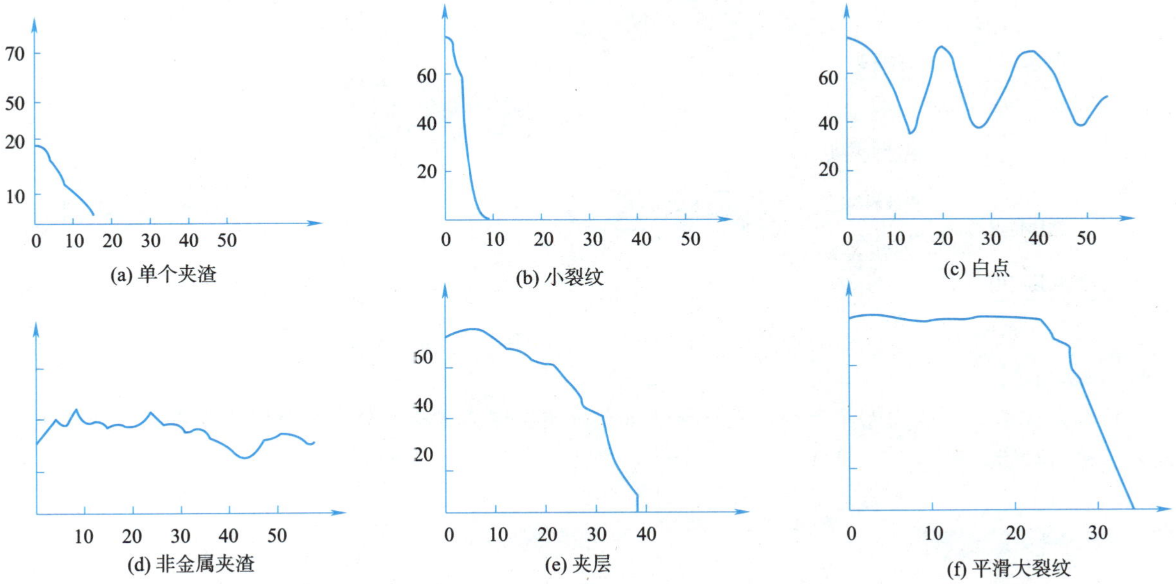

图 7-23　工件中常见缺陷的动态波动

（1）当缺陷波很强，底波消失或缺陷离探测面很近时，出现多次反射波，一般属夹层、裂纹等大面积缺陷。

（2）当缺陷波与底波共存时，可认为是点状缺陷，当缺陷波和底波都很低或两者都消失时，可认为是大面积倾斜缺陷或疏松等。

（3）当缺陷波互相毗连、高低不一、底波明显下降时，可认为是密集型缺陷，当出现“草状回波”时可以认为是内部组织晶粒粗大。

5）根据缺陷的动态波形分析缺陷性质

以上各条都是在静态波形的变化中分析缺陷性质。当探头处在动态条件下时，因缺陷性质不同，缺陷反射波也有不同的变化，依据动态变化分析缺陷性质比静态回波分析更符合实际。

动态波形变化分析缺陷性质的方法是，选用适当探伤灵敏度，先找到反射波最高的探头位置，然后前后左右移动探头，观察缺陷波波高的变化，以波高为纵坐标，探头移动距离为横坐标，绘出波高变化的波形包络线。

任务二　探头的认知

超声波探头，是超声波超声能量的电声转换器件，又称换能器。它是由金属外壳、压电晶片、阻尼块、保护膜等组成，是超声波检测设备中重要的组成器件，超声波探头性能直接影响钢轨探伤结果的准确性。

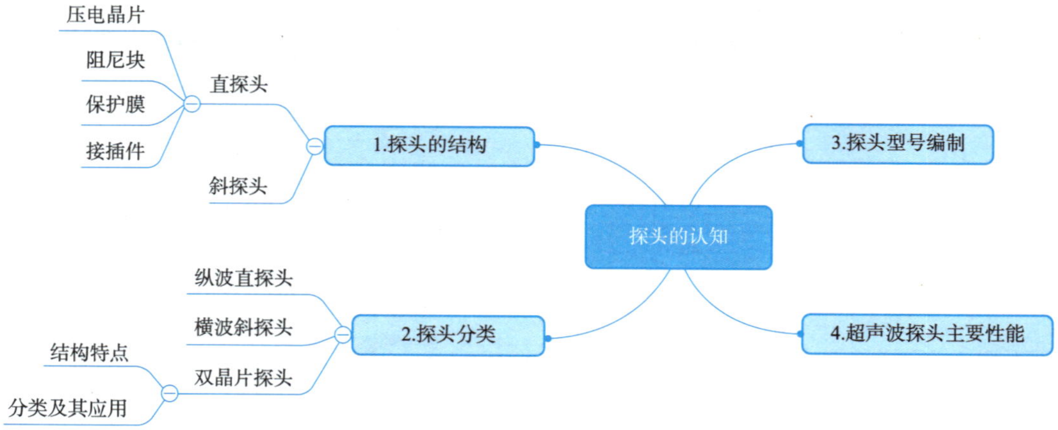

观察与思考

什么是探头？探头由哪几部分组成？探头如何分类？超声波探头的主要性能有哪些？接下来就对此内容进行学习。

7.2.1 探头的结构

视频

超声波探头1

超声波探头是发射或接收（或既发射又接收）超声能量的电声转换器件，又称换能器。该器件一般由接头、外壳、背衬、压电晶片、保护膜和楔块组成（见图7-24），多数探头中还有匹配线圈以便获得最大输出功率。有些新型探头内装有放大器件，以获得更好的探伤效果。

1. 直探头

指垂直发射和接收超声纵波的探头，其结构组成元件如图7-24(a)所示。

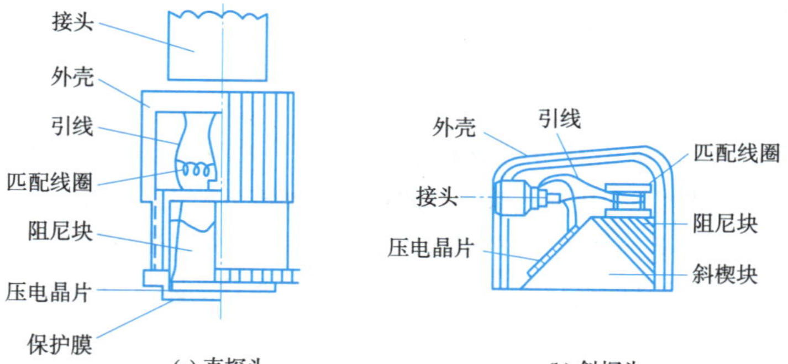

(a) 直探头　(b) 斜探头

图7-24　接触式探头的结构示意图

1)压电晶片

前面已表述了压电晶片的作用，它是通过电能和声能相互转换实现超声波的发射和接收。压电晶片的材料由石英、硫酸锂等单晶材料和钛酸钡、锆钛酸铅等多晶陶瓷材料制成，钢轨探伤所用的探头晶片多数属锆钛酸铅。

压电晶片的振动频率（即探头的工作频率）取决于晶片厚度和超声波在晶片材料中的传播速度，通常晶片厚度为该晶片共振波长 λ 的 1/2，晶片厚度 T_G 由下式求得：

$$T_G = \frac{c}{2f}$$

2）阻尼块

与晶片或楔块组合具有高阻尼效率的块状态物体称为阻尼块。其作用是阻止晶片的惯性振动和吸收晶片背面幅射的声能，从而减小脉冲宽度和杂波信号干扰。通常用钨粉和环氧树脂或其他特种材料按一定比例配制而成。

3）保护膜

为使探头在与工件接触移动中不损坏晶片，常在晶片前面附一层保护膜。保护膜有硬质保护膜（如陶瓷、金属片等）和软质保护膜（如有机玻璃、聚氨脂薄膜、尼龙等），硬质保护膜虽耐磨但耦合条件要求高，透声性能差。软质保护膜一般比硬质保护膜的透声性能高 3 ~ 5 倍，且具有很好的耦合条件，为此对探测面光洁度较差的工件多数使用软质保护膜，钢轨探伤使用的探头保护膜一般选用尼龙 1010 材料，其衰减系数为 5 dB/cm 左右，具有良好的透声性。

4）接插件

探头须用高频电缆与探伤仪连接。为消除外来电波对探头内激励脉冲和回波脉冲的干扰，防止高频脉冲以电波形式向外辐射，常用同轴电缆作高频电缆，但这种电缆比一般电缆脆弱，弯曲过大易损坏，使用时应多加注意。

2. 斜探头

进行斜射探伤用的探头主要用于横波探伤，如图 7-24（b）所示。它与直探头的不同就是多了一块透声的斜楔。其作用有两方面：一是产生波形转换，主要将纵波转换成横波，也可转换成表面波和板波，转换的波形取决于斜楔的倾角；二是使斜楔内多次反射声波不返回晶片处，以减少杂波的干扰。常见楔块前部和上部的消声槽就是减少杂波的措施之一。斜楔的常用材料是有机玻璃，它具有加工方便，衰减系数适宜的优点。

7.2.2 探头分类

为适应各类工件和各种探测方式的需要，探头的种类很多，分类方式也各不相同，按其用途和结构可作以下分类，如图 7-25 所示。

在上述各类探头中，主要介绍常用的纵波直探头、横波斜探头的作用和双晶片探头的结构特点。

视频

超声波探头2

1. 纵波直探头

纵波直探头主要用以探测基本平行于探测面的平面型或体积型缺陷，除按频率和晶片尺寸划分系列外，还针对不同频率响应（频谱）分为宽频探头和窄频探头，前者灵敏度高，后者分辨力高。

2. 横波斜探头

横波斜探头主要用于探测与探测面成一定角度的缺陷，广泛用于焊缝、管材等的探伤。横波斜探头的表示方式有三种，即入射角 α、折射角 β 和 K 值。为与国际上的表达方式接轨，标准《钢轨超声波探伤仪》（TB/T 2340—2012）中已将钢轨探伤使用的横波斜探头统一用折射角表示。常用横波斜探头的折射角 β、入射角 α 和 K 值的关系见表 7-4 。

- 超声波探头
  - 按波形分
    - 纵波探头
    - 横波探头
    - 表面波探头
    - 板波探头
  - 按频谱分
    - 宽频探头
    - 窄频探头
  - 按耦合方式分
    - 直接接触探头
    - 间接接触探头（液浸探头）
  - 按波束状态分
    - 聚焦探头
    - 非聚焦探头
  - 按晶片数分
    - 单晶片探头
    - 双晶片探头
    - 多晶片探头
  - 按波的传播方向分
    - 直探头
    - 斜探头
    - 可变角度探头

图 7-25　超声波探头

表 7-4　常用横波斜探头的折射角 β、入射角 α 和 K 值

β	37°	45°	56.3°	63.4°	65°	70°
α	30.6°	36.7°	44.7°	49.1°	50°	52.6°
K 值	0.8	1.0	1.5	2.0	2.1	2.7

表中所列 β 为钢中横波折射角，α 为有机玻璃的纵波入射角，由于钢和有机玻璃的材质不同，温度及探头制作工艺不同，实测值和标称值、理论计算值也会有差异，一般均以实测 K 值为准计算出相应的入射角 α 和折射角 β。

3. 双晶片探头

1）结构特点

双晶片探头又称联合双探头或分割式探头（见图 7-26），它由两片晶片、两块延迟块、软木隔声层、阻尼块、探头、外壳和接插头组成。

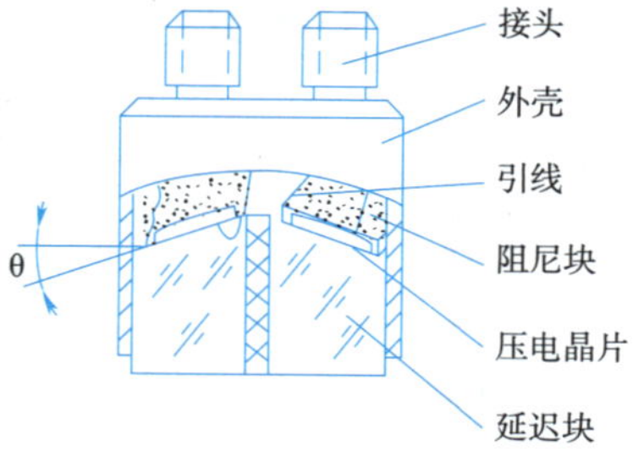

图 7-26　双晶直探头

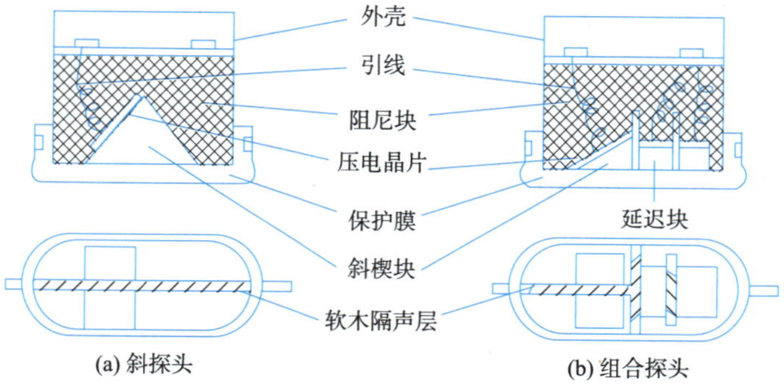

图 7-27　钢轨探伤所用的双晶片探头结构示意图

（1）两片晶片分别粘贴在软木隔声层两侧的延迟块上，一片作为发射，一片作为接收。其优点是减小纵波单晶探头存在的阻塞，提高对近场区的探测能力，还可以根据探测的需要使两延迟块有一定的倾角，使声束能量集中在所需区域。

（2）两片晶片之间用软木隔声层隔开，防止发射声波直接串入接收晶片，由于软木材质和厚度的差异

以及工艺因素，还会在收发间产生一定的声泄漏，引起探头内的噪声，测定探头的楔内回波在某种意义上就是检验其声泄漏程度。

2)分类及其应用

双晶片探头可分为双晶直探头和双晶斜探头。双晶斜探头又分双晶纵波直探头和双晶横波斜探头。钢轨探伤仪配置的直探头属双晶纵波直探头，37°和70°属双晶横波斜探头[见图7-27(a)]，新增的小角度探头(p-18°)属双晶纵波斜探头，而0°+37°组合探头是双晶直探头和双晶斜探头的组合[见图7-27(b)]。由于钢轨探伤的特殊条件，探头性能的稳定性和保护膜的耐磨性都有比较高的要求，探头内的阻尼比较强，多数探头加有匹配线圈以减少杂波，其中0°探头的阻尼大于斜探头，有利于对纵向裂纹的检测。各探头的声束交汇区一般在声程为80~100 mm区域，有利于对螺孔裂纹的探测。

7.2.3 探头型号编制

探头的型号项目的排列顺序应由基本频率、晶片材料、晶片尺寸、探头种类和探头特征组成。

(1)基本频率：用阿拉伯数字表示，单位为MHz。

(2)晶片材料：用化学元素缩写符号表示，例如“P”表示锆钛酸铅陶瓷、“B”表示锆钛酸钡陶瓷。

(3)晶片尺寸：用阿拉伯数字表示，单位为mm。其中圆晶片用直径表示，方晶片用长×宽表示，双晶片探头用分割前的晶片尺寸表示。

(4)探头种类：用汉语拼音缩写字母表示。例如直探头的代号为“Z”，斜探头的代号为“K”和“X”(即用*K*值和折射角表示)。

(5)探头特征：用斜探头在钢中折射角正切值(*K*值)或折射角用阿拉伯数字表示，折射角单位为度。

探头型号表示如图7-28所示。

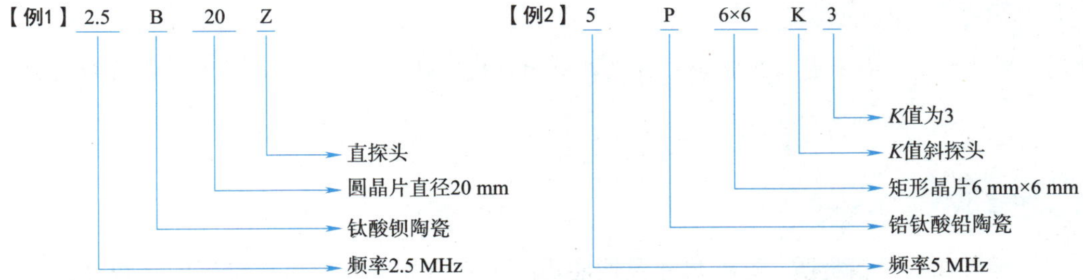

图7-28 探头型号示意图

7.2.4 超声波探头主要性能

按标准《超声探伤用探头性能测试方法》(JB/T 10062—1999)的规定，探头的主要性能有相对灵敏度、始波宽度、回波频率、声轴偏移(或偏斜角)、声束宽度、距离幅度特性以及斜探头折射角、双晶片探头楔内回波幅度和声束交区宽度等。探头的主要技术指标定义如下：

(1)相对灵敏度：被测探头与同频率的石英晶片固定试块在回波高度相同情况下的差值。

(2)始波宽度：始脉冲起始点(前沿)和结束点(后沿)之间的间距。

(3)回波频率：回波在时间轴上进行扩展观察所得到的峰值间隔时间的倒数。

(4)声轴偏移：探头理论声轴线与实际声轴线偏差量。

（5）声束宽度：用 6 dB 法测出的声束宽度。

（6）距离幅度特性：探伤仪的接收放大电路对不同深度上的反射体回波产生不同放大的特性。

（7）斜探头折射角：斜探头折射声波与法线的夹角。

（8）探头楔内回波幅度：斜探头楔块内的反射回波幅度。

任务三　钢轨探伤试块的认知

用于鉴定超声检测系统特性和探伤灵敏度的样件称为试块。它和超声波探伤仪探头一样是探伤中不可缺少的工具。主要用途有以下几条：确定探伤灵敏度，校准仪器时基线，评估缺陷大小，测量衰减系数和表面补偿，校验、测定仪器和探头的综合性能（包括组合灵敏度、垂直线性、水平线性、盲区、分辨力和距离幅度特性等）。按制作的来历和钢轨探伤的实际需要，试块分为标准试块、对比试块和专用试块三类。

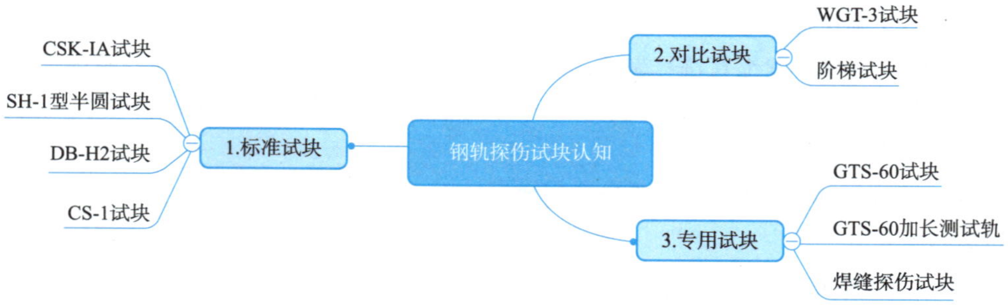

观察与思考

试块有哪些分类？什么是标准试块？什么是对比试块？什么是专用试块？接下来就对此内容进行学习

7.3.1　标准试块

视频：超声波探伤试块1

标准试块是指材质、形状、尺寸及性能均经主管机关或权威机构检定的试块，用于对超声检测装置或系统的性能测试及灵敏度的调整（如 IIW 试块是荷兰人在 1955 年首先提出，1958 年国际焊接学会通过的标准试块，故又称荷兰试块）。现将钢轨探伤仪中常用的国家标准试块 CSK-IA、SH-1、DB-H2 和 CS-1 简介如下。

1. CSK-IA 试块

CSK-IA 试块（见图 7-29）是标准《承压设备无损检测 第 3 部分：超声检测》（NB/T 47013.3—2015）规定的试块，它与国际标准试块 IIW 相比有以下三处不同：一是将 $R100$ 圆曲面改为 $R50$、$R100$ 阶梯圆曲面，可同时获得两个反射回波，校正横波扫描速度；二是将 $\phi50$ 孔改为 $\phi40$、$\phi44$、$\phi50$ 台阶孔，有利于测定斜探头的分辨力；三是将折射角改为 K 值。其用途有以下几条：

（1）利用厚度 25 mm 测定探伤仪的水平、垂直线性和动态范围。

（2）利用厚度 25 mm 和高度 100 mm 调整纵波探测范围。

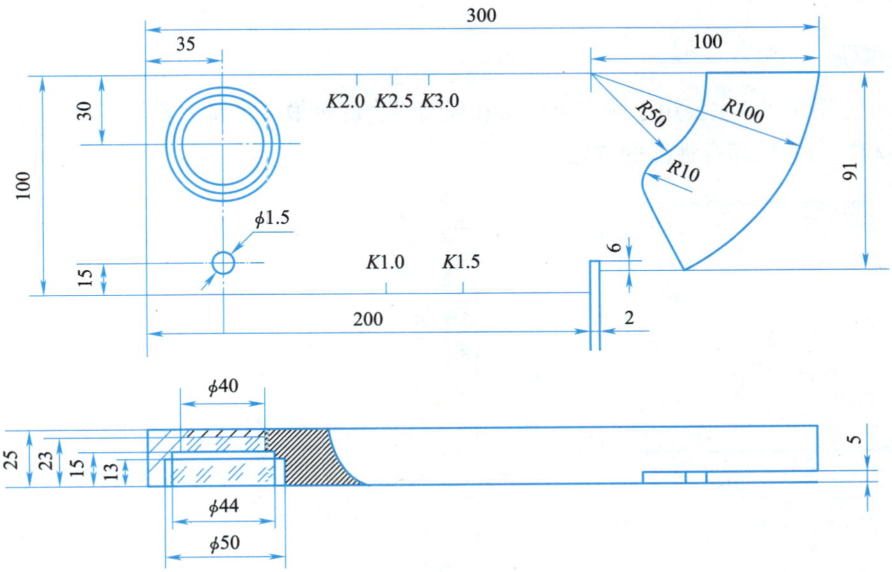

图 7-29 CSK-IA 标准试块

(3)利用 $R50$ 和 $R100$ 校定时基线或测定斜探头的入射点。

(4)利用高度 85 mm、91 mm、100 mm 测定直探头分辨力。利用 $\phi40$、$\phi44$、$\phi50$ 曲面测定斜探头分辨力。

(5)利用 $\phi50$ 曲面 A 和 $\phi1.5$ 横孔测定斜探头 K 值。

(6)利用有机玻璃块测定直探头盲区和穿透力。

(7)利用高度 91 mm(纵波声程 91 mm 相当于横波 50 mm),调节横波 1:1 扫描速度,配合 $R100$ 作零位校正。

(8)利用试块直角棱边测定斜探头的声轴偏斜角。

2. SH-1 型半圆试块

SH-1 型半圆试块(见图 7-30)具有精度高、用途广、体积小、携带方便等优点。可测定仪器的水平线性、垂直线性和校正零点,调整测距,测定斜探头的入射点、折射角及调整探伤灵敏度。

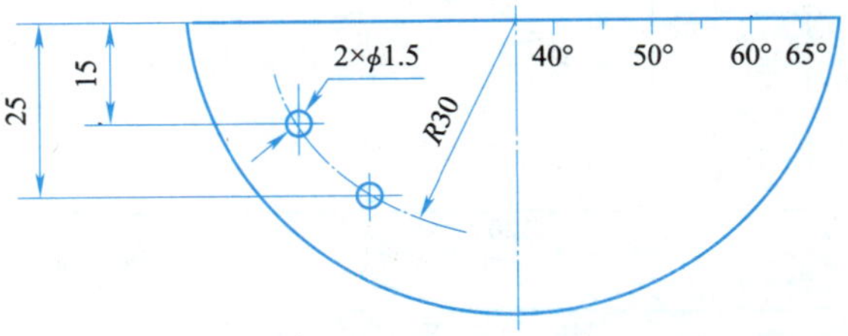

图 7-30 SH-1 型半圆试块

3. DB-H2 试块

DB-H2 试块(见图 7-31)主要用于测定斜探头的距离幅度特性,按标准规定,37°探头的距离幅度特性也利用该试块测定。

4. CS-1 试块

CS-1 试块(见图 7-32)主要用于测定直探头和仪器组合的灵敏度余量。若具有该系列的配套试块,同样可进行仪器和探头各项综合性能的测定。

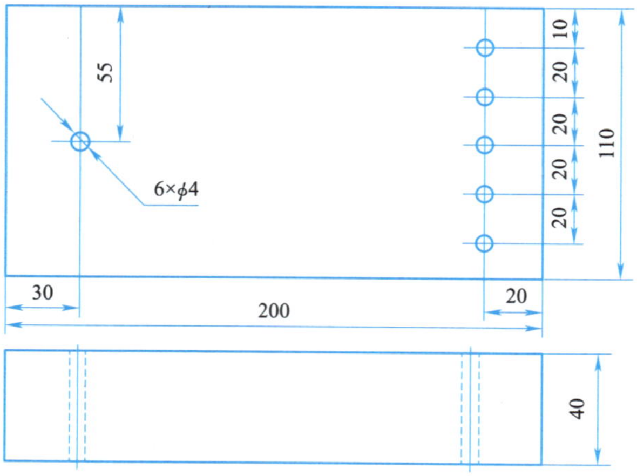

图 7-31　DB-H2 试块

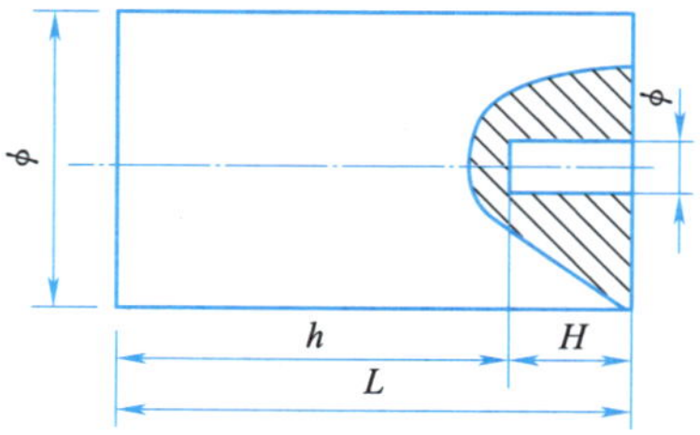

图 7-32　CS-1 试块

7.3.2　对比试块

视频

超声波探伤试块2

对比试块是指调整超声检测系统灵敏度或比较缺陷大小的试块。一般采用和被检材料特性相似的材料制成。

1. WGT-3 试块

WGT-3 试块(见图 7-33)主要用于测定斜探头的距离幅度特性和楔内回波幅度。也可作为 37°和 70°探头灵敏度余量的测定。

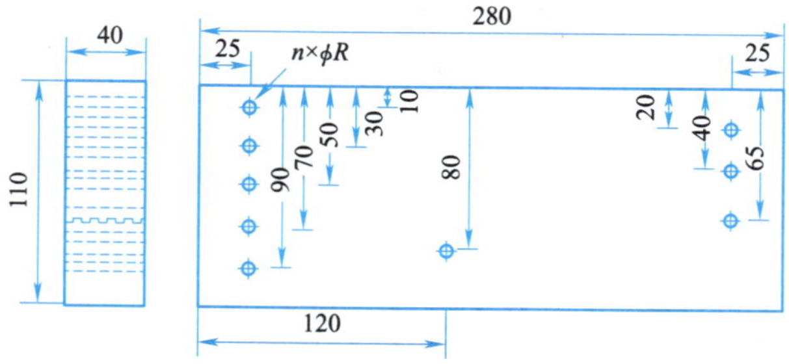

图 7-33　WGT-3 试块

2. 阶梯试块

阶梯试块(见图 7-34)主要用于测定 0°探头(即直探头)的距离幅度特性。

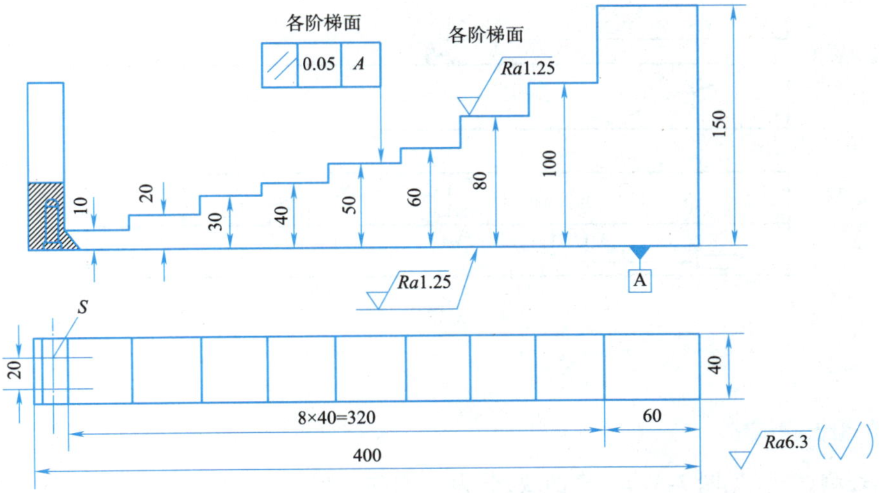

图 7-34 阶梯试块

7.3.3 专用试块

专用试块是指用钢轨制作,专供钢轨探伤灵敏度校验用的试块,也属于对比试块。

1. GTS-60 试块

GTS-60 试块(见图 7-35)是铁道部在全路推荐的对比试块之一,主要用于钢轨探伤仪各探头静态灵敏度余量和信噪比的测试,同时也可作为动态条件下对各探头检测性能的检验。其中轨头中设有 $\phi4$ 平底孔和 $\phi3$ 横孔,两者都是检验 70°探头的探测性能,检验结果具有相同意义。如图 7-36 所示,当 70°探头置于距轨端约 225 mm 处的中心线附近,并向有孔的一侧偏 20°或 14°扫查可获得 $\phi4$ 平底孔的最高反射波。用相同方法,在轨头另一侧距横孔约 175 mm 处扫查,可获得 $\phi3$ 横孔的最高反射波,其波高与 $\phi4$ 平底孔的最高反射波高大致相等。在测定 70°探头静态灵敏度余量时一般用 $\phi4$ 平底孔。

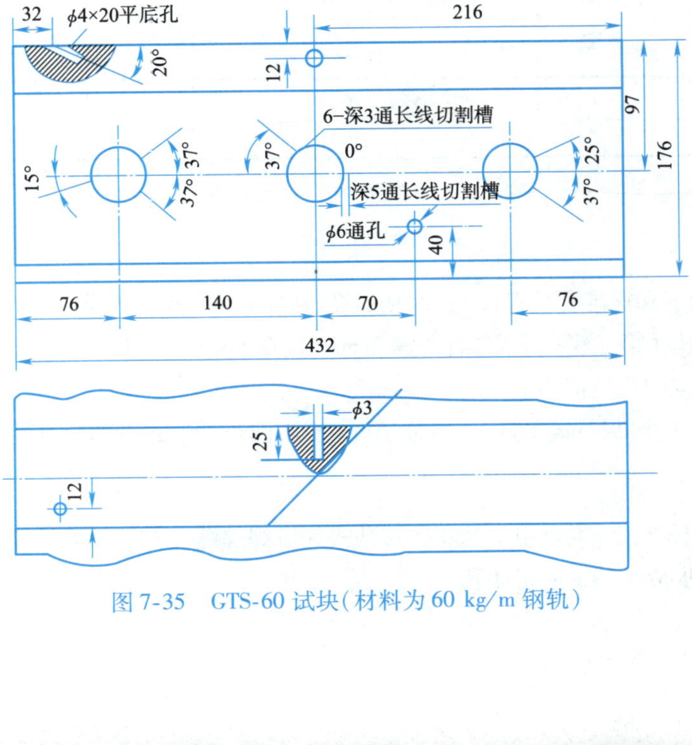

图 7-35 GTS-60 试块(材料为 60 kg/m 钢轨)

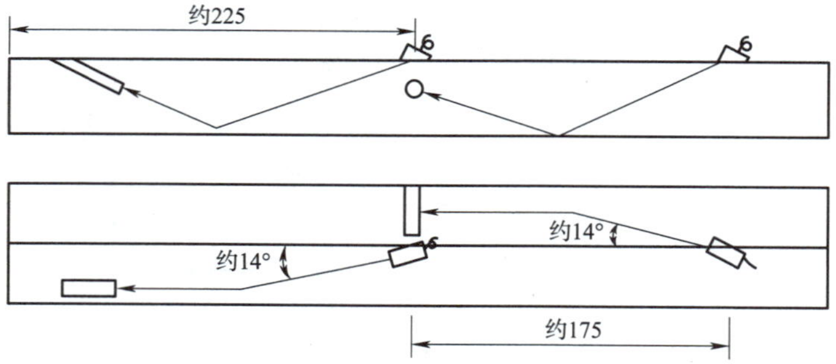

图 7-36　70°探测 GTS-60 上 ϕ4 平底孔和 ϕ3 横孔示意图

2. GTS-60 加长测试轨

GTS-60 加长测试轨（见图 7-37）一套两块，分为 A 型和 B 型。测试轨长度 1.4 m，加工时 A 型和 B 型两根轨配套成一个自然接头，各种人工缺陷的方向及位置以轨缝为中心左右对称，其中轨头 ϕ3 横孔，一根加工在外侧（A 型），另一根加工在内侧（B 型），它除了保持 GTS-60 试块的作用外，还具有以下三点不同：

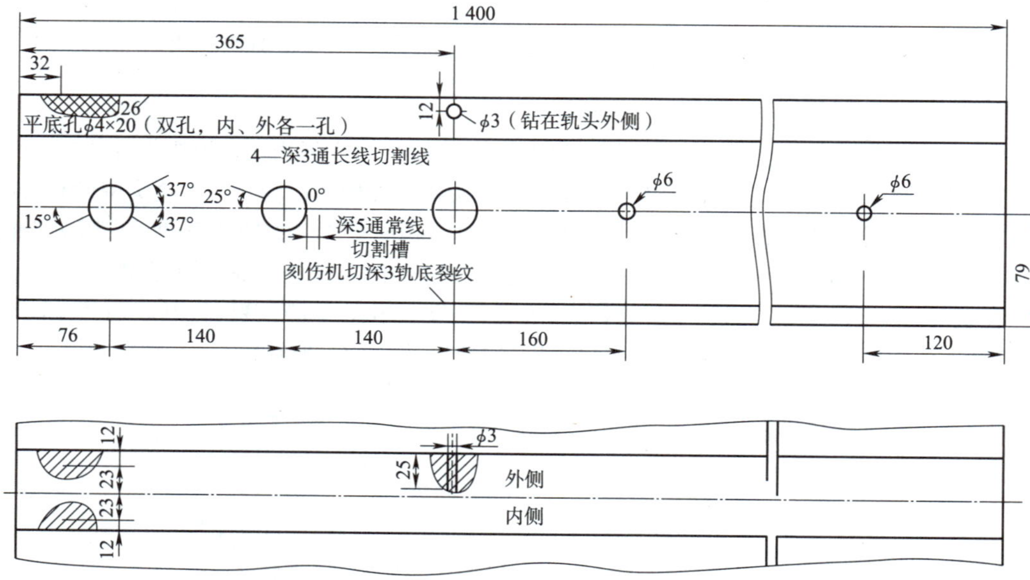

图 7-37　GTS-60 加长试块示意图

（1）在轨腰内增加了和标准孔位等高的 ϕ8 横通孔，用于双 45°探头的穿透探伤灵敏度校验。

（2）在轨底中心部位（第三螺孔下方）有一深 3 mm、宽 0.5 mm、长 10 mm 的“月牙”形裂纹，用于检验 37°探头对轨底横向裂纹的检测能力。

（3）在轨头增加了一个 ϕ4 mm 平底孔，方便 70°探头不同组合形式下的探测性能检验。

3. 焊缝探伤试块

焊缝探伤试块（见图 7-38）主要用于 P60 轨移动式气压焊焊缝探伤灵敏度的校验，在长 250 mm 的 P60 轨两端钻有不同孔位的 ϕ2 ×20 mm 平底孔。

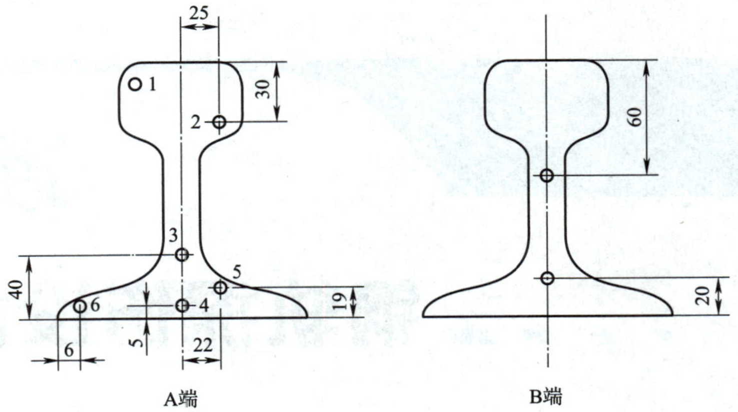

图 7-38　焊缝探伤试块

项目八

钢轨探伤设备探伤

超声波检测设备与器材包括超声波检测仪、探头、试块、耦合剂和机械扫擦装置等，其中仪器和探头对超声波检测系统的能力起关键性作用，了解其原理、构造和作用及其主要性能是正确选择检测设备与器材并进行有效检测的保证。

学习目标

1. 掌握超声波探伤仪的基本工作原理及显示方法。
2. 了解常用钢轨探伤仪器的结构及原理。
3. 了解钢轨探伤车的结构及原理。
4. 掌握仪器性能、声轴偏斜角和扩散角的测定。

任务一　钢轨通用探伤仪探伤

超声波检测仪是超声波检测的主体设备，其作用是产生电震荡并施加于换能器上，激励探头发射超声波，同时接收来自于探头的信号，将其放大后以一定方式显示出来，从而得到被检工件中有关缺陷的信息。

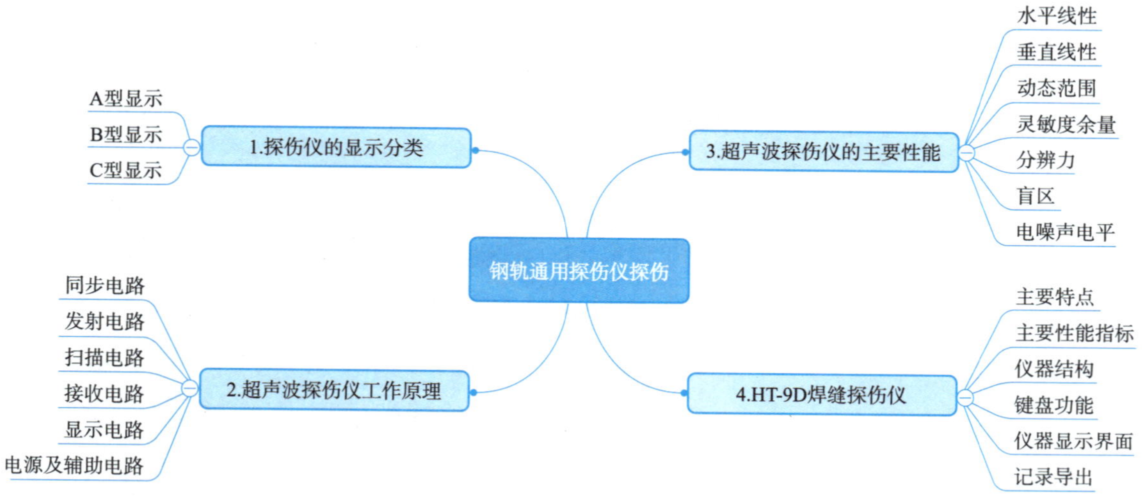

观察与思考

探伤仪有哪些分类？超声波探伤仪的工作原理是什么？超声波探伤仪的主要性能有哪些？接下来就对此内容进行学习。

8.1.1 探伤仪的显示分类

超声波探伤仪是利用超声波反射或透射原理检查工件缺陷的电子仪器。它的作用是产生电振荡并加于探头晶片，激励晶片发射超声波；同时将探头接收回来的电信号进行放大，通过一定的形式显示出来，从而得到被探工件内部有无缺陷及缺陷位置和大小等信息。

超声波探伤仪的显示方式一般可分为A型显示、B型显示和C型显示3种。

1. A型显示

如图8-1所示，A型显示是以仪器水平扫描基线（X轴）表示超声波传播的时间或距离，用垂直扫描基线（Y轴）偏转的幅度表示缺陷回波大小的一种显示方式。对同一均匀介质而言，缺陷埋藏的深度与传播时间成正比，缺陷f的大小与回波幅度成正比。老一代模拟型钢轨探伤仪器基本采用这种显示方式，通称A型脉冲反射式探伤仪。

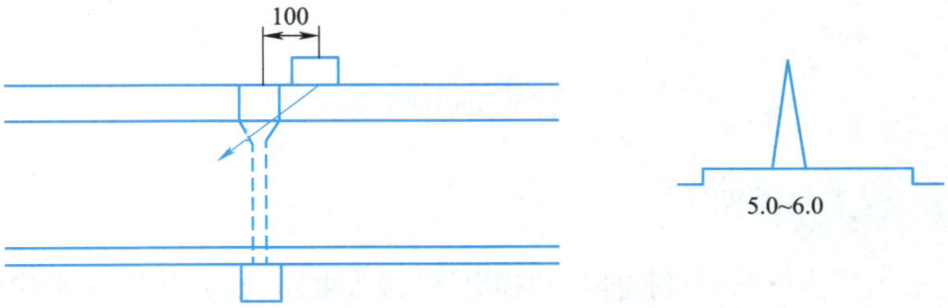

图8-1 A型扫描示意图

2. B型显示

B型显示是以显示被检工件的横截面图像，指示反射体的大致尺寸及其相对位置的超声信息显示方法，如图8-2所示。荧光屏上横坐标表示探头移动距离，纵坐标表示声波传播距离或时间，显示图形随探头的移动和回波时间而变化，可直观了解探头移动下方的缺陷分布和离探测面深度。以A型显示为主，B型显示为辅。大型钢轨探伤车则以B型显示为主，A型显示为辅。

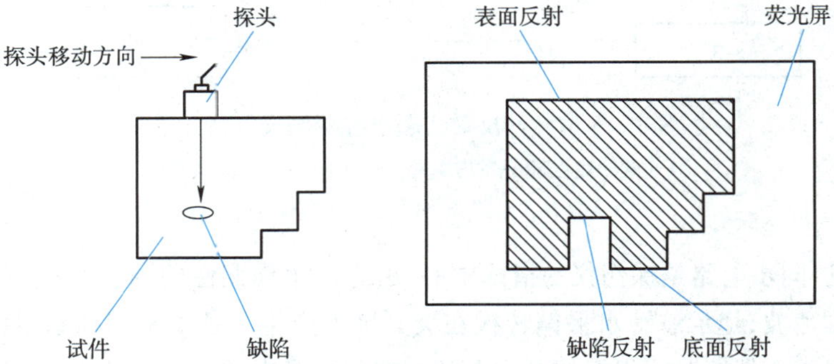

图8-2 B型扫描示意图

3. C 型显示

C 型显示是将探头接收到的缺陷信号以亮点和暗点方式来绘制出缺陷的水平投影图,从而确定缺陷位置的一种显示方式。这种显示方式中,荧光屏显示的是被检工件的投影图,黑白显示不能表示出缺陷的埋藏深度,彩色显示借助门脉冲将深度分成不同色阶,用不同颜色代表不同深度,则可估算缺陷的大约深度。由于钢轨结构的特殊性(工字形),C 型显示一般不应用于钢轨探伤中,如图 8-3 所示。

除上述三种显示方式外,还有对被检工件体积内的反射体作为主体图像显示的 D 型显示、超声全息成像显示及 ALOK 成像显示等多种显示方式,以上几种显示方式在钢轨探伤中极少应用,此处不再赘述。目前钢轨探伤应用最为普遍的为 A 型显示,其次为 B 型显示。A 型显示具有检测灵敏度高、定位精确、定量方便、操作灵活、使用范围广等优点,B 型显示具有检测灵敏度高、显示图形直观、易于实现等优点。

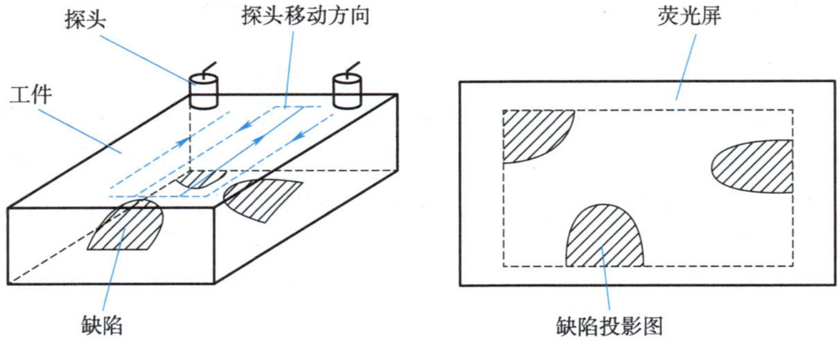

图 8-3　C 型扫描示意图

8.1.2　超声波探伤仪工作原理

超声波探伤仪一般由同步电路、发射电路、扫描电路、接收电路、显示电路、电源电路和探头等组成,其电路原理如图 8-4 所示。

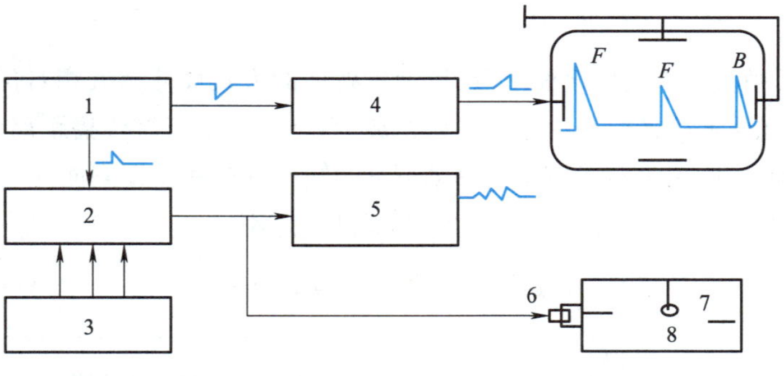

图 8-4　A 型脉冲反射式超声波探伤仪电路方框图

1—同步电路;2—发射电路;3—电源;4—扫描电路;

5—接收放大电路;6—探头;7—缺陷;8—工件

从图 8-4 中可见,同步电路是探伤仪的指挥中心,由它产生周期性的同步脉冲信号,一路输给扫描电路产生线性良好的锯齿波,经示波管水平偏转板在荧光屏上产生一条水平扫描基线(时基线),同时另一路触发发射电路产生一个持续时间很短的高频电脉冲加到探头内的压电晶片上,激励晶片产生超声波脉冲。超声波透过耦合剂射入工件,如遇工件界面即产生反射回波,由探头接收转变成电脉冲输入高频放大器,经检波电路再由视频放大电路进一步放大后加到示波管的垂直偏转板上。这时光点不仅在水平线上按时间作线性移动,而且受垂直偏转板上的电压影响作垂直运动,从而在扫描线的相应位置上显示缺陷的深度和大小,这就是超声波探伤仪的基本工作原理。

1. 同步电路

同步电路一般由多谐振荡器和射极跟随器组成。由可调的多谐振荡器产生每秒数十次至数千次周期性矩形同步脉冲,经微分后变为正负触发脉冲去同时触发发射电路、扫描电路等,使它们同步工作,如图 8-5 所示。

同步脉冲的频率即为仪器的重复频率,而超声波探头经高频电脉冲激励产生的振动频率是工作频率。图 8-5 表示了晶片振动和时间的关系,在两次脉冲间隔 T 之间,晶片不发射超声波而处于静止状态,正好用来接收回波信号并由仪器显示。

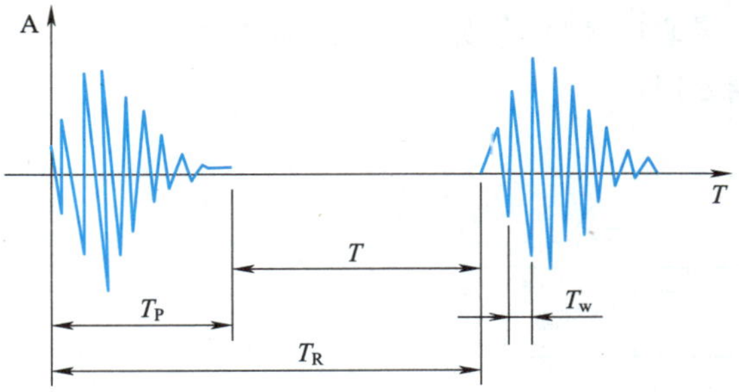

图 8-5 晶片振动与间的关系

T_R—重复周期;f_R—重复频率 ($f_R = 1/T_R$);

T_w—与工作频率对应的振动周期;f_w—工作频率($f_w = 1/T_w$);

T_P—脉冲持续时间(脉冲宽度)

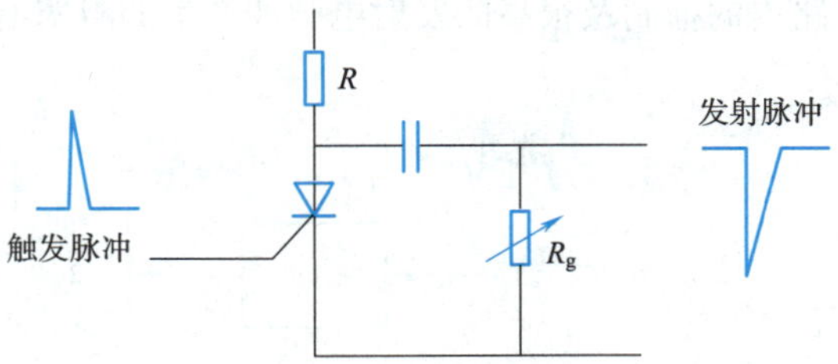

图 8-6 发射电路

2. 发射电路

由同步电路产生的正触发脉冲去触发发射电路的可控硅产生 500 V 以上的高压负脉冲加到晶片上,经过电-声转换产生超声波,如图 8-6 所示。

发射电路中的阻尼电阻 R_g 决定了电路的阻尼情况。通常采用改变 R_g 的方法来改变发射强度和脉冲宽度。电阻大,阻尼小,发射强度大,仪器分辨力低,适宜于探测厚度大,分辨力要求不高的工件。电阻小,阻尼大,分辨力高,在探测近距离缺陷或对分辨力要求高的工件时采用。

3. 扫描电路

扫描电路在同步信号的触发下产生锯齿波电压,加在示波管水平偏转板上,使荧光屏亮点沿水平方向移动,触发脉冲而形成扫描线,如图 8-7 所示。通常在仪器面板上设有水平扫描范围的可调旋钮,调节相应旋扭可改变仪器的探测发射脉冲范围和扫描起点。探伤时,可根据被探工件的厚度选择适当的探测范围,使荧光屏水平轴每刻度代表一定的距离,从而达到确定缺陷位置的目的。

4. 接收电路

接收电路包括衰减电路、高频放大电路、检波电路和视频放大电路等,其功能是将一个微弱的回波信

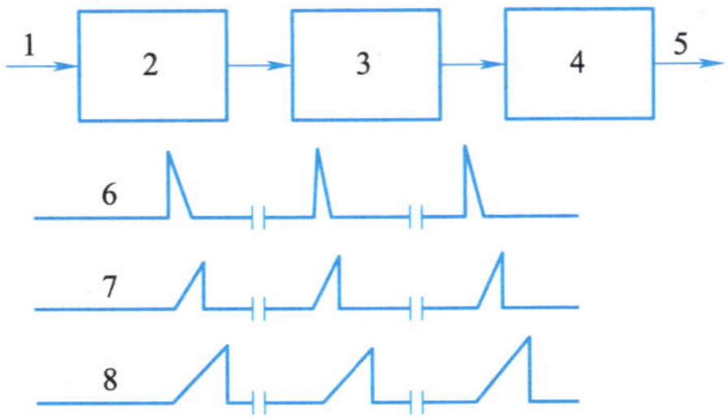

图 8-7　扫描电路方框图及其波形

1—同步脉冲;2—扫描闸门发生器;3—锯齿波发生器;4—锯齿波放大器;

5—示波管;6—触发波;7—扫描电压(1)(深度小);8—扫描电压(2)(深度大)。

号经多级放大后在示波屏上显示,如图 8-8 所示,由于缺陷的大小不一,回波信号电压起伏很大,为使大范围内的缺陷信号都能在荧光屏上显示,在信号进入放大器以前经衰减电路对信号幅值作定量评定。接收电路的性能直接影响到探伤仪的垂直线性、动态范围、灵敏度余量、分辨力等重要技术指标。因而需对电路内的抑制及很高的发射电脉冲产生的阻塞给予适当处理。

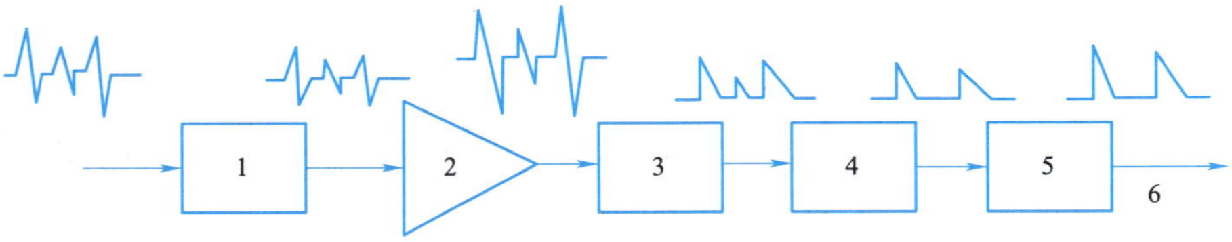

图 8-8　接收电路及其波形

1—衰减器;2—高频放大器;3—检波;4—抑制;5—视频放大器;6—示波管

图 8-9 所示为抑制电路的原理图,从中可以看出抑制对回波幅值进行部分“剪切”加工,目的是减少杂波。但抑制不宜过大,过大会导致小缺陷回波一同被抑制而漏检。在以收发并用的单晶片探头探测中,由于很高的发射电脉冲在激励晶片的同时也直接进入接收电路,此时,在短时间内放大器的放大倍数会降低,甚至没有放大作用,这种现象称为阻塞。阻塞过大,在靠近发射脉冲的一定范围内会形成“盲区”,影响缺陷的检测。

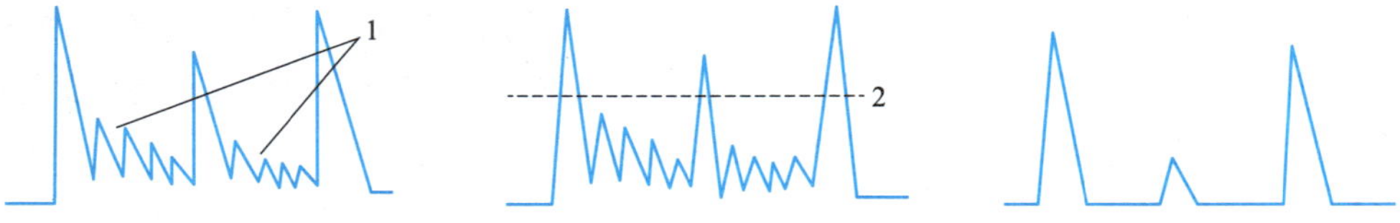

图 8-9　放大部分中抑制旋钮的作用

1—杂波;2—抑制电平

5. 显示电路

显示电路由示波管和外围电路组成。示波管由电子枪、偏转板和荧光屏三部分组成,如图 8-10 所示。接收电路送来的信号电压加在垂直偏转板上,而扫描电路送来的锯齿波电压则加在水平偏转板上,电子束则按所加电压发生偏转，在荧光屏中显示扫描基线和波形。

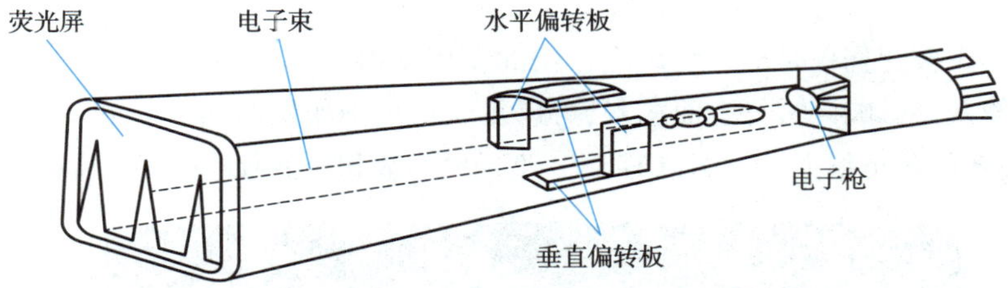

图 8-10　示波管的基本结构

6. 电源及辅助电路

超声波探伤仪一般使用直流电源（电池供电），电源电路由整流、稳压和变流等组成，其设计以保证整机供电稳定并具有自我保护功能为目的。超声波探伤仪的辅助电路主要有报警电路、闸门电路、延迟电路、距离补偿电路等，针对各种不同型号的探伤需要进行补充设计。

8.1.3　超声波探伤仪的主要性能

根据标准《A 型脉冲反射式超声波探伤仪　通用技术条件》（JB/T 10061—1999）规定，超声波通用探伤仪需具备以下主要性能：

1. 水平线性

指探伤仪荧光屏时间或距离轴线上显示的信号与输入接收信号成正比关系的程度，按标准其误差不大于 2%。

2. 垂直线性

指探伤仪荧光屏上显示的信号幅度与输入接收器的信号幅度成正比关系的程度。按标准其误差不大于 8%。

3. 动态范围

在增益调节不变时，探伤仪荧光屏上能分辨的最大与最小反射面积波高之比，即反射波高从 80% 到消失所需要的衰减量，通常以 dB 表示。按标准不小于 26 dB。

4. 灵敏度余量

指在超声探伤系统中，以一定电平表示的标准缺陷探测灵敏度与最大探测灵敏度之间的差值。其含义是仪器和探头组合检测最小缺陷的能力。

5. 分辨力

指超声探伤系统能够区分横向、纵向或深度方向相距最近的一定大小的两个相邻缺陷能力。

6. 盲区

指在一定探伤灵敏度下，从探测面到最近可探缺陷在被检工件中的深度。

7. 电噪声电平

指荧光屏上电噪声平均幅度在垂直刻度上的百分比。

上述性能中提到的“超声探伤系统”是指由仪器、探头和电缆组成的系统，一般出厂时性能指标由厂家按规定已设置调整好，但在使用过程中参数会改变，需要不断测试调整并修正。

8.1.4　HT-9D 焊缝探伤仪

视频
通用探伤仪

钢轨焊缝超声波探伤仪是对钢轨焊缝探伤的专用仪器，设有多种主要探伤方法能够对在役钢轨的各类焊缝及热影响区进行全面检测，可以发现从可操作探测面入射到钢轨内部的超声波成反射、接收关系的各类伤损。下面以 HT-9D 型钢轨焊缝超声波探伤仪（见图 8-11）为例进行说明。

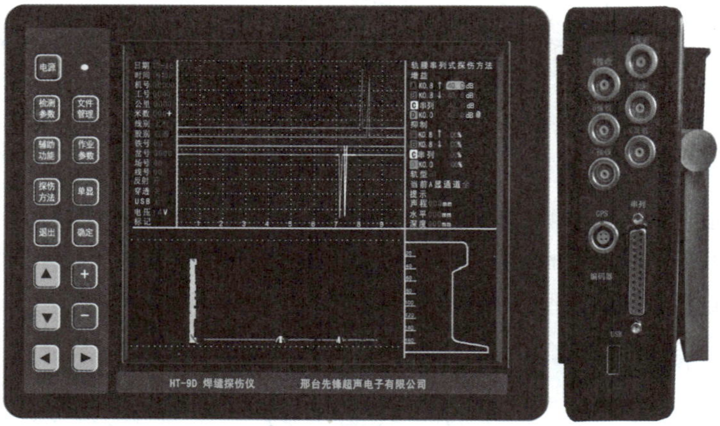

图 8-11　HT-9D 焊缝探伤仪

HT-9D 型钢轨焊缝超声波探伤仪是邢台先锋超声电子有限公司自主研发的新一代数字式、携带型钢轨焊缝探伤仪，用于铁道工务在役钢轨焊缝缺陷检测的超声波探伤仪，执行标准《工务作业　第 21 部分：钢轨焊缝超声波探伤作业》（TB/T 2658.21—2007），适用轨型：43 kg/m～75 kg/m 钢轨。

1. 主要特点

采用 A 型波形和 B 型图像同时同屏分区显示，实现了 A、B 型图像互补，提高了缺陷检出率；采用复合串列式探头、高速电子收发切换电路，对轨墙 2 区部位焊缝探测速度达每秒 180 次，具备对钢轨焊缝轨墙部位垂直、倾斜、水平和平面状、体积状、点状缺陷的综合探伤能力；应用 1 路发射 n 路接收探测模式，加强了轨头，轨底进行 K 型扫查。大屏幕、高亮度工业级彩色液晶显示屏，性能可靠，不同通道 A 显波形和 B 显图像使用不同颜色显示，界面友好，便于用户区分观察；具有全程记录探伤数据和作业流程功能和计算机播放软件，实现了数据保存、回放、再现、分析和统计，具有 GPS 定位功能，可以实现探伤数据与地理信息匹配；整机可在 －20～＋50℃ 环境温度范围正常工作；电源采用 6 600 mA/h、16 V 锂电池组供电，可供仪器在正常状态下连续使用不小于 10 h。

2. 主要性能指标

HT-9D 型焊缝探伤仪主要性能指标见表 8-1。

表 8-1　HT-9D 型焊缝探伤仪主要性能指标

衰减量	0～110 dB
衰减步进	0.5 dB
衰减误差	每 20 dB 工作误差不大于 ±1 dB
垂直线性度误差	≤4%

续上表

动态范围	≥30 dB
水平线性误差	≤2%
电噪声电平	≤10%
发射脉冲幅度	≥300 V_{P-P}（方波）
发射脉冲重复频率	180 Hz（串列式模式）、400 Hz（手动单探头）
发射通道	4 个
探伤方法	11 种：①轨腰串列式；②轨头串列式 1；③轨头串列式 2；④轨底串列式；⑤轨头 K2. 5；⑥轨底脚 K2. 5；⑦自定义 Kx 通道；⑧3 通道 70°+70°+70°；⑨3 通道 37°+37°+0°；⑩K1. 0 夹具探伤；⑪K1. 2 夹具探伤
静态工作电流	≤700 mA（100% 亮度）
探测灵敏度余量	单晶片 0°探头探测 CS-1-5 试块平底，灵敏度余量不小于 58 dB。
抑制电平	0～90%
报警阈值	垂直满幅度的 50%，误差 ±10%
电压适应性	12～16. 8V 直流电压
工作环境温度	-30℃～+50℃
显示	仪器采用 8 英寸工业级彩色液晶屏作为显示器，内容丰富，亮度超高，性能稳定

3. 仪器结构

（1）仪器前面板（见图 8-12）：包括显示屏、键盘。

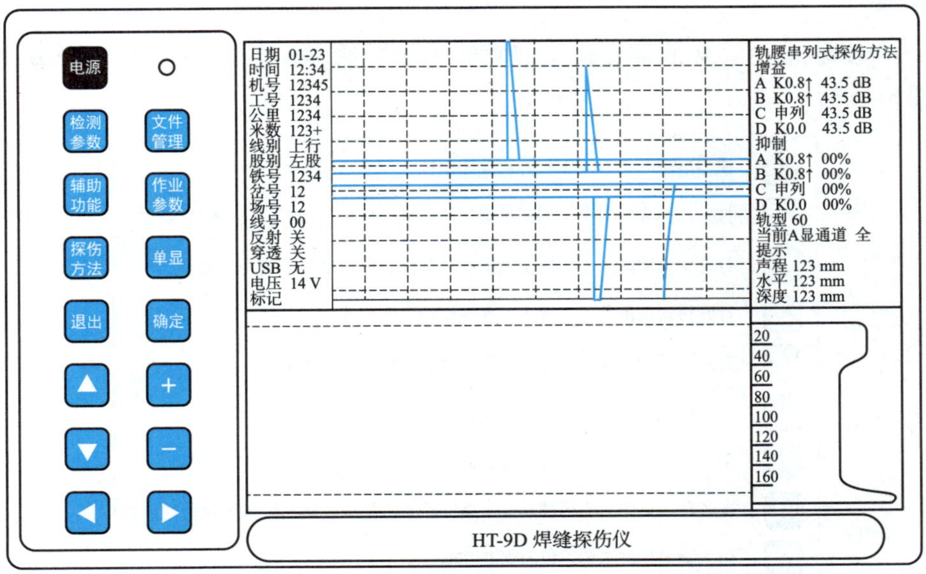

图 8-12　HT-9D 焊缝探伤仪结构图

（2）仪器后面板（见图 8-13）：包括电池仓、充电插头、产品名牌、仪器提手。

（3）仪器侧面（见图 8-14）：包括发射接收接头 C9、GPS 接口、U 盘接口、串列探头接口。

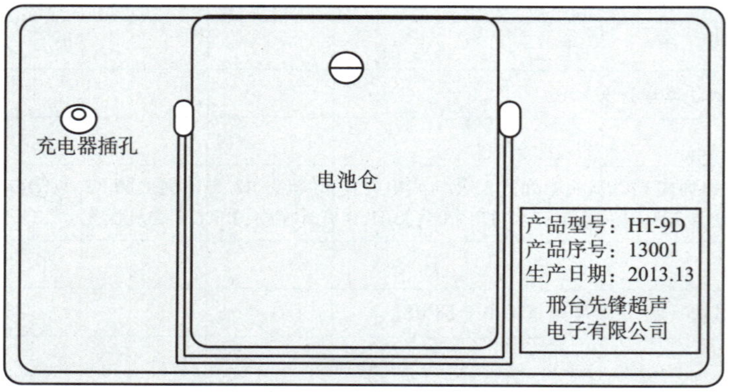

图 8-13　HT-9D 焊缝探伤仪后面板

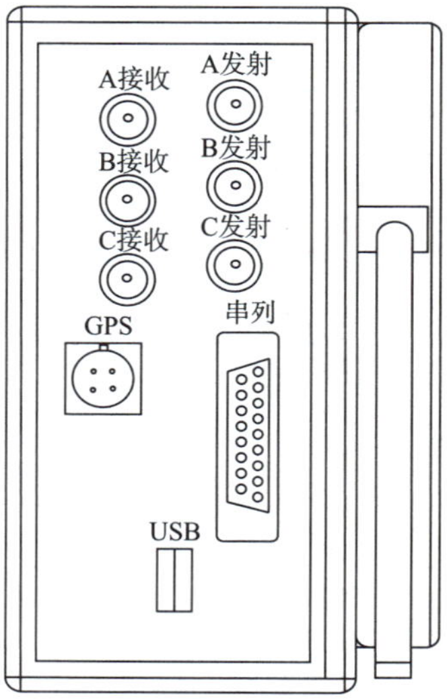

图 8-14　HT-9D 焊缝探伤仪侧面板

通道和接口的对应关系：

A 接口：轨头 K2.5 探头。

B 接口：轨底 K2.5 探头。

C 接口：自定义 KX 通道探头及轨头轨底的串列式单发射探头。

串列：轨腰串列式探头及轨头轨底串列式的接收探头。

4. 键盘功能

键盘共 15 个按键，其中电源、检测参数、辅助功能、探伤方法、文件管理、作业参数、单显、确定、退出按钮的功能如图 8-15 所示。

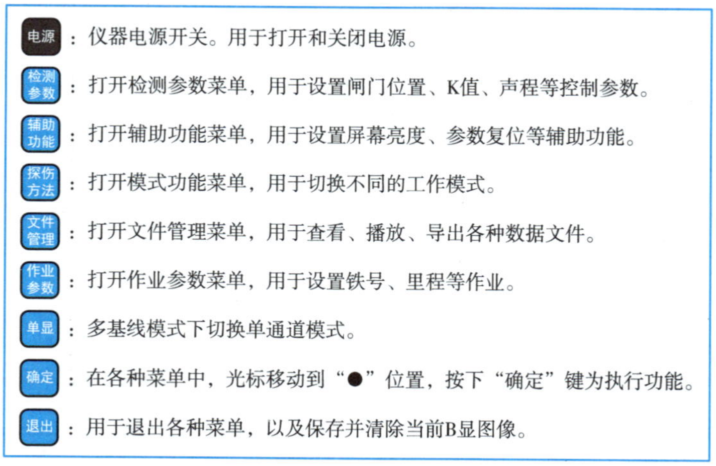

图 8-15　键盘功能

5. 仪器显示界面

仪器主显示界面分为 A 型脉冲显示区和 B 型图形显示区和参数显示区，如图 8-16 所示。

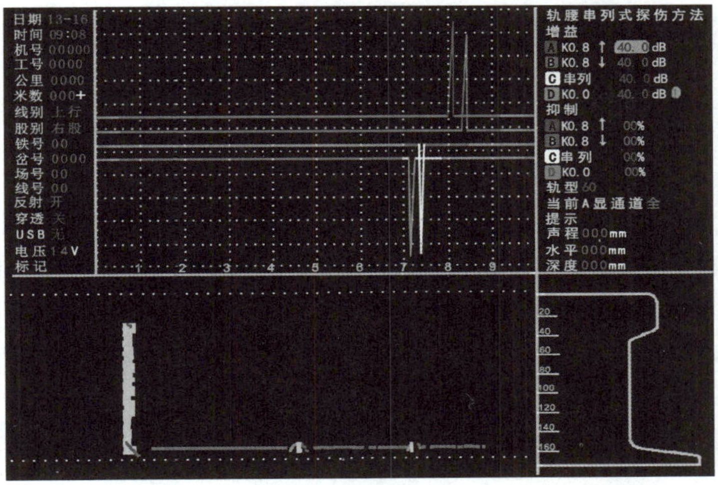

图 8-16　仪器主显示界面

1）A 显波形显示区

A 显波形显示区位于屏幕上部中间位置，用于显示 A 显波形，会在不同探伤方法下显示不同通道的波形，同时也会在调节 B 显拼孔或回放 B 显数据等菜单下，隐藏波形并显示菜单。

2）B 显图像显示区

B 显图像显示区位于屏幕下部，用于显示 B 显图像。在串列 1 探头探伤方法下，将显示被检钢轨轨墙的纵截面二维图形，同时在右侧显示一幅钢轨横截面的轮廓，轮廓内将实时显示 K 型扫查得到的收发关系及其对应的深度。在其他探伤方法下，由于是手动操作没有编码器辅助，所以只能通过 B 显自动的方法，让用户手与 B 显图像前进的速度一致才能出现合适的 B 显图像，此时钢轨横截面轮廓将不显示。B 显图像显示区同时也是主要的菜单显示区，当打开作业、辅助功能、文件管理、检测参数等菜单后，B 显图像将会隐藏改而显示菜单内容。

3）参数显示区

参数显示区位于 A 显波形显示区的两侧，其中左侧主要用于显示作业，如日期、时间、机号、工号、里程、铁号、场号、股别、线别等，右侧主要用于显示当前作业通道的控制参数，如增益、K 值、声程、零点、抑制度、闸门位置，同时还包含操作提示区和数显区等。

6. 记录导出

自动记录无须用户做任何设置，只要开机，仪器就开始自动记录作业信息。自动记录分为 A 显记录和 B 显记录两种。

A 显记录是在单探头探伤方法下，当存在报警波形时，系统将自动记录当前帧的 A 显波形。

B 显记录是在串列探头探伤方法时，A 显出波情况下转动编码器，仪器自动生成 B 显图像，编码轮前进 540 mm 生成一幅 B 显图像，此时系统自动将此幅 B 显图像保存至仪器的存储器中，生成一副 B 显数据后屏幕锁定 B 显图像。如果编码轮行程小于 540 mm 停止前进，系统将认为当前 B 显图像无效，不进行保存。

自动记录以日期为文件名创建文件，仪器共存储 10 天的自动记录文件，当 10 天文件存满后，系统将新文件自动覆盖最早存储的文件。在正常作业状态下，每个自动记录文件可以存储高达 5 000 幅 B 显图像和4 h的A显波形。

自动记录导出：

导出进度将以百分数形式显示在右侧参数显示区“提示”项中，导出完毕后“提示”项将显示“文件导出完毕”，此时可以拔下U盘，到计算机上进行回放操作。请勿在导出过程中拔下U盘。

导出将在U盘中产生两个文件，一个文件名为yymmdd_xxxxx. 10Ba，另一个是yymmdd_xxxxx. 10Bb，其中yymmdd表示年份、月份和日期，xxxxx表示5位机号，以. 10Ba为扩展名表示是A显自动记录数据，以. 10Bb为扩展名表示是B显自动记录数据。例如200820_12001. 10Ba，表示数据日期是20年8月20日，机号为12001，文件类型是A显自动记录文件。

注意：两个记录文件为一个整体文件，缺一不可。缺少任何一文件在回放时将会提示错误。

任务二　钢轨常规探伤仪探伤

超声波常规检测仪是超声波钢轨检测的主体设备，其作用是由多通道组合对钢轨正线进行全面检测作业，钢轨探伤小车一般由仪器主机和手推小车两部分组成，通过电源电缆及探头接线将仪器和小车连为一体。其中小车又由推行把手、仪器托架、水箱、工具箱、翻板架、走行轮、探头架、洒水装置等组成，有检测效率高，检测成本低等优点。

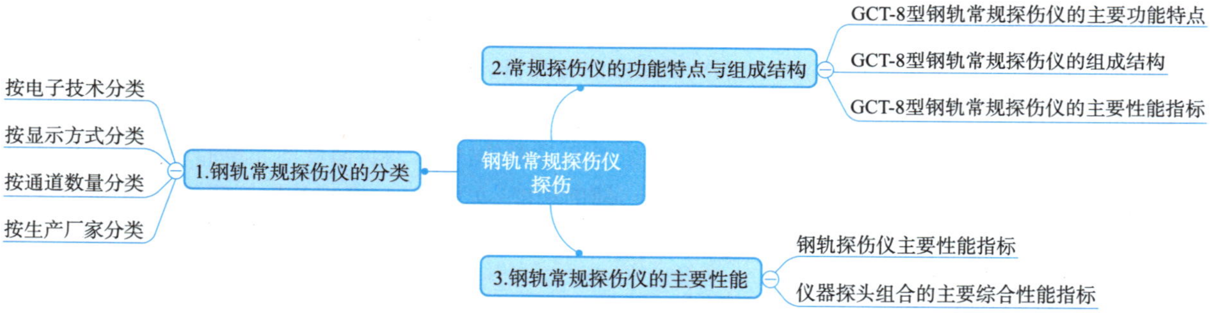

观察与思考

钢轨常规探伤仪有哪些分类？钢轨常规探伤仪由哪些部分组成？钢轨常规探伤仪的主要性能有哪些？接下来就对此内容进行学习。

8.2.1　钢轨常规探伤仪的分类

目前，国内开发的钢轨探伤仪均以超声波探伤为主，设计上针对钢轨的形状结构及铁路探伤流动性大的特点，主要采用手推式。

1. 按电子技术分类

钢轨探伤仪从电子技术实现的角度可分为模拟式和数字式。

2. 按显示方式分类

钢轨探伤仪按显示方式可分为A型显示、B型显示和AB结合型显示。

3. 按通道数量分类

钢轨探伤仪按通道数量可分为四通道、五通道、六通道、八通道等。

4. 按生产厂家分类

目前,钢轨探伤仪生产厂家主要有汕头超声电子股份有限公司、汕头超声仪器研究所,邢台、上海超声仪器研究公司等厂家。虽然仪器的原理大同小异,但各厂家开发的仪器性能和使用方法不尽相同。

8.2.2 常规探伤仪的功能特点与组成结构

钢轨探伤仪主要有 GT-1、GT-2、GT-1A、GCT-2、GCT-8、GCT-8C 等。下面以 GCT-8 型钢轨常规探伤仪(见图 8-17)为例进行介绍。

视频

常规探伤仪1

1. GCT-8 型钢轨常规探伤仪的主要功能特点

(1)基于数字电路设计,采用 EL 宽屏显示,可在强光下(无遮光罩情况下)、隧道内或夜间工作。

(2)多通道探伤模式,7 个通道用于正常探伤作业,相比 5 通道仪器增加了 2 个 70°探头,加强了对轨头中部盲区的探测,另备有 1 个通道用于伤损校对及焊缝探伤。

(3)具有 A 型和 B 型两种检测模式,在探伤作业过程中可灵活切换。

视频

常规探伤仪2

(4)具有三种检测方式:多通道 A 型钢轨探伤、单通道 A 型伤损校对及焊缝探伤、B 型钢轨探伤,并可灵活切换。

(5)配备有 GPS 卫星定位技术,并采用高精度位移编码器,能实现对探伤作业全过程进行记录及监控,便于分析管理。

(6)具有全程记录及存储功能,可在作业后对现场数据进行回放、对比、分析,减少伤损漏检。

(7)具有增益补偿功能,仪器内置有多套适用于不同轨型的增益补偿曲线,提高了仪器的信噪比。

2. GCT-8 型钢轨常规探伤仪的组成结构

钢轨探伤小车一般由手推小车(见图 8-18)和仪器主机两大部分组成。

图 8-17 GCT-8 型钢轨常规探伤仪

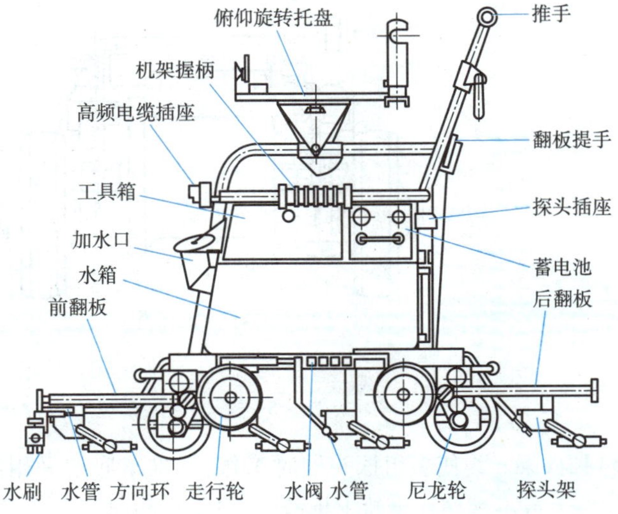

图 8-18 探伤小车外形示意图

1）手推小车

（1）仪器电源。仪器一般使用直流电池组供电，电池组一般由碱性蓄电池组成，一般采用镉镍电池，数字式仪器也采用锂电池，电池存储于机架电池箱中。

（2）连接电缆及探头。钢轨探伤仪采用专用探头，探头角度一般有折射角70°、37°、0°三种，探头通过探头线连接到主机，探头线一般设计成同轴电缆。GCT-8 型仪器采用图 8-19 探头组合方式，轨头内外侧各用一只70°探头呈偏角进行二次波探伤，轨面中央用两只直70°探头从不同方向加强探伤，轨腰（Ⅱ区）用两只37°探头从不同方向探伤，用一只0°探头对轨面至轨底（Ⅱ区）进行反射兼穿透式探伤。

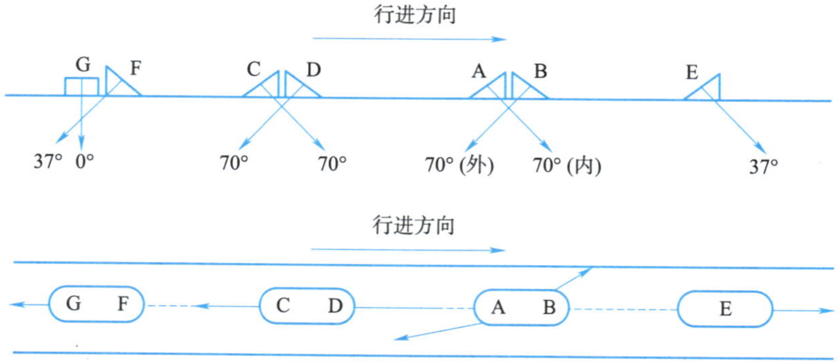

图 8-19　探头组合示意图

（3）仪器托架。仪器托架起固定主机的作用，托架一般设计成可活动式，最大可左右转动90°，前后移动100 mm，仰角也可灵活调整，以满足不同探伤高度和习惯的探伤人员需要。另设有减震装置，以减轻仪器受到的冲击震动影响。

（4）走行系统。走行系统由推行把手、轨行轮、陆行轮等组成。推行把手一般呈T字形，无论在地面或钢轨上推行，手把都可以按需要进行左右高低调节。轨行轮供小车在钢轨上行驶时用，采用单轮缘小锥度结构，推行阻力小，一般用耐磨尼龙材料注塑加工而成，如图 8-20 所示。

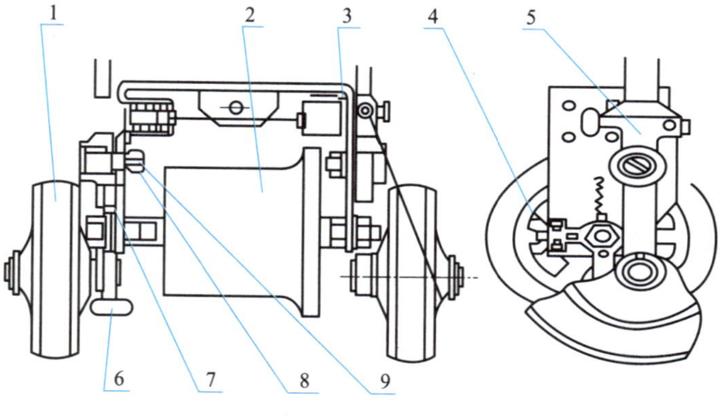

图 8-20　轮系

1—陆行轮；2—轨行轮；3、8—螺母；4—蝶形螺母；5—翻板架；6—防掉道轮；7—扭簧；9—转轴

（5）翻板架。为使多组探头同时工作，手推车底架采用翻板结构，探伤时需将前后翻板架放下并锁定，在公路上或不探伤在钢轨上推行，可将翻板翻起。

(6)探头架。探头架用于安装探头,设置在手推小车底部,便于与轨面接触,如图 8-21 所示。每个探头架均有机械双稳机构,在不需要探伤时,用手将探头架抬起即自动固定,使探头不与钢轨接触,减少磨损。

(7)给水系统。如图 8-22 所示,给水系统由水箱、水管、水路调节阀门等组成。水箱与仪器工具箱及电池箱为一整体结构,一般使用防锈铁板制成,工具箱及电池箱位于上部,水箱位于下部,并留有加水口和水量指示器。调节阀门及水管位于水箱下部,用于均匀分布探头用水及调节供水量大小。探伤时打开水阀为探伤提供耦合水,使探头声波顺利入射至钢轨内部。

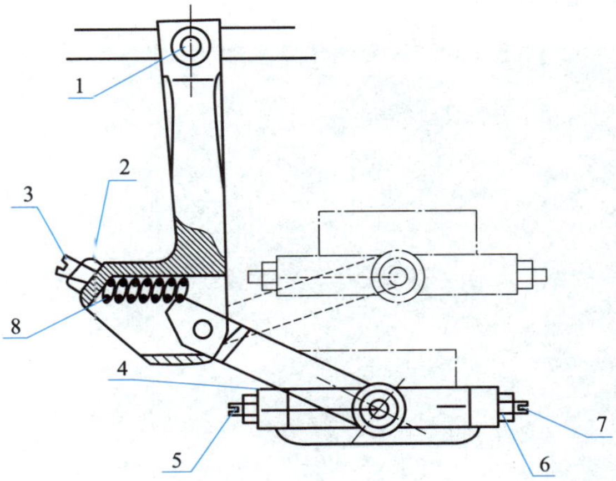

图 8-21　探头架

1—内六角螺钉;2—六角螺母;3—螺钉;4—圆螺;5、7—调节螺钉;6—螺母;8—弹簧

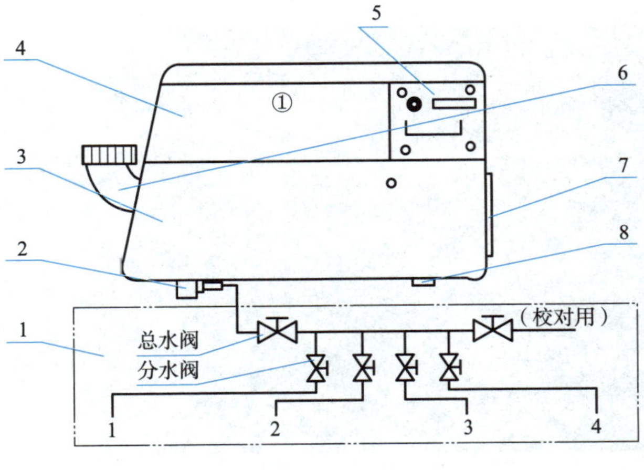

图 8-22　综合箱

1—供水系统;2—出水口;3—水箱;4—工具箱;5—电池座;6—进水口;7—水标尺;8—放水口

2)仪器主机

由于钢轨的形状不规则(呈"工"字形),又属野外流动作业,探测面局限于轨头踏面等因素,钢轨探伤仪一般设计成多通道同时作业形式(即多只探头同时探伤),多通道即相应通道数量电路的组合。从单一通道的基本原理看与单通道超声波探伤仪类似,但内部结构及电路设计上比单通道超声波探伤仪复杂。

(1)主机前后面板。图 8-23 所示为 GCT-8 型仪器主机前面板和后面板示意图，面板的中央部位为显示屏，左侧上部为报警闸门调节区，下部为功能调节区，右侧为增益调节区及探头接口(用于作为单通道校对及焊缝探伤)，左下角有报警指示灯；GCT-8 型仪器主机后面板主要由各种接插口组成，有电池插口、电源开关、熔断器、GPS 天线插口、位移传感器接口、探头线接口、USB 接口等。

(2)检测方式的选择。GCT-8 型仪器提供三种检测方式，分别为多通道 A 型钢轨探伤检测(A1)、单通道 A 型伤损校对及焊缝探伤(A2)、多通道 B 型钢轨探伤检测(B)。一般的钢轨探伤作业选择 A1 方式；过接头时或者回放时可切换到 B 方式显示螺孔的正扫描图，便于螺孔裂纹的分析；伤损校对及焊缝探伤时可选用 A2 方式，相当于一台单通道超声波探伤仪。

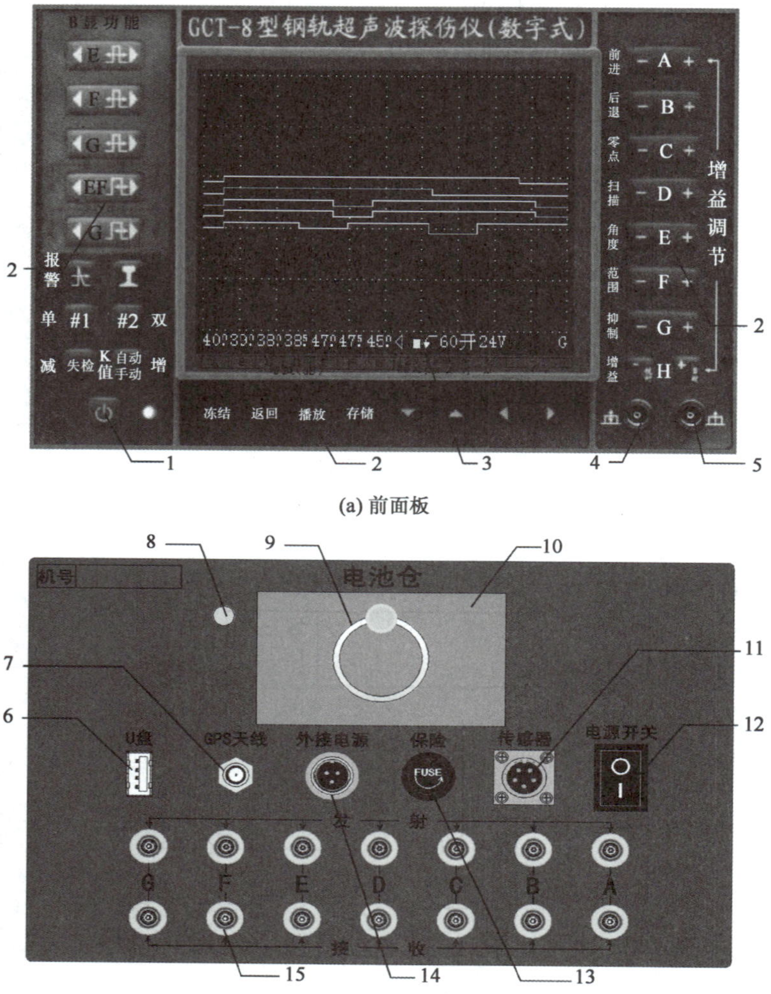

(a) 前面板

(b) 后面板

图 8-23　GCT-8 型钢轨探伤仪面板图

1—仪器启动开关；2—操作键；3—EL 显示屏；4—第 8 通道发射插座；5—第 8 通道接收插座；6—USB 接口；7—GPS 天线接口；8—电池取出按钮；9—电池拉环；10—电池；11—传感器接口；12—电源总开关；13—熔断器；14—外用电源接口；15—探头插座

(3)钢轨探伤操作界面。图 8-24 所示为 GCT-8 型仪器在 A1 检测方式下的屏幕界面显示图，由上至下共有五条基线，对应七个探伤晶片的作业，第一基线显示 A、B 带偏角 20°的 70°探头的回波，第二基线显示 C、D 两个直 70°探头的回波，第三、四基线分别显示前 37°探头和后 37°探头的回波，第五基线显示 0°探头的回波。屏幕下方有对应各通道的灵敏度增益显示值，可在右侧面板上利用"＋"和"－"对对应通道进行调整。

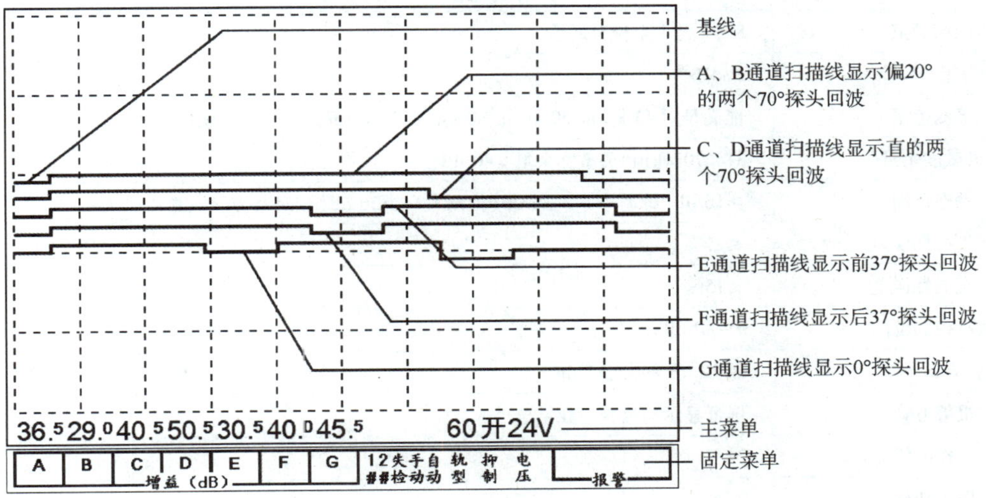

图 8-24 GCT-8 型仪器在 Al 检测方式下的屏幕界面显示图

图 8-25 所示为 GCT-8 型仪器在 B 型检测方式下的屏幕界面显示图：它的显示方式是在探伤仪显示屏上以纵坐标显示反射回波的深度（以超声波传播时间为基础），横坐标显示超声波探头在探测面上的移动位置，从而构成了被检材料的横截面图形，能直观地显示出缺陷在钢轨中轴线剖面上的投影，便于分析缺陷的分布位置、相对形状和大小。特别有利于检测水平方向或与水平夹角较小的缺陷，弥补 A 型显示的不足。

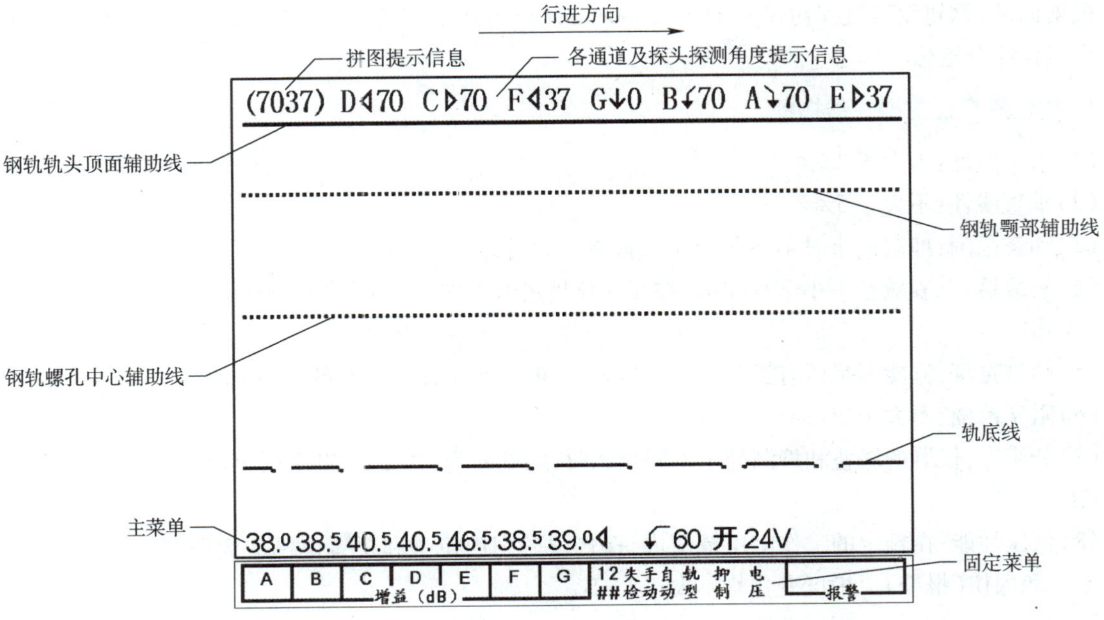

图 8-25 GCT-8 型仪器在 B 型检测方式下的屏幕界面显示图

3. GCT-8 型钢轨常规探伤仪的主要性能指标

GCT-8 型钢轨常规探伤仪的主要性能指标见表 8-2。

表 8-2　GCT-8 型常规探伤仪的主要性能指标

探测通道	8 个(含 1 个校对通道)
工作频率	2 MHz
探测范围	能满足对 43 kg/m、50 kg/m、60 kg/m、75 kg/m 四种轨型钢轨的检测
灵敏度余量	37°、70°通道,灵敏度余量 >40 dB
动态范围	≥16 dB(抑制小),2 ~ 6 dB(抑制大);≥26 dB(校对及焊缝检测)
水平线性误差	≤2%
重直线性误差	≤15%
增益控制范围	0 ~ 80 dB
衰减器误差	每 12 dB 不大于 1 dB
报警方式	屏幕显示与报警声相结合
工作电压	24 V
额定功耗	9 W
工作温度	-40 ~ +50℃
水箱容量	20 L
质量	28 kg

8.2.3　钢轨常规探伤仪的主要性能

根据标准《钢轨超声波探伤仪》(TB/T 2340—2012)的规定,钢轨探伤仪性能指标分为仪器指标和仪器探头组合综合指标。

1. 钢轨探伤仪主要性能指标

(1)水平线性:不大于 2%。

(2)垂直线性:不大于 5%。

(3)动态范围:抑制最小时不低于 16 dB,抑制最大时为 2 ~ 6 dB。

(4)衰减器:总衰减量不小于 60 dB。在探伤仪规定的工作频率范围内,衰减器每 12 dB 的工作误差不超过 ±1 dB。

(5)频带宽度:应能满足所有探头频率的需要,一般不小于探头中心频率的 40%。

(6)阻塞范围:不大于 20 mm。

(7)分辨力:仪器的增益和抑制处于不同状态时,幅度差为(10 ±2)dB,两个回波差值的变化 ΔM 不大于 2 dB。

(8)稳压性能:在额定的工作电压范围内,探伤仪的闸门位置和报警电平应无明显变化,回波幅度的变化 ΔS_d 和探伤(报警)灵敏度变化均不大于 1 dB。

2. 仪器探头组合的主要综合性能指标

1)灵敏度余量

0°探头：探测 WGT-3 试块(见图 8-26)110 mm 底面，当波高达到 80% 时的灵敏度余量不小于 36 dB。

37°和 70°探头：探测 WGT-3 试块上 $\phi3\times65$ 横通孔，当波高达到 80% 时的灵敏度余量不小于 40 dB。

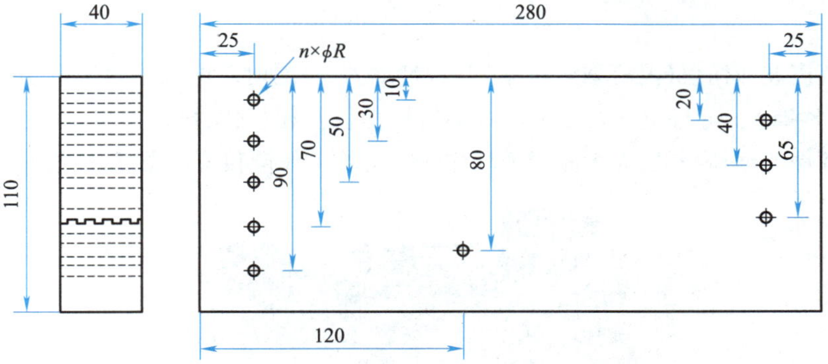

图 8-26 WGT-3 试块

2)距离幅度特性

横波探头探测同孔径、不同声程的横通孔；0°探头探测不同声程的大平底，其反射波高的差值 ΔW 应满足以下要求：

(1)0°探头：在深度 20 mm 到距离幅度特性曲线最高点范围内，$\Delta W\leqslant12$ dB；在距离幅度特性曲线最高点到深度 150 mm 范围内，$\Delta W\leqslant8$ dB(阶梯试块测试)。

(2)37°探头：在深度 20 mm 到距离幅度特性曲线最高点范围内，$\Delta W\leqslant12$ dB；在距离幅度特性曲线最高点到深度 150 mm 范围内，$\Delta W\leqslant8$ dB(WGT-3 试块测试)。

(3)70°探头：在相当于探测深度 10～70 mm 范围内，$\Delta W\leqslant12$ dB(WGT-3 试块测试)。

3)缺陷检出能力试验

探伤仪调整到实际钢轨探伤状态，探伤灵敏度适当，在正常探伤速度下推行，应能检出 GTS-60 试块(见图 8-27)上除 15°下裂纹以外的各种人工缺陷，并能正常报警。

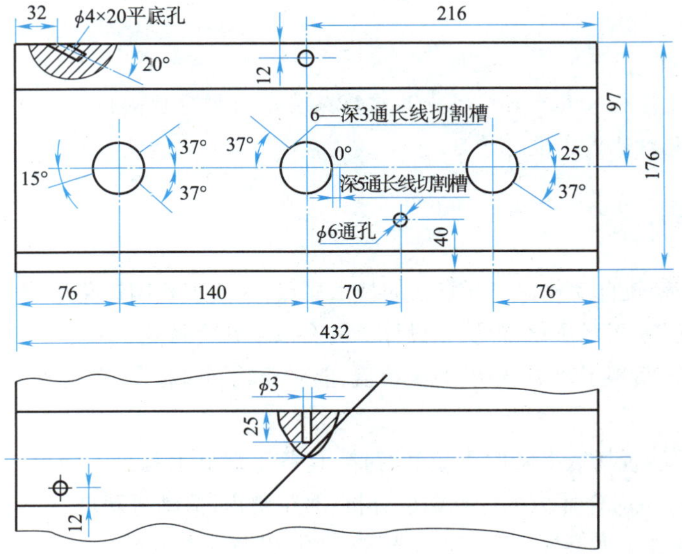

图 8-27 CTS-60 试块

任务三　双轨式钢轨超声波探伤仪探伤

双轨式钢轨超声波探伤仪（又称双轨小车）是自带动力、可同时对两股钢轨进行伤损检测的专用超声波检测仪器（见图8-28）。可与现有人工单轨式钢轨探伤仪互相替代，操作简单、性能稳定、性价比高，作为铁路钢轨检测领域的创新产品，大大减轻现场作业人员的工作量和劳动强度，探伤质量显著提高。

图8-28　双轨式钢轨超声波探伤仪

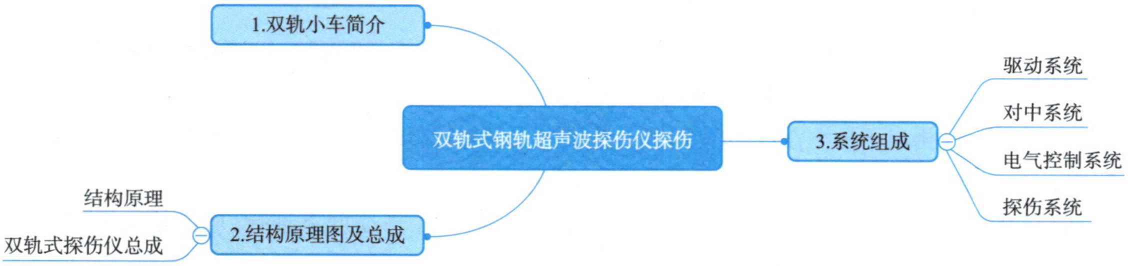

观察与思考

双轨式钢轨超声波探伤仪具有哪些特点？双轨探伤车结构原理如何？由哪几部分组成，每一部分有哪些功能？接下来就对此内容进行学习。

8.3.1　双轨小车简介

双轨探伤技术成为钢轨自动化探伤开发新的技术亮点，为实现我国铁路运输安全提供技术保障。“自走行超声波钢轨探伤仪”采用轻量化、模块化设计。具有以下几个特点：

（1）拥有18个通道，实现了轨头、轨腰的全覆盖，能对双轨同时检测，其检测能力和效率较手推式探伤仪有明显优势。

（2）出波清晰度高，能现场数据实时采集和存储；具备压缩显示和自动弹出功能，有效减缓B超图形在荧光屏上的移动速度；可对作业数据进行回放分析，易于辨识，清晰直观。

（3）可现场复核，省去了大型探伤车二次复核的工序，提高了人员工作效率。

（4）上下道方便快捷，无须像大型探伤车进行调度。具有性能稳定、操作简单、携带方便、性价比高等特点。

8.3.2　结构原理图及总成

1. 结构原理

双轨式探伤仪由驱动系统、对中系统、电气控制系统和探伤系统等四个子系统组成，共同完成对钢轨伤损的检测，其结构原理如图 8-29 所示。

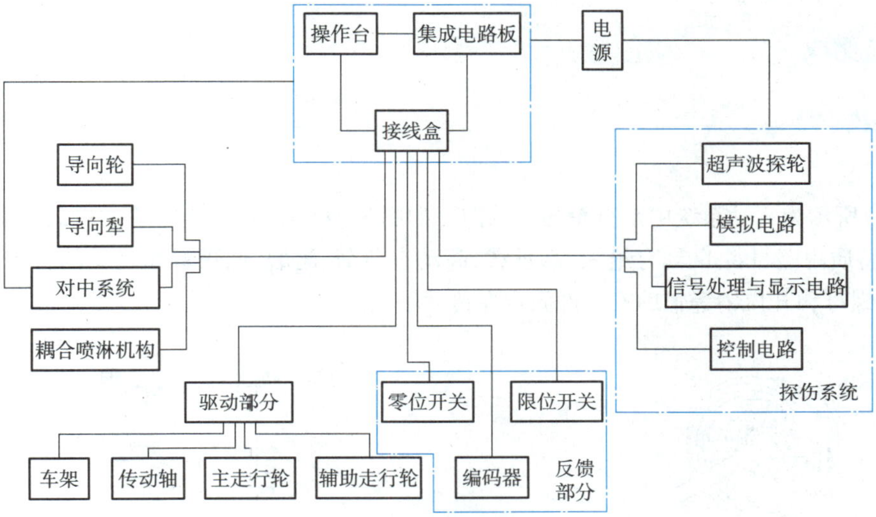

图 8-29　系统结构原理图

2. 双轨式探伤仪总成

(1)驱动系统。包括车架、传动轴、主走行轮和辅助走行轮等部件，主要实现双轨式探伤仪在被检钢轨上的走行功能，并为伺服系统、探伤系统和电气控制系统提供搭载平台和驱动力。

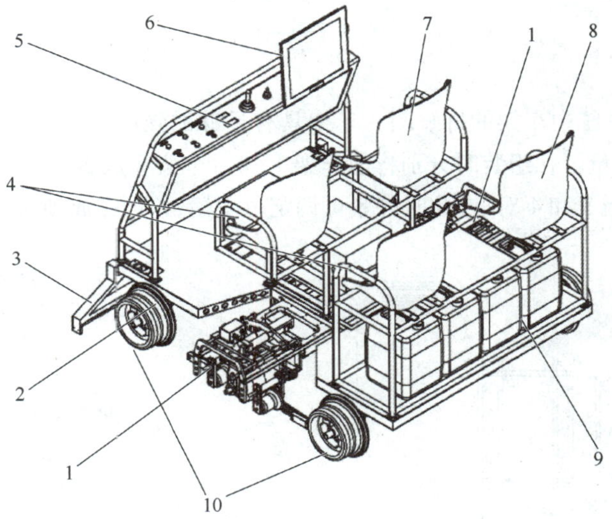

图 8-30　双轨式探伤仪总成图

1—对中机构；2—分体式车架；3—防倾覆装置及清障器；4—探伤系统电池及主驱动电池；5—电气控制箱；6—数据显示屏；7—前排座椅；8—后排座椅；9—水箱；10—主走行轮

(2)对中系统包括导向轮、导向犁、对中伺服机构和耦合喷淋机构等,主要用于调整探伤系统的超声波探轮相对于钢轨顶面的位置,保证探轮与轨面对中和耦合良好,确保超声波的无损传播。

(3)电气控制系统将可编程控制器、传感器、电源、驱动电机及操作盒连接,实现钢轨探伤系统的走行、对中伺服和耦合喷淋控制,并与其他系统集成。

(4)探伤系统包括超声波探轮、多通道高速超声波信号采集卡和伤损数据分析软件,其采用高速采集设备对信号进行采样,通过软件对采集后的数据进行分析处理,对钢轨损伤进行一定的预判。

8.3.3 系统组成

1. 驱动系统

1)轮轴

图 8-31(a)所示为驱动系统中走行轮的总成图。如图 8-31(b)所示,走行轮的轮毂 2 采用铝合金,外表面附着一层特质耐磨材料 1,具有绝缘、高承载、高动态负荷、耐磨、低噪音和轻质的特点。主走行轮通过轮芯 3、锁紧螺母和开口销等辅助安装件固定在传动轴上。

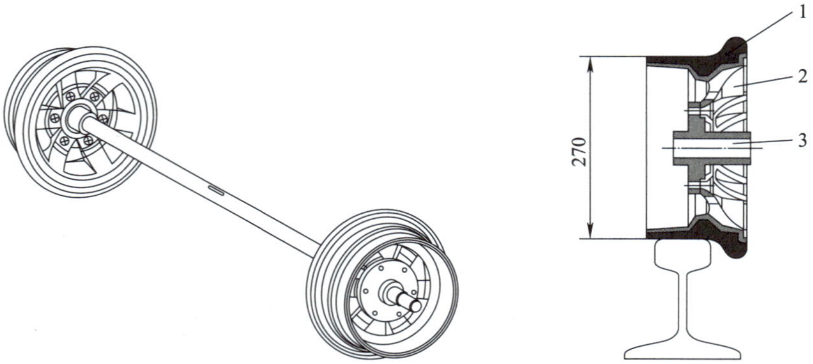

(a) (b)

图 8-31 驱动轮轴图

2)车架

图 8-32 所示为驱动系统中车架的拆解图。车架具有足够的强度和刚性,同时通过拆分式、减轻孔等措施减轻单件零部件的质量。在组装时分别将前车架 1 和后车架 2 放置于轨道上,前后插接。插接完成后,上和下车架连接安装板 3 和 4 对准,此时拧紧可调定位手柄,即可完成锁紧。

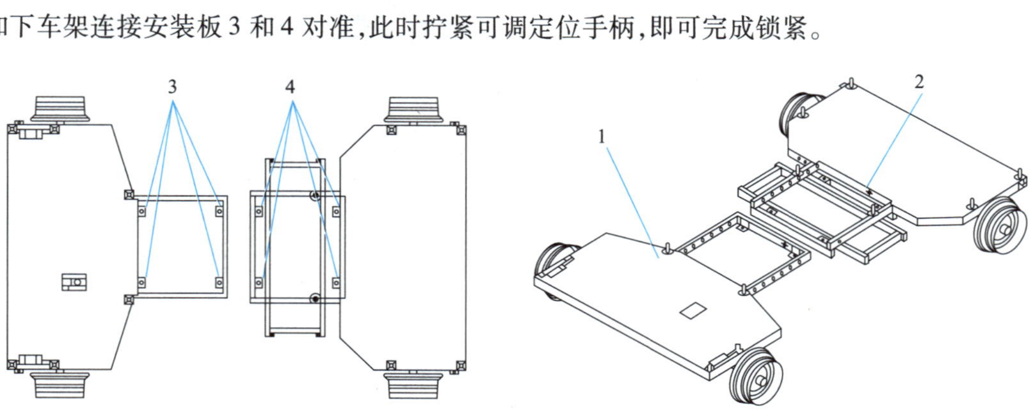

图 8-32 车架拆解图

2. 对中机构

图 8-33 所示为对中机构的结构图。超声波探轮 7 被安装在对中机构的探轮安装架 12 上，探轮安装架 12 通过燕尾槽结构固定于角度调整模块 3 上，角度调整模块通过圆弧轨道 9 与水平位置调节模块 4 连接；导向轮 8 通过导向轮支架 10 连接在主框架 2 上，紧贴轨道的工作面，保证超声波探轮能够时刻在钢轨的中心线上运行；导向犁 1 安装在导向轮支架 10 上，随着导向轮沿轨道横向运动，防止对中机构在过道岔有害空间时发生脱轨、掉道等情况的发生；主框架 2 与拆分式车架连接，通过 2 颗可调定位手柄实现锁紧；对中机构能保证超声波探轮 7 的调节控制，水平位置调节电推杆 13 能够调节水平调节模块，使超声波探轮 7 独立于导向轮 8 在轴向左右移动，并通过弹簧 11 的预紧作用，使导向轮 8 对钢轨侧面有一定的压紧力；通过垂向调节机构，可以手动对超声波探轮 7 进行上下调整；通过角度调节电推杆 7 调整角度调整模块在圆弧轨道上的位置，改变探轮与轨面的角度。

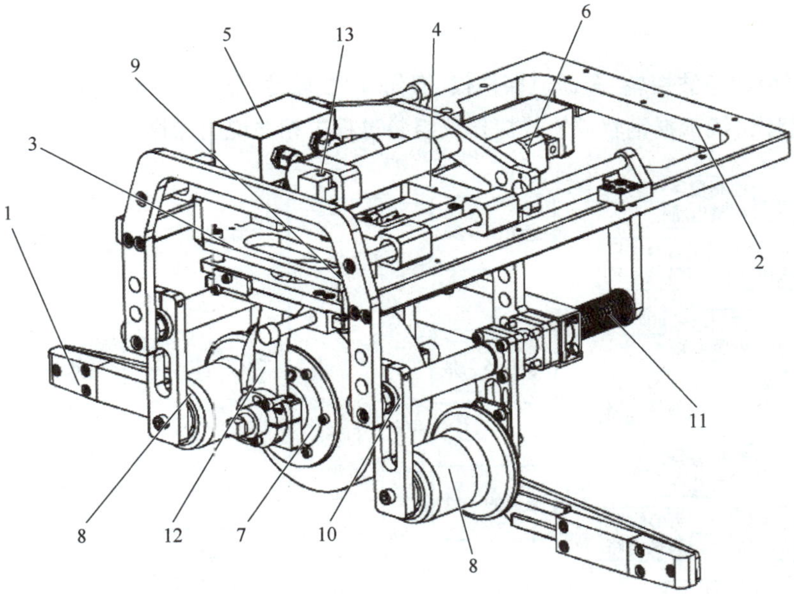

图 8-33 对中机构总成

1—导向犁；2—主框架；3—角度调整模块；4—水平位置调节模块；5—接线盒；6—角度调节电推杆；7—超声波探轮；8—导向轮；9—圆弧轨道；10—导向轮支架；11—预紧弹簧；12—探轮安装架；13—水平位置电推杆

3. 电气控制系统

图 8-34 所示为电控系统总成图。电气控制柜主要负责整车的电气控制及监控（小车行进控制、对中机构调整机构控制、小车水泵、喇叭控制、电池电量监视及小车行进速度监视）。

电气控制系统的主要元器件安装在电气控制柜里，主要可分为以下几部分：

（1）电源：电源是由微型断路器、电源钥匙开关、直流电源等组成，其中直流电源分为 24 V 和 48 V 两种，分别向 PCB、继电器、探伤检测系统、电推杆、驱动电机、水泵等部分提供直流电源。

（2）可编程控制器：控制器（PCB）是电气控制系统的控制中心，采用 STM32 系列产品，具有快速的中央处理运算功能和丰富的编程指令集，拥有快速响应的数字量和模拟输入/输出通道。PCB 接收操纵台的按键、手柄信号，经过 CPU 数据处理，输出控制信号驱动电机驱动器，达到控制直流电机和步进电机的目的,实现小车的行进和对中机构水平与倾角的调整。根据对中控制需要,采用了电推杆,完成倾角调整和水平调整。

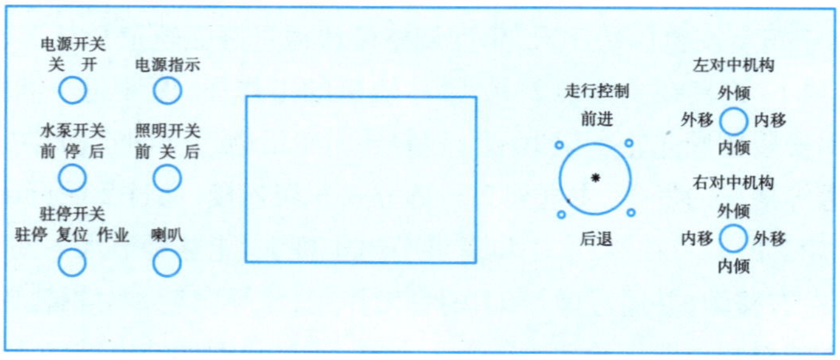

图 8-34　电气控制系统

4. 探伤系统

探伤系统主要由超声波探轮、多通道探伤仪、探伤/回放软件、显示屏和编码器等组成。组装连线示意如图 8-35 所示,具体接线依据钢轨双轨式探伤仪组装过程中相关说明操作。

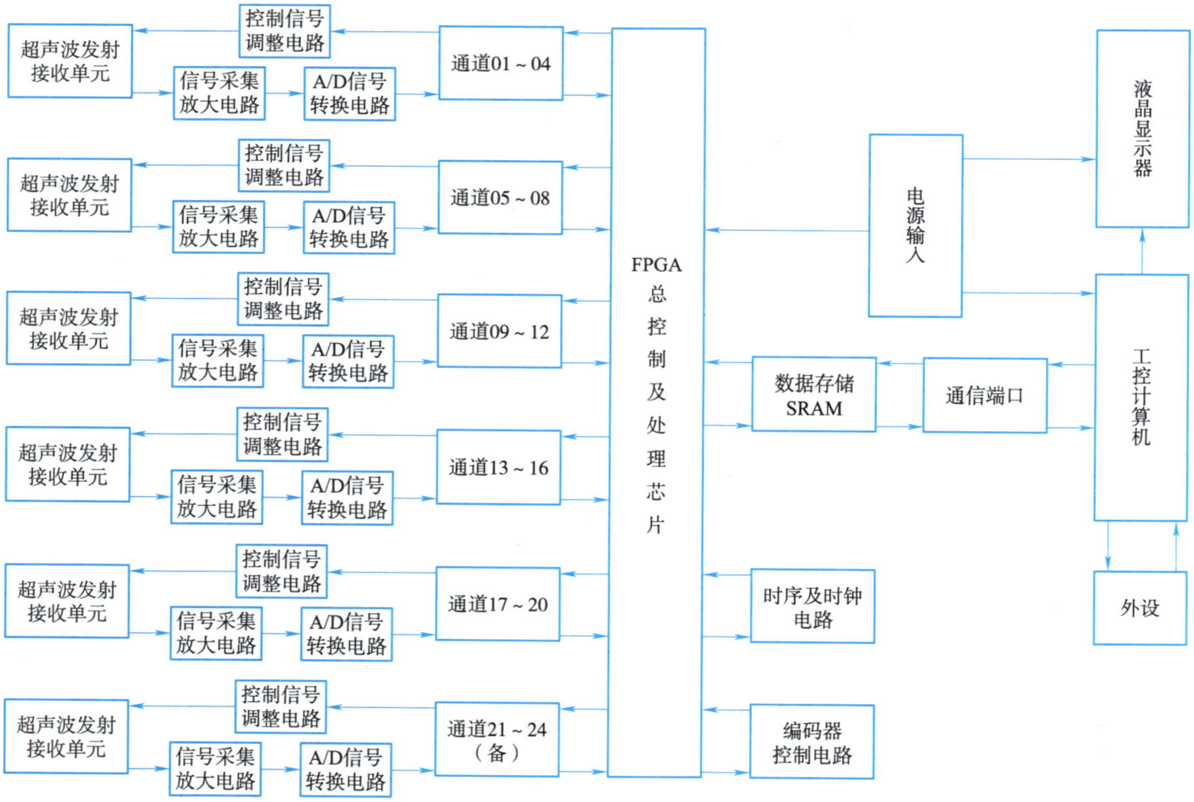

图 8-35　探伤系统框图

(1)超声波探轮:根据钢轨探伤的要求,声学配置应满足同时检测左右两股道钢轨的轨头、轨腰(含螺孔)、轨底中部(轨腰投影部位)等部位伤损的需要。具体的整个轮式探头布局如图 8-36 所示。

在图 8-36 中,1、2、3、7、8、9 通道是产生在钢轨中折射角为 70°波束的超声波探头,用来检测钢轨头部的核伤。4 和 6 通道是在钢轨中产生 37.5°波束的超声波探头,用来检测不同朝向的螺孔裂纹和轨底裂纹。5 通道是在钢轨中产生 0°垂直向下的超声波波束,用来检测钢轨任何部位水平裂纹。探轮内充满耦合液,确保超声波无损传播,其配比为:25% 乙二醇配水及其他添加剂,探轮整体如图 8-37 所示。

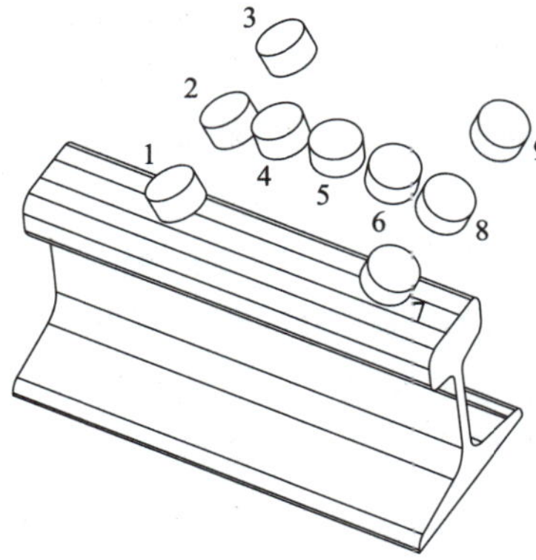

图 8-36 超声波轮式探头三维示意图

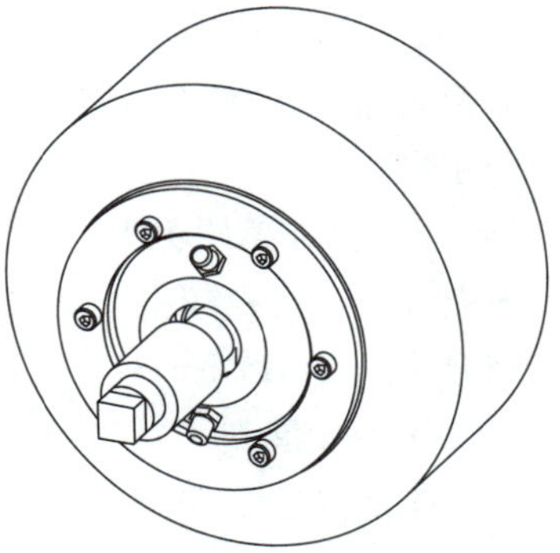
图 8-37 超声波轮式探头组

(2)多通道探伤仪:两个轮式探轮,每个探轮 9 个通道,共 18 个通道,采集超声波信号并处理、显示。

任务四 大型钢轨探伤车探伤

钢轨探伤车是装有检测轨道上钢轨伤损设备的专用车辆或专用列车。1923 年,美国铁道工程协会(AREA)钢轨委员会委托斯佩里公司研制钢轨检测设备。1928 年 10 月 2 日,斯佩里公司研制成功世界上第一辆钢轨探伤车,并开始投入使用。

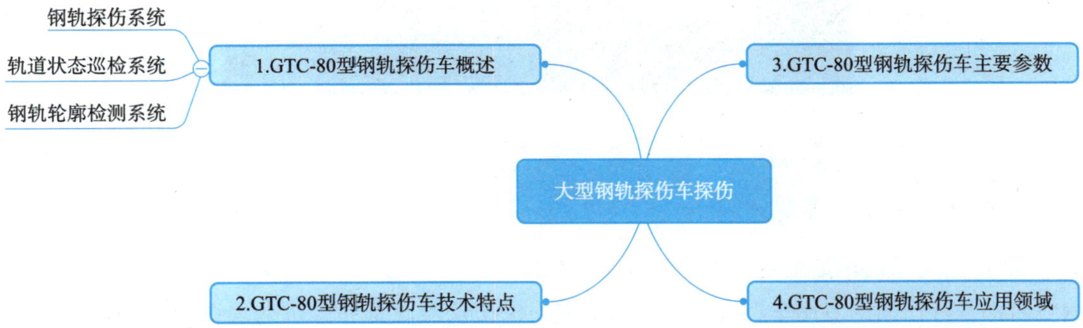

观察与思考

大型钢轨探伤车的结构、原理及功能是什么?接下来就对此内容进行学习。

超声波钢轨探伤车是联邦德国克劳特克莱默公司于 1956 年试制成功的。这种车辆利用超声波法进行钢轨伤损探测,能够探测钢轨的轨头和轨腰范围内(包括接头附近)的疲劳缺陷和焊接缺陷,有的还能检测擦伤、轨头压溃和波浪形磨耗,以及轨底锈蚀等。这种车辆装有自动记录设备,能把钢轨伤损信号、里程信号和线路特征信号(桥梁、隧道、接头、轨枕类别等)等记录在同一纸带或胶片上。根据记录可分析确定伤损的大小和在钢轨内的位置,也可确定伤损所在的线路里程。此外,根据连续两次的记录还可确定钢轨伤损的发展速度和发展规律。超声波钢轨探伤车常用的检测行车速度为每小时 30 ~ 50 km,检测核伤的最佳灵敏度约 50 mm^2,检测轨腰裂纹的最佳灵敏度相当于直径为 3 mm 的钻孔。确定钢轨伤损所在线路上的位置误差最小达 ± 10 cm。轨面不平和不洁会影响这种车辆的检测灵敏度,特别是影响接头附近伤损的检出灵敏度。这种车辆冬季配合加热器可在不低于 − 15℃ 情况下使用,水中添加防冻剂时工作温度可更低,但大雪天仍不宜使用。

我国 1996 年开始引进美国 PJT(杰克逊)公司钢轨探伤车,采用 SYS-1000 系统,最高检测时速为 40 km。由于该探伤车检测时速较慢,不能满足我国铁路运营繁忙的需求,2005 年又引进了新型的钢轨探伤车,如图 7-32 所示,该车检测时速最高可达 60 km/h,宝鸡新铁养路机械公司也对机械车进行了不断升级改造,由 GTC-1 型发展到了 GTC-4 型。在我国,大型钢轨探伤车是目前全路钢轨伤损检测的主流设备,伴随高铁里程日益延伸,钢轨探伤车担负起越来越重要的角色,是预防及杜绝因钢轨伤损造成断轨事故发生,确保铁路运输安全必不可少的大型养路机械。下面以 GTC-80 型钢轨探伤车(见图8-38)为例进行介绍。

图 8-38　GTC-80 型钢轨探伤车

1. GTC-80 型钢轨探伤车概述

GTC-80 型钢轨探伤车是由宝鸡南车时代工程机械有限公司与美国 SPERRY 公司合作生产、用于探测线路钢轨内部各种伤损的专用车辆。该车利用先进的探伤仪器设备和微机处理系统对钢轨伤损的类型、位置、程度以及累计变化进行自动检测、分析、显示、记录和打印。同时还装有一套钢轨表面擦伤和波浪磨耗的检测装置,能对钢轨表面擦伤和波浪磨耗进行检测。该车具有独立行走功能,并可与国内准轨车辆连挂,是铁路线路维护与检测部门的重要设备。

GTC-80 型钢轨探伤车整车由车体、车架、动力单元、传动系统、制动系统、走行系统、液压系统、电气系统及超声波探伤系统、轨道状态巡检系统、钢轨轮廓检测系统等组成。整车前后端均设有司机室,可进行双向行驶、双向操纵、双向检测。

1）钢轨探伤系统

GTC-80 型钢轨探伤车采用株洲时代电子技术有限公司生产的 SYS-1900 检测系统及转向架安装模式。其基本原理为利用多组不同角度的超声波入射钢轨后的反射回波，来检测钢轨内部是否存在伤损。系统使用了先进的计算机技术，伤损检测、识别功能非常强，适用于多通道与高速检测，其最高连续探伤检测速度达到了 80km/h。

SYS-1900 钢轨探伤检测系统包含超声波轮式组合传感器阵列（轮探头组合），探轮承载机构与探轮对中伺服控制系统，数据采集、处理与伤损识别系统（VME 系统电子柜），耦合水输送及其控制系统（PLC、气动、液压），探轮轴心温度调节系统，探轮架及管路加温系统，检测控制台以及 SYS-1900 钢轨探伤检测及回放软件等部分。

该系统可检测轨型为 43 ~ 75 kg/m，可探测钢轨中的水平缺陷、裂纹、变形螺孔、核伤、焊缝缺陷、轨头垂直劈裂和轨腰垂直劈裂等伤损，检测效果在精度、可靠性等方面都很高。

基于转向架安装模式的探伤系统有以下 3 个特点：

（1）转向架安装模式检测速度较高，可以达到 80 km/h 检测速度。

（2）转向架安装模式比小车形式简化了结构，取消了护轨滑块，其防脱轨及过道岔性能均优于检测小车模式。

（3）基于转向架安装形式的探伤系统，左右探轮始终位于转向架同侧两轮之间，探轮与轨面接触稳定性更高，能够很好地保证探伤精度。

2）轨道状态巡检系统

实现在探伤车平台最高检测速度 80km/h 条件下，对钢轨表面伤损、侧面状态、扣件状态、轨道板表面状态（无砟轨道）、轨枕和道床表面（有砟轨道）的动态采集、图像浏览和大容量数据的压缩、存储和数字化管理功能，实现车载检测系统的精确定位和里程同步功能。

钢轨表面伤损检测系统能够提取钢轨表面的擦伤、剥离掉块、鱼鳞纹、钢轨顶面光带等信息，并为超声波探伤系统提供辅助分析。表面擦伤测量精度：横向 2 mm，纵向 3 mm。

3）钢轨轮廓检测系统

钢轨轮廓检测系统基于激光摄像式非接触测量技术，进行钢轨轮廓、钢轨磨耗及轨底坡等参数的精确测量。

技术指标：采样间隔按照 1 m、2 m、3 m、5 m 可选间隔，等间距采样磨耗精度为 0. 2 mm。

2. GTC-80 型钢轨探伤车技术特点

GTC-80 型钢轨探伤车由动力牵引车及检测车两部分组成。动力单元与检测设备分别置于 2 台车上，避免了噪声和振动对检测系统的影响，且车上设置了完善的生活设施。动力系统布置在牵引车机器间内，并布置有维修间、厨房和卫生间等。牵引车上下分别装有主辅发电机组，发动机、液力变速器冷却系统，发动机进排气系统等。检测车上装有探伤小车及检测仪器设备，并布置有操作室、卧室和会议室。该车采用康明斯柴油机为动力，装机功率 2 × 298kW。技术设计采用模块化、系列化设计，增强了产品的技术通用性，保证产品质量，提高了车辆的技术经济效益。

GTC-80 型钢轨探伤车技术特点总结如下：

（1）动力系统成熟可靠，采用原装进口动力单元，匹配合理、双机组设计，不用保驾车，可以双向行驶及检测。

(2)动力系统与检测系统分开布置,实现了检测车安静的检测环境,保证了检测作业精度。

(3)可以在 -25 ~ +50℃、海拔 2 000 m 及以下线路正常作业,适应范围广。

(4)探伤检测系统适应轨型广、检测伤损类型多,检测速度高,检测效果在精度、可靠性等方面都处于领先水平。

(5)两套巡检系统既拓宽了钢轨探伤车的检测范围,同时可以对探伤系统起到辅助作用,提高了对伤损及线路缺陷的识别力。

(6)整车完备的生活、工作设施保证了随车作业人员理想的工作及生活环境。

3. GTC-80 型钢轨探伤车主要参数

GTC-80 型钢轨探伤车主要参数见表 8-3。

表 8-3　GTC-80 型钢轨探伤车主要参数表

功率	2×400HP(298 kW)
传动方式	液力传动
轨距	1 435 mm
轴列式	B-B
走行部型式	转臂式二轴转向架
定距	10 500 mm
转向架轴距:	
牵引车	2 300 mm
检测车	2 500 mm
整备重量	约 90 t
车轮直径	ϕ915 mm
通过最小曲线半径	140 m
自行速度	120 km/h
构造速度	140 km/h
制动方式	空气制动及手制动
车组全长	约 35 m
车钩中心距轨面高度	880±10 mm
排障器距轨面高度	110±10 mm
柴油箱容积	约 3 000 L
限界	符合 GB 146.1—2020 所规定的机车车辆限界

4. GTC-80 型钢轨探伤车应用领域

GTC-80 型钢轨探伤车是用于检测钢轨内部各种伤损的专用设备,同时能对线路表面状态进行巡视检测(可选项功能)、对钢轨轮廓进行精确测量(可选项功能)。车上设有柴油发动机,能够在电气化和非电气化铁路上自走行;设有发电机组,能够为检测设备提供足够电力能源。

任务五　仪器和探头性能的测试

仪器和探头的性能包括仪器的性能、探头的性能以及仪器与探头的组合性能。了解这些性能，并定期进行测试和校验，对正确选用检测设备，确保检测结果的可靠性，保证超声检测工作的质量，是十分必要的。

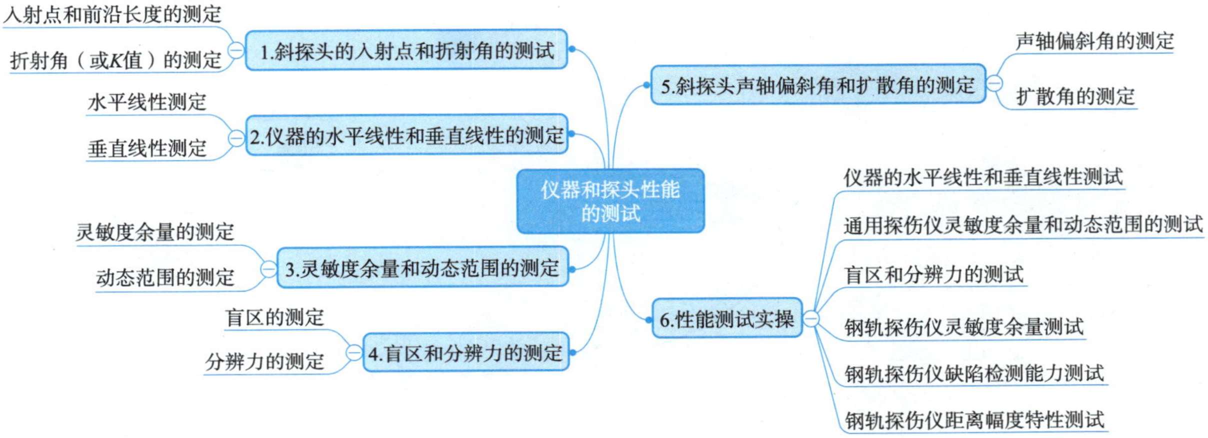

观察与思考

仪器的性能测试包括哪些项目？探头入射角和折射角测试方法有哪些？声轴偏斜角和扩散角测试方法有哪些？接下来就对此内容进行学习。

8.5.1　斜探头的入射点和折射角的测试

为保证对缺陷的准确定位，探测前必须测定斜探头的声束入射点（包括前沿长度）和折射角（或 K 值）。

视频

探伤仪器和探头性能指标的测试1

1. 入射点和前沿长度的测定

（1）将探头置于 CSK-IA 试块上（见图 8-39），前后移动探头，使 $R100$ 曲面反射回波最大（为便于观察回波，一般将仪器的“抑制”适当开大，利用增益电位器使回波幅度达 80%），此时斜探头底面与试块圆心的相交点即为入射点。

（2）探头不动，再用钢尺量出探头前沿至试块边缘的水平距离 M 值，则探头前沿长度：

$$L = 100 - M(\text{mm})$$

为确保测定准确，一般应连续测 2 ~ 3 次，取平均值。

2. 折射角（或 K 值）的测定

利用 CSK-IA 试块上 $\phi50$ 圆弧面和 $\phi1.5$ 横通孔进行测定，测定时将探头置于适当位置（见图 8-39），作平行于侧面的前后移动，调节仪器面板有关旋钮，使最高反射回波达 80%，此时入射点所对应的试块上标定的刻度即为探头的 K 值，因为 $K=\tan\beta$，所以可通过计算获得 K 值和折射角 β 值。

由于所测探头的角度不一，实测入射点不一定对准试块刻度标定的 K 值，一般都用计算法求得探头在不同位置上的 K 值和折射角。

（1）已知探头标称折射角为 35°～60°，探头应置于图 8-39 的 A 处，则：

$$\beta=\arctan\frac{x_2+L-35}{70}$$

（2）已知探头标称折射角为 60°～75°，探头应置于图 8-39 的 B 处，则：

$$\beta=\arctan\frac{x_1+L-35}{30}$$

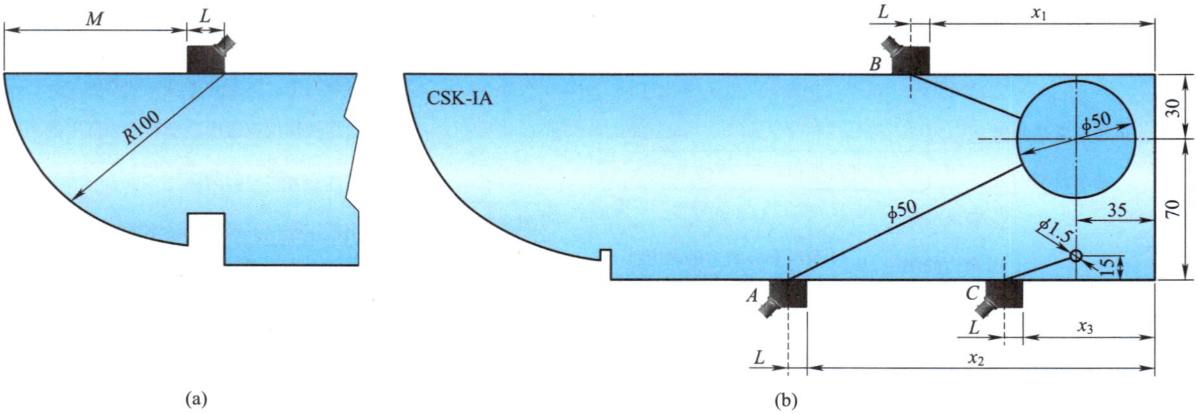

图 8-39　斜探头折射角测定

（3）已知探头标称折射角为 75°～80°，探头应置于图 8-39 的 C 处，则：

$$\beta=\arctan\frac{x_3+L-35}{15}$$

8.5.2　仪器的水平线性和垂直线性的测定

仪器的水平线性、垂直线性是否良好，直接关系到缺陷的定位、定量，它们都是超声波探伤仪的重要性能。

1. 水平线性测定

（1）测准零点。

（2）声程标度设为 Y 或 S；总声程范围设为 125 mm（即每格声程设为 12.5 mm）。

（3）使 25 mm 厚试块的 1～5 次回波依次出现在第 2、4、6、8 和 10 格，保持探头不动，调整增益、进波门位，使进波门内回波高为 50%，依次读出 1～5 次回波声程值（Y 或 S），如图 8-40 所示，将实测值填入表 8-4 中，水平线性误差小于或等于 1%。

表 8-4　水平线性测试记录表

理论值	25	50	75	100	125	水平线性误差	结　论	
实测值							性能指标	≤1%
误差值								

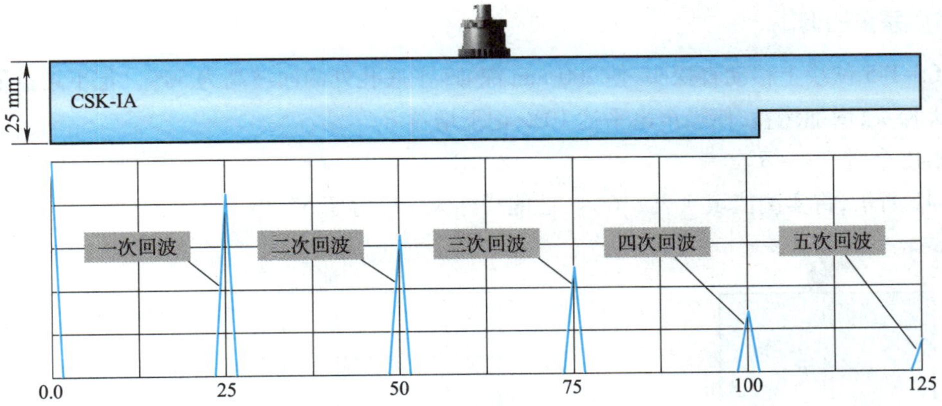

图 8-40 水平线性的测定示意图

2. 垂直线性测定

(1)在 CS-1-5 试块上移动直探头,使 200 mm 深 $\phi 2$ 平底孔处的回波高为 100%。

(2)增益步长调至 2 dB,增益每次比上次减 2 dB。

(3)每减一次增益记下当前波幅值%。

如图 8-41 所示,将实测值填入表 8-5 内取最大值,垂直线性误差小于或等于 4%。

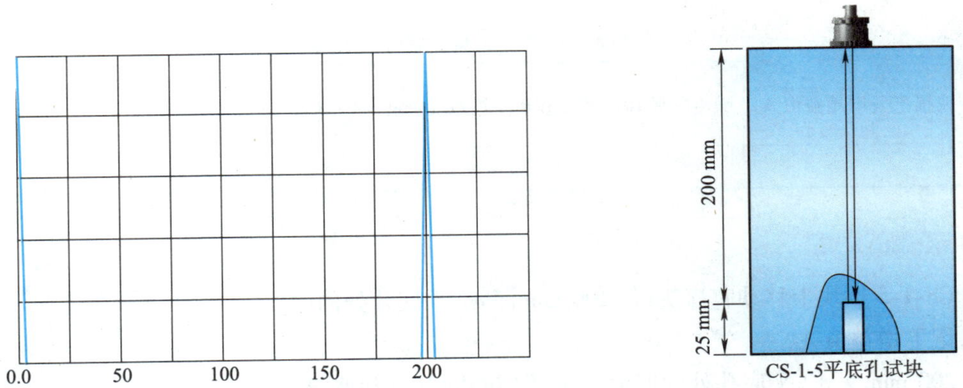

图 8-41 垂直线性的测定示意图

表 8-5 垂直线性测试记录表

衰减值	2	4	6	8	10	12	14	16	18	20	22	24	26	垂直线性误差	结论≤4%
理论值	79.4	65.1	50.1	39.8	31.6	25.1	20.0	15.8	12.5	10.0	7.9	6.5	5.0		
实测值															
误差值															

8.5.3 灵敏度余量和动态范围的测定

灵敏度余量是指在探测一个规定的测距、孔径和孔型人工反射体所获得的回波达到基准波高后,仪器还保留的增益分贝数,一般用 CS-1-5 试块测定。而动态范围指荧光屏上能分辨的最大反射波与最小反射波之比,一般用 dB 表示。

1. 灵敏度余量的测定

(1)在 CS-1-5 试块上移动直探头,使 200 mm 深 $\phi 2$ 平底孔处的回波高为 50%。记下增益值 A。

(2)除去探头,增加增益,使噪声电平达 10%,记下增益 B。

(3)灵敏度余量 $=A-B$。

如图 8-42 所示,将实测值填入表 8-6 内,性能指标大于或等于 55 dB。

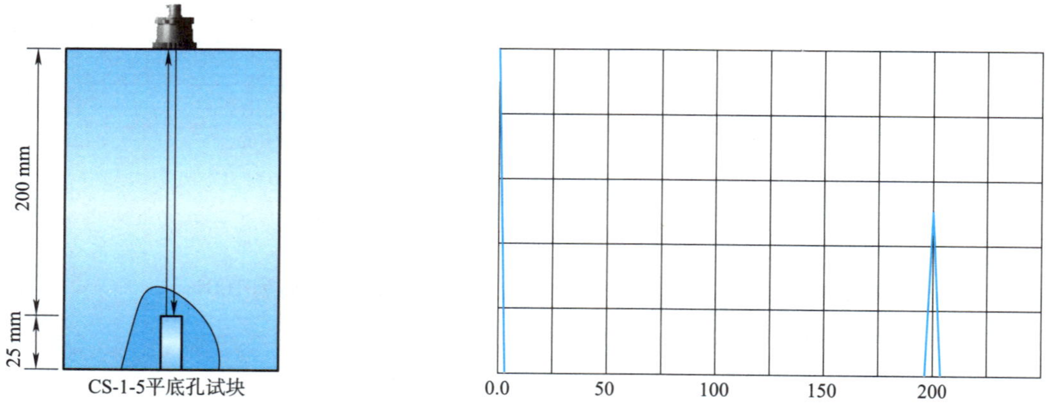

图 8-42　灵敏度余量的测定示意图

表 8-6　灵敏度余量的测定记录表

项目	波幅 50% 时增益值 A	噪声电平 10% 增益值 B	灵敏度余量 $=A-B$	结　论	
				性能指标	≥55 dB
数值					

2. 动态范围的测定

(1)在 CS-1-5 试块上移动直探头,使 200 mm 深 $\phi 2$ 平底孔处的回波高为 100%,记下增益值 A。

(2)使 200 mm 深 $\phi 2$ 平底孔处的回波高度调到刚刚能看到波幅,记下增益值 B。

(3)动态范围 $=A-B$。

如图 8-43 所示,将回波幅度的 A 值、B 值填到表 8-7 内,动态范围为 $=A\text{-}B$,大于或等于 30 dB。

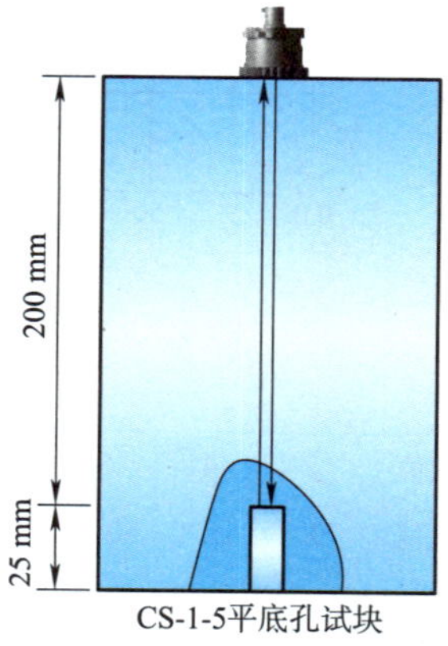

图 8-43　动态范围的测定示意图

表 8-7　动态范围的测定记录表

项目	波幅 100% 时增益值 A	波幅降到最低增益值 B	动态范围 $=A-B\geq 30$ dB
数值			

8.5.4 盲区和分辨力的测定

仪器和探头的组合盲区和分辨力与脉冲宽度有关，脉冲持续时间越长，在荧光屏上始波越宽，则盲区越大，同时也会使分辨力下降。

视频

探伤仪器和探头性能指标的测试2

1. 盲区的测定

正确测定盲区需要一套完整的盲区试块。一般可用 CSK-IA 试块上 $\phi50$ mm 有机玻璃圆柱与两侧面的最小距离 5 mm 及 10 mm 进行评估（见图 8-44），将直探头分别置于 a、b 处，看荧光屏上的反射波是否符合图示要求。

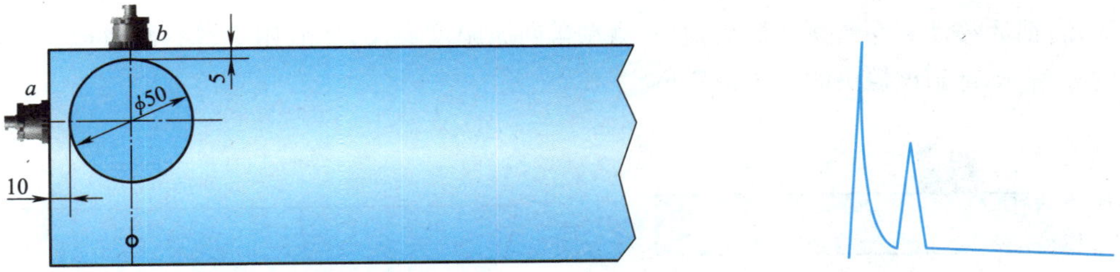

图 8-44 盲区的测定示意图

2. 分辨力的测定

（1）用户在 CSK-IA 试块上移动直探头，当 85 mm 和 91 mm 两处的回波波峰等高且调至 50%，记下增益值 A。

（2）稳住探头，将 85 mm 和 91 mm 两处的回波波谷调至 50%，记下增益值 B。

（3）分辨力 $= B - A$。

如图 8-45 所示，将实测值填入表 8-8 中，分辨力为 $B-A$ 大于或等于 30 dB。

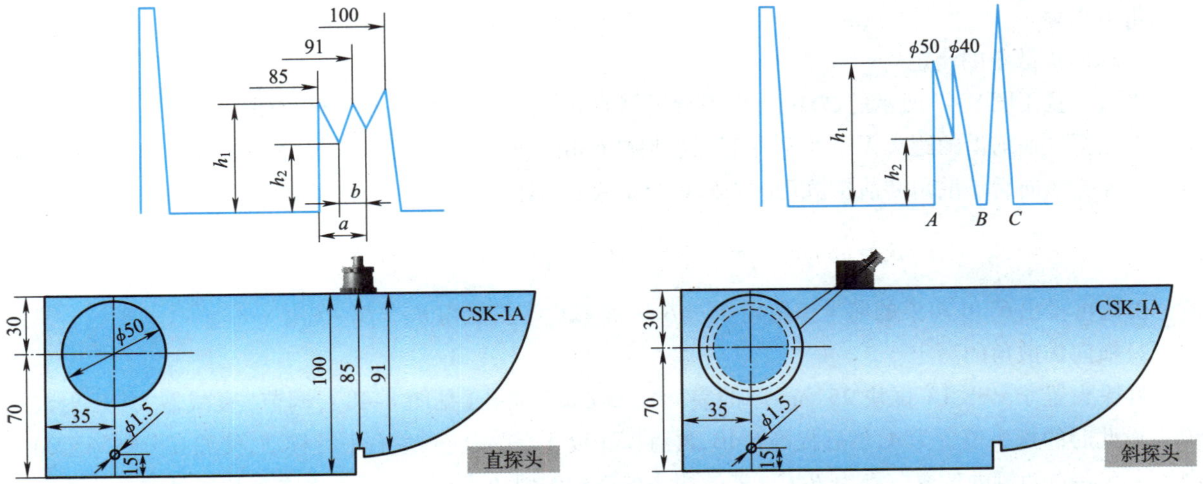

图 8-45 分辨力的测定示意图

表 8-8　分辨力的测定记录表

项目	85 mm 和 91 mm 波峰 50% 增益值 A	85 mm 和 91 mm 波谷 50% 增益值 B	分辨率 $= B - A \geqslant 30$ dB
数值			

8.5.5　斜探头声轴偏斜角和扩散角的测定

声轴偏斜角和扩散角在某种意义上都是指声束的指向性，对于发现缺陷，确定缺陷的位置具有一定作用。

1. 声轴偏斜角的测定

将斜探头置于 CSK-IA 试块 25 mm 厚的表面（见图 8-46），其中 $K \leqslant 1$ 的探头用试块的上端角，$K \geqslant 1$ 的探头用下端角，前后移动和左右摆动探头，使所测端角回波幅度最高，然后用量角器测量探头侧面与试块端面基线的夹角，则得到该探头的声轴偏斜角。

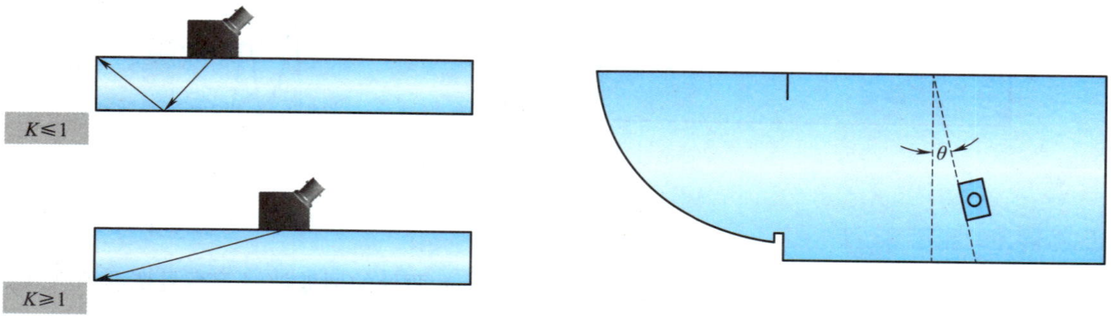

图 8-46　斜探头声轴偏斜角的测定示意图

2. 扩散角的测定

斜探头的扩散角有纵向扩散角和横向扩散角之分。由于波形转换，声轴前方的纵向扩散角与后方的扩散角不相等。

1）纵向扩散角的测定

将探头置于图 8-47 所示的试块上，作平行于侧面的前后移动，使横孔反射波幅为满屏的80%，记下探头入射点至试块前沿的距离 X_1。然后用衰减器提高 6 dB，作前后移动使反射波高分别降至 80%，这前后两点为该探头纵向后扩散角和前扩散角的入射点与试块前沿距离分别为 X_2 和 X_3，则

$$\beta_1 = \arctan\frac{x_1 - x_0}{h_0};\beta_2 = \arctan\frac{x_2 - x_0}{h_0};\beta_3 = \arctan\frac{x_3 - x_0}{h_0}$$

由此可得出 6 dB 声束的前半扩散角 $\theta_{前} = \beta_3 - \beta_1$ 和后半扩散角 $\theta_{后} = \beta_2 - \beta_1$。

2）横向扩散角的测定

将探头置于 CSK-IA 试块 25 mm 厚的表面探测 $\phi 1.5$ 通孔（见图 8-48），调节“衰减器”使反射波高 80%，设此时的探头位置为 A，然后提高 6 dB，再将探头以 A 点为基准，左右平行移动，使波高分别降至80%，则探头在左右两侧的位置分别为 B、C。若该探头的声轴偏斜角为 0，则 BC 距离之半与 A 处的探头入射点至孔心间的距离比的反正切值则为该探头的横向半扩散角。对于直探头的扩散角测定，虽然使用的试块不一样，但其方法基本与斜探头横向扩散角的测定相似。

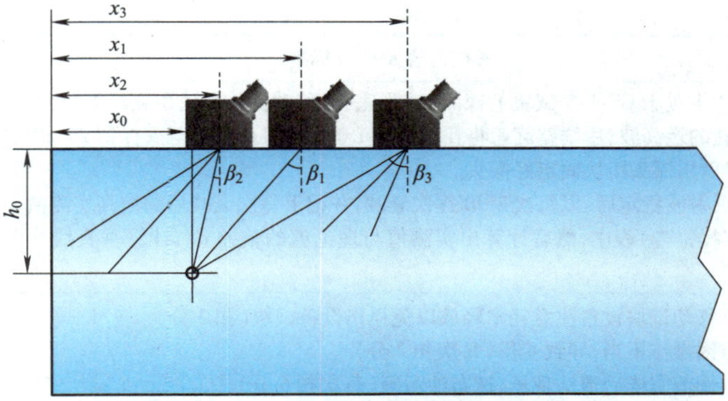

图 8-47 纵向扩散角的测定示意图

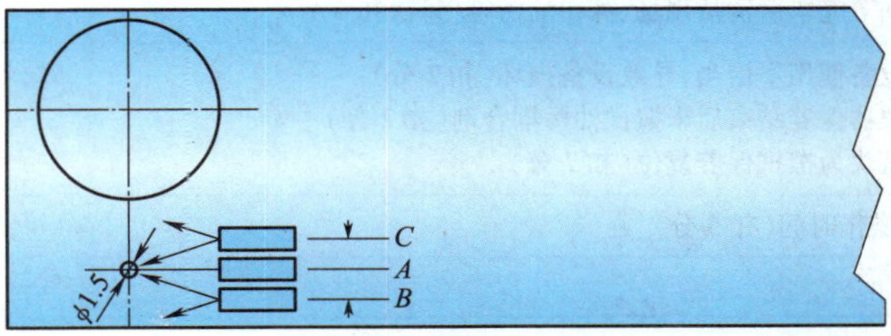

图 8-48 横向扩散角的测定示意图

8.5.6 性能测试实操

1. 仪器的水平线性和垂直线性测试

缺陷在工件中的位置和大小，是通过缺陷反射波在荧光屏上的位置和高度反映出来的。水平线性和垂直线性是指通过调整仪器旋钮，仪器的扫描线能否按一定比例反映出超声波在工件中所经过的距离，反射波高度能否按一定规律反映出反射量的大小，是仪器的重要性能，需经实操测定。作业实操评分表见表 8-9。

表 8-9 作业实操评分表

专业班级：__________ 小组：__________ 姓名：__________ 成绩：__________

项目配分	考核内容及评分标准	扣分因素及扣分	得分
（一）准备（10 分）	1. 主机（2 分）；2. 探头（2 分）；3. 探头线（2 分）；4. IIW、CSK-IA 和 CS-1-5 试块（2 分）；5. 钢尺（1 分）；6. 耦合剂（1 分）		
（二）操作技能（60 分）	（1）测定仪器的水平线性（30 分） 用直探头探测标准试块 IIW 或 CSK-IA 的 25 mm 厚度；用扫描微调（深度细调）和脉冲移位（水平移位）使试块第一次（B1）和第五次（B5）底波前沿分别对准示波屏刻度“2”和“10”。用脉冲移位先对一次波，再用扫描微调对 5 次波，反复调节即可对准。末次波应达到满屏的 50%；分别读数，并填入表内。计算偏差值，选出最大偏差值计算仪器的水平线性误差。 （2）测定仪器的垂直线性（30 分） 仪器状态调节，“抑制”置于“0”，深度粗调置于“50”挡，深度细调置“最大”。用脉冲移位旋钮使始波对 0 刻度。		

续上表

项目配分	考核内容及评分标准	扣分因素及扣分	得分
(二)操作技能(60分)	将探头置于CS-1-5试块上探测 $\phi 2$ 平底孔,移动探头并使用衰减器找到 $\phi 2$ 平底孔的最高波,用增益旋钮将孔波调至1 000%,细衰减器至少保留28 dB以上,然后用探头压块固定好探头。 待反射波稳定后,以每次2 dB逐次衰减,并记下每次衰减后的波高实测值填入(实操报告)表中,然后计算出实测值与理论值的偏差 d。计算垂直线性误差		
(三)设备的使用和维护(10分)	(1)移动试块设备注意轻拿轻放以免损伤设备试块(扣2分) (2)因操作不当,导致受伤(每次扣2分) (3)调节完毕后清洁现场、抹布油污等(每次扣6分)		
(四)安全及其他(10分)	(1)移动设备注意轻拿轻放以免损伤设备(扣2分) (2)因操作不当,导致受伤(每次扣2分) (3)调节完毕后清洁现场、抹布油污等(每次扣6分)		
(五)工具设备的使用和维护(10分)	(1)设备使用不恰当,导致设备损坏(扣2分) (2)仪器保养结束后未擦拭油污耦合剂(扣2分) (3)试块为擦拭保养复位(扣2分)		
(六)操作时间30 min	超出操作时间(扣5分)		
总分(100分)	合计		

2. 通用探伤仪灵敏度余量和动态范围的测试

仪器的组合灵敏度是指仪器发现最小缺陷的能力,一般用灵敏度余量表示。灵敏度余量是指超声波探伤系统在探测一个规定的测距、孔径和孔型人工反射体所获得回波达到基准波高时,仪器还保留的增益的分贝数。

仪器的动态范围是指在增益调节不变时,探伤仪荧光屏上能分辨的最大与最小反射面积回波高之比,即反射波高从100%到刚消失所需要的衰减量。作业实操评分表见表8-10。

表8-10 作业实操评分表

专业班级:________ 小组:________ 姓名:________ 成绩:________

项目配分	考核内容及评分标准	扣分因素及扣分	得分
(一)准备(10分)	1. 主机(2分);2. 探头(2分);3. 探头线(2分);4. CS-1-5试块(2分);5. 钢尺(1分);6. 耦合剂(1分)		
(二)操作技能(60分)	(1)组合灵敏度余量测试(40分) 仪器调节状态,将"抑制"置"0",增益置"最大位",工作方式置"2",发射强度置"最大"。 将直探头置于CS-1-5试块上找出孔波,并移动探头使孔波达最高波时,探头不动。 调节衰减器使孔波达到80%波幅,可根据衰减器读数确定仪器的灵敏度余量。 对于衰减型衰减器,可直接读衰减器读数作灵敏度余量。对增益型衰减器,灵敏度余量为:80减去衰减器读数(dB)。 (2)动态范围测试(20分) 在灵敏度余量测试基础上用衰减器和增益旋钮将 $\phi 2$ 平底孔孔波提到100%幅度,待波幅稳定后,再用衰减器将孔波从100%降至 最小值(或不能分辨),此时衰减器所对应的衰减量分贝数即为仪器的动态范围(CTS-22型一般大于30 dB)		

续上表

项目配分	考核内容及评分标准	扣分因素及扣分	得分
(三)设备的使用和维护(10分)	(1)移动试块设备注意轻拿轻放以免损伤设备试块(扣2分) (2)因操作不当,导致受伤(每次扣2分) (3)调节完毕后清洁现场、抹布油污等(每次扣6分)		
(四)安全及其他(10分)	(1)移动设备注意轻拿轻放以免损伤设备(扣2分) (2)因操作不当,导致受伤(每次扣2分) (3)调节完毕后清洁现场、抹布油污等(每次扣6分)		
(五)工具设备的使用和维护(10分)	(1)设备使用不恰当,导致设备损坏(扣2分) (2)仪器保养结束后未擦拭油污耦合剂(扣2分) (3)试块为擦拭保养复位(扣2分)		
(六)操作时间30 min	超出操作时间(扣5分)		
总分(100分)	合计		

3. 盲区和分辨力的测试

盲区是指在一定探伤灵敏度下,从探测面到能够发现缺陷的最小距离。盲区的大小与仪器的阻塞时间和脉冲宽度有关,是仪器近距离探测的性能指标。

分辨力是超声波探伤系统能够区分横向、纵向或深度方向相距最近的一定大小的两个相邻缺陷的能力。作业实操评分表见表8-11。

表8-11 作业实操评分表

专业班级:________ 小组:________ 姓名:________ 成绩:________

项目配分	考核内容及评分标准	扣分因素及扣分	得分
(一)准备(10分)	1. 主机(2分);2. 探头(2分);3. 探头线(2分);4. CSK-IA试块、盲区试块(2分);5. 钢尺(1分);6. 耦合剂(1分)		
(二)操作技能(60分)	(1)盲区测定(30分) 利用CSK-IA试块上ϕ50孔距两侧边缘5 mm和10 mm的边距测盲区大小。分别用探头探测两边距,看孔波与始波间是否有波谷且谷底在时基线上,若谷底不在时基线上则不能分辨孔波。一般先探10 mm边距,若能分辨则盲区小于10 mm,可再探5 mm边距,若不能分辨则至少5 mm是盲区。 利用盲区试块测盲区。用探头探$\phi2\times20$横孔,波幅达80%,以此灵敏度逐次由深至浅探ϕ2孔,直至孔波不能分辨为止,此时该孔距探测面的距离即为组合盲区。 (2)组合分辨力测定(30分) 直探头分辨力测定。将探头放在槽口上左右推动,调节仪器使85和91两反射面波高相等并达到h_1(20% ~30%)波幅。然后再调节仪器使85和91两波谷底h_2提高到h_1,此时所提高的分贝数为波谷与波峰的分贝差,也就是直探头的分辨力大小。 斜探头分辨力的测定。斜探头分辨力测定利用CSK-IA试块上ϕ50和ϕ44两个台阶孔来测试,分辨距离为3 mm,测试方法与直探头相同。将斜探头置于试块上前后移动并调节仪器找最高波,再横向移动探头使ϕ50、ϕ44两孔波峰等高并调节仪器使其达到h_1。然后,再调节仪器使h_2达到h_1,此时,提高的分贝数即为斜探头的纵向分辨力大小		

续上表

项目配分	考核内容及评分标准	扣分因素及扣分	得分
(三)设备的使用和维护(10分)	(1)移动试块设备注意轻拿轻放以免损伤设备试块(扣2分) (2)因操作不当,导致受伤(每次扣2分) (3)调节完毕后清洁现场、抹布油污等(每次扣6分)		
(四)安全及其他(10分)	(1)移动设备注意轻拿轻放以免损伤设备(扣2分) (2)因操作不当,导致受伤(每次扣2分) (3)调节完毕后清洁现场、抹布油污等(每次扣6分)		
(五)工具设备的使用和维护(10分)	(1)设备使用不恰当,导致设备损坏(扣2分) (2)仪器保养结束后未擦拭油污耦合剂(扣2分) (3)试块为擦拭保养复位(扣2分)		
(六)操作时间30 min	超出操作时间(扣5分)		
总分(100分)	合计		

4. 钢轨探伤仪灵敏度余量测试

关于仪器的灵敏度概念相当广泛,这里仅介绍三种:一是仪器的灵敏度,它与仪器电气性能有关,包括发射系统的发射能力和接收系统的接收能力。二是探头灵敏度,它是指在同类探头中,被测探头与石英晶片固定试块探测灵敏度之差。三是仪器和探头组合后所具有的对一定深度探测出最小缺陷的能力。此实操即测试组合探伤灵敏度。作业实操评分表见表8-12。

表8-12　作业实操评分表

专业班级:__________　小组:__________　姓名:__________　成绩:__________

项目配分	考核内容及评分标准	扣分因素及扣分	得分
(一)准备(10分)	1. 主机(2分);2. 探头(2分);3. 探头线(2分);4. WGT-3(2分);5. 钢尺(1分);6. 耦合剂(1分)		
(二)操作技能(60分)	(1)测试时要求使用带保护膜的探头(10分) (2)仪器工作状态调节(20分) 抑制开关置最大,增益旋钮置最大,打开探伤仪电源开关,仪器预热稳定后将仪器灵敏度置于最高状态,将探头接入相应的测试通道。检查仪器噪声电平,若仪器噪声电平超过10%,则调节衰减器,使噪声电平为10%,并记录衰减器读数 S_0。 (3)灵敏度余量测试方法(30分) 0°探头以WGT-3试块110 mm底面,70°和37°探头以WGT-3试块深65 mm处 $\phi3$ mm横孔作为基准。 探头置于试块中间,保证耦合良好,且与试块侧面保持平行,前后移动探头,调节仪器衰减器,使各基准反射体波高为80%,记录此时衰减器读数 S_1,计算灵敏度余量 S'。		
(三)设备的使用和维护(10分)	(1)移动试块设备注意轻拿轻放以免损伤设备试块(扣2分) (2)因操作不当,导致受伤(每次扣2分) (3)调节完毕后清洁现场、抹布油污等(每次扣6分)		
(四)安全及其他(10分)	(1)移动设备注意轻拿轻放以免损伤设备(扣2分) (2)因操作不当,导致受伤(每次扣2分) (3)调节完毕后清洁现场、抹布油污等(每次扣6分)		

续上表

项目配分	考核内容及评分标准	扣分因素及扣分	得分
(五)工具设备的使用和维护(10 分)	(1)设备使用不恰当,导致设备损坏(扣 2 分) (2)仪器保养结束后未擦拭油污耦合剂(扣 2 分) (3)试块为擦拭保养复位(扣 2 分)		
(六)操作时间 30 min	超出操作时间(扣 5 分)		
总分(100 分)	合计		

5. 钢轨探伤仪缺陷检测能力测试

钢轨探伤仪缺陷检测能力测试采用 GTS-60 钢轨对比试块进行。依据标准《钢轨超声波探伤仪》(TB/T 2340—2012)标准规定的方法对各个不同角度的探头进行测试,以发现钢轨试块规定的缺陷达到基准波高时,仪器应该保留的灵敏度余量,表示仪器的缺陷检测能力。作业实操评分表见表 8-13。

表 8-13 作业实操评分表

专业班级:________________ 小组:________________ 姓名:__________________ 成绩:_____________

项目配分	考核内容及评分标准	扣分因素及扣分	得分
(一)准备(10 分)	1. 主机(2 分);2. 探头(2 分);3. 探头线(2 分);4. GTS-60 试块(2 分);5. 钢尺(1 分);6. 耦合剂(1 分)		
(二)操作技能(60 分)	(1)测试条件(10 分) 测试探头须带有保护膜;仪器"轨型选择开关"置"60"挡,"抑制"置"最大",增益置"大",反报警门处于正常探伤作业状态;耦合剂采用水或机油。 (2)静态测试(25 分) 0°探头测试:将探头置于 GTS-60 试块上探测底面,调节粗衰减器和细衰减器使底面回波高度达到 80% 时,读取粗衰减器和细衰减器上的灵敏度余量和噪声电平。 37°探头测试:将探头置于 GTS-60 试块上探测螺孔和 37°倾角的 3 mm 上裂,调节粗衰减器和细衰减器并推动探头使螺孔和上裂纹波等高后,再调节衰减器使两波高达到 80%,此时读取粗衰减器和细衰减器上的灵敏度余量和噪声电平。 70°探头测试:将探头置于 GTS-60 试块上用二次波探测轨头端部 $\phi 4$ 平底孔,调节衰减器并推动探头使 $\phi 4$ 平底孔最高回波达到满幅的 80% 时,读取衰减器上的灵敏度余量和噪声电平。 (3)动态测试(25 分) 将钢轨探伤仪调整到实际钢轨探伤状态,探伤灵敏度适当,在正常探伤速度下推行,应能检出 GTS-60 试块上除 15°倾角下裂以外的各种人工缺陷,并能正常报警		
(三)设备的使用和维护(10 分)	(1)移动试块设备注意轻拿轻放以免损伤设备试块(扣 2 分) (2)因操作不当,导致受伤(每次扣 2 分) (3)调节完毕后清洁现场、抹布油污等(每次扣 6 分)		
(四)安全及其他(10 分)	(1)移动设备注意轻拿轻放以免损伤设备(扣 2 分) (2)因操作不当,导致受伤(每次扣 2 分) (3)调节完毕后清洁现场、抹布油污等(每次扣 6 分)		
(五)工具设备的使用和维护(10 分)	(1)设备使用不恰当,导致设备损坏(扣 2 分) (2)仪器保养结束后未擦拭油污耦合剂(扣 2 分) (3)试块为擦拭保养复位(扣 2 分)		

续上表

项目配分	考核内容及评分标准	扣分因素及扣分	得分
(六)操作时间 30 min	超出操作时间(扣 5 分)		
总分(100 分)	合计		

6. 钢轨探伤仪距离幅度特性测试

钢轨探伤仪距离幅度特性是对钢轨探伤仪的灵敏度进行近距离压低、远距离补偿,以达到在不同距离对缺陷的检测灵敏度要求所具有的特性。在标准《钢轨超声波探伤仪》(TB/T 2340—2012)中属于必检项目,也是比较难做和费时的测试项目。作业实操评分表见表 8-14。

表 8-14 作业实操评分表

专业班级:________ 小组:________ 姓名:________ 成绩:________

项目配分	考核内容及评分标准	扣分因素及扣分	得分
(一)准备(10 分)	1. 主机(2 分);2. 探头(2 分);3. 探头线(2 分);4. WGT-3 试块、阶梯试块(2 分);5. 钢尺(1 分);6. 耦合剂(1 分)		
(二)操作技能(60 分)	70°和 37°探头测试在 WGT-3 试块上进行,0°探头测试在阶梯试块上进行。 70°探头测试:用 WGT-3 试块校验时,仪器探测深度不小于 100 mm,调节衰减器,依次探测深度为 10 mm、20 mm、30 mm、40 mm、50 mm、60 mm、70 mm 的横通孔。找到各孔的最高回波后再调节衰减器使波高达到满幅的 80%,并记下相应孔的衰减器读数,根据读数的分贝值可绘制距离幅度特性曲线。同时也可计算出 10 ~ 70 mm 范围内的波高间差值 ΔW。 37°探头测试:用 WGT-3 试块校验时,仪器探测深度不小于 200 mm,调节衰减器,依次探测深度为 20 mm、40 mm、60 mm、80 mm、100 mm、120 mm、150 mm 的横通孔,找到各孔的最高波后再调节衰减器使波高达到满幅的 80%,并记下相应孔的衰减器读数,根据读数的分贝值可绘制距离幅度特性曲线。同时也可计算出 20 ~ 150 mm 范围内的波高间差值 ΔW。 0°探头测试:用阶梯试块校验时,仪器探测深度不小于 200 mm,调节衰减器,依次探测深度为 20 mm、30 mm、40 mm、50 mm、60 mm、80 mm、100 mm、150 mm 的大平底面,使各底面回波达到满幅的 80% 时记录相应的衰减器读数,根据衰减器读数可绘制距离幅度特性曲线。同时也可计算出 20 ~ 150 mm 范围内的波高间差值 ΔW		
(三)设备的使用和维护(10 分)	(1)移动试块设备注意轻拿轻放以免损伤设备试块(扣 2 分) (2)因操作不当,导致受伤(每次扣 2 分) (3)调节完毕后清洁现场、抹布油污等(每次扣 6 分)		
(四)安全及其他(10 分)	(1)移动设备注意轻拿轻放以免损伤设备(扣 2 分) (2)因操作不当,导致受伤(每次扣 2 分) (3)调节完毕后清洁现场、抹布油污等(每次扣 6 分)		
(五)工具设备的使用和维护(10 分)	(1)设备使用不恰当,导致设备损坏(扣 2 分) (2)仪器保养结束后未擦拭油污耦合剂(扣 2 分) (3)试块为擦拭保养复位(扣 2 分)		
(六)操作时间 30 min	超出操作时间(扣 5 分)		
总分(100 分)	合计		

项目九

钢轨常规探伤

钢轨常规超声检测在检测条件，耦合与补偿，仪器调节，缺陷的定位、定量、定性等方面都有一些通用的技术，掌握这些通用技术对于发现缺陷并正确评价是很重要的。

钢轨超声检测的基本步骤是：检测前的准备，仪器、探头、试块的选择，仪器调节与检测灵敏度确定，耦合补偿，缺陷的测定、记录和等级评定，仪器和探头系统复核等。

学习目标

1. 掌握常规探伤仪各探头组成及调校。
2. 掌握焊缝探伤方法及焊缝的轨头、轨腰、轨底探伤注意事项。
3. 掌握仪器和手工结合检查的要点及道岔范围的手工检查。

任务一　钢轨探伤常规调试方法

了解和掌握探测范围，对实际探伤中波形分析有很大帮助。目前，探伤小车探伤工艺一般都采用多通道组合探头在轨面进行全面探伤，利用轨颚反射作用，扩展扫查范围。

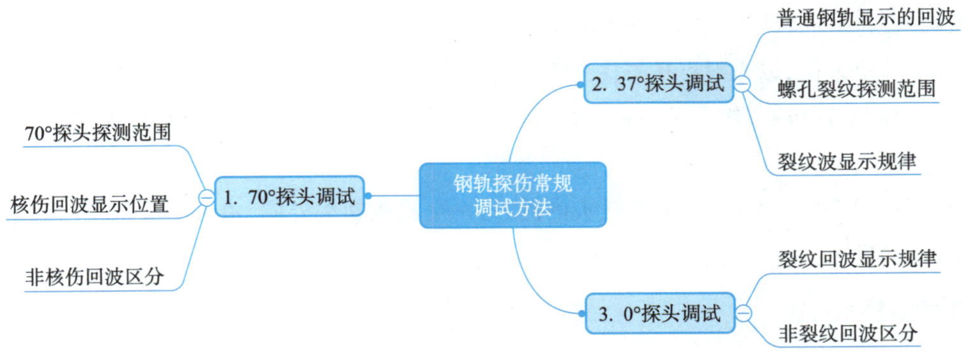

观察与思考

钢轨常规探伤仪器的各通道有哪些调节方法？伤波和非伤波如何区分？纵向和水平裂纹的定位、定量方法有何不同？接下来就对此内容进行学习。

9.1.1 70°探头调试

70°探头(习惯称入射角为50°)采用横波在钢轨轨头内进行反射式探伤,主要探测轨头核伤和钢轨焊接接头头部的夹渣、气孔和裂纹等。为扩大对轨头的扫查范围,探头在轨面与纵轴呈20°(或14°)偏角,使入射钢轨中的横波经轨头下颚作二次反射(见图9-1),确保对轨头的二次扫查。为此,各种不同型号的钢轨探伤仪,在不同轨型转换后,其扫描范围均能满足一、二次波的探测需要。

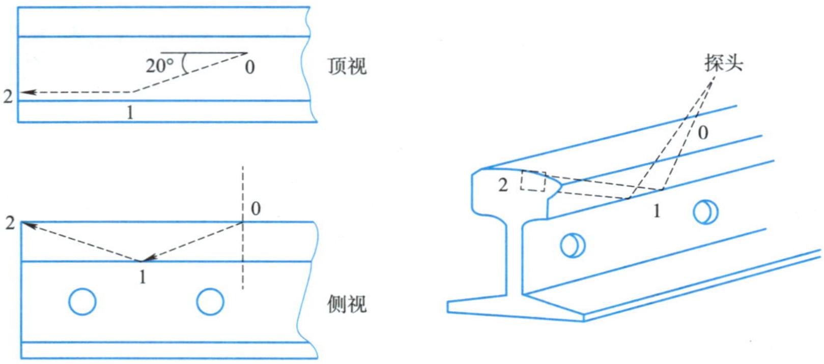

图9-1 70°探头在轨端的一、二次波扫查

从图9-1中可知,探头发射的超声波在未被轨头下颚反射前由伤损或轨端断面反射的回波,称为一次波(图9-1中0-1段),超声波在经轨头下颚向前反射后,尚未被轨头顶面反射前,由伤损或轨端断面反射的回波,称为二次波(图9-1中1-2段),若各轨型转换后的声程测距(即时基线)未调准,或用P60轨型的声程测距去探P50钢轨,或以P75轨型深度测距去探其他轨型(GT-1型),则在荧光屏上还会有三次波显示。

1. 70°探头探测范围

了解和掌握探测范围,对实际探伤中波形分析有很大帮助。目前,探伤小车探伤工艺一般都采用70°探头在轨面偏角,利用轨颚反射作用,扩展扫查范围。

(1)一次波探测范围,以入射点0与整个轨头下颚的连线,约占轨头总面积的30%。

(2)二次波探测范围约占轨头总面积的60%,实际扫查面积大小与探头偏角、位置和探伤灵敏度等有关。

(3)同时用两个70°探头,一个检查轨头内侧,另一个检查轨头外侧,由于探头偏角的因素,在轨头中下部仍存在一个"盲区"。

2. 核伤回波显示位置

70°探头属反射式探伤法,探伤中无伤损存在,一般无回波显示,当遇有伤损,且反射回波能被探头接收时,荧光屏显示伤波并报警,探伤人员可根据回波显示特点,大约确认伤损存在的位置和大小。

1)规则核伤的显示

规则核伤是指核伤反射面与钢轨纵向垂直。

(1)核伤位于轨颚附近。由于伤损存在于一、二次波扫查区,且接近轨颚,因此,在荧光屏刻度5.0左右,一、二次回波连续显示,如图 9-2(a)所示。

(2)核伤位于轨头上方一、二次波扫查区。此时,伤损回波在荧光屏扫描线上分两次显示,两次显示越靠近扫描线两端,则核伤距轨面越近,如图 9-2(b)所示。

(3)核伤位于轨头一侧上角二次波扫查区。此时,伤损回波显示于荧光屏刻度 5.0 以后,回波位置刻度越大,核伤距轨面越近,如图 9-2(c)所示。

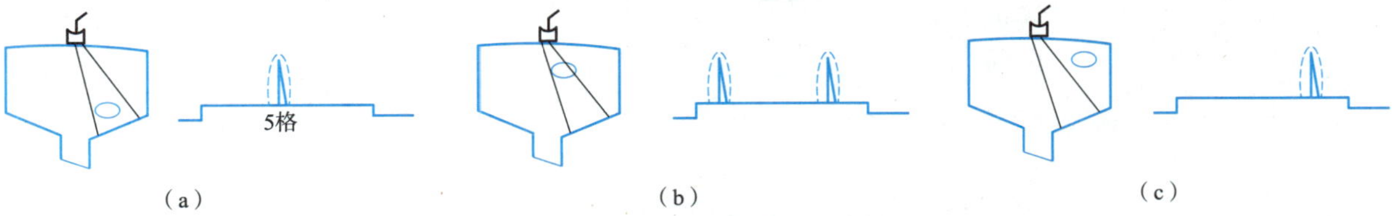

图 9-2 核伤位置和回波显示

规则核伤的显示一般具有回波位移越大,伤损面积越大的特点;一、二次波都显示,说明伤损位于一、二次波重叠扫查区;仅有二次波显示,说明核伤处于一次波扫查范围之外;如果伤波显示近似于轨端断面回波,表明核伤直径已经很大。

2)倾斜核伤的显示

由于疲劳源的倾斜,以及复线地段列车单向运行和单线地段上下行列车运量悬殊,使核伤早期呈倾斜性发展,给核伤检查带来难度。认识倾斜性核伤回波显示规律,对波形分析、防止核伤漏检有益。

(1)核伤位于轨颚附近。虽然伤损存在于一、二次波扫查区,但由于核伤倾斜后,探头只能接收到图 9-3(a)中的一次波或图 9-3(b)中的二次波,回波变短。

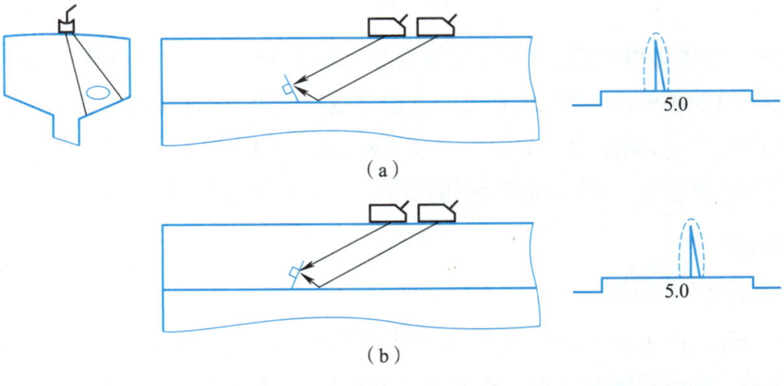

图 9-3 倾斜核伤位置和回波示意图(核伤位于轨颚附近)

(2)核伤位于轨头上方。虽然在一、二次波扫查区内,但由于核伤倾斜后,使一次回波探头无法接收到,误以为核伤位于内侧上角处[见图 9-4(a)],或者二次波探头无法接收到,误以为核伤位于轨头中心处[见图 9-4(b)]。

(3)核伤位于轨头一侧上角。此时核伤在二次波扫查区内,如果核伤倾斜后且如果取向正好与二次波正交,会有回波显示[见图 9-5(a)];否则,因核伤与二次波的入射角过大,回波无法被探头接收,造成漏检[见图 9-5(b)]。

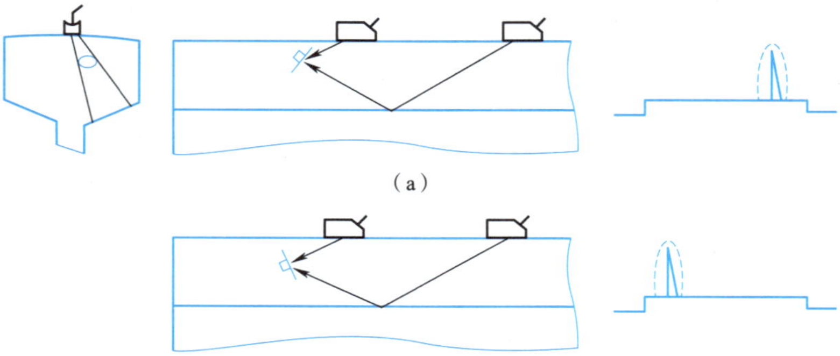

（a）

（b）

图 9-4　倾斜核伤位置和回波显示（核伤位于轨头上方）

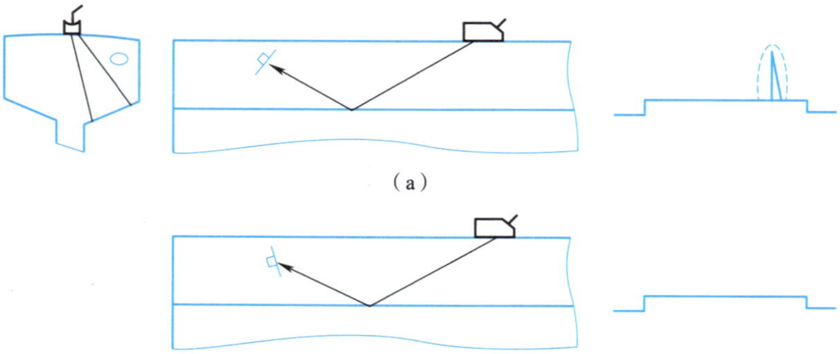

（a）

（b）

图 9-5　倾斜核伤位置和回波显示（核伤位于轨头一侧上角）

从倾斜核伤回波规律中可以看出，它与规则核伤显示有不同之处，而且核伤倾斜后，有可能出现有伤无波的现象，为防止倾斜性小核伤漏检，最有效的方法是定期调整 70°探头的发射方向，即原来一个探头向前向内，另一个探头向后向外，调整为一个探头向前向外，另一个探头向后向内；同时加强对异常回波显示的分析，提高核伤检查的可靠性。GT-2 钢轨探伤仪增加了 2 个偏角 70°探头，以防止漏检。

3. 非核伤回波区分

1）剥离层多次反射波

钢轨制造和淬火不良，产生轨头表层剥离，形成不规则的薄层（见图 9-6）。超声波在薄层中多次反射后被探头接收，荧光屏一次波范围会出现单支或多支回波同时显示的现象。此时可根据回波和探头位置对应关系进行识别，如果探头入射点在剥离层上或是回波定位正好在裂口上，则属剥离层回波。由于剥离层末端很容易产生核伤，如遇回波定位在剥离层末端，则很可能已经形成核伤。

图 9-6　剥离层多次反射波

2)鱼鳞剥离反射波

由于钢轨接触疲劳强度不足,曲线上股或部分直线地段会形成鱼鳞状剥离(见图9-7)。向轨头内侧发射的通道,在荧光屏刻度7.5~8.5之间会出现有规律、连续、循环回波显示(由于轨头磨耗、探头位置不同和仪器探测范围校正误差,回波位置会有所不同)探测中应慢走细看,重点注意波幅强、位移大的回波,因为鱼鳞剥离末端很容易产生核伤。

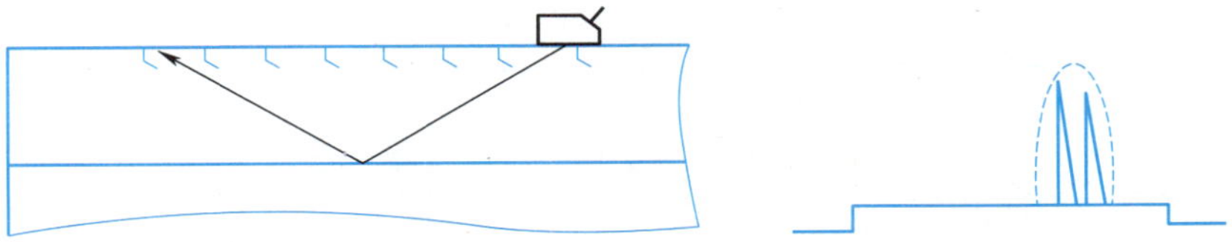

图9-7 鱼鳞剥离反射波

3)剥落掉块波

轨头侧面飞边或曲线内侧剥落掉块,形成一定的反射面,引起超声波的反射(见图9-8)。剥落掉块向轨头中心扩展,有时一、二次波都会显示,很像核伤回波,可用校对方法区别。由于飞边易产生应力集中点而形成核伤或剥落严重会向轨头内裂,所以对这种异常反应,要认真细查。

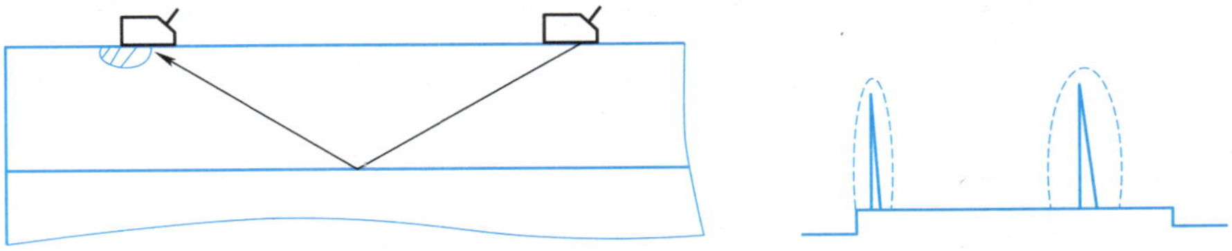

图9-8 剥落掉块波

4)轨面擦伤波

机车动轮空转或制动过程中,轮轨间剧烈摩擦,使钢轨表面擦伤并形成网状碎裂。擦伤波在探伤中呈不规则回波显示,类似剥落掉块回波,但波幅弱一些。擦伤波碎裂程度不同,回波显示也不同。靠近刻度零点显示不规则的跳跃波或移动很短的回波,则擦伤的深度很浅。当一次或二次波范围内有回波显示时,一般擦伤较深或存在"锅底""月牙"形损伤,这时应把仪器调向复查或进行校对,防止擦伤引发的核伤漏检。

5)侧面锯齿波

液压轨缝调整器进行拉轨作业地段,由于轨缝调整器卡钳的卡齿作用,使钢轨接头轨头侧面呈斜条状齿痕(见图9-9)。探伤时二次波在齿痕上产生反射,在荧光屏刻度6.0左右显示连续、位移短、重复的回波。

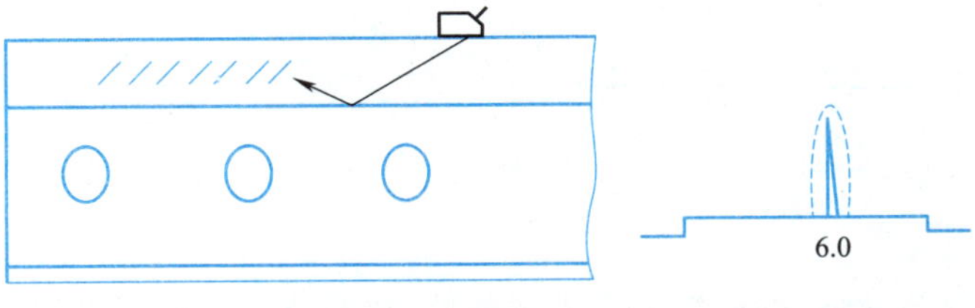

图9-9 侧面锯齿波

6）颚部锈蚀波

轨头颚部锈蚀严重时，较深的锈损坑会使超声波产生反射，出现间断而短促的报警声，在荧光屏一、二次波交替处，显示没有移动的跳跃波（见图9-10）。用砂纸打磨钢轨颚部，跳跃波会减弱或消失。为防止连续报警而干扰探伤，可适当降低增益，使跳跃波得到扼制，或打开“位移报警”功能（有些仪器具备），实现位移小的回波不报警。

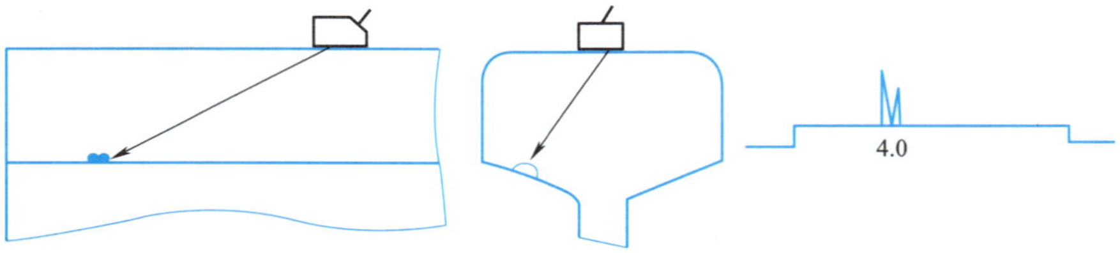

图9-10　颚部锈蚀波

7）夹板卡损波

钢轨接头连接件夹板端头与钢轨长期摩擦，形成一定深度的磨损台阶（见图9-11），探伤中会产生回波。探头入射点距夹板（60 kg/m 轨）108 mm 左右时，产生报警声，并在荧光屏一、二次波交替处显示波幅稳定的单支回波。此时应通过目视或探头调向进行鉴别，要注意卡损处向内发展的横向裂纹。

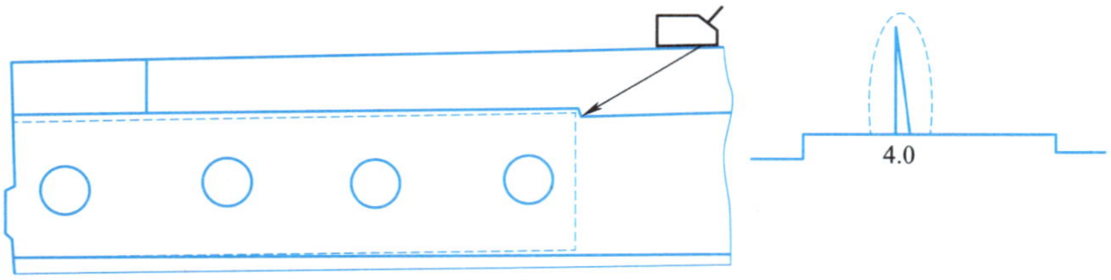

图9-11　夹板卡破损波

8）螺孔反射波

探伤中遇钢轨磨耗严重、探头偏角和位置不当等，使入射轨头内的声束方向发生变化时，部分声波会射入螺孔上产生回波。探头距螺孔210 mm 左右，在荧光屏刻度9.0左右显示螺孔反射波（见图9-12）。可以通过测量探头与螺孔间的距离，调节探头的横向位置，使螺孔反射波消失。

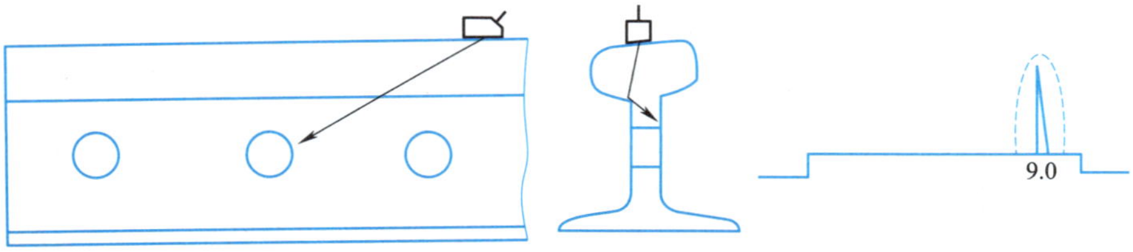

图9-12　螺孔反射波孔

9）夹板内螺孔反射波

遇接头夹板与钢轨颚部密贴，雨后雨水渗入密贴处，超声波透过薄层水耦合，入射夹板螺孔上（见图9-13），在荧光屏刻度9.0左右显示螺孔反射波，一般在接头第2螺孔上会产生这一现象，此时可以通过松开接头螺栓，使夹板与钢轨分离，破坏透声途径进行判别。由于这种透声现象，使夹板内的横向裂纹也会产生类似轨头核伤的回波，遇接头区有明显核伤回波而校对不到时，很可能是夹板内有裂纹。

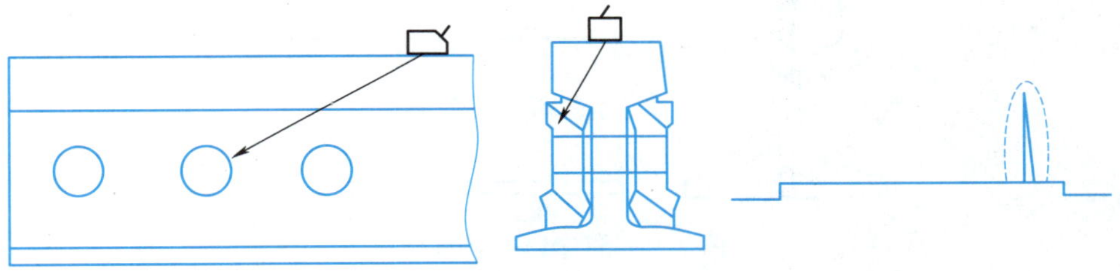

图 9-13 夹板内螺孔反射波

10）焊筋轮廓波

无缝线路钢轨焊缝处轨头下颚都存在一个凸起的焊筋，探伤中一般都会产生回波。焊筋轮廓波在荧光屏刻度 4.5 左右显示（见图 9-14），由于焊筋几何形状不一，回波显示的位移和强弱略有差异，铝焊接头回波强，气焊接头回波弱。要注意对位移长、波幅强的回波分析，防止焊缝内缺陷漏检。

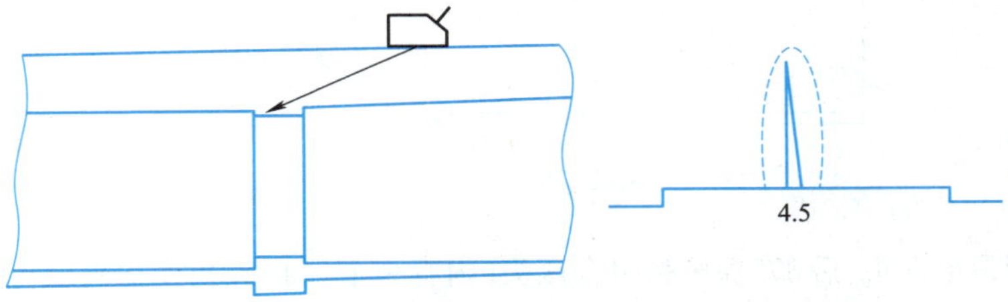

图 9-14 焊筋轮廓波

非核伤回波在不同的仪器调节状态和轨型探测时，回波位置和位移略有差异，但基本规律相似。可以通过目视轨面状态、确定反射点位置、70°探头校对、调整探头位置和方向等方法区别核伤真假，要重视对异常波形的分析，防止与非核伤回波显示相似的核伤漏检。

9.1.2 37°探头调试

37°探头（以往按入射角的大小称为 30°探头）属反射式探伤，发射的超声波从轨头以折射角 37°方向传播到轨底（见图 9-15）。主要探测轨腰投影范围的螺孔裂纹、斜裂纹、特殊部位水平裂纹，以及轨底横向裂纹孔。

1. 普通钢轨显示的回波

掌握好 37°探头探伤的方法，必须了解正常情况下钢轨内的回波显示规律，在熟知各种回波与探头位置对应关系的基础上，才能区别异常回波，发现裂纹的存在。钢轨接头第一螺孔裂纹是探测的重点和难点，掌握 37°探头在钢轨接头的波形显示，以及第一螺孔裂纹探测的方法和要领是本节学习的重点。

1）螺孔回波

37°探头探伤扫描中，中心 77 mm 左右，仪器荧光屏刻度 4.0 左右出现螺孔回波（见图 9-16）。为检查出螺孔不同象限的裂纹，钢轨探伤仪均配置两只 37°探头，一个朝仪器推行前方发射声束的称为前 37°探头，另一个朝仪器推行后方发射声束的称为后 37°探头。由于两个探头声束方向不同，螺孔波显示移动过程正好相反，前37°探头螺孔波从荧光屏大刻度向小刻度移动，后37°探头螺孔波从小刻度向大刻度移动。

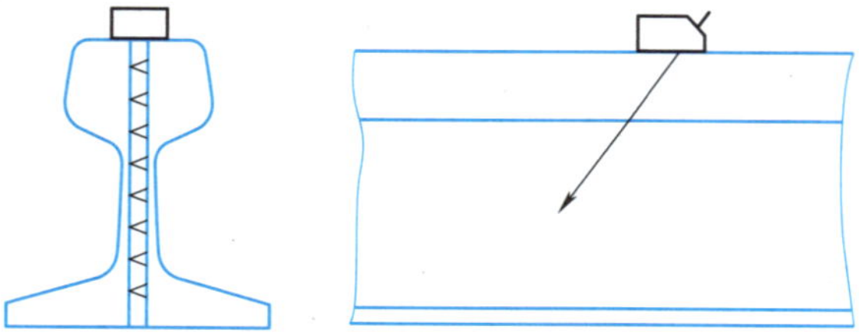

图9-15　37°探头探测区域

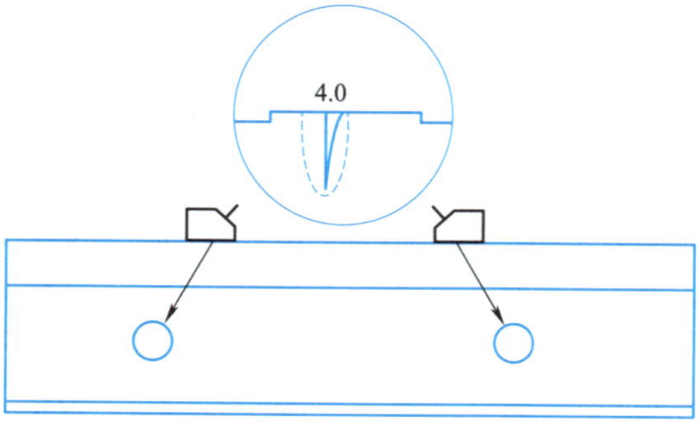

图9-16　螺孔回波

前37°探头一般是单探头，后37°探头是组合探头（内有一个0°探头），受探头结构的影响，从探头外壳上看，后37°探头的入射点比前37°后移约10 mm，在观察螺孔波与探头位置对应关系时，前、后37°探头中心离螺孔中心的距离相应差10 mm，这一点在实际探伤中应注意。

2）第一螺孔至轨端部回波

37°探头探测钢轨接头第一螺孔至轨端间的部分，因受钢轨类型、螺孔位置和轨面状态的影响，以及钢轨端面、顶角、颚部、腰部等反射作用，会产生很多固有回波，容易与第一螺孔裂纹或轨端裂纹混淆（见图9-17），现以前37°探头探测50 kg/m轨接头回波的显示规律为例（仪器按声程1∶20调节），说明各种回波规律。后37°探头回波规律与前37°探头相反。

（1）37°探头探测声束遇到第一螺孔时，一般在荧光屏刻度4.0左右显示完整的第一螺孔回波（见图9-17探头位置1）。

（2）探头入射点距轨端约100 mm处时，在荧光屏刻度8.0左右有时会显示轨头顶角波（见图9-17探头位置2），该回波是由轨颚和轨面多次反射至端角上产生的回波，由于43 kg/m、60 kg/m轨下颚的斜度大，反射波的途径有所不同，因此，显示回波有一定差异。

（3）探头入射点移至轨端约35 mm左右时，在荧光屏刻度2.5左右显示轨端颚部反射波（见图9-17探头位置3）。它是37°探头扩散声束在由轨端面和轨颚面形成的端角反射。正常探测条件下，在每个钢轨接头该回波都会显示，且波幅强，如果无显示，则除轨面状态不良外，一般为探伤灵敏度偏低，应及时进行修正。

（4）探头入射点移至距轨端10 mm左右（一般探头外壳1/3已移出本轨）时，超声波经过轨端端面反射至第一螺孔，在荧光屏刻度4.3左右显示不完整螺孔波（见图9-17探头位置4），又称倒打螺孔波。该螺

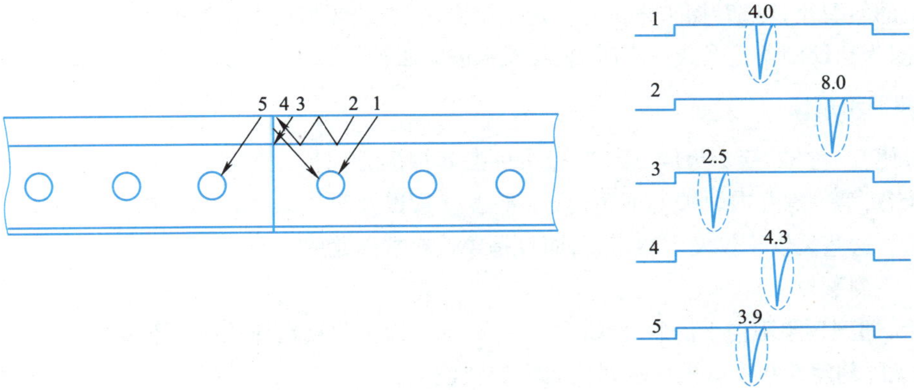

图 9-17 第一螺孔至轨端回波

孔波与正常螺孔波不同是因为受第一螺孔至轨端距离的影响。

(5)当探头入射点刚过轨缝进入另一根轨面时，在荧光屏刻度约 3.9 左右显示半个螺孔波(见图 9-17 探头位置 5)，它和倒打螺孔波一样都属于不完整螺孔波，都是受第一螺孔至轨端的距离影响，不能满足一个完整螺孔波显示的探测距离，只能显示螺孔波的一部分。当遇有高低接头、压塌或是擦伤(掉块)接头时，轨缝两边的不完整螺孔波很难显示，若使用螺孔反报警门，则第一螺孔向第二螺孔方向的向上裂纹不会产生报警，容易导致漏检，因而需要加以重视。

2. 螺孔裂纹探测范围

1)第二、三螺孔

螺孔划成四个象限，各象限都有可能产生螺孔裂纹，如图 9-18 所示。按其声束方向，前 37°探头能发现Ⅱ、Ⅳ象限的斜裂纹及Ⅰ、Ⅳ象限的水平裂纹；后 37°探头能发现Ⅰ、Ⅲ象限斜裂纹及Ⅱ、Ⅲ象限的水平裂纹。从图 9-18 中可知，通过两个探头两个方向的探测，能基本解决第二、三螺孔各个方向裂纹的检出。

2)第一螺孔和轨端

在钢轨端面、轨面状态和螺孔位置正常的情况下，由于钢轨端面对超声波的反射作用，前后 37°探头探测范围与在第二、三螺孔上有所不同。前 37°探头能探本侧第一螺孔除Ⅰ象限以外的裂纹、轨端上的裂纹和迎端轨第一螺孔Ⅱ象限裂纹(见图 9-19)，而后 37°探头探测范围刚好弥补前 37°探头对迎端轨的不足。

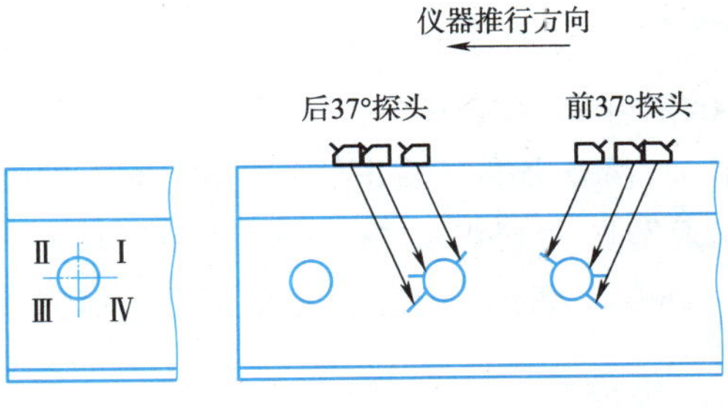

图 9-18 第二、三螺孔前后 37°探头探测范围

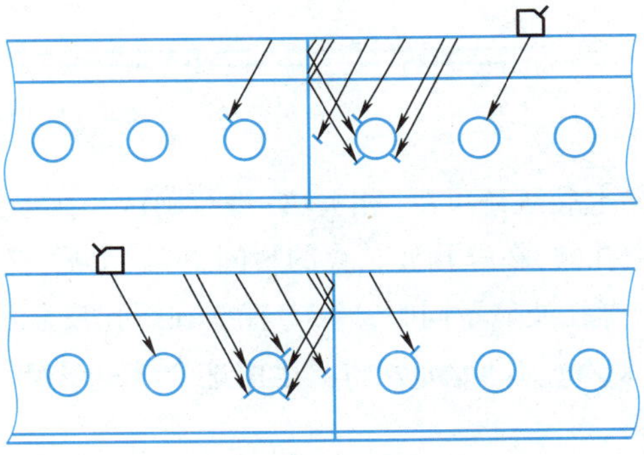

图 9-19 第一螺孔和轨端前后 37°探头探测范围

以上所说的斜裂纹，对37°探头来讲有一定范围限制，裂纹倾角过大或过小，都有可能无回波显示而造成漏检，这是因为裂纹倾角过大或过小时，裂纹反射波无法被探头接收所致。

3. 裂纹波显示规律

为叙述方便，以前37°探头为例，后37°探头可按其探测方向依此类推。根据钢轨接头的回波显示情况以及受力状态，第一螺孔向轨端的下裂(或水平裂纹)，以及第一螺孔向第二螺孔方向的上裂纹是探测的重点和难点。这些裂纹不仅发生频率高，而且是导致轨端揭盖的主要裂纹。

1)螺孔向下斜裂纹

前37°探头遇到Ⅳ象限向下的斜裂纹(见图9-20)时，因为裂纹在螺孔中心下方，反射面比螺孔声程更远，所以在荧光屏刻度5.0以后先显示螺孔向下裂纹波，裂纹波消失后，在荧光屏刻度5.0以前显示螺孔波，伤波位移长短与裂纹长度有一定的对应关系，一般裂纹越长，显示裂纹波的起点刻度值越大，回波位移越长。

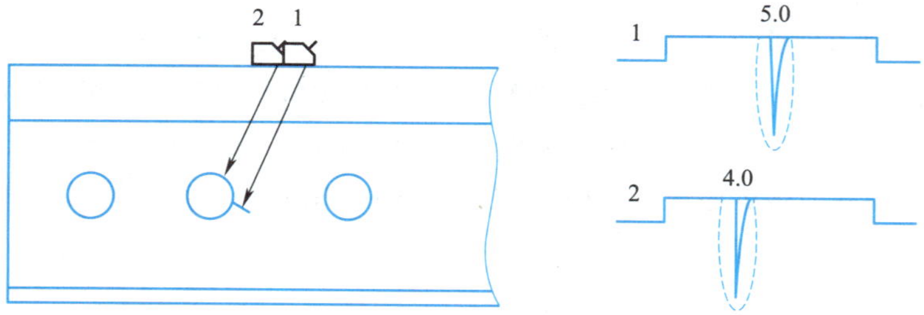

图9-20　螺孔向下裂纹回波

2)螺孔向上斜裂纹

前37°探头探测遇到第Ⅱ象限向上的斜裂纹时(见图9-21)，因为裂纹处于螺孔的后方，显示特点为先螺孔波，后裂纹波，且螺孔波还没有消失时，在螺孔波之后就出现裂纹波。当向上斜的裂纹端点低于螺孔顶面时，则伤波显示在螺孔波范围内；当向上的斜裂纹较长，且裂纹端点超过螺孔顶面时，则裂纹的回波失落点超过螺孔波显示范围，裂纹回波位移长，回波失落点刻度值较小。

图9-21　螺孔向上裂纹回波

对向上裂纹还可用“相关法”进行确认。在正常情况下0°加后37°组合探头探测同一螺孔时，先显示0°探头螺孔波，在螺孔波结束的瞬间，再显示后37°探头螺孔波，两波交换互不并存。当遇有向上的裂纹时，在0°螺孔波显示同时，后37°探头在螺孔波显示范围内出现伤波，呈现双波并存现象(见图9-22)，它适用于43 kg/m、50 kg/m钢轨。运用这个显示规律，对第一螺孔向第二螺孔方向的上裂纹鉴别，具有方便准确的效果。

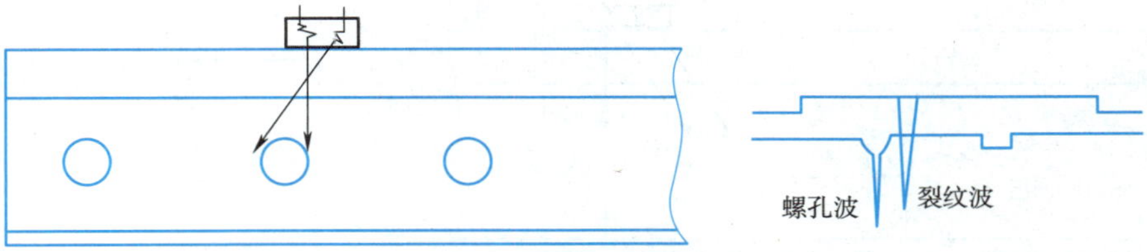

图 9-22 螺孔向上裂纹相关法回波

3)螺孔水平裂纹

前 37°探头遇到第Ⅰ、Ⅳ象限间的螺孔水平裂纹时(见图 9-23),由于螺孔周边和裂纹面之间构成端角反射,能显示螺孔水平裂纹波。探头声束先射及水平裂纹端角反射点,后射及螺孔反射面,因此,先显示裂纹回波后显示螺孔回波。因水平裂纹端角反射点与螺孔波反射面高差小,所以两个回波间隔很小,并有裂纹波未消失螺孔波就出现的同时显示过程。

图 9-23 螺孔水平裂纹回波

4)第一螺孔向轨端方向的下(或水平)裂纹

根据超声波反射原理,前 37°探头发射的超声波,经轨端面按反射角等于入射角的方向向轨腰下方传播。前 37°探头显示轨端颚部波的同时,若声波射及螺孔向下(或水平)的裂纹,则在荧光屏刻度 5.0 左右会显示裂纹波,这时探头入射点距轨端 10 ~ 35 mm 范围,如果斜裂纹越长,探头距轨端也越远,裂纹波显示的刻度也越大(见图 9-24)。由于该部位各种回波很多,难以通过报警来确定裂纹,只有在看清颚部波的同时,注意螺孔波波位后方回波的显示,这样才能发现裂纹。

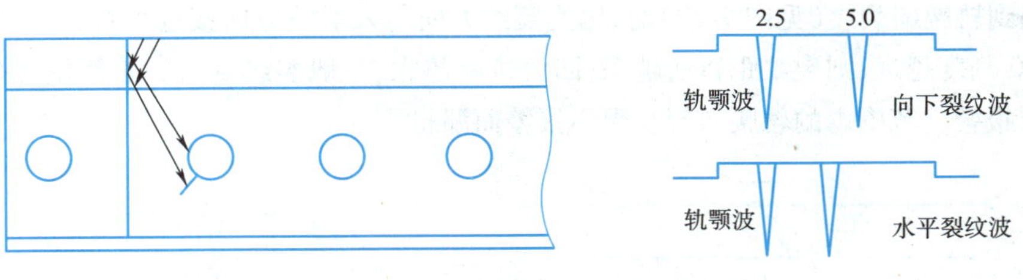

图 9-24 第一螺孔向轨端向下(或水平)裂纹回波

5)第一螺孔向第二螺孔方向的上裂纹

前 37°探头入射点进入另一根钢轨顶面时,显示不完整螺孔波。探头继续向前移动 10 mm 左右,显示向上的裂纹波(见图 9-25),探头入射点离轨端约 15 mm。由于轨端顶面不平,多数情况下第一螺孔波不能正常显示,因此,一旦发现荧光屏显示螺孔波的刻度上有回波,则要以观察探头位置方法来鉴别,认真区分是螺孔回波还是向上的裂纹回波,防止误将向上的裂纹波当成螺孔波来处理。

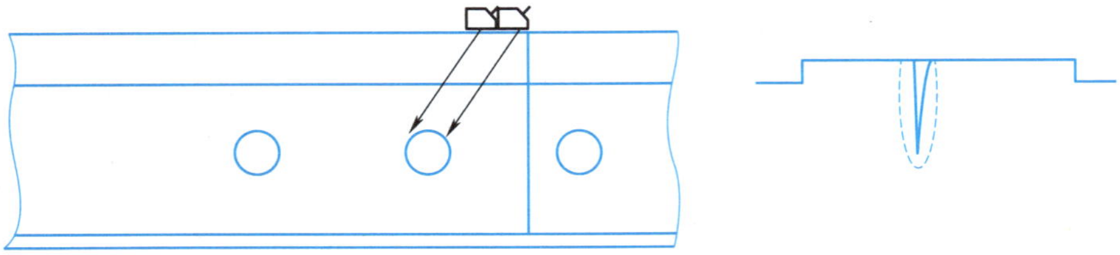

图 9-25　第一螺孔向上的裂纹回波

6）轨端水平和斜裂纹

37°探头发现水平裂纹是通过轨端水平裂纹与端面构成直角反射来实现的；37°探头发现轨端斜裂纹是由轨端斜裂纹面的反射来实现的。它们在荧光屏上显示回波的位置，是根据裂纹在轨端上的深浅而定的。要重视轨颚和轨腰（与螺孔等高部位）上的裂纹检出。一般钢轨下颚水平裂纹较多，应根据轨颚波和轨颚裂纹回波强度、位移量不同来区别，防止将裂纹回波误认为颚部反射波（见图 9-26）。轨腰（与螺孔等高部位）上的裂纹，根据探头位置不同来区别，如接头第一螺孔显示后，探头向前移动 76 mm 左右，在荧光屏螺孔波显示刻度上出现回波，且回波很强时，很可能轨端腰部有裂纹，裂纹是水平还是倾斜，可用 0°探头进行鉴别。如果 0°探头有回波，一般为水平裂纹或特殊向上斜裂纹，若失底波且无回波则是轨端向下的斜裂纹。

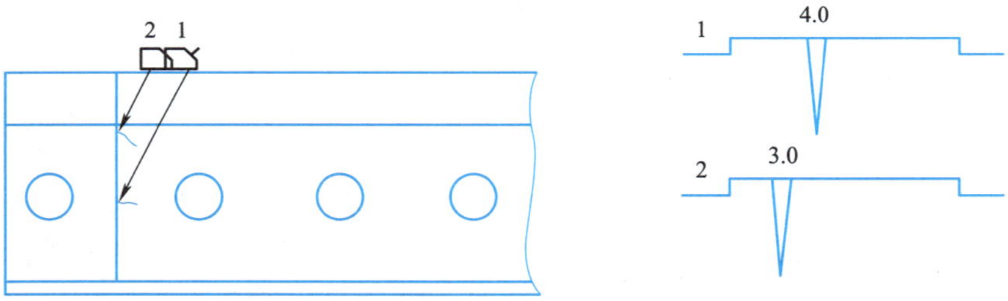

图 9-26　轨端裂纹回波

7）轨腰斜裂纹

37°探头遇到轨腰斜裂纹（见图 9-27）时，因为裂纹方向与入射波方向接近垂直，产生回波和报警。回波显示离基线 0 刻度越远，则裂纹距轨面越深；回波位移越大，一般裂纹越长。若使用螺孔反报警门方式探伤，应注意反报警门范围内的轨腰斜裂纹因不报警而漏检。

图 9-27　轨腰斜裂纹回波

8）轨底横向裂纹

老杂轨区段或隧道、道口内，因轨底严重锈蚀或垫板磨损，在磨损的台阶边会产生横向裂纹；铝热焊接头轨底焊筋边沿或热影响区会产生轨底横向裂纹，接触焊热影响区钳口部位烧伤引起的轨底横向裂纹；特大桥上铺设的固定型温度调节器，异型尖轨的底部钻有 ϕ50 mm × 12 mm 的防爬孔，在防爬孔圆切面边也会产生横向裂纹，如图 9-28 所示。轨底因磨损、焊接不良和钻防爬孔，易产生应力集中点，在列车动荷载作用下产生横向裂纹。该裂纹一般呈"月牙形"扩展，且与轨底面垂直，裂纹与轨底面和防爬孔或垫板磨损台阶与轨底面均构成直角反射点，在探伤中会产生二次回波报警；对只有一次回波报警，且回波位移长的部位，要用前、后 37°探头复核、确认（见图 9-29），50 kg/m 轨（声程 1∶20）回波显示在荧光屏刻度 9.5 左右，60 kg/m 轨（声程 1∶25）回波显示在荧光屏刻度 8.8 左右。37°探头只能探测轨腰投影范围内的轨底横向裂纹，凡在这个区域与轨底垂直的裂纹均有良好显示，若裂纹与轨底垂直面存在横向夹角（一般大于 6°），回波将明显下降。

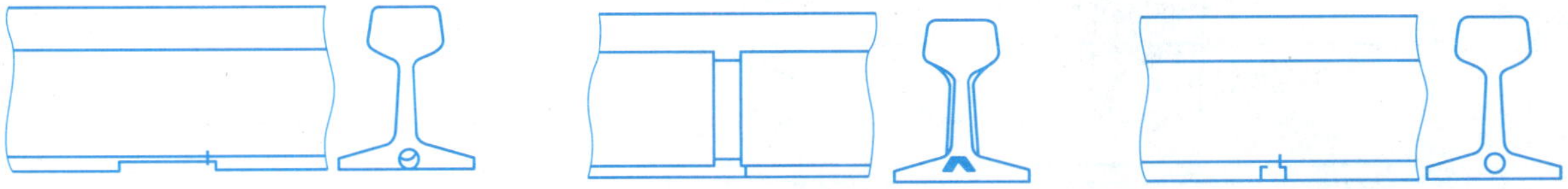
（a）轨底板磨损　（b）焊缝热影响区　（c）钻防爬孔

图 9-28　轨底横向裂纹产生部位

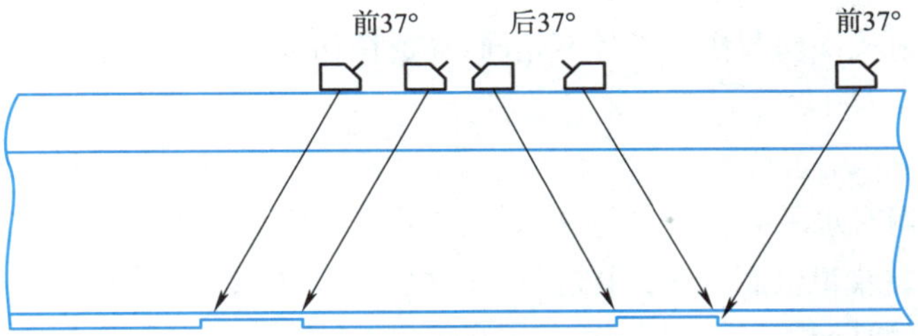

图 9-29　37°探头前后确认法探伤示意图

9.1.3　0°探头调试

0°探头放置在钢轨顶面中心，发射声束从轨面至轨底，能探测的区域为轨腰投影范围内。它具有穿透和反射两种探伤功能：穿透式探伤时，由一个晶片发射的纵波从轨头经轨腰到轨底，被轨底面反射后，由另一个晶片接收。为使轨底波不报警，仪器均用反报警小方门罩住轨底波（见图 9-30），如果钢轨内有纵向裂纹和斜裂纹，超声波在传播过程中改变方向，使探头接收不到轨底反射波而产生失底波报警。反射式探伤时，当遇有水平裂纹，超声波在裂纹面上反射并被探头接收，荧光屏上显示回波并产生报警。根据水平裂纹距轨面的深度，在基线上显示水平裂纹回波。所以，0°探头能探测轨头至轨底间的水平、纵向和斜裂纹。0°探头穿透探伤从理论上说，对轨腰投影范围内任何取向和性质的缺陷，只要对超声波传播有阻碍都能被检出，但实际探伤中由于外界原因和探伤方法的影响，对纵向投影长度较小的缺陷探出有一定难度。

钢轨轨腰投影范围内无裂纹时，探头发射的超声波在轨底上产生反射，回波显示在荧光屏刻度（声程 1∶25）6.0 左右（50 kg/m 轨）或 7.0 左右（60 kg/m 轨）。当探头移向螺孔，则出现螺孔波和轨底波交替显示，显示过程为：*a* 轨底波—*b* 轨底波和螺孔波—*c* 螺孔波—*d* 螺孔波和轨底波—*e* 轨底波，如图 9-31 所示。

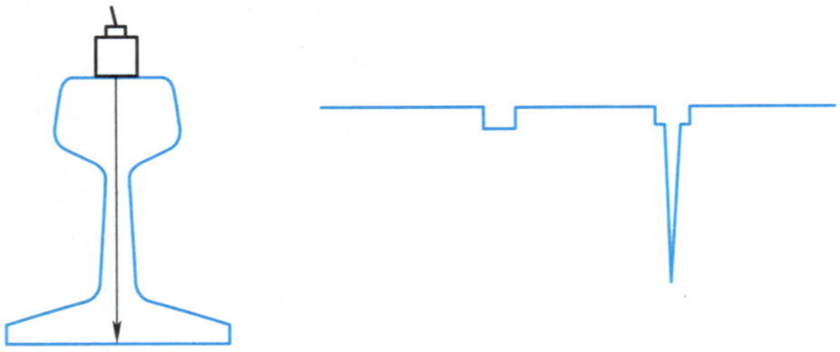

图 9-30　0°探头正常显示

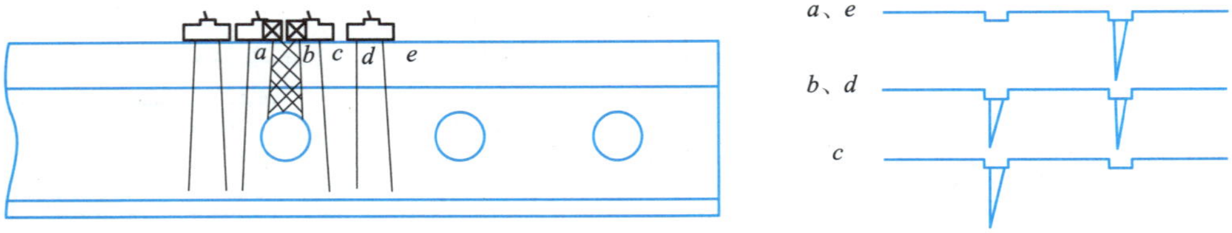

图 9-31　探头移过螺孔时的出波过程

1. 裂纹回波显示规律

0°探头穿透式和反射式探伤判伤方式各不相同，穿透探伤以失波报警来判定，反射式探伤以裂纹回波显示来判定。

1）水平裂纹

0°探头发射超声束遇有水平裂纹时，在基线 0 位与轨底波间显示水平裂纹回波（见图 9-32），同时，轨底波消失并报警。水平裂纹距轨面越深，回波显示刻度值越大，如果水平裂纹长，且表面平整，则会产生多次等间距水平裂纹回波的显示。

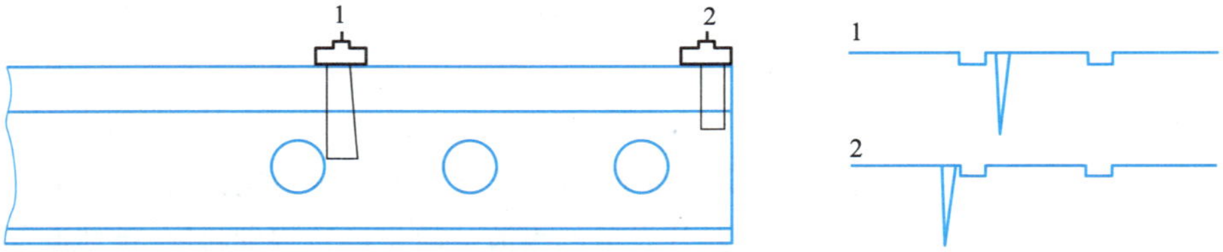

图 9-32　水平裂纹回波

（1）遇有钢轨轨腰单侧水平裂纹、轨头部一侧或颚部圆弧处有水平裂纹，裂纹进入声束扫查范围时，会同时显示底波和水平裂纹回波（见图 9-33），仪器进波报警。

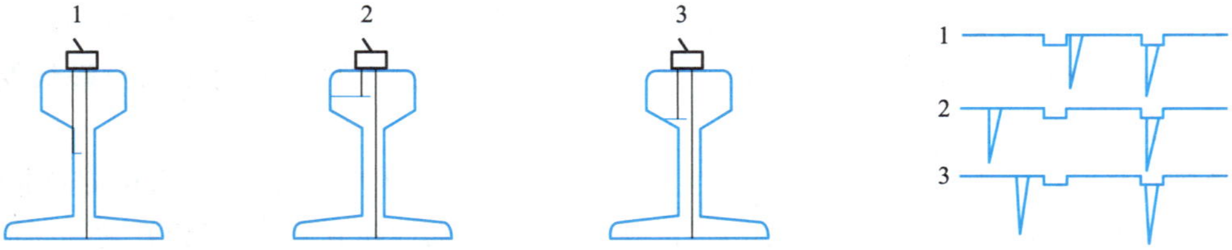

图 9-33　单侧水平裂纹回波

(2)螺孔单侧水平裂纹检查。探伤时有时会出现螺孔波、水平裂纹波和轨底波同时显示的现象(见图9-34),当出现这种显示时,应将探头横向移动,观察伤波变化情况,确定单侧裂纹的具体部位,由于单侧裂纹的横向深度不一或探头位置偏离轨面中心轴线等因素,有可能发生裂纹漏检,因而要经常注意探头位置的调整。

(3)横向倾斜的水平裂纹。由于钢轨内外侧受力不均,在长期偏载作用下,轨腰裂纹呈纵向水平发展,在横截面上与水平呈一定的倾斜角,如图9-35所示。裂纹朝一个方向倾斜后,产生回波不强或失底波的现象,有波形显示时,还会出现回波位置后移。

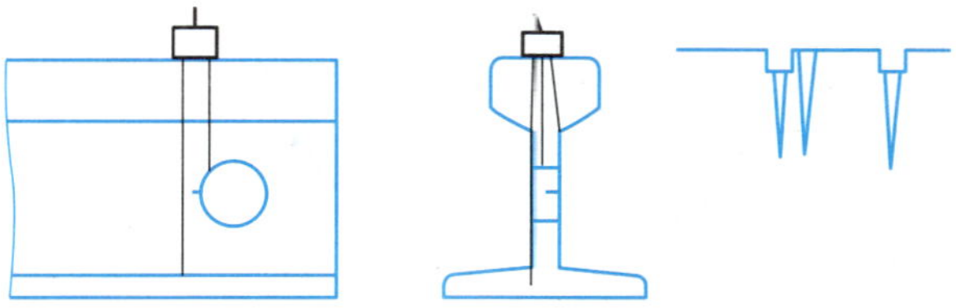

图9-34 螺孔单侧水平裂纹回波

图9-35 横向倾斜的水平裂纹

2)斜裂纹

(1)轨腰斜裂纹 0°探头发射的超声波,在斜裂纹上产生反射声波,无法按原方向传播到轨底,因此,仪器发生无轨底波而报警的现象。当斜裂纹不规则或带有局部水平裂纹时,在探头移动过程中,有可能出现不连续、波幅不强、一闪即消失的移动回波,如图9-36所示。

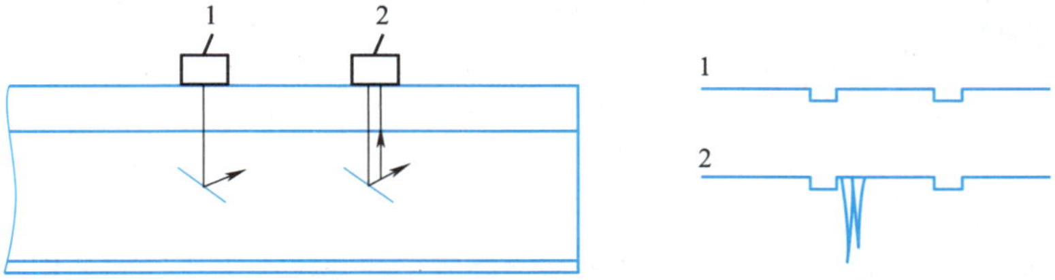

图9-36 倾斜裂纹显示

(2)螺孔斜裂纹 0°探头遇螺孔向下裂纹(其倾角在37°左右,一般长度大于15 mm)时,会产生螺孔波与轨底波交替,两波均不显示而报警,裂纹越长,则失波探头位移也越长;螺孔向上裂纹,其倾角较小时,会有特殊显示形式(见图9-37),一般表现为底波、螺孔波交替显示迟缓或螺孔波变粗,这是因一部分声波在斜裂纹与螺孔形成的二面角上反射,当裂纹长度大于15 mm时也会产生失底波报警。

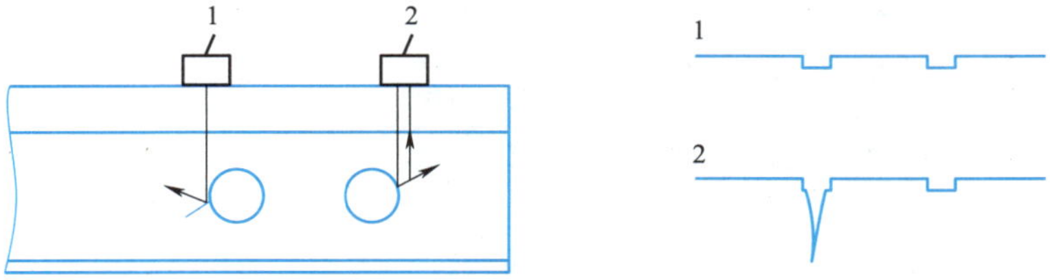

图9-37 螺孔斜裂纹显示

3)纵向裂纹

纵向裂纹的长度不一,从几厘米至十几米,甚至纵贯整根钢轨,在轨头、轨腰、轨底部位都有可能存在。

在钢轨外观状态正常的条件下，0°探头探测中发生失底波或底波减弱报警，为避免因轨底（腰）严重锈蚀的干扰，一般应适当开大增益，观察底波有否显示。若有底波显示，可以不判伤；如果仍无底波显示，或在荧光屏扫描线上有回波显示，则可初步判为纵向裂纹。各种纵向裂纹回波特点见表9-1。

表9-1　纵向裂纹回波特点

裂纹形状	回波特点	裂纹与回波图示
真线型	一般产生在轨底或轨腰部位，多数存在倾斜劈裂，使入射轨底的声波被阻隔，而产生失底波报警	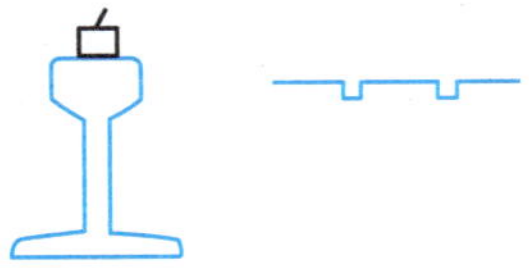
曲线型	当纵向裂纹的形状不规则，伤损以曲线型存在于钢轨腰部时，提高灵敏度后有时会显示不固定位置的回波	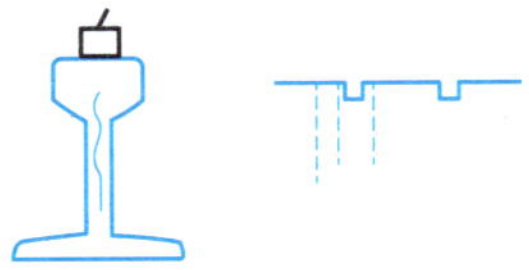
开口型	裂纹顶端横向宽度较大，入射的超声波在其顶部产生反射，回波幅度强，波形稳定，可根据回波显示的刻度确定纵向裂纹顶端距轨面的深度	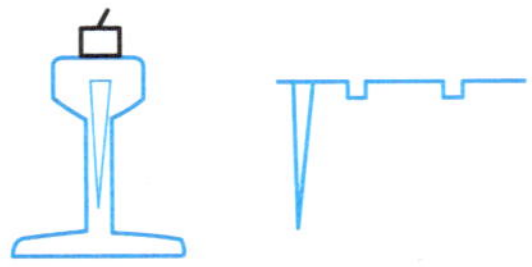
鼓泡型	多数在轨腰形成局部鼓起，根据鼓包的大小会产生有伤波或伤波和底波并存显示，一般伤波波幅高，探头位移短，有时37°探头也有回波显示，除按波形判断外，还可目视或手摸探头下方轨腰部是否有鼓起现象	

2. 非裂纹回波区分

1）异常螺孔回波识别

老杂轨区段，因线路爬行，螺孔被螺栓挤压、磨耗成椭圆形或是插入人工锯制的短轨，螺孔钻眼不良造成卷边或毛刺（见图9-38）时，探测时会有类似螺孔水平裂纹波显示，其特点是波幅低，显示不稳定或一闪而过。

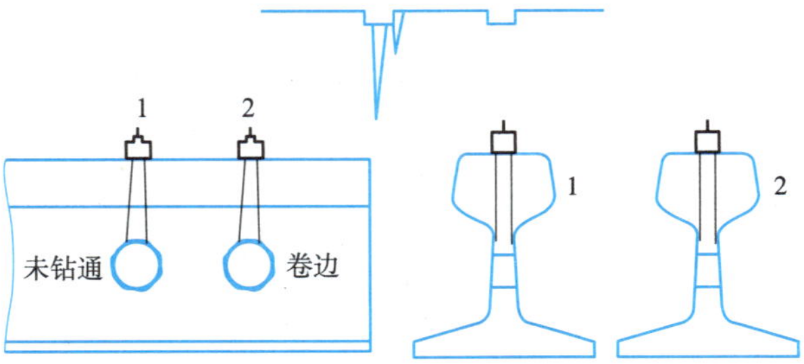

图9-38　钻孔不良回波

2）迟到波

由于钢轨轨腰宽度较窄或0°探头偏离钢轨横向中心，声束在钢轨侧壁上产生反射和波形转换（见图9-39），部分入射螺孔或轨底的超声波声程增加，在荧光屏扫描线螺孔波或轨底波之后，显示一个与螺孔波或轨底波同时出现同时消失的迟到波。螺孔迟到波容易与螺孔水平裂纹混淆，区别方法可以从回波显示规律上判断，水平裂纹显示规律是螺孔波与裂纹波交替显示。

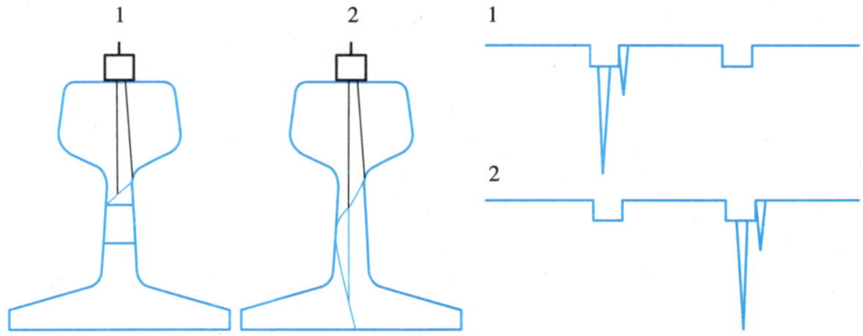

图 9-39 迟到波显示

任务二 钢轨焊缝探伤方法

焊缝探伤检测人员要了解焊接的基本知识，如焊接形式、焊接方法、焊接工艺、焊接缺陷等。常用焊接方法有铝热焊、气压焊和接触焊三种形式。

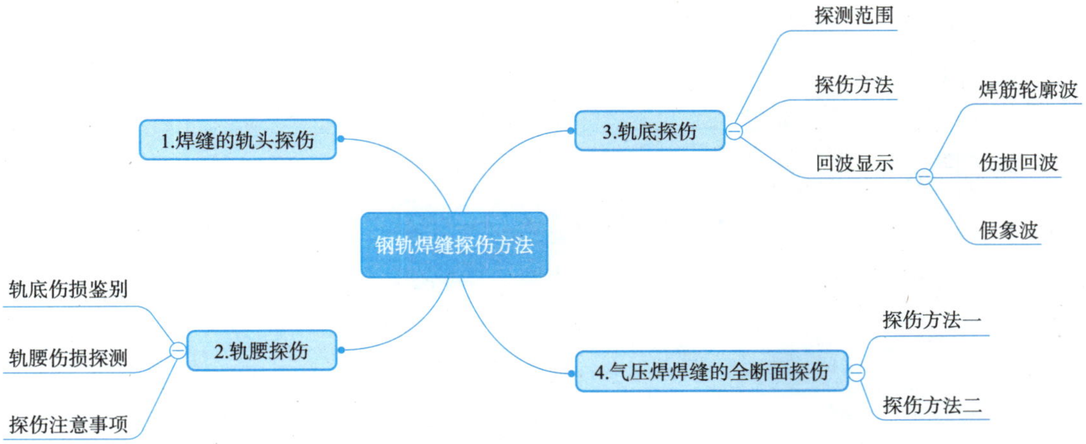

观察与思考

焊缝的轨头、轨腰、轨底探伤方法有哪些？如何区分轮廓波和伤波？接下来就对此内容进行学习。

9.2.1 焊缝的轨头探伤

钢轨焊缝（又称焊接接头）的轨头，采用70°探头按周期进行常规探伤。

铝热焊、气压焊和接触焊三种焊接形式在其轨头下颚部都有不同深度、宽度的焊筋轮廓，检查时均会在一、二次波交替范围内显示焊筋轮廓波，如图9-40所示。因各种焊筋轮廓的不规则性，引起回波的幅度和位移有所差别，但只要在上述范围内显示均属正常。

伤损回波：①焊缝轨头存在伤损时与70°探头探测轨头核伤的显示规律基本相似，唯一区别在于显示

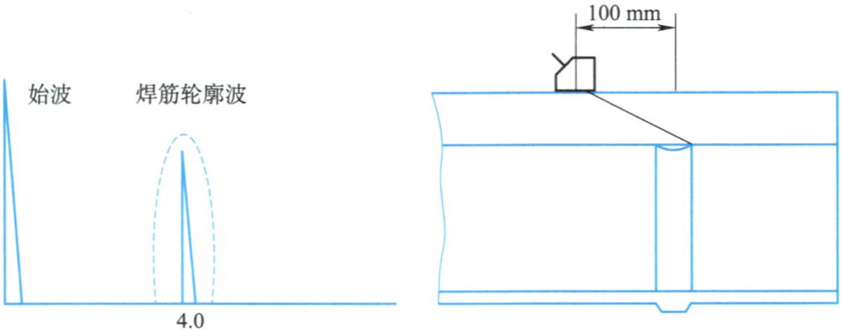

图 9-40　轨头焊筋轮廓回波

伤损回波的过程中夹有焊筋轮廓波，如图 9-41 所示。当轨头伤损大，焊筋轮廓波被阻隔时，荧光屏上显示近似轨端断面波。②在轨头探测中，有时会出现焊筋轮廓波明显延长或重复显示（见图 9-42）现象，除因焊筋轮廓不规则和焊渣影响外，多数是由于轮廓与母材间存在伤损。应注意分辨，防止误判和漏检。

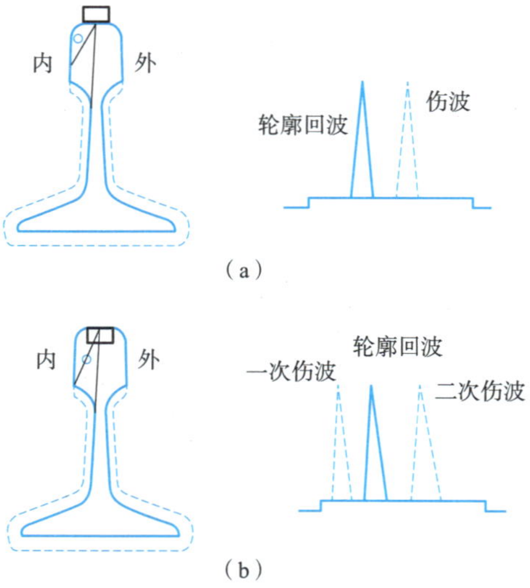

图 9-41　焊缝轨头伤损波形显示

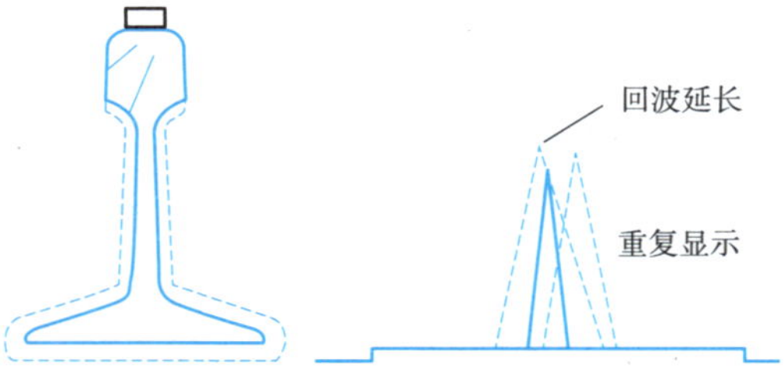

图 9-42　焊筋轮廓回波延长（或重复显示）

9.2.2　轨腰探伤

对轨腰焊缝（包括轨腰投影范围内的轨头和轨底部位），一般采用双 45°探头作穿透式探伤（见图 9-43），由于 $\tan 45° = 1$，便于对伤损的定位定量。

1. 轨底伤损鉴别

在正常钢轨（包括接触焊、气压焊缝）检查中均显示穿透底波，并将底波锁在反报警小方门内不报警，如图 9-43 所示。当遇有铝热焊接头时，由于焊缝底部有低于轨底约 10 mm 左右的焊筋存在，影响发射和接收，导致失（缩）底波报警（见图 9-44），报警引起探头位移长度 $AB = EF$，一般用 dB = 160 $\underline{30}$ 表达其探测结果。其中“dB”表示探伤灵敏度的衰减器读数，“____”表示报警时探头位移的长度。因轨底轮廓对收、发的重复阻隔，影响探测范围的高度为 30/2 = 15 mm，即 C 点离轨底距离。

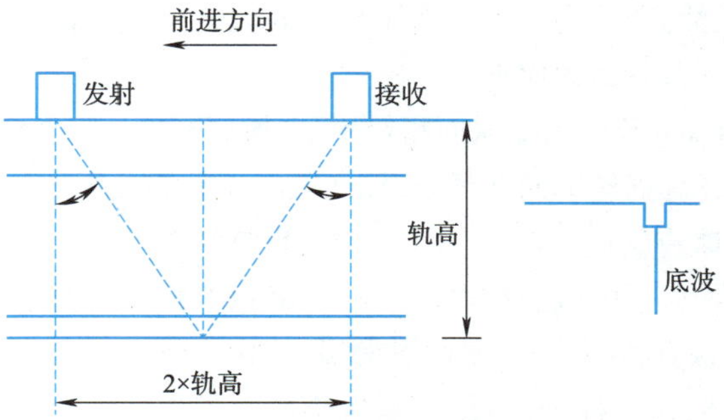

图 9-43 双 45°探头探测示意图

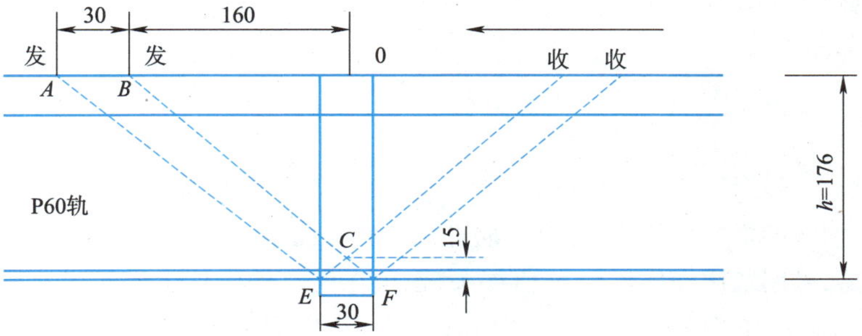

图 9-44 轨底轮廓探测显示

轨底焊筋的影响对探测轨底三角区伤损不利。为确认是否存在伤损,应仔细观察焊筋轮廓底波。因轮廓底面低于正常轨底,故焊筋轮廓底波显示在正常底波后方。如果焊筋轮廓底波显示,则轨底三角区无伤,若不显示,应适当提高增益,在排除外界因素后,仍无显示,一般存在伤损。

2. 轨腰伤损探测

检查时,发射探头刚过焊缝就产生报警,接着一段不报警,后又出现焊筋轮廓报警,则可认为轨腰有伤损,如图 9-45 所示。AB 为焊筋轮廓的报警移位,CD 为伤损报警移位,根据等腰直角三角形关系,$CD=GH$,$DO=OG$,用尺量 OD,$OD=50$ mm,$CD=30$ mm,表明离轨面 50 mm 以下有 30 mm 的伤损存在。

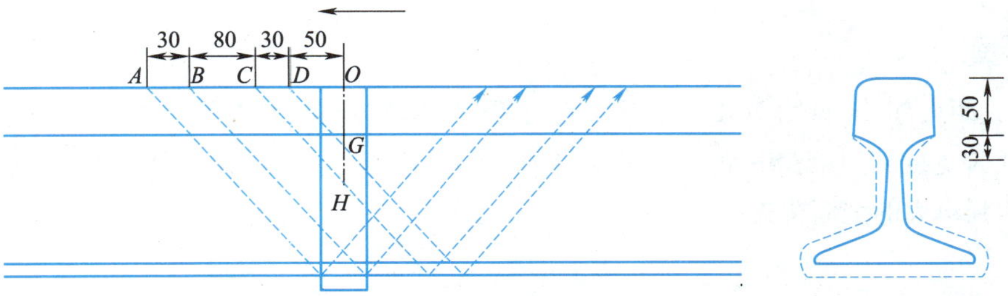

图 9-45 轨腰伤损的探测显示

3. 探伤注意事项

(1)探伤前。应将仪器面板上的转换开关拨向 45°,使两探头入射点间的距离为 2 倍轨高。

(2)检查中。如有一只探头工作不正常(如探头与轨面耦合不良,探头内油剂干枯,保护膜不平整,探头架歪斜，探头圆环转动不灵活）将会引起穿透式工作失效。两个探头之间距离不准，方向不正都会影响探伤效果。所以要十分重视这些方面的检查和整修。

（3）焊缝中心两侧各 150 mm 范围内如轨面粗糙不平，轨底有坑洼以及轨底焊筋两侧的焊渣与母材紧紧相连有可能引起失波报警或焊筋轮廓回波延长，探伤时应作具体分析，以免误判。

（4）新焊接头轨面粗糙，略有突起，容易产生误报警，影响轨头与轨腰连接区域的伤损探测。这个区域正是内、外两个 70°探头探测的“盲区”。初次检查时要认真，在复查中要注意发展、变化。

（5）钻孔加固接头，由于钻孔不标准，不仅影响轨腰的穿透探伤，还因螺孔裂纹与焊筋下颚水平裂纹相连引起轨头揭盖，如图 9-46 所示。要克服“加固保险”思想，注意 0°、37°探头对加固接头的螺孔和焊缝的检查。

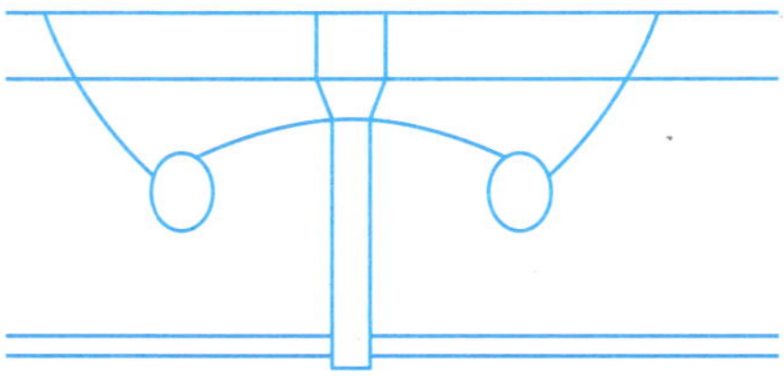

图 9-46　加固接头的揭盖示意

9.2.3　轨底探伤

焊缝的轨底探伤，一般指铝热焊接头的轨底探伤。由于焊接工艺因素，铝热焊缝轨底容易产生气孔、夹渣、疏松以及热影响区的横向裂纹等，需要定期进行轨底探伤。

探伤使用的仪器，可用通用探伤仪和 K 值探头，也可在钢轨探伤仪上外接带有限幅器的探头转换盒（见图 9-47），配上单晶片 70°探头进行探伤。它具有一机多用，显示清晰的特点，以下介绍的方法均使用钢轨探伤仪对铝热焊接头的轨底探伤。

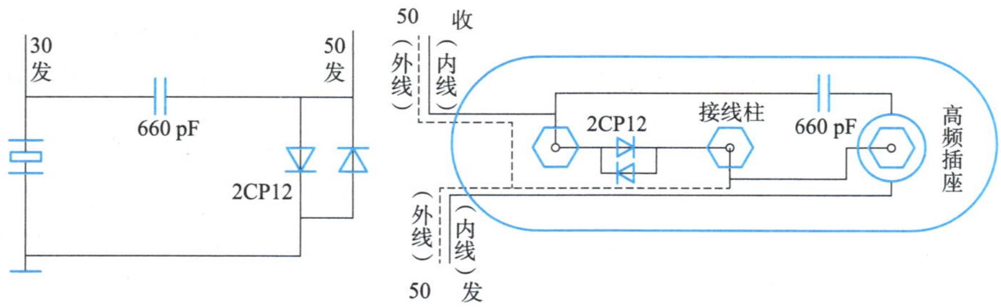

图 9-47　限幅器

1. 探测范围

将轨底分成两大部分（见图 9-48）：一是轨底两侧（简称轨脚）；二是轨腰与轨底连接部位（简称轨底三角区）。根据轨脚宽度和声束扩散范围，又将轨脚划分为三（或四）个探测区，探头在各探测区以焊筋为中心相对扫查，达到声束的全面覆盖。

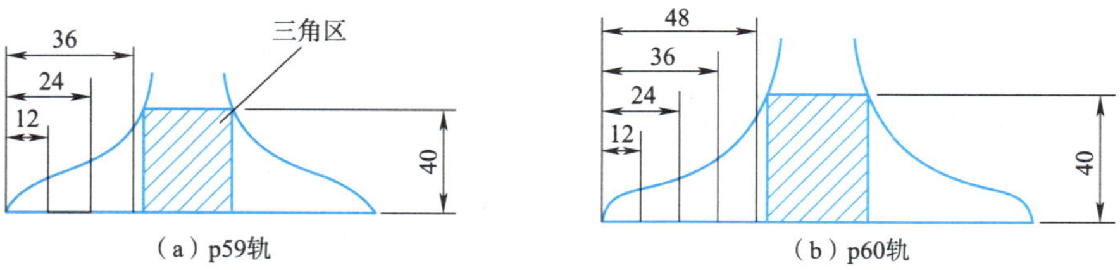

图 9-48　轨底探测部位示意图

2. 探伤方法

(1)单探头法:用于轨脚探伤,将探头置于轨脚坡面,垂直于焊筋在各探测区内前后移动进行锯齿形扫查、然后再作内外偏角探测,如图 9-49 所示。

(2)双探头法:用于对轨底三角区的探测,将探头紧靠轨腰并呈约 30°的夹角摆动,而后逐步收小角度往后移至探头离焊缝中心 60 mm 左右,再将探头与轨腰平行继续后移,后移的距离应大于 150 mm,如图 9-50 所示。在两探头平行于轨腰后移中应注意左右摆动,这有利于扩大对轨底三角区的扫查范围,如图 9-51 所示。图中各平底孔内标数为孔心离轨底的距离(孔径 $\phi 8$)。经实测,在仪器给定的声程范围内,可探测轨底向上 80 mm 处的人工缺陷。为有效发现焊缝中的实际缺陷,一般以轨底向上 40 mm 作为轨底三角区探测范围。

(3)无论单、双探头法均应在焊显示缝两侧的四个轨脚坡面上重复扫查。

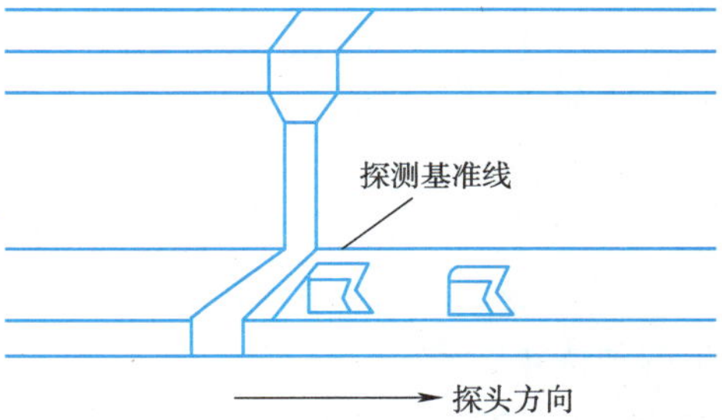

图 9-49 轨脚探测方法

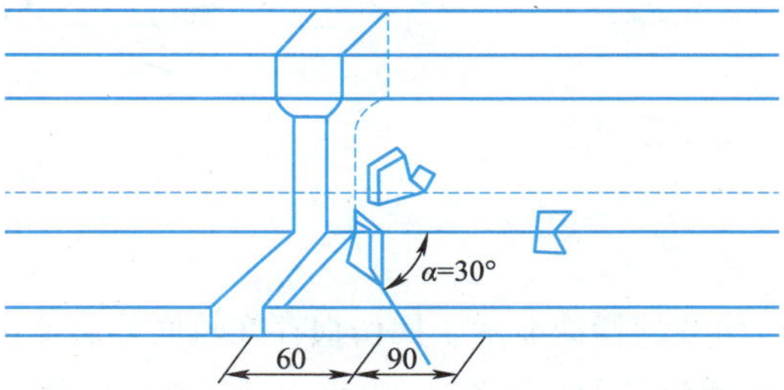

图 9-50 三角区探测方法

3. 回波显示

1)焊筋轮廓波

在正常情况下,探测时都有焊筋轮廓波,如图 9-52 所示。由于轨底薄,一、二次轮廓波连在一起,随探头位移而延续。受焊筋宽度和轮廓不规则影响,或时基线误差,轮廓波的显示略有差异,但探伤中都必须熟悉和记住轮廓波的显示波位,以防伤波误认为轮廓波。

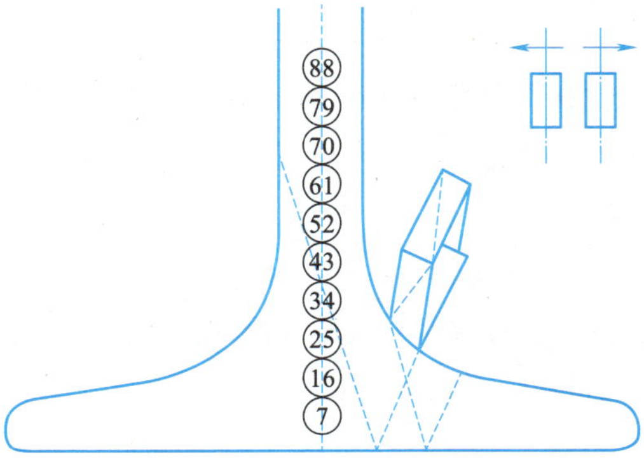

图 9-51 扩大轨底三角区扫描范围示意图

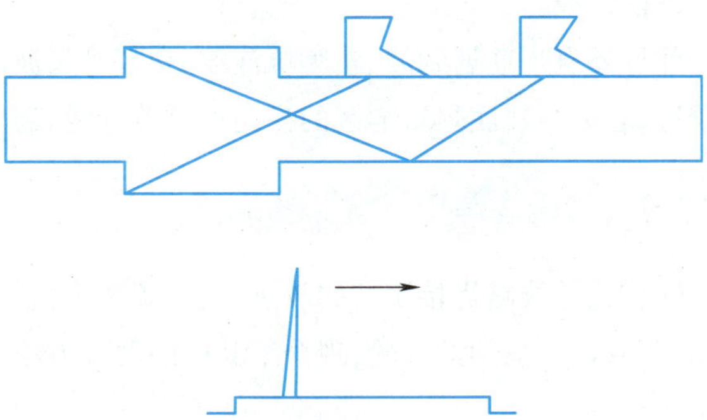

图 9-52 焊筋轮廓波

2)伤损回波

(1)伤波的一般显示。如伤损存在于焊缝中,伤波显示在轮廓波前方,其显示情况如下:

只有伤波无焊筋轮廓波，伤损较大[见图9-53(a)]；伤波和轮廓波同时显示，伤损居中[见图9-53(b)]；二次范围显示伤波，伤损在焊缝上方[见图9-53(c)]；伤波微弱，杂乱或轮廓波变粗，焊缝中有散状缩孔或焊筋底部有夹渣；伤波和轮廓波都无显示，一是探头或连接线失效，二是探测面耦合不良，三是焊缝中存在蜂窝状气孔，声波衰减无反射，应作认真分析，正确判伤。

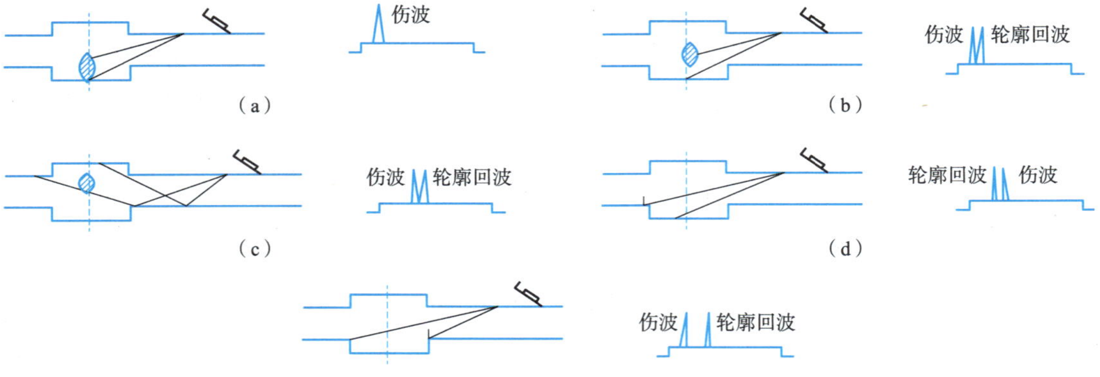

图9-53　伤损波形的显示

(2)伤波的特殊显示。如伤损存在轨底热影响区，有以下两种特殊显示：

轮廓波的后方显示伤波，伤损在被探面的对侧[见图9-53(d)]。可将探头调向，在相对应的轨脚坡面上复探，如发现近似于[图9-53(e)]所示的回波，则热影响区有伤。

探头后移中，发现轮廓波前方显示与轮廓波间距较大的回波[见图9-53(e)]，或轮廓波消失后又在伤波波位的刻度值上显示回波，一般在探测面轨底存在伤损。

3)假象波

(1)界面反射波：显示在报警门前沿，波幅稳定，多数由晶片内或探头前沿积有油污引起。

(2)杂乱跳跃波：显示的部位同上，波形微弱，幅度低矮，一般因探测面或轨底粗糙产生。

(3)移位不动波：此波不随探头的移动而移动，显示在报警门前沿的固定回波，属于晶片位置不对引起的楔内回波。

此外还有焊筋迟到波、轨脚坑洼波、交替延长波。有的显示在轮廓波的前方，有的显示在后方，两波间隔较近，容易与轨底热影响区的横向裂纹波混淆，需要综合分析判断。

9.2.4　气压焊焊缝的全断面探伤

随着无缝线路焊接工艺的改进，气压焊接头占有很大比率，各铁路局都对气压焊的探伤进行了积极的研究，并取得了成功的经验，现介绍其中的两种方法，供探伤人员在学习和实践中参考。

1. 探伤方法一

1)仪器、探头、试块及耦合剂

(1)仪器：CTS-22 型及 CTS 系列仪器。

(2)探头：2.5P13×13K1.5 短前沿斜探头；2.5P20-D 直探头。

(3)试块:CSK-IA 和 P60 钢轨对比试块。

(4)耦合剂:机油。

2)仪器的使用和调节

(1)仪器的工作状态。探伤时应将仪器面板上“深度范围”置于 250 mm 挡,“发射强度”置于强、“增益”置于最大;“抑制”置于适中;机内接收印刷板上“通常-近区”开关置于“通常”;使用单探头时“工作方式选择开关”置于$\boxed{\uparrow}_{2}$,此时仪器具有较高的探伤灵敏度和分辨力。

(2)时基线的校正。校正前应测定探头的入射点、折射角,然后将探头置于 CSK-IA 试块上(见图 9-54),探测 $R=100$ mm,$R=50$ mm 两个曲面,调节衰减器,使曲面回波(A、B)同时处于峰值。然后按 1:20 水平测距的计算,调节“深度微调”和“脉冲位移”旋钮,使 A、B 两波的前沿分别处于计算值的示波刻度上。

若选用 K1.5 探头则校正后的 A、B 两波的前沿分别显示在 2.1 和 4.2 刻度上,按声速和声程的换算,将直探头置于 P60 轨面上,轨底一次反射波 A',正好与 R100 的反射波 B 接近,如图 9-55 所示。正常情况下会显示二次底波 B'。

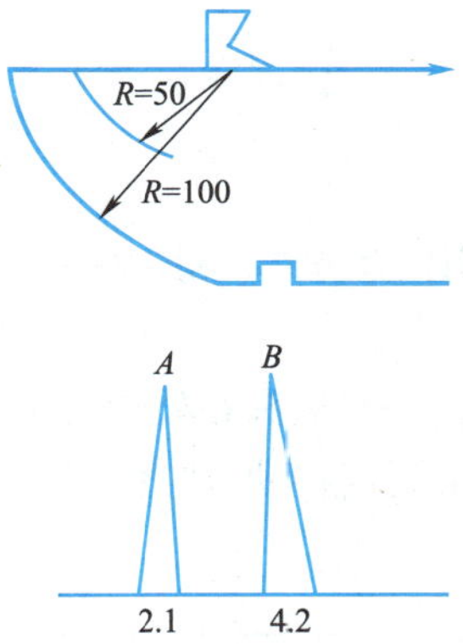

图 9-54 斜探头时基线校正

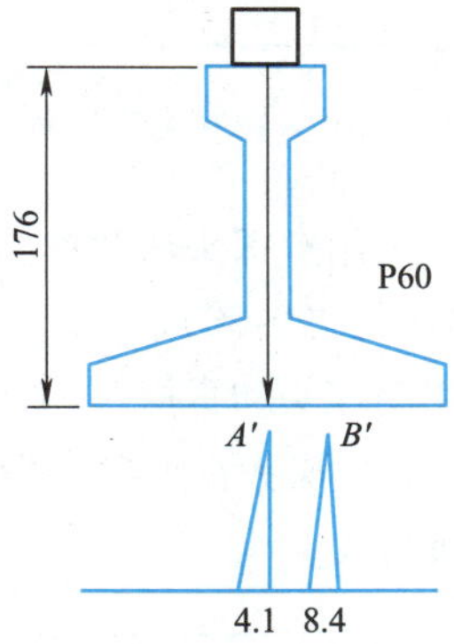

图 9-55 直探头时基线校正

(3)探伤灵敏度测定。探伤灵敏度应在专用的对比试块上测定。表 9-2 是选用 CTS-22 型仪器配置 2.5P13×13,K1.5 斜探头和 2.5P20-D 直探头测定的结果及判伤方法。

表 9-2 探伤灵敏度测定基准及其判伤方法

试块图示	部位	孔号	波幅	判伤方法
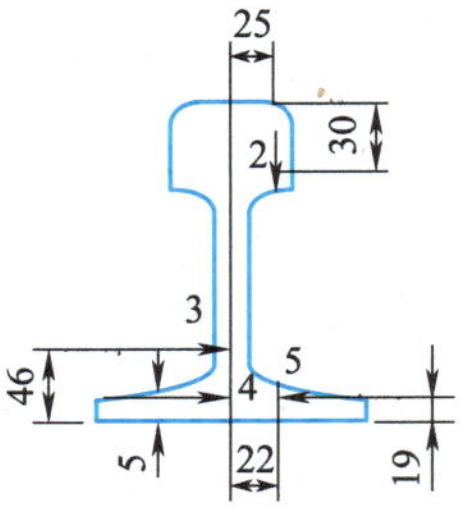	轨头	2(斜探)	80%	一次波探测发现衰减 12 dB(或二次波发现伤波)其波高在 80% 以上,判重伤
	轨腰	2(斜探)		以轨头 2 号孔位作基准灵敏度扫查,发现距轨面 30 ~ 60 mm 间有伤波显示,波高达 80% 以上;或 60 mm 以下有伤波显示,且释放 12 dB 后其回波高达 80% 以上,均判重伤
		3(直探)		发现有伤波显示判重伤
	轨脚	5(斜探)		三四区的二次波(或相应部位一次波衰减 12 dB)和一、二区的三次波(或相应部位二次波衰减 12 dB)有伤波显示,判重伤
	三角区	4(对探)		以 4 号孔为基准,再释放 2 ~ 4 dB 作为探伤灵敏度,发现伤波显示,判重伤

3)探测范围及方法

气压焊接头的全断面探伤范围包括轨头、轨腰、轨底及焊缝中心两侧各 50 mm 区域内的热影响区,其中轨底部位的探测范围见图 9-48。探伤方法简介如下:

(1)轨头、轨脚:采用单探头法,用一只 K1.5 斜探头作锯齿形扫查(见图 9-56),根据缺陷存在的部位、钢轨受力状态和始波占宽影响,运用偏 20°左右的二次波探测轨头两侧上方缺陷;用偏角扫查轨脚边缘和 P60 轨轨脚坡面变坡点下方缺陷,如图 9-57 所示。

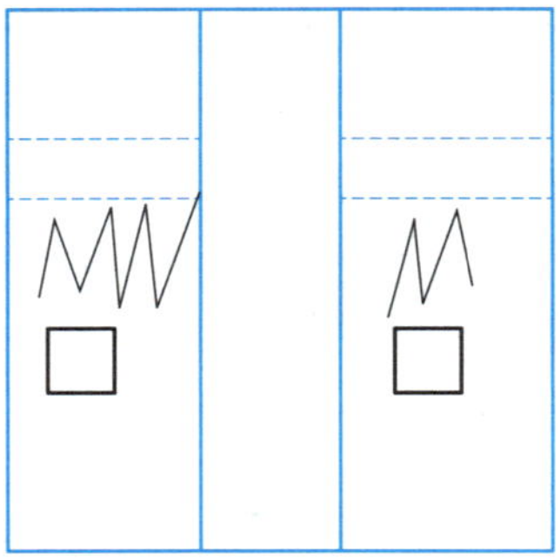

图 9-56　在轨头轨脚上作锯齿形扫查

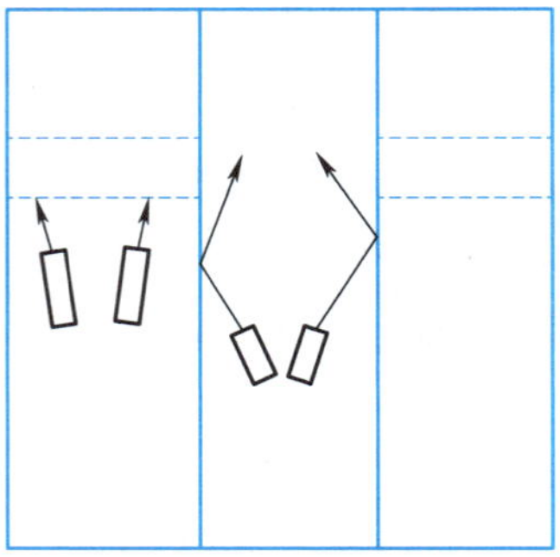

图 9-57　在轨头轨脚上作偏角扫查

(2)轨底三角区:采用双探头法和单探头法相结合的探伤扫查方式(见图 9-58),探头移动距离和铝热焊轨底探伤方法相同(见图 9-50)。

(3)轨腰部分:用斜探头和直探头相结合的方法进行探测。斜探头在轨中心的移动量 L 应确保声束对轨底三角区的覆盖。直探头在焊缝中心探测时应左右、前后适当移动,注意二次底波显示(见图 9-59),发现可疑波形应复探确认。

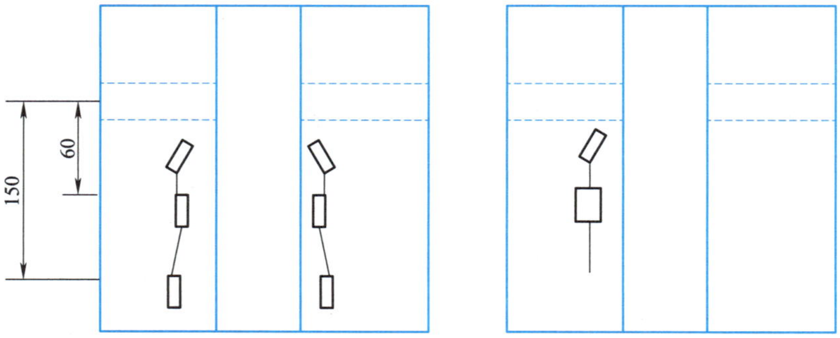

图 9-58　在轨底三角区作 S 形扫查

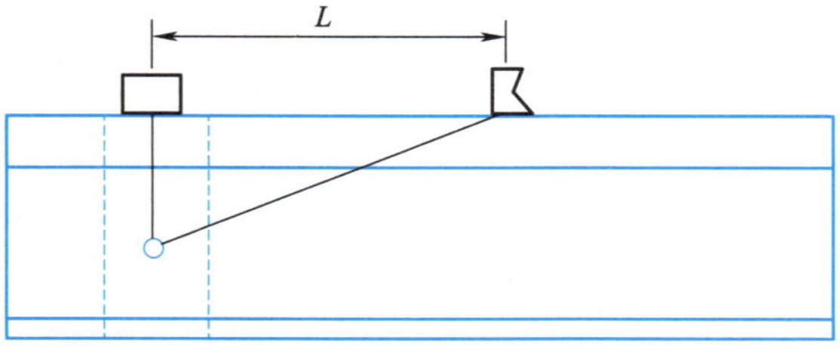

图 9-59　斜探头和直探头分别探测轨腰伤损

上述各部位的探测，一般按先轨脚、三角区，后轨头、轨腰的程序进行，以防漏查。

4)缺陷的定性、定位、定量

(1)定性：移动式气压焊的内部缺陷，主要有光斑、未焊透、过烧和运行中产生的疲劳裂纹。探伤中的波形特征如表9-3所示。

表9-3　气压焊焊缝缺陷回波特征

名　　称	光　　斑	过　　烧	未焊透	裂　　纹
波形特征	波形稳定，波峰高大	波跟宽大，波峰呈树枝状	波幅不高或跳跃	波形稳定、强烈，有一定的位移量
图示	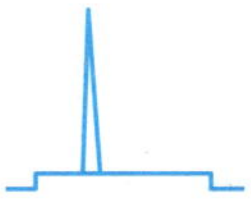			

(2)定位：根据时基线校准的测距和伤波显示的位置，用钢尺直接测量缺陷水平位置，通过计算确定缺陷离探测面的深度。

(3)定量：用当量法大约估算缺陷大小，用延伸法测量缺陷的横向宽度。

5)非缺陷回波的识别

(1)焊筋轮廓波——探测轨头时前轮廓回波强，探头后移时有时显示后轮廓波。轨脚三、四区及三角区探测时，二次波范围内显示轨脚坡面、*R*圆弧及轨腰轮廓波。当轨底打磨不平顺时也有轨底回波显示。

(2)下颚焊渣波——由于轨头下颚存在焊渣，有时会在下鄂轮廓波显示范围内出现连续、重复、松散的杂波。

(3)轨脚塌陷波、轨底台阶波、底边坑洼波——均在轨脚一、二区偏外探测时出现，其反射面在焊缝两侧和轨脚边缘，多数在示波器刻度1.0左右显示回波。

(4)移位不动波——探测面不平整，耦合条件差，有时会在示波器刻度1.0左右显示波幅宽大的回波。

(5)前沿油层波——油质较厚和油污堆积于探头前沿时，会显示较强的波峰，波位在示波器刻度1.0左右，位移量不大。

上述非缺陷回波，除了从波形的显示规律、特征上鉴别外，必须用钢尺测量和镜子照的方法确定回波信号的真假，以防轨头下颚、轨脚边沿和轨底热影响区缺陷的漏检。

2. 探伤方法二

1)探伤设备

(1)探伤仪：性能应符合《A型脉冲反射式超声波探伤仪　通用技术条件》(JB/T 10061—1999)规定，动态范围不低于26 dB。

(2)探头：直探头2.5P20；斜探头2.5P13×13K1～K2.5。

(3)试块：标准试块(CSK-IA、IIW)。

2)探伤仪工作状态的调整和测距的标定

(1)仪器的"增益"置最大，"抑制"置于关，"扫描量程"置250或1 000挡。

(2)按规定测定探头的入射点、折射角和校正时基线"0"位，并按深度校准时基线，使之满刻度代表实际深度 50 mm。

3)探伤基准灵敏度的确定

(1)采用 CSK-IA 标准试块上深 15 mm 处的 ϕ1.5 横孔,用 K 值探头探测,使其波高达满幅的 80%,再加上材质表面状态、耦合补偿的分贝值,及探测不同深度的补偿分贝值作为探伤基准灵敏度。

(2)材质表面状态、耦合等补偿,可按下列方法测定:

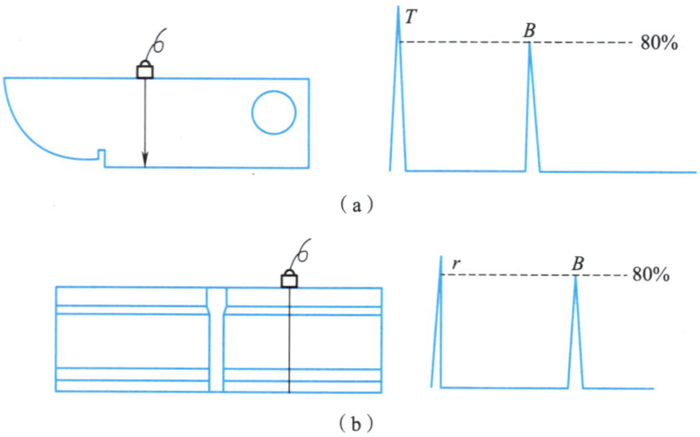

图 9-60 材质表面状态和耦合补偿的测定

用直探头置于标准试块上[见图 9-60(a)],使 100 mm 底面反射回波达满幅的 80%,此时“衰减器”读数为 N_1。

再将直探头移置于被探测的焊缝钢轨母材上(P50 轨),使轨底反射回波达满幅的 80%,此时“衰减器”读数为 N_2,如图 9-60(b)所示。则材质表面状态耦合等因素的实际补偿分贝值为

$$N = N_1 - N_2 = 4\ \text{dB}$$

式中:4 dB 为 100 mm 试块底面与 P50 轨底声程差产生的分贝差值。

(3)在实际探伤中不同深度的补偿 dB 值按图 9-61 确定。

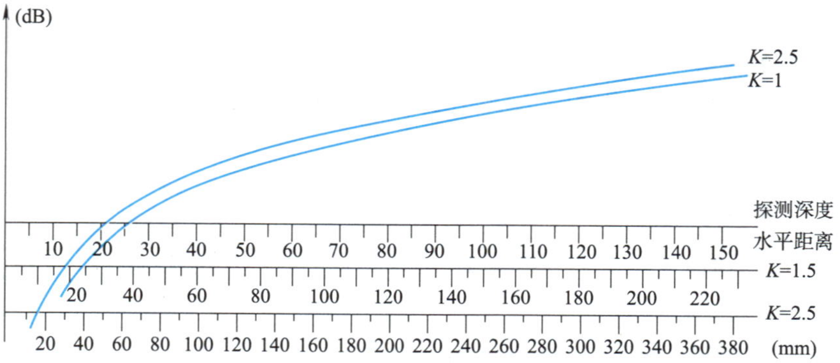

图 9-61 深度补偿曲线

图中 $K=2.5$ 及 $K=1$ 两条曲线为相应的 K 值斜探头测定的深度补偿分贝值曲线。若使用 $K=2$ 或 $K=1.5$ 斜探头探测时,只要将 $K=2.5$ 或 $K=1$ 的整条曲线下移或上移 1 dB,即衰减或提高 1 dB,则为 $K=2$ 或 $K=1.5$ 斜探头的深度补偿 dB 值曲线。

4）探测范围和方法

（1）探测范围。为便于操作和分析，采用分段探测。

轨头、轨脚按初始标定的测距进行探测，探测深度为 0～50 mm，如见图 9-62 所示。

轨腰的探测是利用焊筋或钢轨侧面的反射回波信号，前后、左右移动探头，使其反射回波的前沿显示在荧光屏刻度“10”上，调节“脉冲移位”旋钮，将反射脉冲前沿移至刻度“0”上，则荧光屏刻度 0～10 显示范围为 50～100 mm 的垂直深度，即为轨腰的探测区段，如图 9-63 所示。调整时不可调动“扫描粗调”和“扫描微调”旋钮。

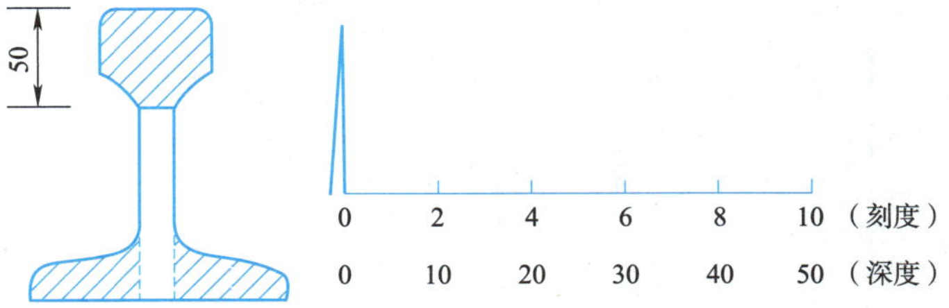

图 9-62 轨头轨脚的探测区域

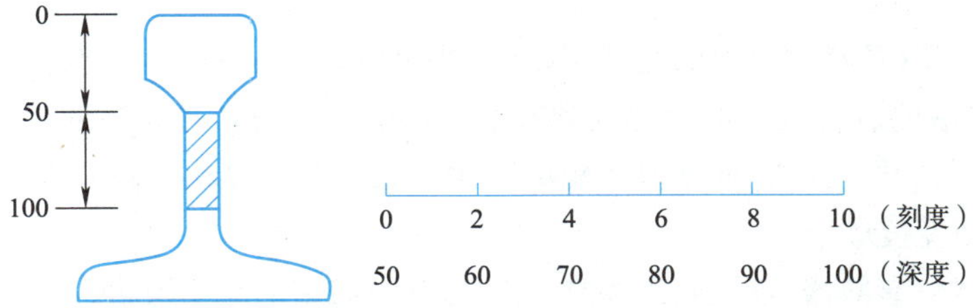

图 9-63 轨腰的探测区域

轨底三角区的探测调整方法同上，调整后的荧光屏刻度 0～10 显示 100～150 mm 的垂直深度，如图 9-64 所示。

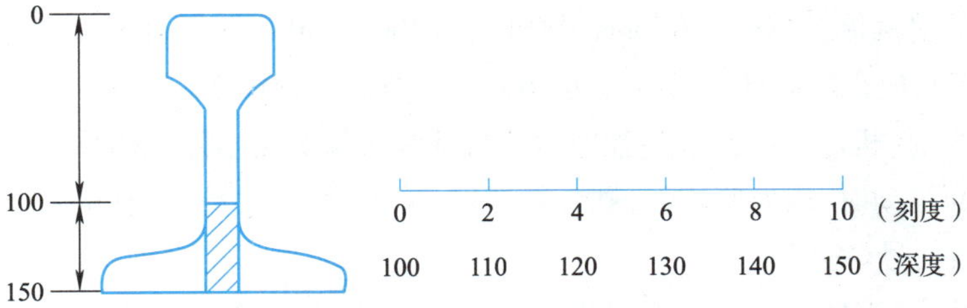

图 9-64 轨底三角区的探测区域

（2）探测方法。轨脚两侧使用 $K=2.5$（或 $K=2$）的斜探头在轨脚坡面上探测。轨头及轨腰（包括轨底三角区）使用 $K=1\sim2.5$ 斜探头在轨面上探测。为便于有效地发现各种取向的缺陷，探测时各种 K 值探头都要用上。

为避免漏检，应先按分段探测时的最大深度来调整深度补偿，当发现缺陷后，再按缺陷所处的深度修正补偿及定量。当采用二次波探测两侧轨脚时、应按两倍的轨脚厚度调整深度补偿。

5）缺陷定量及判废标准

(1)缺陷定量。对点状缺陷采用当量法。缺陷反射波幅与基准的分贝差值及缺陷当量直径的关系由图 9-65 所示的曲线关系确定。

利用试块基准孔将波高调至满幅的 80% 后,先记下“衰减器”的读数 N_3,当发现缺陷后,前后或左右移动探头,使缺陷回波幅度达到最高,调节“衰减器”将反射回波幅度达满幅的 80%,此时的“衰减器”读数为 N_4,则缺陷回波和基准的分贝差为 $N = N_4 - N_3$,再根据分贝差与缺陷当量关系曲线确定缺陷当量大小。

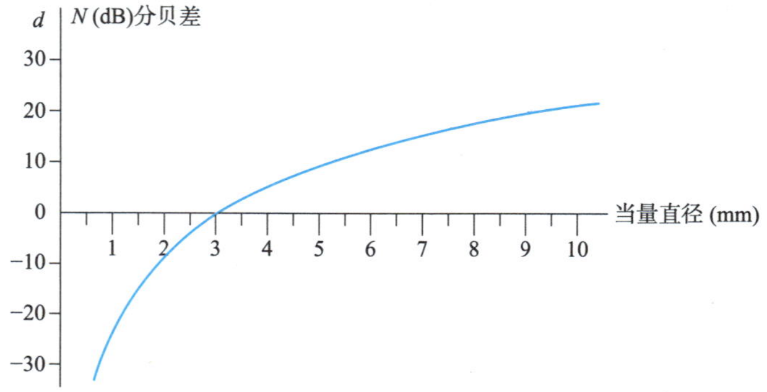

图 9-65　缺陷当量关系曲线

对裂纹和有一定面积(位移)的缺陷,宜采用相对灵敏度 12 dB 法来定量,定量时应先记下探测状态下的“衰减器”读数,发现缺陷后,找到回波幅度最高位置后调节“衰减器”使反射回波降至满幅的 80%,再提高 12 dB,然后前后或横向移动探头,使反射回波降至 80%,按其前后移动所显示的回波刻度和探头横向移动量确定缺陷的深度或宽度。

定量完毕后,都应将“衰减器”恢复到原探测状态,以便进行新的缺陷探测。

(2)判废标准。$\phi 2$ 平底孔 -2 dB,即在探测基准灵敏度下发现缺陷,提高 2 dB,缺陷反射回波超过满幅的 80% 为判废标准。

6)注意事项

无论采用哪种方法探测,探伤时都应注意下列事项:

(1)探伤前应对焊缝两侧各 200 ~ 300 mm(轨脚处为 100 ~ 150 mm)的探测面铲除锈污,拆除探测范围内的扣件,刚焊接的接头应在焊缝处轨温冷却至 50℃ 以下方能进行探伤。

(2)探伤用的耦合剂(机油)应充足,注油时防止机油渗入探头接插件,影响探伤灵敏度。

(3)探头在探测面移动时,压力要均匀,耦合要良好,采用眼看、尺量、手摸相结合的方法,排除因锈蚀坑洼、塌陷等引起的假信号。

(4)用单探头探轨脚,应执行两侧四面探测的规定,每一探测面均应对各探测区按顺序探测,采用锯齿形与偏角扫查相结合的方式确保对轨脚各部位的扫查。

(5)采用双探头探测轨底三角区时,探头移动的距离应大于 150 mm,用单探头在轨头探测时,应保证声束射及轨底三角区的探测区域,同时要重视轨底热影响区横向裂纹的探测。

(6)轨头探测要掌握内、外侧焊筋波的不同显示规律,必须按水平计算值用钢尺定位,确认伤波和焊筋波,以防漏检和误判。

(7)采用探伤法之二时,应按不同探测范围随时调整深度测距和补偿,发现缺陷回波后,计算当量并按判废标准判伤。

(8)应执行复唱记录制,发现疑问及时纠正,发现伤损,双人复探。

(9)对未判重伤的加固接头,应拆除急救器进行复探,做好记录。根据伤损发展情况,提出处理意见。

任务三 钢轨手工检查

手工检查钢轨一般按"一看、二敲、三照、四卸"的过程进行。目视检查全面观察钢轨表面状态,注意发现伤损钢轨所具有的特征,根据这些特征,综合判断钢轨有无伤损。超声波钢轨探伤主要用仪器检查钢轨,但也不能忽视手工检查,手工检查有利于分析和鉴别仪器检查中发现的可疑波形,弥补仪器不能检查的部位和处所(包括道岔部位的辙岔)。因此在钢轨探伤中必须坚持仪器和手工检查相结合的作业要求。

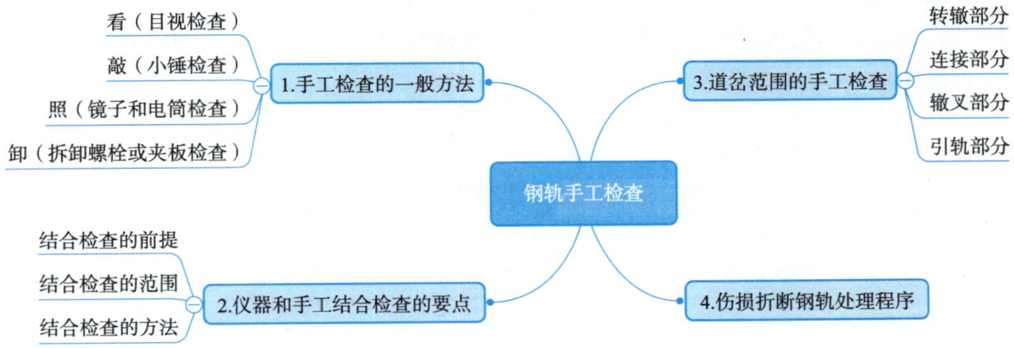

观察与思考

手工检查方法有哪些?仪器和手工结合检查的要点是什么?伤损折断钢轨处理程序及钢轨缺陷标记方法有哪些?接下来就对此内容进行学习。

9.3.1 手工检查的一般方法

手工检查钢轨一般按"一看、二敲、三照、四卸"的过程进行。

1. 看(目视检查)

全面观察钢轨表面状态,注意发现伤损钢轨所具有的特征,根据这些特征,综合判断钢轨有无伤损。

(1)观看钢轨顶面光带。背向阳光,跨着钢轨或站在钢轨两侧向前看10~30 m(根据个人视力可远可近)范围内钢轨轨面,看白光有无扩大,白光中有无暗光或黑线,轨头是否肥大,轨面有无塌陷等。

(2)观看轨头有否扩大或下垂,下颚有否铁渣剥落和锈痕,轨底有否向上翘起。如有轨头扩大或下垂表明有纵向裂纹存在,有铁渣剥落、锈痕或轨底上翘时,应仔细看有无裂纹产生。

(3)利用自然条件检查钢轨伤损。霜雪天气,裂纹处沾着的霜雪往往较其他部分少,而且溶化较慢,并有残留霜雪痕迹。雨后裂纹处留有明显的水痕和流锈现象,干后尚有红锈存在。

2. 敲(小锤检查)

用小锤敲击目视所发现的可疑处所或不良接头、道岔部位。小锤的质量应根据轨型而定。P43以下钢轨用0.5 kg小锤,P50轨用0.7 kg小锤,P60及其以上用1.0 kg小锤。

（1）敲击时蹲在钢轨外侧（在桥上蹲在内侧），手握锤柄，轻松自如，使锤头高出轨面 30 ~ 50 mm，让小锤自由落下，平敲轨面，做到眼看跳动，耳听声音，手感震动，如钢轨良好，小锤将连续跳动 3 ~ 5 次，声音清脆。如钢轨有伤，小锤落下后，跳动次数明显减少，跳动的高度也很小，甚至不起跳，发出的声音破浊不清，锤把震动无力。

（2）如小锤敲后，不能准确判断伤损时，可将小石子或硬币放在轨面上，再用小锤敲击，看小石子或硬币是否随着小锤的敲击而跳动，如果跳动，证明钢轨有伤，或用二指分别触摸接头端部两轨底，感受小锤敲击的震动，一般好钢轨感觉良好，差钢轨感觉相反。

用小锤敲击接头时应注意以下事项：①应将夹板范围内全部敲到，最好从轨缝一端向夹板端部敲，然后折回至另一端，按序敲回至轨缝，如图 9-66 所示。②遇夹板、铁垫板与钢轨不密贴，螺栓松动，轨头飞边，枕木吊板以及雨后敲击时，小锤跳动与发音都有变化应注意鉴别。

（3）小锤敲击有疑问时，可用铁丝（或钢片）伸入钢轨接缝内，沿钢轨断面或钢轨腰部缓慢滑动，查看是否有挂钩的感觉。

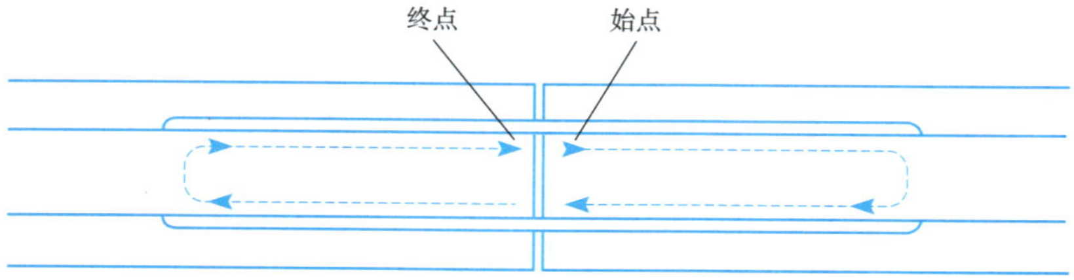

图 9-66　小锤敲打接头顺序

3. 照（镜子和电筒检查）

（1）照轨头侧面、下颚及轨腰，从镜中观看裂纹、锈线或其他伤损特征。

（2）将小镜伸入轨底，从轨缝处向上反光或从上面反射光线射入轨缝内（阴天、隧道内可用手电），查看轨端是否有裂纹。

（3）卸下一个螺栓，用双面小镜或袖珍手电筒插入螺栓孔内，查看螺栓孔是否有裂纹。

4. 卸（拆卸螺栓或夹板检查）

用看、敲、照等方法检查后，仍不能判断接头处钢轨有无伤损，应卸下螺栓或卸下夹板进行检查。卸夹板时，应按更换夹板作业设好防护，钢轨探伤中需要拆检时，应通知养路工区进行。

9.3.2　仪器和手工结合检查的要点

超声波钢轨探伤主要用仪器检查钢轨，但也不能忽视手工检查，手工检查有利于分析和鉴别仪器检查中发现的可疑波形，弥补仪器不能检查的部位和处所（包括道岔部位的辙岔）。因此在钢轨探伤中必须坚持仪器和手工检查相结合的作业要求。

1. 结合检查的前提

（1）仪器无法检查或探伤薄弱处所。

（2）正常探伤灵敏度条件下，回波显示和报警不正常，或正常回波不显示。

2. 结合检查的范围

(1)各种养护不良或容易产生伤损的钢轨接头(包括异型、绝缘、高低、错牙、压陷、塌渣、擦伤、掉块、焊补和岔后引轨接头)。

(2)道岔范围内的钢轨接头、岔心和尖轨。

(3)隧道、道口、灰坑、水沟处所和小半径曲线严重磨耗轨区段的钢轨和接头。

(4)老杂轨区段的钢轨。

3. 结合检查的方法

(1)对各种不良的钢轨接头,应坚持“一看、二敲、三照”的作业要领。

一看:首先看接头状态,根据接头状态调整探头位置,提高仪器灵敏度。其次看波形显示,发现可疑形波,应采取“集体会诊”综合判断。

二敲:凡不良接头基本上都应用小锤敲打,以免因接头高低、压陷、掉块、擦伤等因素导致探头耦合不良,漏检长大伤损。

三照:必要时应拆卸螺栓,用镜子或小手电查照孔壁四周或在轨端利用轨缝间隙,照看端面有否裂纹存在。

(2)曲线(尤其小半径曲线)检查中,应注意曲线上股夹板两端轨头下颚的卡损,以及由卡损引起的横向裂纹。除调整探头位置外,须擦除夹板端部内侧轨头的油污,仔细观察有否微细裂纹存在。对曲线下股,应注意轨头压宽、变形、擦伤、掉块部位,并用仪器和手工结合检查。

(3)隧道、道口、灰坑、水沟等处所,多数因轨腰、轨底严重锈蚀导致探测不正常,应充分利用回波显示的变化,判断是否存在伤损。同时可根据底波位移确认垂磨或垫板处的锈蚀深度。必要时应通知养路工区拆检和整治。

(4)老杂轨区段,尤其站专线、货场、煤场等,因钢轨使用年限长,维修养护条件差或泥砂、油污的覆盖、腐蚀等,使钢轨状态不良。探伤时应加大水量,调整增益,必要时挖去积土、污泥,用锤敲、镜照、目视等多种方式仔细检查。

9.3.3 道岔范围的手工检查

道岔范围(包括道岔部位和岔后引轨)结构复杂(见图9-67),是探伤的难点和重点,除加强仪器检查外,必须重视手工检查。

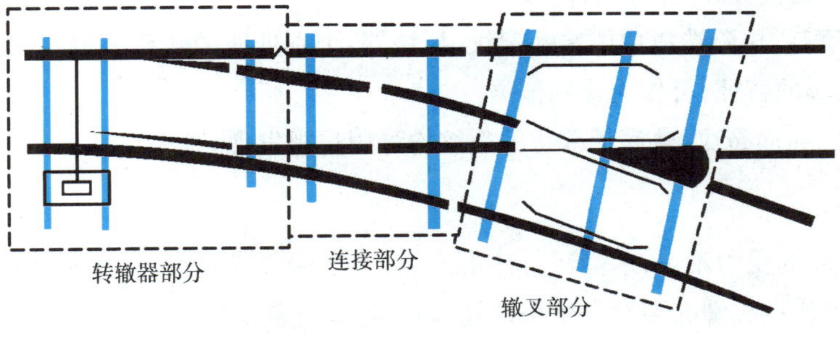

图9-67 单开道岔构造

1. 转辙部分

(1)尖轨:除观察“尖轨”磨耗情况外,应注意轨头有否轧伤,竖切部位有否裂纹。对轨头宽度50 mm

以上部位应观察有否因吹氧、加热整治后残留的微细裂纹。

(2)基本轨:除重视仪器对轨头核伤、孔裂(包括轨撑孔裂)检查外,要注意观察与尖轨密贴部位的轨面有否肥大或异样的压力光带呈现;要用目视和镜照的方法检查与尖轨尖端紧靠部位的轨头下颚和轨底有否卡损存在。

2. 连接部分

连接部分(又称导轨)属正常钢轨检查范围,由于它和尖轨、基本轨及岔趾相连,需注意对这些接头的手工检查。

3. 辙叉部分

在役的辙叉绝大部分属高锰钢整铸辙叉(见图9-68),晶粒粗,衰减大,现有钢轨探伤仪无法检测,必须用手工检查。

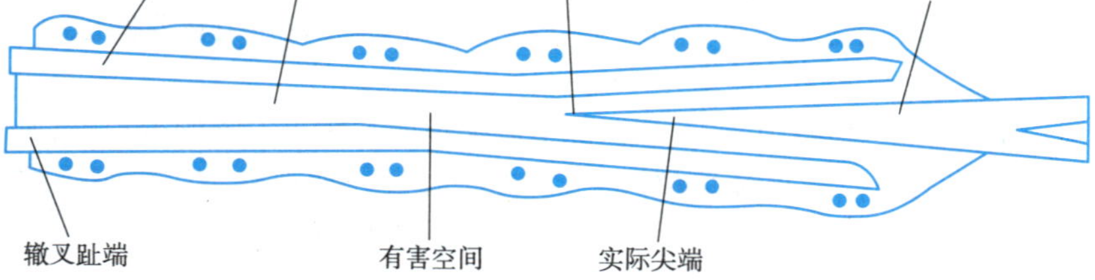

图9-68　高锰钢整铸辙叉示意图

检查部位和方法如下:

(1)远离数米外观察辙叉轨面全貌,是否存在压坍、发黑。一般踏面压宽时,多数存在水平裂纹,可结合锤敲、镜照确认其长度和深度。如果轨面状态正常,应进一步检查夹板范围的轨头两侧或轨端有否裂纹存在,这一部位因浇铸工艺因素,颚部(或腰部)产生的水平裂纹较多。

(2)趾端(或跟端)的断面变化处由于设计结构的变化,常会产生横向裂纹或向下斜裂纹,岔趾分腿一、二孔间的加强铁跟部也会产生裂纹,主要用镜子、目视检查。

(3)岔心部位因磨耗或焊补次数多,常有压塌变化和水平裂纹产生,在其两侧还会发生垂直裂纹及轨面横向裂纹,主要用目视检查和镜子照看。

(4)冀轨部位因磨耗、压陷造成内侧水平裂纹、掉块等,个别处所的轨头外侧同时产生水平裂纹,这时轨面有明显压宽和压塌的特征,可作为鉴别依据。

(5)轮缘槽底部的纵向裂纹,轨底板部位的裂纹均可用目视发现。

4. 引轨部分

由于道岔与引轨间的受力不一,承受运行冲击力大,引轨端部未淬火,钻孔不倒棱,孔位高差大,养护作业难等因素,岔后引轨接头螺孔裂纹发生率甚高,因而是道岔范围检查的重点。

(1)手工检查法:目视接头状态有否塌砟、吊空等不良状态,坚持用锤敲打,尤其对新换辙叉后的引轨,更应注意突发性裂纹的发生。

(2)双人复查法:用仪器对岔后引轨进行接头检查时,应采用双人复查,以监控探伤速度和质量。

(3)探头移动法:由于受力状态不均匀,钻孔不规则,岔后引轨的孔裂多数由单侧引起,在实行双人复查同时，应移动探头的横向位置，及早发现单侧孔裂。

(4)定期校对法：在每年入冬前，可组织专人带上仪器机头、电瓶，通道转换器及探头，对薄弱区段的引轨（尤其P60轨区段的P50道岔）采用手持探头校对检查，要确保探头的耦合条件和探伤质量，并用小角度探头检查小倾角孔裂。

(5)调查分析法：为全面掌握引轨的结构状态，有的放矢地进行检测，应对管内的引轨接头状态及其伤损发生发展情况定期地进行调查分析，提出控制重点，加强检测手段。

9.3.4 伤损折断钢轨处理程序

工务段探伤工区发现伤损钢轨应按表9-4的规定在伤损处作标记。

表9-4 钢轨伤损标记

<table>
<tr><td rowspan="2">伤损种类</td><td colspan="2">伤损范围及标记</td><td rowspan="2">说　明</td></tr>
<tr><td>连续伤损</td><td>一点伤损</td></tr>
<tr><td>轻伤</td><td>|←△→|</td><td>↑△</td><td>用白铅油做标记</td></tr>
<tr><td>重伤</td><td>|←△△△→|</td><td>↑△△△</td><td>用白铅油做标记</td></tr>
</table>

发现轻伤钢轨须填写伤损钢轨（焊缝）记录簿（见表9-5和表9-6），以便日后跟踪，并每月汇总交检查监控车间进行监控。

表9-5 伤损钢轨（焊缝）记录一

<table>
<tr><td colspan="3">线上行/下行</td><td colspan="3">站</td><td colspan="2">道左股/右股</td><td colspan="2">轨号</td><td>曲线/直线 上下股</td></tr>
<tr><td colspan="2">轨型</td><td colspan="2">钢种</td><td colspan="2">生产厂</td><td colspan="2">出厂年月</td><td colspan="2">轨长</td><td>炉罐号</td></tr>
<tr><td>探测方法</td><td colspan="3">穿透</td><td colspan="2">反射</td><td rowspan="4">显示状态</td><td colspan="4">0 1 2 3 4 5 5.5</td></tr>
<tr><td rowspan="3">探头角度</td><td rowspan="2">频率</td><td colspan="4">仪表调整</td><td colspan="3" rowspan="3">0 10</td><td>测距</td></tr>
<tr><td>增益</td><td>抑制</td><td>输出</td><td>衰减</td><td></td></tr>
<tr><td></td><td></td><td></td><td></td><td>dB</td><td></td></tr>
</table>

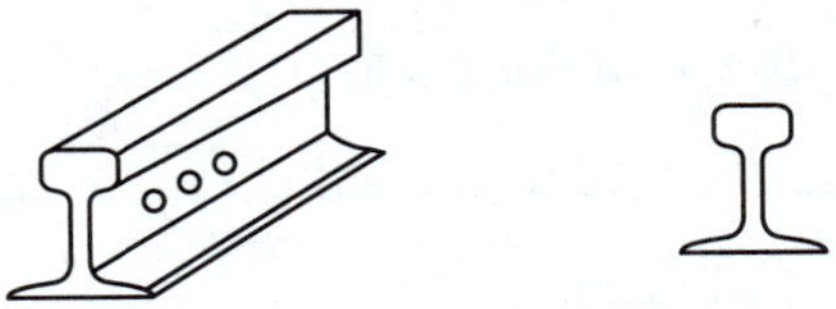

<table>
<tr><td>探伤时间</td><td>年　月　日</td><td>仪器型号</td><td></td><td>探伤工</td><td></td></tr>
<tr><td rowspan="2">备注</td><td colspan="3" rowspan="2"></td><td>填表人</td><td></td></tr>
<tr><td>伤轨通知单号码</td><td></td></tr>
</table>

表9-6 伤损钢轨（焊缝）记录二

检查时间	检查人	伤损变化情况	伤损通知单号码	处理情况

续上表

检查时间	检查人	伤损变化情况	伤损通知单号码	处理情况

发现重伤、折断钢轨，须同时填写重伤、折断钢轨（焊缝）通知单（见表9-7～表9-9）和重伤、折断钢轨登记表（见表9-10）各一式三份，其中重伤折断钢轨（焊缝）通知单一份交线路工区（车间）、一份交工务调度、一份作为探伤工区存底，折断钢轨登记表一份交检查监控车间、一份交工务段技术科、一份作为探伤工区存底。

表9-7　重伤折断钢轨（焊缝）通知单

工务段　　　　探伤工区

伤轨地点	线上、下行K	轨号	左右股	第一联：报告人交探伤工区
伤损情况				
发现时间	年　月　日　时　分	处理情况	汇报人： 当班调度：　月　日　时　分	
探伤工姓名	日　时　分			
报告人姓名	日　时　分			
养路工区签认	日　时　分			
当班调度员	日　时　分			
备　注				

注：此联填后交探伤工区保存

表9-8　重伤折断钢轨（焊缝）通知单

工务段　　　　探伤工区

伤轨地点	线上、下行K	轨号	左右股	第二联：送养路工区
伤损情况				
发现时间	年　月　日　时　分	处理情况	汇报人： 当班调度：　月　日　时　分	
探伤工姓名	日　时　分			
报告人姓名	日　时　分			
养路工区签认	日　时　分			
当班调度员	日　时　分			
备　注				

注：养路工区接单后要即刻签认，及时处理伤轨，处理后当日向工务段调度汇报，此单保存期为处理伤轨后半年。

表 9-9 重伤折断钢轨(焊缝)通知单

工务段　　　　　　　　　　　　　　　　　　　　　　　　　　　　　　探伤工区

伤轨地点	线上、下行 K　　　　　　轨号　　　　　　左右股		
伤损情况			
发现时间	年　月　日　时　分	处理情况	汇报人： 当班调度：　　月　日　时　分
探伤工姓名	日　时　分		
报告人姓名	日　时　分		
养路工区签认	日　时　分		
当班调度员	日　时　分		
备　注			

第三联：送工务段调度

注：调度接到此单(通知电话)后，要与工区取得联系，及时处理。接到工区处理后的反馈信息，即填上处理情况。

表 9-10 重伤、折断钢轨登记表

工区填报	无缝线路或普通线路	上、下行线 3、4 线；其他支线；站专线
	公里：　　轨号：　　左/右股	发现时间　　年　　月　　日　　时
	直、缓、圆　　曲线半径：　　米　　上/下股 实设超高：　　毫米　　线路纵波：　　%。	
	钢轨类型：　　生产厂：　　出厂年月：　　炉罐号	
	伤损位置：伸缩区或固定区 钢轨母材、铝热焊缝、气压焊缝、接触焊缝、接头、非接头	钢种： 轨长：
	中断行车：　　时　　分；　　慢行列车　　列 重伤或折断：　　锁定轨温：　　℃，　　断轨轨温　　℃ 断继胞轨端(或焊缝)距离：　　毫米，下　　毫米 发现人姓名：　　职名：	
工区填报	示意图：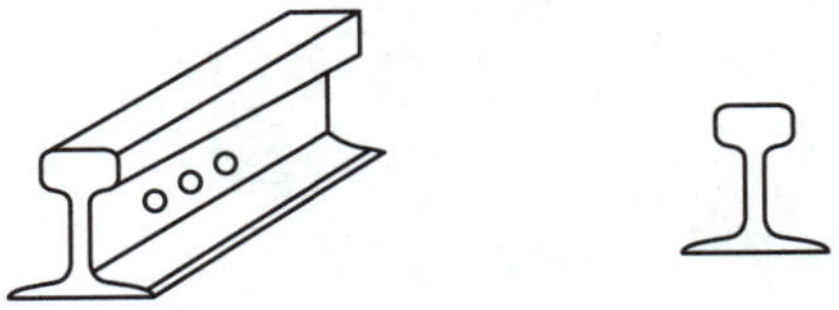	
工务段填报	广州铁路(集团)公司　　　　工务段	
	机车类型：　　平均速度：　　公里/小时 轨枕类型：　　轨枕配置：　　根/公里	
	伤损分类号　　累计通过总重：　　万吨(采用系数：　　)	
备注		

填表人：　　年　　月　　日　　　　　　　　　　联系电话：

线路工区(车间)接到探伤工区提交的重伤、折断钢轨(焊缝)通知单后,须立即安排对影响行车安全的折断、重伤钢轨进行更换或处理,其他重伤钢轨须在24h内更换或处理完毕;桥梁上、隧道内的轻伤钢轨比照重伤钢轨处理;伤损处理的方法分为永久处理和临时加固处理,临时加固处理的方法有(鼓包)夹板保护器、钻孔夹板加固、插入短轨钻孔加固等;永久处理的方法有更换、重新焊接等;探伤工区每月完成的探伤作业及发现的伤损设备于月末汇总写入伤损钢轨月报(见表9-11)。

表 9-11 伤损钢轨月报

单位：　　　　　　　　　　　　　　　　　　　　　　　　年　　月

线名线别	检查数			本月检查发现数（根、组、块）																	累计现存数					备注
	线路/km	道岔/组	焊接接头/个	轻伤钢轨	重伤钢轨							钢轨折断	轻伤尖轨	轻伤辙叉			重伤辙叉			重伤夹板	轻伤钢轨	重伤钢轨	重伤焊头	轻伤辙叉		
					核伤	孔裂	磨耗	焊缝	其他	合计	其中隧道内			拼装	整锰	合计	拼装	整锰	合计					拼装	整锰	
合计																										

单位负责人　　　　　　填表人　　　　　　　　　　　　　　　　　年　　月　　日提报

注：1. 在规定的检查月份外，亦按月填报。
2. 表中包括探伤组及其他检查发现的所有伤损钢轨。
3. 无缝线路以原两焊头之间为 1 根，累计现存数“重伤钢轨”系指无缝线路上用夹板加固者。
4. “线名线别”栏分为正线、站线、到发线等。

参考文献

[1] 中国铁路总公司.普速铁路线路修理规则[S].北京:中国铁道出版社有限公司,2019.
[2] 中国铁路总公司.铁路技术管理规程[S].北京:中国铁道出版社,2014.
[3] 黎国清.铁路工务检测技术[M].北京:中国铁道出版社,2018.
[4] 成都铁路局重庆职工培训基地.轨道检测技术[M].北京:中国铁道出版社,2008.
[5] 何学科.钢轨探伤[M]. 北京:中国铁道出版社,2009.
[6] 何学科.钢轨探伤实验实训指导书[M].北京:中国铁道出版社,2009.
[7] 郑晖,林树青.超声检测[M].北京:中国劳动社会保障出版社,2008.
[8] 全国一级建造师执业资格考试用书编写委员会.铁路工程管理与实务[M].北京:中国建筑工业出版社,2019.